Der Verordnungsentwurf über ein Gemeinsames Europäisches Kaufrecht

Saarbrücker Studien
zum Privat- und Wirtschaftsrecht

Herausgegeben von Johann Paul Bauer,
Michael Martinek (geschäftsführender Herausgeber)
und Helmut Rüßmann

Band 83

PL ACADEMIC RESEARCH

Norman Konecny

Der Verordnungsentwurf über ein Gemeinsames Europäisches Kaufrecht

Meilenstein der europäischen Integration oder Irrlicht der europäischen Politik?

PL ACADEMIC RESEARCH

Bibliografische Information der Deutschen Nationalbibliothek
Die Deutsche Nationalbibliothek verzeichnet diese Publikation in der Deutschen Nationalbibliografie; detaillierte bibliografische Daten sind im Internet über http://dnb.d-nb.de abrufbar.

Zugl.: Saarbrücken, Univ., Diss., 2014

Gedruckt auf alterungsbeständigem,
säurefreiem Papier.

D 291
ISSN 1433-8866
ISBN 978-3-631-65306-7 (Print)
E-ISBN 978-3-653-04457-7 (E-Book)
DOI 10.3726/978-3-653-04457-7

PL Academic Research ist ein Imprint der Peter Lang GmbH.

Peter Lang – Frankfurt am Main · Bern · Bruxelles · New York · Oxford · Warszawa · Wien

Dieses Buch erscheint in einer Herausgeberreihe bei PL Academic Research und wurde vor Erscheinen peer reviewed.

www.peterlang.com

„Europa ist unsere Zukunft, sonst haben wir keine.“
– Hans-Dietrich Genscher –

Vorwort

Die vorliegende Arbeit wurde von der Rechts- und Wirtschatswissenschaftlichen Fakultät der Universität des Saarlandes im Wintersemester 2013 / 14 als Dissertation angenommen. Literatur, Rechtsprechung und aktuelle legislative Entwicklungen konnten bis März 2014 berücksichtigt werden.

An erster Stelle möchte ich meinem verehrten Doktorvater *Prof. Dr. Dr. Dr. h. c. mult. Michael Martinek, M. C. J. (New York)* danken. Ohne seine Förderung wäre die Arbeit nicht in dieser Form entstanden und durch die Tätigkeit an seinem Lehrstuhl hat er mir die finanzielle Möglichkeit gegeben, diese Arbeit zu erstellen, aber auch mich fachlich weiterzuentwickeln.

Weiter danke ich Herrn *Prof. Dr. Günther Hönn* für die zügige Erstellung des Zweitgutachtens.

Auch wenn die Erstellung einer solchen Arbeit das Werk eines Einzelnen ist, so ist sie doch nicht möglich ohne die Menschen, die ihn umgeben. Aus diesem Grund möchte ich an dieser Stelle vor allen anderen meiner lieben Freundin, Mitbewohnerin und Arbeitskollegin *Silke Hans* danken. Ohne ihre menschliche und fachliche Unterstützung in den letzten Jahren wäre ich nicht der, der ich heute bin, und auch nicht dort, wo ich heute bin. Vielen dank für alles! Weiter möchte ich ganz besonders *Stephanie Pulcer* dafür danken, dass sie die Höhen und Tiefen des Promovierens mit mir durchgestanden hat. Für immer wieder fruchtbare Diskussionen und hieraus fachliche Anregungen danke ich besonders Herrn *PD Dr. Michael Anton, LL.M.*, Herrn *PD Dr. Sebastian Omlor, LL.M, LL.M.*, Herrn *Thorsten Becker*, Frau *Kirsten Hoffmann*, Frau *Monja Zukiwski* und allen übrigen aktuellen und ehemaligen Angehörigen des Lehrstuhls Martinek. Aber auch außerhalb des Fachlichen ist menschlicher Rückhalt grundlegend für den beruflichen Erfolg. Daher gilt mein Dank auch meinen guten Freunden *Gabriel*, *Carsten*, *Patrick*, *Timo*, *Christopher*, *Kai*, *Daniel* und meinen Mannschaftskameraden vom SVG.

Last but not least möchte ich meiner Familie danken. Ohne eure Unterstützung und euer Verständnis schon seit Beginn meines Jurastudiums wäre all das nicht möglich gewesen!

Saarbrücken, im März 2014.

Inhaltsverzeichnis

Abkürzungsverzeichnis

a. A.	andere Ansicht
AcP	Archiv für die civilistische Praxis
AEUV	Vertrag über die Arbeitsweise der Europäischen Union
AGB	Allgemeine Geschäftsbedingungen
AGBG	Gesetz zur Regelung des Rechts der Allgemeinen Geschäftsbedingungen
ALR	Allgemeines Landrecht für die Preußischen Staaten
b2b	business-to-business
b2c	business-to-consumer
BB	Betriebs-Berater
Bd.	Band
BGB	Bürgerliches Gesetzbuch
BGBl.	Bundesgesetzblatt
BR-Drs.	Bundesrats-Drucksache
Bsp.	Beispiel
Bspe.	Beispiele
BVerfG	Bundesverfassungsgericht
bzw.	beziehungsweise
CC	Code civil
CESL	Common European Sales Law
CESLR	Common European Sales Law (Regulation)
CFR	Common Frame of Reference
CISG	United Nations Convention on Contracts for the International Sale of Goods (UN-Kaufrecht)
CR	Computer und Recht
d. h.	das heißt
DB	Der Betrieb
DCFR	Draft Common Frame of Reference
ders.	derselbe
DNotI-Report	Informationsdienst des Deutschen Notarinstituts
dt.	deutsch
DVBl.	Das Deutsche Verwaltungsblatt

EEA	Einheitliche Europäische Akte
EG	Europäische Gemeinschaft
EGKS	Europäische Gemeinschaft für Kohle und Stahl
Einl.	Einleitung
Empf	Empfehlung
endg.	Endgültig
engl.	englisch
ERCL	European Review of Contract Law
Erw.gr.	Erwägungsgrund
EU	Europäische Union
EuGH	Europäischer Gerichtshof
EuR	Europarecht (Zeitschrift)
EUR	Euro (Währung)
EUV	Vertrag über die Europäische Union in der Fassung des Vertrags von Lissabon
EuZW	Europäische Zeitschrift für Wirtschaftsrecht
EVG	Europäische Verteidigungsgemeinschaft
EVGB	Vorentwurf eines Europäischen Vertragsgesetzbuches
EWG	Europäische Wirtschaftsgemeinschaft
EWGV	Vertrag über die Europäische Wirtschaftsgemeinschaft
EWS	Europäisches Wirtschafts- und Steuerrecht (Zeitschrift)
f.	folgend
FernAbsG	Fernabsatzgesetz
ff.	fortfolgend
GEKR	Gemeinsames Europäisches Kaufrecht
GEKR-VO	Verordnung über ein Gemeinsames Europäisches Kaufrecht
ggf.	gegebenenfalls
GPR	Zeitschrift für Gemeinschaftsprivatrecht
HaustürWiderrufsG	Gesetz über den Widerruf von Haustürgeschäften und ähnlichen Geschäften
HGB	Handelsgesetzbuch
HS.	Halbsatz
i. E.	im Ergebnis
i. V. m.	in Verbindung mit
IHR	Internationales Handelsrecht
IntVG	Integrationsverantwortungsgesetz
jM	juris – Die Monatszeitschrift

JR	Juristische Rundschau
JURA	Juristische Ausbildung
JZ	JuristenZeitung
Kap.	Kapitel
KMU	Kleine und mittlere Unternehmen
KSchG	Kündigungsschutzgesetz
KuR	Kommunikation und Recht
Mio.	Millionen
MLR	The Modern Law Review
MPI	Max Planck Insitute for Comparative and International Private Law
m. w. N.	mit weiteren Nachweisen
NJ	Neue Justiz
NJOZ	Neue Juristische Online-Zeitschrift
NJW	Neue Juristische Wochenschrift
NZG	Neue Zeitschrift für Gesellschaftsrecht
o. g.	oben genannt
opt-in	opting-in (in etwa: einwählen)
opt-out	opting-out (in etwa: abwählen)
PECL	Principles of European Contract Law
PICC	Principles of International Commercial Contracts
RabelsZ	Rabels Zeitschrift für ausländisches und internationales Privatrecht
RIW	Recht der Internationalen Wirtschaft – Betriebs-Berater International
RL	Richtlinie
Rom-I-VO	Rom-I-Verordnung
RTDciv	Revue trimestrielle de droit civil
s.	siehe
s. o.	siehe oben
s. u.	siehe unten
sog.	so genannt
SPE	Societas Privata Europaea
SPE-VO	Verordnungsentwurf über eine Societas Privata Europaea
TzWrG	Gesetz über die Veräußerung von Teilzeitnutzungsrechten an Wohngebäuden
u. a.	unter anderem
Uabs.	Unterabsatz

ÜbBestProt	Protokoll über die Übergangsbestimmungen
Vbrgk-RL	Verbrauchsgüterkaufrichtlinie
VerbrKrG	Verbraucherkreditgesetz
vgl.	vergleiche
Vorb.	Vorbemerkungen
VR-RL	Verbraucherrechte-Richtlinie
VuR	Verbraucher und Recht
WBL	Wirtschaftsrechtliche Blätter
WiVerw	Wirtschaft und Verwaltung
WM	Wertpapier-Mitteilungen
z. B.	zum Beispiel
z. T.	zum Teil
ZEuP	Zeitschrift für Europäisches Privatrecht
ZIP	Zeitschrift für Wirtschaftsrecht und Insolvenzpraxis
ZGB	Schweizer Zivilgesetzbuch
zgl.	Zugleich
ZGS	Zeitschrift für das gesamte Schuldrecht
ZGS	Zeitschrift für Vertragsgestaltung, Schuld- und Haftungsrecht
ZJS	Zeitschrift für das Juristische Studium
ZRP	Zeitschrift für Rechtspolitik
ZVertriebsR	Zeitschrift für Vertriebsrecht

Kapitel 1: Einleitung – Problemaufriss und Gang der Darstellung

„Der Entwurf eines bürgerlichen Gesetzbuches für das Deutsche Reich ist veröffentlicht. Erfüllt er annäherungsweise die ihm gestellte Aufgabe? ... Die Antwort... sie lautet Nein!“[1] *„Das deutsche Recht ist in Gefahr. Sehe die Nation, daß es nicht Schaden nehme!“*[2] *„Wird nun auch das gesamte Zivilrecht unter den Bann der Kodifikation gebracht, so hat das freie juristische Denken keine Stätte mehr.“*[3] *„Die Rechtswissenschaft verkümmert. Die Rechtsprechung wird zum Handwerk.“*[4]

So dramatisch klang die durchdringende Kritik am BGB zur Zeit seiner Entstehung.[5] Als am 01.01.1900 das BGB in Kraft trat, war dies somit nicht nur das Ergebnis eines jahrzehntelangen Schaffensprozesses[6] und ein Meilenstein in der Geschichte zivilrechtlicher Kodifikationen, sondern zugleich ein zu jener Zeit hochgradig kritisiertes und umstrittenes Projekt.[7] Zunächst ist aber festzuhalten, dass es den vorläufigen Höhepunkt in der Geschichte der nationalen Kodifikationen in Europa darstellte. 113 Jahre später ist das BGB immer noch in Kraft, hat in mancher Hinsicht jedoch eine Evolution durchlaufen.[8] Der Erfolg des BGB wird dabei schon lange nicht mehr in Frage gestellt. Dass seine Einführung ein Geschenk für die deutsche Rechtslandschaft war, ist heute größtenteils ein Konsens. Streit um das BGB kommt heute nur noch dann auf, wenn es in wesentlichen Punkten geändert werden soll oder eine Gefahr für seine Bedeutung oder sein Fortbestehen zum Vorschein kommt.

---

1 *Von Gierke*, Der Entwurf eines bürgerlichen Gesetzbuchs und das deutsche Recht, S. 1 f.

2 *Von Gierke*, Der Entwurf eines bürgerlichen Gesetzbuchs und das deutsche Recht, S. 15.

3 *Bähr*, Die Grenzboten 1888, 450, 456.

4 *Bähr*, Die Grenzboten 1888, 450, 452.

5 Eine ausführliche Übersicht über die Kritik am BGB zu dessen Entstehungszeit findet sich bei *Haack*, Otto von Gierkes Kritik, S. 75 ff.

6 *Honsell* in Staudinger, Einleitung zum BGB, Rn. 74 ff.

7 Vgl. z. B. *Schulte-Nölke*, NJW 1996, 1705, 1708.

8 Die bedeutendste Entwicklung in der jüngeren Vergangenheit ist dabei die Schuldrechtsmodernisierung des letzten Jahrzehnts, die der Gesetzgeber aus Anlass der Verbrauchsgüterkaufrichtlinie durchführte und die bewirkte, dass das BGB im Rahmen einer „großen Lösung“ großflächig überarbeitet wurde und am 01.01.2002 erneut in Kraft trat, vgl. *Beckmann* in Staudinger, Vorb. §§ 433 ff., Rn. 33.

Nun steht uns möglicherweise ein erster Schritt in eine neue Epoche der Rechtsetzung bevor: Am 11.10.2011 veröffentlichte die Europäische Kommission den Verordnungsentwurf über ein Gemeinsames Europäisches Kaufrecht[9], welches als optionales Instrument[10] neben das jetzt bestehende Recht im Falle grenzüberschreitender Kaufverträge treten soll. Dieser Entwurf könnte, wenn er in seiner jetzigen oder in einer abgewandelten Form tatsächlich verwirklicht wird, die Speerspitze für ein künftiges gemeinsames europäisches Vertragsrecht darstellen, welches nicht weniger als ein Ausdruck des fortschreitenden europäischen Einigungsprozesses wäre. Voraussetzung hierfür ist allerdings, dass dieser erste Schritt auch von Erfolg gekrönt ist. Denn nur ein erfolgreicher erster Schritt kann auch eine solche weitere Entwicklung in Gang setzen. Ob, und wenn ja unter welchen Voraussetzungen das GEKR tatsächlich Erfolg erfahren wird, daran scheiden sich seit dessen Veröffentlichung die Geister. Denn für die Frage, ob ein optionales Instrument von Erfolg gekrönt sein wird, ist eines maßgeblich: Es muss „gut" sein. Wenn der Entwurf „gut" ist, wird er weiterentwickelt werden. Wenn die Weiterentwicklung „gut" ist, wird sie realisiert werden. Wenn die Realisierung „gut" ist, wird sie gewählt werden. Je häufiger die Wahl auf das GEKR anstatt auf die nationalen Alternativen fallen wird, desto größer wird der Erfolgsfaktor sein und je größer letztlich der Erfolg des GEKR sein wird, umso mehr wird es eine Vorarbeit für eine künftige weitergehende europäische Rechtsvereinheitlichung leisten und umso tiefer die Hürden hierfür einstampfen.

Die Vergangenheit hat jedoch gezeigt, dass sowohl der europäischen Integration als auch dem Fortschreiten der Rechtsentwicklung immer wieder Steine in den Weg gelegt werden. Für die Fortentwicklung der europäischen Integration mittels Angleichung des Privatrechts, gerade auch durch das GEKR, gibt es zwei wesentliche Arten von Hindernissen: verfahrensrechtliche und materiellrechtliche.

Die verfahrensrechtlichen Hindernisse liegen zunächst darin, dass die Frage nach der korrekten Kompetenzgrundlage für den Erlass des GEKR von überragender

---

9 KOM(2011) 635 endgültig vom 11.10.2011, online abrufbar unter: http://eurlex.europa.eu/LexUriServ/site/de/com/2011/com2011_0635de01.pdf (zuletzt abgerufen am 10.09.2013); diese besteht aus der Verordnung als solche (im Folgenden: GEKR-VO) und dem Gesetzestext in ihrem Anhang I (im Folgenden: GEKR; Abkürzungen in Anlehnung an: *Staudenmayer* (Hrsg.), Vorschlag für eine Verordnung des Europäischen Parlaments und des Rates über ein gemeinsames Europäisches Kaufrecht, Reihe Beck'sche Textausgaben, München 2012).

10 Diese Methode der Rechtsetzung schon vor Veröffentlichung des Verordnungsentwurfs aufgreifend *Herresthal*, EuZW 2011, 7 ff.; neuerdings abgrenzend zur „Menügesetzgebung" *Ringe*, AcP 213 (2013), 98, 102 ff.

Bedeutung ist. Der AEUV muss eine zulässige Rechtsgrundlage beinhalten und je nachdem, welche Ermächtigungsnorm sich als die richtige herausstellt, sind unterschiedliche Hürden im Gesetzgebungsverfahren zu meistern. Die Wahl der falschen Ermächtigungsnorm kann mit Erfolg vor dem EuGH angegriffen werden. Da diese Frage seit Veröffentlichung des Verordnungsentwurfs hochumstritten ist, muss sie noch vor seinem Erlass geklärt werden, um das GEKR auf sicheren legislativen Boden zu stellen. Aus verfahrensrechtlicher Sicht ist aber auch zu beachten, dass es innerhalb der Teilnehmer am rechtswissenschaftlichen und -politischen Diskurs immer auch eine Gruppe der „Bewahrer" gibt, die – nicht ausschließlich aus rationalen Erwägungen – den Status quo erhalten wollen. Einerseits, um die größtmögliche nationalstaatliche Souveränität zu erhalten, andererseits, um die weitestgehende Bewahrung des – auch aus nationaler Perspektive – tradierten und vertrauten Rechts sicher zu stellen. Die verfahrensrechtlichen Hindernisse im Rahmen des GEKR bestehen daher auch darin, dass die Angehörigen der Rechtswissenschaft und -politik grundsätzlich dazu in der Lage sind, den wissenschaftlichen und politischen Diskurs über Rechtsetzungsprojekte dahingehend zu steuern, dass die Realisierung ihnen ungeliebter Projekte in wesentlichem Maße erschwert wird. Die Motivation für dieses Vorgehen beruht dabei durchaus auch auf persönlichen Gefühlslagen. Gerade die sind aber imstande, die Zielsetzung für die Diskussion anstehender Maßnahmen vorzugeben. Hinzu liegt es in der Natur des Menschen, dass er kritische Stimmen lauter hört als bejahende. Es wurde und wird daher immer wieder versucht, Rechtsetzungsprojekte durch sich immer wiederholendes und massenhaftes Gegenfeuer auszubremsen, um den Status quo zu bewahren oder die Entwicklung in eine Richtung zu lenken, die den Kritikern persönlich lieber ist – so nun auch beim GEKR.

In materieller Hinsicht sind bei Rechtsetzungsprojekten auf dem Gebiet des europäischen Privatrechts immer die Fragen nach der Kohärenz im Verhältnis zu vorhergehenden Maßnahmen, der inhaltlichen Stimmigkeit und Praktikabilität zu beantworten. Die materiellrechtlichen Hindernisse dafür, dass das GEKR die europäische Integration mittels Privatrecht vorantreiben kann, liegen somit in dessen tatsächlichen inhaltlichen Unzulänglichkeiten, wobei zwei Bereiche ganz wesentlich über das Wohl und Wehe des GEKR entscheiden und daher in dieser Arbeit einer vertieften Betrachtung unterzogen werden. Es handelt sich um die Ausgestaltung seines Verbraucherschutzes und seine Anwendungs- sowie inhaltliche Reichweite. Da es ein Wahlrechtsregime darstellt, kann es die europäische Integration nur fördern, wenn es von den potentiellen Anwendern akzeptiert wird und hierdurch auch tatsächlich zur großflächigen Anwendung gelangt. Einen solchen Erfolg wird es aber nur dann erringen, wenn es dem möglichen Nutzer als attraktive Wahlmöglichkeit erscheint. Welchen Einfluss hat diese Erkenntnis aber in Bezug auf das Verbraucherschutzniveau des Verordnungsentwurfs? Ein gewisses Maß an Verbraucherschutz mag zur politischen und gesellschaftlichen Akzeptanz des GEKR notwendig sein. Aber birgt der Grad an Verbraucherschutz im GEKR die Gefahr überbordende Ausmaße anzunehmen? Ist dies der Fall, könnte das Todesurteil für das GEKR bereits gesprochen sein, noch bevor der erste Anwender überhaupt über seine Nutzung nachdenken konnte. Denn das Ausmaß des Verbraucherschutzes steht in unmittelbarer Wechselwirkung zur Attraktivität, die das GEKR auf seine potentiellen Anwender ausstrahlt. Neben anderen noch im Verordnungsentwurf enthaltenen inhaltlichen Unzulänglichkeiten wird es demnach die Ausgestaltung des Verbraucherschutzes sein, die für die Wahl für oder gegen das GEKR im konkreten Fall ein, wenn nicht gar *der* ausschlaggebende Faktor sein wird. Das zweite maßgebliche materiellrechtliche Hindernis für die europäische Integration mittels Privatrechtsangleichung durch das GEKR ist der Umfang seiner Reichweite. Wer darf wann und worauf das GEKR anwenden? Und was ist hieran zu ändern? Was ist im GEKR geregelt? Wie müssen die Fragen behandelt werden, die nicht in ihm geregelt sind? Sollten noch andere Rechtsgebiete in das GEKR Einzug halten? Und ist dies überhaupt möglich? Diese Fragen sind im Kontext der Reichweite des GEKR so zu beantworten, dass es tatsächliche Akzeptanz am Markt erfahren wird.

Die Zielsetzung dieser Arbeit ist es daher, die Existenz dieser Hindernisse anhand des Verordnungsentwurfs über das Gemeinsame Europäische Kaufrecht und seines rechtspolitischen und -wissenschaftlichen Diskurses aufzuzeigen und durch den Vergleich mit vorhergehenden Rechtsetzungsakten und -projekten sowie der konkreten inhaltlichen Auseinandersetzung mit dem Verordnungsentwurf, Lösungsansätze hierfür zu entwickeln. Hierzu werden zunächst im *zweiten Kapitel* die Begriffe der europäischen Integration und der Privatrechtsangleichung erläutert sowie ihr Zusammenhang inhaltlich und historisch geklärt. In diesem Kontext erfolgt eine allgemeine Darstellung des Verordnungsentwurfs, um im Anschluss seine mögliche Bedeutung für die europäische Integration zu skizzieren. Im *dritten Kapitel* werden die verfahrensrechtlichen Hindernisse der europäischen Integration mittels Angleichung des Privatrechts behandelt. Hierbei wird zunächst der Frage nach der einschlägigen Kompetenznorm im AEUV für den Erlass des GEKR nachgegangen. Nach deren Klärung steht die Darstellung der Behinderung von Rechtsetzungsakten durch den rechtswissenschaftlichen und -politischen Diskurs im Mittelpunkt. Hierfür wird zunächst das Vorgehen der Rechtswissenschaft bei bisherigen legislatorischen Projekten dargestellt anhand des Prozedere bei der Schuldrechtsmodernisierung in Deutschland als Beispiel für ein Projekt, das trotz allem erfolgreich realisiert wurde, und dem Prozedere bei dem Verordnungsentwurf über die Societas Privata Europaea (SPE), als Beispiel für ein daran zu scheitern drohendes Projekt. Es schließt sich eine Veranschaulichung der Situation beim Gemeinsamen Europäischen Kaufrecht an, wobei exemplarisch die mit Vehemenz geführte Diskussion über die korrekte Ermächtigungsgrundlage im Mittelpunkt steht. Hierdurch werden zuletzt Schlussfolgerungen für die Beurteilung der fachlichen Diskussion und ihre Auswirkung auf die weitere Entwicklung gezogen. Das *vierte Kapitel* behandelt als Kontrastpunkt die materiellrechtlichen Hindernisse für die europäische Integration durch das GEKR, die sich aus dem Verordnungsentwurf selbst ergeben. Zentrum der Betrachtung sind zunächst die Regelungen zum Verbraucherschutz. Es wird dargestellt, weshalb sie maßgebliche Normen sind, die über Erfolg oder Misserfolg des GEKR entscheiden werden. Im Anschluss wird aufgezeigt, weshalb der Verbraucherschutz in der jetzigen Entwurfsfassung überbordend ausgestaltet ist und welche Auswirkungen dies haben wird, um danach Lösungen auszuarbeiten, die geeignet sind, die Interessen zwischen Unternehmern und Verbrauchern zu einem angemessenen Ausgleich zu bringen. Dabei muss beachtet werden, dass der Verbraucherschutz so auf einem angemessenen Level angesiedelt wird, auf dem das GEKR für die Unternehmer attraktiv wirkt, aber auch in politischer Hinsicht noch durchsetzbar ist, sodass eine Evolution hin zum tatsächlichen Bedarf des Marktes und weg vom festgefahrenen verbraucherschutzrechtlichen Duktus der europäischen Privatrechtsetzung möglich ist. Darüber hinaus wird der Frage nach der Reichweite des GEKR nachgegangen. Hier werden zunächst die Einschränkungen der Anwendungsreichweite des GEKR aufgezeigt, um so darstellen zu können, weshalb diese Restriktionen nicht geboten sind. Weiter wird die inhaltliche Reichweite des GEKR und ihre Beschränkung durch interne wie externe Lücken des Verordnungstextes veranschaulicht. Es wird dargelegt, wie sie zu handhaben sind, weshalb Lücken im GEKR zu einem gewissen Maße unumgänglich sind und welchen Einfluss sie auf seine Zielsetzung haben. Hinzu werden Lösungsansätze für die drängendsten Probleme in diesem Kontext präsentiert. Zum Abschluss werden im *fünften Kapitel* die Ergebnisse der Arbeit in wesentlichen Punkten zusammengefasst und in Thesen formuliert.

Kann das GEKR ein Meilenstein der europäischen Integration werden – und wenn ja, unter welchen Umständen? Oder wird es als Irrlicht der europäischen Politik verglühen? Das Fundament zur Beantwortung dieser Frage soll durch diese Arbeit gelegt werden.

Kapitel 2: Rahmenbedingungen – Historische Entwicklung, Status quo und Bedeutung der europäischen Integration, der Angleichung des Privatrechts und des Gemeinsamen Europäischen Kaufrechts

§ 1: Europäische Integration und Privatrechtsangleichung

Diese Arbeit behandelt die verfahrens- und materiellrechtlichen Hindernisse für die europäische Integration mittels Angleichung des Privatrechts am Beispiel des Verordnungsentwurfs der Europäischen Kommission über ein Gemeinsames Europäisches Kaufrecht. Für das begriffliche Verständnis ist vorab zu klären, was unter den Begriffen „europäische Integration“ und „Privatrechtsangleichung“ zu verstehen ist, wie sie sich entwickelt haben und in welchem Verhältnis sie zueinander stehen.

A. Die europäische Integration

I. Begriffsbestimmung

Unter dem Begriff der „Integration“ versteht man im Allgemeinen die Herstellung oder Vervollständigung einer Einheit bzw. die Eingliederung etwas Einzelnen in ein größeres Ganzes.[1] „Europäische Integration“ bedeutet demnach zunächst einmal die Herstellung einer europäischen Einheit durch einen Zusammenschluss der europäischen Nationalstaaten. Auf diesen Terminus sowie dem ihm zu Grunde liegenden Gedanken wird in den Präambeln des EUV[2] und des AEUV[3] dergestalt Bezug genommen, dass sie, im Zusammenhang betrachtet, die Leitgedanken

1 http://www.duden.de/rechtschreibung/Integration (zuletzt abgerufen am 10.09.2013).

2 Vertrag über die Europäische Union in der Fassung des Vertrags von Lissabon vom 13.12.2007.

3 Vertrag über die Arbeitsweise der Europäischen Union in der Fassung der Bekanntmachung vom 09.05.2008.

und Ziele der europäischen Integration konturieren.[4] Sie zeigen hierbei auf, dass der politische Gedanke, der der europäischen Integration zu Grunde liegt, in den Erfahrungen der beiden Weltkriege des 20. Jahrhunderts keimt und diese daher über allem anderen zunächst als friedensstiftendes und -bewahrendes Projekt zu betrachten ist.[5] In diesem Kontext ist die Formulierung des „immer engeren Zusammenschlusses der europäischen Völker“ in der Präambel des AEUV zu verstehen. Als weitere inhaltliche Eckpunkte des Integrationsprozesses ergeben sich aus den Präambeln insbesondere der wirtschaftliche und soziale Fortschritt, die Verbesserung der Lebens- und Beschäftigungsbedingungen, der umfassende Zugang zu Bildung und die Verwirklichung des Binnenmarkts. Vor allem wird jedoch verdeutlicht, dass es sich bei der europäischen Integration nach wie vor um einen laufenden Integrationsprozess handelt, dessen Abschluss[6] noch das endgültige Ziel dieses fortwährenden Integrationsauftrags[7] auszumachen ist. Unter dem Begriff der „europäischen Integration“ ist mithin das noch andauernde und weiter fortschreitende Zusammenwirken der Mitgliedsstaaten der Europäischen Union zum Zweck der Steigerung der wirtschaftlichen Leistungsfähigkeit und des sozialen Wohlstands ihrer Bevölkerung sowie die Zusammenfassung aller unionalen Handlungen, unter dem einheitsstiftenden Gedanken der kontinentalen Friedenssicherung, zu verstehen.

II. Geschichtliche Entwicklung

1. Die Entwicklung der Union und der Verträge[8]

Die geschichtliche Entwicklung der europäischen Integration und somit der Europäischen Union kann in der vorliegenden Arbeit ersichtlich nicht im Mittelpunkt stehen und soll daher im Folgenden nur in den wichtigsten Zügen nachgezeichnet werden. Auch wenn es erste wissenschaftliche Entwürfe für einen Zusammenschluss der europäischen Völker bereits im Mittelalter gab[9], sorgte der Lauf der

4 *Nettesheim* in Grabitz / Hilf / Nettesheim, Präambel des AEUV, Rn. 1.

5 *Nettesheim* in Grabitz / Hilf / Nettesheim, Präambel des AEUV, Rn. 19; vgl. hierzu bereits *Hallstein*, Die Europäische Gemeinschaft, S. 16 ff., der vom „Schock der Weltkriege“ spricht.

6 *Hilf / Terhechte* in Grabitz / Hilf / Nettesheim, Präambel EUV, Rn. 16.

7 *Hilf / Terhechte* in Grabitz / Hilf / Nettesheim, Präambel EUV, Rn. 7.

8 Eine tabellarische und chronologische Übersicht über die Europäischen Verträge und die Beitritte der Mitgliedsstaaten findet sich in *Mittag*, Kleine Geschichte der Europäischen Union, S. 14 f.

9 *Hakenberg*, Europarecht, Rn. 3.

Geschichte mit seinen vielen Kriegen auf europäischem Boden – beispielhaft der Dreißigjährige Krieg, die Napoleonischen Kriege, der Deutsch-Französische Krieg von 1870/71, der Erste Weltkrieg – jedoch dafür, dass es nur bei kühnen Ideen blieb. Erst der Zweite Weltkrieg, der bekanntermaßen mit dem Untergang des Nazi-Regimes in Deutschland durch den Sieg der Alliierten endete, bewirkte ein derartiges Maß an Barbarei und Zerstörung in Europa, dass in der Folge zur Vermeidung einer Wiederholung der Weg zu einem neuen Miteinander auf europäischer Ebene gebahnt wurde. Auch wenn in der Rechtswissenschaft der Gedanke von einer neuen europäischen Organisation zur Schaffung und Bewahrung des Friedens auf dem Kontinent bereits während des Kriegs in gewissem Rahmen Verbreitung fand[10], gilt als Startschuss für dieses neue Denken gemeinhin die berühmte Züricher Rede von *Winston Churchill* aus dem Jahr 1946, in der er zur „Neugründung der europäischen Familie“[11] die Idee der „Vereinigten Staaten von Europa“[12] formulierte, deren erster Schritt nur eine Partnerschaft der zuvor verfeindeten Staaten Frankreich und Deutschland sein könne.[13] In der Folge wurde 1951 von Deutschland, Frankreich, Italien und den Benelux-Staaten die Europäische Gemeinschaft für Kohle und Stahl (EGKS) gegründet, mit der die erste Übertragung hoheitlicher Rechte auf eine zwischenstaatliche und europäische Institution verbunden war, zur erstmaligen Förderung einer europäischen Integration.[14] Aus den sechs Gründungsstaaten wurden im Zuge von nunmehr sechs Erweiterungsrunden – die von 2004 und 2007 wurden durch den Zerfall des sozialistischen Ostblocks möglich und dehnten die EU auf den Bereich der nunmehr demokratisch gelenkten osteuropäischen Staaten aus – 28 Mitgliedsstaaten. Diese Expansion schritt zuletzt mit dem Beitritt Kroatiens zum 01.07.2013 fort.[15] Aber auch das Konzept der EGKS hat sich mit ausdehnendem Charakter weiterentwickelt: 1957 wurde durch die Römischen Verträge die Europäische Wirtschaftsgemeinschaft (EWG) gegründet, die im Jahr 1986 durch die Einheitliche Europäische Akte (EEA) mit der Zielsetzung zur Vollendung des Binnenmarkts

10 *Alpa / Andenas*, Grundlagen des Europäischen Privatrechts, S. 15.

11 Abdruck der Rede in *Sauter*, Churchills Schweizer Besuch 1946 und die Zürcher Rede, S. 78.

12 Abdruck der Rede in *Sauter*, Churchills Schweizer Besuch 1946 und die Zürcher Rede, S. 78.

13 Abdruck der Rede in *Sauter*, Churchills Schweizer Besuch 1946 und die Zürcher Rede, S. 79.

14 *Herdegen*, Europarecht, § 4, Rn. 1.

15 *Herdegen*, Europarecht, § 4, Rn. 37.

wesentlich reformiert wurde.[16] Durch den Vertrag von Maastricht wurde die EWG 1993 zur Europäischen Gemeinschaft (EG), die letztlich durch die Ratifizierung des Vertrags von Lissabon am 01.12.2009 in der Europäischen Union (EU) mündete.[17] Damit überwand die EU ihre „Tempelkonstruktion", bei der die drei Säulen der EG im Mittelpunkt standen und verfügte nunmehr über eine einheitliche Organisation und eine explizite Rechtspersönlichkeit und trat somit gemäß Art. 1 Abs. 1 S. 3 EUV die Rechtsnachfolge der EG an.[18] Hierdurch erfüllt die EU ihre Rolle als neue Stufe des Integrationsprozesses, für den ein Endziel nach wie vor nicht definiert ist.[19]

2. Die Entwicklung der europäischen Integration als solche

Der Ausgangspunkt für alle Integrationsbestrebungen im Europa der Nachkriegszeit war eine ausschließlich wirtschaftliche Integration. Der Schulterschluss der Gründungsstaaten führte in Form der EGKS und später der EWG ursprünglich zu einer reinen Wirtschaftsgemeinschaft, geprägt dadurch, dass das vorrangige Ziel der Mitgliedsstaaten der Wiederaufbau nach dem Zweiten Weltkrieg war.[20] Die EGKS sollte aber zugleich dem politischen Zweck dienen jeden weiteren Krieg zwischen Frankreich und Deutschland durch die Verzahnung der Schwerindustrie materiell unmöglich zu machen.[21] Die tatsächliche Konzentration auf die wirtschaftliche Integration anstatt auf die politische, resultiert aber letztlich aus dem Scheitern der Gründung der Europäischen Verteidigungsgemeinschaft (EVG) 1952.[22] Hierdurch wurde offensichtlich, dass die Zeit für eine Integration unter politischer und gesellschaftlicher Prämisse noch nicht reif, das Vorantreiben der wirtschaftlichen Integration zur Schaffung von Wohlstand jedoch unumgänglich war.

Schon die Präambeln der damaligen Gemeinschaftsverträge sowie das tatsächliche Handeln durch die Gemeinschaft ließen darauf schließen, dass die Integration auf wirtschaftlicher Ebene langfristig auch Auswirkungen auf politischer und gesellschaftlicher Ebene haben sollte; dieses Vorgehen wird gemeinhin als

16 *Hakenberg*, Europarecht, Rn. 21.
17 *Hakenberg*, Europarecht, Rn. 33.
18 *Calliess* in Calliess / Ruffert, Art. 1 EUV, Rn. 6.
19 *Nettesheim* in Grabitz / Hilf / Nettesheim, Art. 1 EUV, Rn. 18.
20 *Schroeder*, GK Europarecht, § 2, Rn. 7, 9; *Rittner*, JZ 1995, 849.
21 *Rösler*, EuR 2005, 370, 372.
22 *Rösler*, EuR 2005, 370, 374.

„spill-over-Effekt“ bezeichnet.[23] Das ihm innewohnende Prinzip des Übergreifens von wirtschaftlichen Integrationsmaßnahmen auf eine hierdurch unvermeidliche politische Integration ist das Kernelement der sog. „funktionalistischen Integrationstheorie“.[24] Diese Vorgehensweise erwies sich als erfolgreich: Durch das Fortschreiten der wirtschaftlichen Integrationsmaßnahmen seit den 1950er Jahren wurden bis heute mehr und mehr Projekte verwirklicht, die auch oder hauptsächlich vom politischen Einheitsgedanken geprägt sind, die aber ohne die vorhergehende Annäherung auf wirtschaftlichem Wege nicht denkbar gewesen wären. Zu nennen sind hier beispielhaft die Finanzreform von 1970, seit der die EWG zunehmend durch eigene Mittel finanziert wurde, die Direktwahl des Europäischen Parlaments seit 1979, die Errichtung des Binnenmarkts, insbesondere die Einführung des Euro als Gemeinschaftswährung 1999 bzw. 2002, aber auch das Bestreben nach einer „Verfassung“ für Europa seit 2004[25]. Aktuell befindet sich auch die EU mit ihren Mitgliedsstaaten im Strudel der sog. „Finanz- und Wirtschaftskrise“ bzw. der „Eurokrise“. Im Zuge dessen wurde unter anderem der „Euro-Rettungsschirm“ geschaffen, um Staaten, die von der Krise besonders betroffen sind, zu helfen.[26] Der Sonderfall Griechenland wird so, mit historisch nicht vergleichbaren Maßnahmen, vor der Zahlungsunfähigkeit gerettet.[27] Auch wenn die Stabilität der Wirtschaftszone und die wirtschaftliche Lage in den anderen Mitgliedsstaaten zu Gunsten der jeweils eigenen ökonomischen Lage Bestandteil der nationalen Interessenlagen sind, so ist doch nicht verkennbar, dass diese Bemühungen auf Ebene der Europäischen Union ein Spiegelbild dafür sind, dass die EU heute nicht nur ein bloßes Mittel der wirtschaftlichen Zusammenarbeit ist, sondern darüber hinaus identitätsstiftend für das gegenseitige Einstehen und die

---

23 *Herdegen*, Europarecht, § 1, Rn. 14; *Schroeder*, GK Europarecht, § 2, Rn. 3.

24 *Bungenberg*, EuR 2000, 879 f.

25 Der Verfassungsvertrag vom 29.10.2004 ist nach den ablehnenden Referenden in den Niederlanden und Frankreich politisch gescheitert. Folge war die Schaffung des Vertrags von Lissabon, der letztlich am 01.12.2009 in Kraft trat und inhaltlich weitestgehend dem Verfassungsvertrag entspricht. Es ist davon auszugehen, dass die symbolische Bedeutung des Begriffs „Verfassung“ für deren Misserfolg ausschlaggebend war, vgl. *Herdegen*, Europarecht, § 4, Rn. 29 f.

26 *Wieland*, NVwZ 2011, 340 ff.; Nachrichtenmeldung in EuZW 2011, 163; *Bandilla* in Grabitz / Hilf / Nettesheim, Art. 125 AEUV, Rn. 14 ff.

27 Allg. hierzu *Bandilla* in Grabitz / Hilf / Nettesheim, Art. 125 AEUV, Rn. 16; zu detaillierteren Fragen wie der Verfassungsmäßigkeit der Hilfsmaßnahmen oder der möglichen Folgen eines Scheiterns u. a. *Kindler*, NJW 2012, 1617 ff.; *Nettesheim*, NJW 2012, 1409 ff.; *Knopp*, NJW 2010, 1777 ff.

Zusammenarbeit der europäischen Staaten wirkt.[28] Die „europäische Integration" ist somit heute – wenn auch noch lange nicht abgeschlossen – ganzheitlich zu verstehen: Der momentane Integrationsprozess umfasst wirtschaftliche, politische und gesellschaftliche Aspekte, ist von dem Kerngedanken des „immer engeren Zusammenschlusses der europäischen Völker"[29] geprägt und soll somit letztlich zu einem Selbstverständnis führen, das bewirkt, dass die Menschen in den Mitgliedsstaaten sich nicht nur als deutsche, französische, spanische, italienische etc. Staatsbürger, sondern letztlich auch als europäische Bürger identifizieren.

B. Die Privatrechtsangleichung

I. Begriffsbestimmung

Hinsichtlich des Begriffs der „Privatrechtsangleichung" muss die Begriffsbestimmung, insbesondere aufgrund gewisser Abgrenzungsschwierigkeiten, umfangreicher ausfallen als in Bezug auf die „europäische Integration". In der Literatur wurden vereinzelt Versuche unternommen, eine allgemeine Definition des Begriffs „Rechtsangleichung" im Kontext des Rechts der europäischen Verträge aufzustellen. Einmal heißt es z. B. Rechtsangleichung sei *„die sachbezogene Annäherung nationaler Rechtsvorschriften an einen unionsrechtlich vorgegebenen Standard."*[30] Nach anderer Ansicht sei mit Rechtsangleichung *„die Angleichung nationaler Vorschriften im Wege der Gesetzgebung durch die Organe der* [EU], *also durch Setzung von Sekundärrecht"*[31] gemeint. Allgemeiner wird sie auch bezeichnet als *„das bewusste und gemeinsame Verfahren mehrerer Staaten mit dem Ziel, Rechtsnormen gleichen oder identischen Inhalts in ihre Rechtsordnungen einzuführen oder sonst ihre Rechte im Verhältnis gleich zu gestalten."*[32] Die Unterschiede dieser verschiedenen, teils allgemein gehaltenen, teils pragmatisch-verfahrenstechnischen Ansätze zeigen, dass der Begriff der „Rechtsangleichung" einer allgemeingültigen Definition nicht zugänglich ist. Auch verwendet der AEUV für diesen Themenkomplex an verschiedenen Vertragsstellen verschiedene

---

28 Zur Existenz einer „europäischen Identität" vgl. *von Bogdandy / Schill* in Grabitz / Hilf / Nettesheim, Art. 4 EUV, Rn. 46; *Blanke* in Calliess / Ruffert, Art. 167 AEUV, Rn. 4.

29 Vgl. Erw.gr. 1 Präambel AEUV.

30 *Kahl* in Calliess / Ruffert, Art. 114 AEUV, Rn. 13.

31 *Bock*, Rechtsangleichung und Regulierung im Binnenmarkt, S. 49.

32 *Schmeder*, Die Rechtsangleichung als Integrationsmittel der Europäischen Gemeinschaft, S. 8.

Formulierungen: Während Art. 114 AEUV – dieser stellt die zentrale Kompetenznorm für binnenmarktbezogene Maßnahmen auf dem Gebiet der Privatrechtsangleichung durch die Europäische Union dar[33] – von der „Rechtsangleichung" spricht, sprechen z. B. Art. 207 AEUV von der „Rechtsvereinheitlichung", Art. 50 AEUV von der „Koordinierung" und Art. 11 AEUV von der „Harmonisierung". Eine Bestimmung dessen, was unter „Rechtsangleichung" fällt, muss also anhand der Abgrenzung zu den artverwandten Begriffen vorgenommen werden. Das, vom reinen Wortsinn her, sich gegenüberstehende Begriffspaar der „Rechtsangleichung" und der „Rechtsvereinheitlichung" muss hierbei im Mittelpunkt stehen.

1. Strikte Abgrenzung zwischen „Rechtsangleichung" und „Rechtsvereinheitlichung"

Es wird – auch heute noch – vertreten, dass dieses Begriffspaar scharf voneinander abzugrenzen und zu unterscheiden ist.[34] Dieser Ansatz der kategorischen Unterscheidung ist zugleich auch der historischste.[35] Demnach bedeutet „Rechtsangleichung" die bloße Annäherung der betroffenen Rechtsmaterien, während die „Rechtsvereinheitlichung" die völlige inhaltliche Übereinstimmung der innerstaatlichen Rechtsnormen darstellen soll. Das wesentliche Abgrenzungsmerkmal soll also die Intensität der Maßnahme sein.[36] Hierfür sprechen zunächst einmal grammatikalische Aspekte: Eine Angleichung setzt vom Wortsinn her eine Annäherung mindestens zweier unterschiedlicher Dinge voraus und meint demnach auch deren Beibehaltung. Eine Vereinheitlichung jedoch meint gemeinhin einen Prozess, an dessen Ende eine einzelne Sache übrigbleibt, die für den Regelungs- bzw. Geltungsbereich der vorherbestehenden, nunmehr vereinheitlichten Dinge, gilt.[37] Durch eine grammatikalische Auslegung der Begriffe „Rechtsangleichung"

---

33 *Heiderhoff*, Europäisches Privatrecht, Rn. 13.

34 *Kahl* in Calliess / Ruffert, Art. 114 AEUV, Rn. 13.

35 So bereits *Everling* in Wohlfarth / Everling / Glaesner / Sprung, Art. 100 EWGV, Rn. 4; *von der Groeben*, NJW 1970, 359, 361; ursprünglich wurde sogar auch zu den Begriffen „Koordinierung" und Harmonisierung strikt abgegrenzt, siehe *Everling* in Wohlfarth / Everling / Glaesner / Sprung, Art. 56 EWGV, Rn. 4, Art. 57 EWGV, Rn. 3.

36 *Eiden*, Die Rechtsangleichung gemäß Art. 100 des EWG-Vertrages, S. 15; *von Danwitz* in Dauses, Hb.EUWirtR, B. II., Rn. 86; eine verfahrenstechnische Differenzierung aufgreifend *Taupitz*, Europäische Privatrechtsvereinheitlichung heute und morgen, S. 18 f.; *Franzen*, Privatrechtsangleichung durch die Europäische Gemeinschaft, S. 71.

37 Vgl. hierzu auch die Differenzierung zwischen den Begriffen „angeglichenes Recht" und „Einheitsrecht" bei *Franzen*, Privatrechtsangleichung durch die Europäische Gemeinschaft, S. 10.

und „Rechtsvereinheitlichung“ kann man somit durchaus zu dem Ergebnis kommen, dass diese strikt voneinander abzugrenzen sind.[38]

Ein weiterer Ansatz zur strikten Abgrenzung ist der der unterschiedlichen Wirkungen und Rechtsfolgen, die „Rechtsangleichung“ und „Rechtsvereinheitlichung“ mit sich bringen sollen. So würde hiernach eine „Rechtsvereinheitlichung“ nur dann vorliegen, wenn die Maßnahme vollständig der Feder des Unionsgesetzgebers entspringt[39] und mitgliedsstaatliches Recht verdrängt oder neben es tritt, während die „Rechtsangleichung“, in Anbetracht der Rechtsnatur der Richtlinie, als ihr häufigstes Instrument, gerade keine Gleichschaltung nationaler Rechtsnormen bewirke.[40] Folgt man dem, kommt man zu dem Schluss, dass eine „Rechtsangleichung“ nur dann vorliegt, wenn durch sekundärrechtliche Maßnahmen bestimmte Rechtsmaterien der Mitgliedsstaaten zwar einander angenähert werden, aber dennoch gerade als mitgliedsstaatliches Recht bestehen bleiben. „Rechtsvereinheitlichung“ liegt hingegen dann vor, wenn eine vollkommene Identität der mitgliedsstaatlichen Regelungen bezweckt wird, sodass es i. E. keinen Unterschied mehr macht, ob zwei identische mitgliedsstaatliche Regelungen oder ein einheitlicher, für beide Staaten geltender Rechtsakt besteht.

2. „Rechtsvereinheitlichung“ als Unterfall der „Rechtsangleichung“

Es ist jedoch umstritten, ob dieser rein begrifflichen Differenzierung Geltung zugesprochen werden kann.[41] Hiergegen wird zunächst eingewandt, dass die Verwendung der Begriffe „Harmonisierung“, „Koordinierung“, „Abstimmung“ und eben „Rechtsangleichung“ und „Rechtsvereinheitlichung“ meist synonym erfolgt.[42] Wenn aber schon eine synonyme Verwendung der Begriffe erfolgt, so wird man kaum auf eine Abgrenzung abstellen können, die auf grammatikalischer Ebene fußt. Hinzu kommt ein weiteres sprachliches Argument: In den verschiedenen Sprachfassungen der Vertragstexte werden die korrekten Übersetzungen der

---

38 So auch *Herrnfeld* in Schwarze, EU-Kommentar, 2. Aufl., Art. 94 EGV, Rn. 7.

39 D. h. wenn die Form der Verordnung gewählt wird, da diese keines Umsetzungsaktes durch den nationalen Gesetzgeber bedarf; problematisch erscheint bei dieser Beurteilung allerdings die Einordnung von Richtlinien die keinen oder nur einen verschwinden geringen Umsetzungsspielraum bieten.

40 *Ihns*, Entwicklung und Grundlagen der europäischen Rechtsangleichung, S. 16.

41 Eine am Wortlaut orientierte Auslegung des Tatbestandsmerkmals „Angleichung“ ablehnend *Bock*, Rechtsangleichung und Regulierung im Binnenmarkt, S. 50.

42 *Trüe*, Das System der Rechtsetzungskompetenzen der Europäischen Gemeinschaft und der Europäischen Union, S. 189; bereits *Schmeder*, Die Rechtsangleichung als Integrationsmittel der Europäischen Gemeinschaft, S. 5.

Begriffe nicht eins zu eins an denselben Stellen verwendet, sondern es ergeben sich hier oftmals Unterschiede in der Platzierung der Begriffe in den verschiedenen Vertragsnormen.[43] Vor diesem Hintergrund ist schon davon auszugehen, dass eine solche begriffliche Differenzierung bei der Vertragskodifizierung nicht angedacht war. Gegen das Argument der unterschiedlichen Wirkungen und Rechtsfolgen von „Rechtsangleichung" und „Rechtsvereinheitlichung" kann zunächst angeführt werden, dass es mittlerweile anerkannt ist, dass Art. 114 AEUV, als zentrale Kompetenznorm für die binnenmarktbezogene Privatrechtsangleichung, den Unionsgesetzgeber auch zum Erlass von Verordnungen ermächtigt.[44] Wenn aber der Wortlaut von Art. 114 AEUV gerade nur eine „Angleichung" – nicht aber eine „Vereinheitlichung" – zulässt, so stünde es im Widerspruch einerseits die Möglichkeit des Erlasses von Verordnungen im Rahmen dieser Rechtsgrundlage anzuerkennen, aber andererseits – nach der Definition der obigen Auffassung – „rechtsvereinheitlichende" Maßnahmen aus dem Anwendungsbereich des Art. 114 AEUV mit der Begründung auszuschließen, dass keine „Angleichung", sondern eine Verdrängung des mitgliedsstaatlichen Rechts stattfände.

Vor diesem Hintergrund hat sich, entgegen der historisch gewachsenen strikten Abgrenzungsmethode, eine Gegenansicht herausgebildet, die die „Rechtsvereinheitlichung" als Unterfall des Oberbegriffs „Rechtsangleichung" ansieht. Hierfür wird zunächst argumentiert, dass nach dem Wortsinn des Begriffs „Rechtsvereinheitlichung" das Ergebnis einer solchen, die Herbeiführung eines völlig identischen Rechts ist. Dieses Ideal sei aber schon überall dort praktisch nicht zu erreichen, wo es bei der Rechtsetzung um den Erlass eines Rechtstextes in mehreren Sprachen geht.[45] Um den Begriff der „Rechtsvereinheitlichung" nicht vollends zu entwerten, könne daher nicht an der strikten begrifflichen Abgrenzung festgehalten werden, sondern es müsse eine „Rechtsvereinheitlichung" auch bei einer Annäherung knapp unterhalb des soeben erläuterten Ideals angenommen werden.[46] Erkennt man dies an, so können „Rechtsangleichung" und „Rechtsvereinheitlichung" zwar immer noch anhand des Intensitätsgrades unterschieden

---

43 *Ludwigs*, Rechtsangleichung nach Art. 94, 95 EG-Vertrag, S. 89 f.; *Trüe*, Das System der Rechtsetzungskompetenzen der Europäischen Gemeinschaft und der Europäischen Union, S. 189 f.; *Franzen*, Privatrechtsangleichung durch die Europäische Gemeinschaft, S. 70 f.

44 *Tietje* in Grabitz / Hilf / Nettesheim, Art. 114 AEUV, Rn. 115; *Kahl* in Calliess / Ruffert, Art. 114 AEUV, Rn. 28.

45 *Weimer*, Grundfragen grenzüberschreitender Rechtsetzung, S. 22; *Bock*, Rechtsangleichung und Regulierung im Binnenmarkt, S. 50.

46 *Bock*, Rechtsangleichung und Regulierung im Binnenmarkt, S. 50.

werden, der Übergang vom einen zum anderen wird damit jedoch fließend.[47] Das lässt eine strikte, trennscharfe Abgrenzung aber unpraktisch und impraktikabel erscheinen, wodurch letztendlich die „Rechtsvereinheitlichung" nur ein Unterfall der „Rechtsangleichung" sei, nämlich ihre intensivste, vollkommenste Form.[48] Folgt man dieser Ansicht, so kommt man in der logischen Konsequenz dann nicht umhin, auch Maßnahmen, die auf eine „Rechtsvereinheitlichung" abzielen oder eine solche bewirken, von Art. 114 AEUV – in seiner Rolle als zentrale Kompetenz zur „Rechtsangleichung" – als erfasst anzusehen.

3. *Entscheidung für die vorzugswürdige Ansicht*

Die Argumentation für das weite Verständnis des Begriffs „Rechtsangleichung" ist überzeugend. Die erstgenannte Ansicht verführt zwar zunächst mit ihrer vermeintlich klaren Abgrenzung, dass wenn zwei Begriffe streng voneinander abzugrenzen sind, eindeutig zu bestimmen ist, ob der Anwendungsbereich einer Norm eröffnet ist, was die Rechtsanwendung auf den ersten Blick erleichtert. Es gibt jedoch gewichtige Gründe, die dafür sprechen, dass diese scheinbar so klare Abgrenzung in der Praxis nicht funktionieren kann, womit der zweitgenannten Ansicht zu folgen ist.

Zunächst einmal spricht gegen die Vertreter, die die strikte Abgrenzung grammatikalisch begründen wollen, der Vertragstext des AEUV selbst: Beispielhaft zeigen Art. 114 und 207 AEUV, dass trotz Verwendung der unterschiedlichen Begriffe „Angleichung" (Art. 114 AEUV) und „Vereinheitlichung" (Art. 207 AEUV) nichts dafür spricht, dass bei der Erstellung der Unionsverträge an diesen Stellen die jeweils gestatteten Maßnahmen anhand ihres Intensitätsgrades festgemacht werden sollten.[49] Weiterhin fußt die historische, strikt differenzierende Auffassung darauf, dass der damalige Art. 100 EWGV – heute Art. 115 AEUV – ausdrücklich nur zum Erlass von Richtlinien ermächtigte, der nachträglich eingeführte Art. 100a EWGV – der heutige Art. 114 AEUV – aber auch den Erlass von

---

47 Einen fließenden Grenzverlauf bejahend *Ihns*, Entwicklung und Grundlagen der europäischen Rechtsangleichung, S. 16.

48 *Matthias Wagner*, Das Konzept der Mindestharmonisierung, S. 19; *Weimer*, Grundfragen grenzüberschreitender Rechtsetzung, S. 25; *Bock*, Rechtsangleichung und Regulierung im Binnenmarkt, S. 52; *Ludwigs*, Rechtsangleichung nach Art. 94, 95 EG-Vertrag, S. 92 f.

49 Auch wenn Art. 207 AEUV Maßnahmen gegenüber Drittstaaten regelt kann er hier dennoch herangezogen werden, da er als Beispiel für die nicht systematische Begriffsverwendung innerhalb der Verträge dient.

Verordnungen zuließ.[50] Die Verordnung entfaltet aber nach ihrer Rechtsnatur in allen Mitgliedsstaaten unmittelbar geltendes Recht[51] und bewirkt so eine Rechtsvereinheitlichung. Wenn aber einerseits anerkannt ist, dass Art. 114 AEUV zum Erlass von Verordnungen ermächtigt, so erscheint es andererseits widersinnig, die Rechtsvereinheitlichung aus dessen Anwendungsbereich herauszunehmen, da sie die Regelfolge des Erlasses einer Verordnung darstellt. Vor diesem Hintergrund kommt hinzu, dass vereinzelt auch Richtlinien so detailliert ausgestaltet sind, dass sie einer Verordnung von ihrer normativen Dichte her derart nah kommen, dass man auch bei ihnen von einer Rechtsvereinheitlichung sprechen muss.[52] Berücksichtigt man diese Gesichtspunkte, so kann an der begrifflichen Differenzierung nicht festgehalten werden.

Darüber hinaus ist festzustellen, dass sich die Befürworter der erstgenannten Ansicht teilweise selbst in logischen Widersprüchen verfangen. So wird z. B. darauf abgestellt, dass zwar durch Rechtsangleichung grundsätzlich keine Rechtsvereinheitlichung bewirkt werden solle, andererseits wird jedoch zugestanden, dass unter dem Oberbegriff der Rechtsangleichung eine Vereinheitlichung herbeigeführt werden könne. Es wird somit nach der Rechtsnatur des Sekundärrechtsakts abgegrenzt und zum anderen aber die rechtsvereinheitlichende Wirkung detaillierter Richtlinienregelungen herausgestellt.[53] Es wird zum einen anerkannt, dass Art. 114 AEUV zum Erlass von Verordnungen ermächtigt, zugleich aber die Rechtsvereinheitlichung als nicht von diesem erfasst angesehen.[54] Aufgrund der überzeugenderen Argumente der letzteren und der inneren Widersprüche der erstgenannten Ansicht folgt diese Arbeit somit der vorzugswürdigen Alternative: Die „Rechtsvereinheitlichung" ist ein Sonderfall der „Rechtsangleichung", und zwar deren intensivste Form.

4. Zusammenfassung

„Privatrechtsangleichung" auf europäischer Ebene liegt somit immer dann vor, wenn einzelne Regelungen auf dem Gebiet des Privatrechts durch eine Maßnahme

---

50 Zur Genese des Art. 114 AEUV siehe z. B.: *Kahl* in Calliess / Ruffert, Art. 114 AEUV, Rn. 1 ff.; *Tietje* in Grabitz / Hilf / Nettesheim, Art. 114 AEUV, Rn. 1 ff.

51 *Nettesheim* in Grabitz / Hilf / Nettesheim, Art. 288 AEUV, Rn. 101; *Ruffert* in Calliess / Ruffert, Art. 288 AEUV, Rn. 20; *Hakenberg*, Europarecht, Rn. 176.

52 *Streinz*, Europarecht, Rn. 477; *Ludwigs*, Rechtsangleichung nach Art. 94, 95 EG-Vertrag, S. 92 f.

53 *Ihns*, Entwicklung und Grundlagen der europäischen Rechtsangleichung, S. 16.

54 *Basedow* in FS Säcker, S. 29, 38 f.

der EU inhaltlich angenähert oder vereinheitlicht werden oder neue Regelungen gesetzt werden, die in den Mitgliedsstaaten (oder zumindest einem Teil hiervon) gleichermaßen zur Geltung gelangen.

II. Geschichtliche Entwicklung

1. Gemeinschaftsgründung bis Jahrtausendwechsel

Die Angleichung des Privatrechts auf europäischer Ebene war nach der Gründung der EGKS bzw. der EWG zunächst kein Punkt, der sich weit oben auf deren Agenda befand. Im Mittelpunkt der Maßnahmen zur wirtschaftlichen Integration standen zunächst vielmehr solche des Wirtschaftsverwaltungsrechts.[55] Die Anfänge der Privatrechtsangleichung durch die EWG reichen zurück bis in die 1970er Jahre[56]; hier noch vornehmlich auf dem Gebiet des Gesellschaftsrechts.[57] Dann erfolgte aber mit dem ersten Programm der EWG zum Verbraucherschutz[58] 1975 der erste Schritt zur Beeinflussung des elementaren Privatrechts. In der Folge wurden, zunächst mit den Mitteln, die der ursprüngliche EWG-Vertrag bereithielt[59], ab Mitte der 1980er Jahre eine Reihe verbraucherschutzrechtlicher Richtlinien erlassen. Zu nennen sind vor allem die Produkthaftungsrichtlinie[60], die Richtlinie über Haustürgeschäfte[61] und die Verbraucherkreditrichtlinie[62]. Bis zu dieser Zeit erfolgte die Rechtsangleichung nach dem Prinzip der Vollharmonisierung.[63] Eine solche liegt dann vor, wenn eine Richtlinie in ihrem sachlich-persönlichen Anwendungsbereich ein bestimmtes Regelungsergebnis dergestalt vorgibt, dass es den Mitgliedsstaaten verbietet, von diesem abzuweichen, d. h., dass sie nicht in der Lage sind, die Richtlinie strenger oder weniger streng ins nationale Recht zu transformieren, als es der Vorgabe durch den Unionsgesetzgeber entspricht.[64] Durch die Einheitliche

55 *Mittwoch*, JuS 2010, 767.
56 *Riedl*, Vereinheitlichung des Privatrechts in Europa, S. 15.
57 *Mittwoch*, JuS 2010, 767.
58 ABl. C 92/1 v. 14. 4. 1975.
59 Vgl. *Hirsch*, ZIP 2007, 937, 938.
60 RL 85/374/EWG vom 25.07.1985.
61 RL 85/577/EWG vom 20.12.1985.
62 Zunächst RL 87/102/EWG vom 22.12.1986, nunmehr RL 2008/48/EG vom 23.04.2008.
63 Vgl. zur Geschichte der Vollharmonisierung *Mittwoch*, Vollharmonisierung und Europäisches Privatrecht, S. 43 ff.
64 *Roth* in Gsell / Herresthal, Vollharmonisierung im Privatrecht, S. 13, 18.

Europäische Akte wurde 1987 Art. 100a EWGV als Kompetenznorm eingeführt[65], der heute als Art. 114 AEUV die zentrale Kompetenzgrundlage auf dem Gebiet der Rechtsgrundlage darstellt.[66] Dies geschah im Rahmen der nunmehr verfolgten „neuen Strategie", nach der mit der Harmonisierung die Vollendung des Binnenmarktes erreicht werden sollte.[67] Im Zuge dessen wurde fortan das Konzept der Mindestharmonisierung verfolgt.[68] Hierunter versteht man, dass durch den Legislativakt des Unionsgesetzgebers lediglich ein Mindeststandard aufgestellt wird, es dem nationalen Gesetzgeber bei dessen Umsetzung aber frei steht, strengere Vorschriften zu erlassen oder zu bewahren.[69] Hintergrund dieses Umschwenkens war die Erkenntnis, dass das Konzept der Vollharmonisierung zu diesem Zeitpunkt ausgereizt war[70], da einerseits die Kompromissfindung im Rahmen des Einstimmigkeitserfordernisses für Maßnahmen nach Art. 100 EWGV durch die Zunahme an Mitgliedsstaaten immer schwerer wurde[71] und sich andererseits in Folge der „Cassis-Rechtsprechung" des EuGH[72] das Prinzip zur Verpflichtung zur gegenseitigen Anerkennung unter den Mitgliedsstaaten durchsetzte[73]. Mit dem übergeordneten Ziel der Verwirklichung des Binnenmarktes wurden in der Folge – in einem nunmehr erleichterten Verfahren[74] – eine Reihe weiterer Richtlinien auf dem Gebiet des Verbraucherrechts erlassen. Damit gemeint sind insbesondere die Pauschalreise-Richtlinie[75], die Richtlinie über missbräuchliche Klauseln in Verbraucherverträgen[76], die Time-Sharing-Richtlinie[77], die Fernabsatzrichtlinie[78], die E-Commerce-Richtlinie[79] und mit der Verbrauchsgüterkaufrichtlinie[80] wohl diejenige, die bis heute am nachhaltigsten in zentrale Bereiche der nationalen Vertragsrechte hineingewirkt hat.

---

65 *Tietje* in Grabitz / Hilf / Nettesheim, Art. 114 AEUV, Rn. 17.
66 *Heiderhoff*, Europäisches Privatrecht, Rn. 13.
67 *Von Danwitz* in Dauses, Hb.EUWirtR, B.II., Rn. 92.
68 *Mittwoch*, JuS 2010, 767 f.
69 *Roth* in Gsell / Herresthal, Vollharmonisierung im Privatrecht, S. 13, 19.
70 *Von Danwitz* in Dauses, Hb.EUWirtR, B.II., Rn. 93.
71 *Mittwoch*, JuS 2010, 767.
72 EuGH, Urteil vom 20.02.1979, Rs. 120/78 = NJW 1979, 1766 f.
73 *Tietje* in Grabitz / Hilf / Nettesheim, Art. 114 AEUV, Rn. 13.
74 *Hirsch*, ZIP 2007, 937, 938.
75 RL 90/314/EWG vom 13.06.1990.
76 RL 93/13/EWG vom 05.04.1993.
77 RL 94/47/EG vom 26.10.1994.
78 RL 97/7/EG vom 20.05.1997.
79 RL 2000/31/EG vom 08.06.2000.
80 RL 1999/44/EG vom 25.05.1999.

2. Rezeption und neuere Entwicklung

Die Systematik dieser punktuellen Rechtsangleichung wurde und wird in der Wissenschaft teilweise harsch kritisiert. Bemängelt wird vor allem, dass eine Gesamtkonzeption fehle, sodass Rechtsetzungsakte ohne Rücksicht auf nationale Traditionen und geschlossene Zivilrechtskonzeptionen erlassen werden und sich hierdurch „Inseln“ des angeglichenen Rechts herausgebildet haben, die in keinem Bezug zu den sonstigen nationalen Rechtsordnungen stehen. Durch die den Richtlinien zu Grunde liegenden unterschiedlichen rechtspolitischen Zielsetzungen entstünden Wertungswidersprüche, die durch die Rechtspraxis überwunden werden müssten.[81] Die Umsetzung der Richtlinien kann aber nur durch den Erlass von Sondergesetzen oder die Integration in die jeweilige allgemeine nationale Kodifikation erfolgen. Als Reaktion auf den vermehrten Richtlinienerlass kam es innerhalb der Mitgliedsstaaten zu einer Reihe von De-Kodifikationen, die durch den Erlass von Sondergesetzen herbeigeführt wurden.[82] Darauf folgten vergleichbare Serien von Re-Kodifikationen, indem die Sondergesetze wieder integriert wurden[83] oder gar Anlass für die Erarbeitung neuer nationaler Gesetzbücher gaben.[84] Gerade durch die letztere Entwicklung wird das Bemühen der mitgliedsstaatlichen Gesetzgeber ersichtlich, die privatrechtlichen Richtlinien in die Systematik der nationalen Kodifikationen einzubetten, um die durch die Unterschiede zu den tradierten Rechtsordnungen hervorgerufenen Wertungswidersprüche zu beseitigen bzw. zu minimieren.

Im Jahr 2008 unternahm die Europäische Kommission zuletzt einen Versuch, von dem Prinzip der Mindestharmonisierung wieder auf das der Vollharmonisierung umzuschwenken, indem sie einen Entwurf[85] vorlegte, mit dem die vier Richtlinien über Haustürgeschäfte, den Fernabsatz, die missbräuchlichen Klauseln in Verbraucherverträgen und den Verbrauchsgüterkauf in einer nunmehr wieder vollharmonisierten Verbraucherrechte-Richtlinie zusammengefasst werden sollten.

---

81 *Rittner*, JZ 1995, 849, 851; *Mittwoch*, JuS 2010, 767, 768;

82 In Deutschland z. B. das AGB-Gesetz von 1977 oder das Teilzeit-Wohnrechte-Gesetz von 1997.

83 In Deutschland wurden im Zuge der Schuldrechtsreform zum 01.01.2002 das Verbraucherkreditgesetz, das AGB-Gesetz, das Gesetz über den Widerruf von Haustürgeschäften, das Teilzeit-Wohnrechte-Gesetz und das Fernabsatzgesetz in das BGB integriert, vgl. Art. 6 Schuldrechtsmodernisierungsgesetz; ein neuerlicher Vorstoß zur Exklusion des Verbraucherrechts aus dem BGB – vgl. *Micklitz*, NJW-Beil. 2012, 77 ff. – wurde auf dem 69. deutschen Juristentag 2012 mehrheitlich abgelehnt.

84 Übersicht in *Riedl*, Vereinheitlichung des Privatrechts in Europa, S. 30.

85 KOM(2008) 614/4 vom 08.10.2008.

Begründung für diese Neuausrichtung war das Bestreben durch die Vollharmonisierung die Rechtszersplitterung in den zu diesem Zeitpunkt nunmehr 27 Mitgliedsstaaten zu beseitigen, die gerade auch durch die Vielzahl der vorhergehenden mindestharmonisierenden Maßnahmen entstanden ist.[86] Mit diesem Ansatz konnte sich die Kommission allerdings nicht durchsetzen. Nach breiter und langwieriger Diskussion über den Vorschlag an sich[87], sowie über das Konzept der Vollharmonisierung als solches[88], hat sich die letztlich erlassene Verbraucherrechte-Richtlinie[89] wieder weitgehend vom Konzept der Vollharmonisierung entfernt.[90]

Somit ist festzuhalten, dass das aktuelle Stadium der Privatrechtsangleichung in der Europäischen Union noch immer ein größtenteils fragmentarisches ist. Es gibt eine Vielzahl von Einzelbereichen, auf deren Gebiet die EU Richtlinien und in geringerem Maße auch Verordnungen[91] erlassen hat, größtenteils im Namen des Verbraucherschutzes. Neuere Ansätze, diese Angleichung kohärenter durch die Rückbesinnung auf das Mittel der Vollharmonisierung auszugestalten, sind gescheitert; das Bestreben nach einem stärkeren systematischen Zusammenhang des angeglichenen Privatrechts jedoch nicht. Diese Entwicklung hat den Weg dafür gebahnt, dass mittlerweile neue Ansätze im Mittelpunkt der Diskussion stehen. Allen voran die Idee eines optionalen Instruments auf dem Gebiet des europäischen Privatrechts, die mit dem Entwurf zum GEKR eine erste Umsetzung gefunden hat.[92]

C. Bedeutung der Privatrechtsangleichung für die europäische Integration

Nach der Klärung der Begrifflichkeiten „europäische Integration“ und „Privatrechtsangleichung“ muss ihr Zusammenhang herausgestellt werden. Die Frage, die sich hierbei stellt, ist, ob die Angleichung des Privatrechts innerhalb der

86 *Martinek* in Staudinger, Eckpfeiler des Zivilrechts, Kap. A, Rn. 96.

87 U. a. *Micklitz / Reich*, EuZW 2009, 279 ff.; *Schwab*, EuZW 2009, 873.

88 Vgl. allein den Tagungsband *Gsell / Herresthal*, Vollharmonisierung im Privatrecht.

89 RL 2011/83/EU vom 25.10.2011.

90 *Martinek* in Staudinger, Eckpfeiler des Zivilrechts, Kap. A, Rn. 108.

91 Z.B. die Verordnung (EG) Nr. 261/2004 vom 11.02.2004, sog. „Fluggäste-Verordnung“.

92 Zur Diskussion schon vor Veröffentlichung des Verordnungsentwurfs über ein Gemeinsames Europäisches Kaufrecht siehe z.B. *Herresthal*, EuZW 2011, 7 ff.

Europäischen Union einen Einfluss auf die europäische Integration hatte und hat und wenn ja, welcher Gestalt dieser Einfluss ist.

Dass die Privatrechtsangleichung überhaupt einen Einfluss auf die europäische Integration hat, wird mitunter bestritten. Ein angeglichenes oder gar vereinheitlichtes Privatrecht hätte allein schon aufgrund der vielen unterschiedlichen Sprachen innerhalb der EU und der nationalen Rechtstraditionen, denen die Anwälte und Richter verhaftet seien, keine Auswirkung darauf, dass sich die nationale Identität der Einwohner Europas zu einer europäischen weiterentwickle.[93] Wer dieser These folgt, verkennt allerdings das Wirken der Unionsrechtsetzung seit den 1950er Jahren. Wie bereits aufgezeigt[94], hat der „spill-over"-Gedanke der wirtschaftlichen Integration innerhalb der EU Früchte getragen. Durch die erfolgreiche wirtschaftliche Integration war es möglich, Projekte zu verwirklichen, die eine politische und gesellschaftliche Bedeutung haben, die weit über die rein wirtschaftliche Ebene hinausgehen. Durch die Verwirklichung und fortwährende Entwicklung des Binnenmarkts versteht sich der Wirtschaftsverkehr in der Europäischen Union als ein zusammenhängender europäischer Wirtschaftsraum. Wird über die globale wirtschaftliche Lage gesprochen, sind die drei maßgeblichen Volkswirtschaften, die im Mittelpunkt stehen, die USA, China und eben Europa – und nicht ein alleiniger oder mehrere einzelne europäische Staaten. Dieser funktionierende „spill-over"-Gedanke kann und muss auch auf das Privatrecht übertragen werden. Gleicht man die Regeln des Privatrechts innerhalb der Europäischen Union an, so hat dies zur Folge, dass die Marktteilnehmer, gleich ob Unternehmer oder Verbraucher, ihre Verträge identischen oder zumindest stark ähnlichen Regelungen unterwerfen müssen. Wenn die den Verträgen zu Grunde liegenden gesetzlichen Regelungen aber identisch oder zumindest stark ähnlich sind, so entsteht mit der Zeit auch ein zwischen den Mitgliedsstaaten kongruentes Rechtsdenken auf den angeglichenen Gebieten des Privatrechts. Die unterschiedlichen Rechtstraditionen in den Mitgliedsstaaten können dies nicht verhindern. Der Grad ihrer Unterschiedlichkeit hat lediglich Einfluss auf die Dauer dieses Vorgangs, insbesondere vor dem Hintergrund, dass die Mitgliedsstaaten mit dem EuGH für das angeglichene Recht über eine gemeinsame letzte Auslegungsinstanz verfügen. Wenn aber in den Mitgliedsstaaten ein stark ähnliches Recht auf wesentlichen Gebieten des Vertragsrechts vorliegt und dadurch ein stark angenähertes Rechtsdenken in diesen Bereichen entsteht, ist es widersinnig zu bestreiten, dass dies einen einheitsstiftenden Effekt mit sich bringt. Denn je weiter ein gemeinsamer

93 So bereits *Rittner*, JZ 1995, 849, 856.

94 Kap. 2, § 1, A., II. 2.

„europäischer Rechtsraum" gedeiht, desto mehr müssen sich die Rechtspraktiker der Mitgliedsstaaten als Angehörige einer „europäischen Rechtskultur" verstehen und als solche handeln – ob sie dies nun wollen oder nicht. Da es die Rechtspraxis ist, die den Rechtsalltag bzw. die Rechtswirklichkeit bestimmt, in der sich die Völker Europas wiederfinden, führt die Angleichung auf privatrechtlicher Ebene letztlich auch zu einem angeglichenen rechtlichen Denken in der Bevölkerung der Mitgliedsstaaten und somit zu einer Förderung der europäischen Integration.

Zusammenfassend ist somit festzustellen, dass die Angleichung des Privatrechts auf Ebene der Europäischen Union der Idee und der Fortentwicklung der europäischen Integration zuträglich ist. Dem „spill-over"-Gedanken entsprechend fördert sie ein einheitliches Rechtsdenken innerhalb der europäischen Bevölkerung und erfüllt daher eine einheitsstiftende Funktion.

§ 2: Der Verordnungsentwurf der Europäischen Kommission über ein Gemeinsames Europäisches Kaufrecht

Am 11.10.2011 veröffentlichte die Europäische Kommission den Verordnungsentwurf über ein Gemeinsames Europäisches Kaufrecht.[95] Dieser Entwurf steht im Mittelpunkt der vorliegenden Arbeit. Bevor jedoch die verfahrens- und materiellrechtlichen Hindernisse der europäischen Integration im Wege der Privatrechtsangleichung an seinem Beispiel aufgezeigt werden können, müssen die Entwicklung und der Inhalt des Verordnungsentwurfs in angemessenem Umfang dargestellt werden, um sodann den Zusammenhang zwischen ihm und der europäischen Integration zu skizzieren.

A. Geschichte des Verordnungsentwurfs

Die Geschichte des GEKR muss selbstredend im Kontext der Entstehung und bisherigen Entwicklung der Privatrechtsangleichung in der Europäischen Union betrachtet werden. Da diese in ihren wesentlichen Zügen bereits nachgezeichnet wurde[96], beschränkt sich die Darstellung im Folgenden auf die Idee und

95 KOM(2011) 635 endg.

96 Kap. 2, § 1, B. II.

Geschichte von Projekten einheitlicher privatrechtlicher Rechtstexte im Allgemeinen und der jüngeren Entwicklung hin zum Verordnungsentwurf im Speziellen.

I. Vorhergehende Projekte einheitlicher Rechtstexte

1. Die Ursprünge durch das Wirken Rabels *und deren Folgen*

Die Idee der Schaffung einheitlicher Rechtstexte für bestimmte Sachgebiete über nationalstaatliche Grenzen hinaus, deren Substanz sich im GEKR niederschlägt[97], flammte erstmals schon zu einer Zeit auf, als die europäische Integration, wie wir sie in ihrer heutigen Form kennen, noch mit einer Wahnvorstellung gleichzusetzen gewesen wäre. Sie geht zurück auf *Ernst Rabel*.[98] Die spezifische Auseinandersetzung *Rabels* mit der Idee eines grenzüberschreitenden Kaufrechts fällt in seine Zeit in Berlin, ab dem Ende der 1920er Jahre.[99] Bereits im Jahre 1931 bezeichnete er die Angleichung der Privatrechte als „zweifellose Notwendigkeit"[100] und betonte dabei insbesondere den „idealen Zweck" für sie „eine Bresche zu schlagen … wo kein sachlicher Grund es rechtfertigt, dasselbe Problem verschiedenen Lösungen zuzuführen."[101] Sein bedeutendstes Werk hierzu ist „Das Recht des Warenkaufs – Eine rechtsvergleichende Darstellung". Der erste Band erschien 1936, der zweite wurde 1957 posthum veröffentlicht.[102] Hiermit legte er einen ausführlichen Entwurf für ein umfassendes internationales Kaufrecht vor, dass für grenzüberschreitende Kaufverträge Anwendung finden sollte.[103] Auf

97 *Remien* in Remien / Herrler / Limmer, Gemeinsames Europäisches Kaufrecht für die EU?, S. 1.

98 Rabel lebte von 1874 bis 1955 und war u.a. als Professor in München und Berlin tätig und in der Zeit seiner Emigration in die USA von 1939 bis 1950, die er aufgrund seiner jüdischen Abstammung gemäß den Nürnberger Rassegesetzen antrat, u. a. an der Harvard Law School.

99 *Utermark*, Rechtsgeschichte und Rechtsvergleichung bei Ernst Rabel, S. 157.

100 *Rabel*, Die Arbeiten zur Vereinheitlichung des Kaufrechts, Gesammelte Aufsätze III, S. 496.

101 *Rabel*, Die Arbeiten zur Vereinheitlichung des Kaufrechts, Gesammelte Aufsätze III, S. 496, 500 f.

102 Für eine Zusammenfassung zu Entstehung, Rahmenbedingungen, wesentlichem Inhalt und Bedeutung siehe *Utermark*, Rechtsgeschichte und Rechtsvergleichung bei Ernst Rabel, S. 157 ff.

103 Er befürwortete einen Dualismus des Rechts zwischen nationalen und internationalen Geschäften, vgl. *Rabel*, Die Arbeiten zur Vereinheitlichung des Kaufrechts, Gesammelte Aufsätze III, S. 496, 498 f.

Grundlage dieser Entwürfe[104] wurden 1964 die Haager Einheitlichen Kaufgesetze[105] verabschiedet, welchen allerdings kein großer Erfolg beschieden war und die letztlich von lediglich neun, teilweise sogar wirtschaftlich unbedeutenden Staaten ratifiziert wurden.[106] Ausgehend vom EKG[107] wurde dann aber 1980 das Wiener UN-Kaufrecht[108] beschlossen, das 1988 zunächst in elf Staaten in Kraft trat[109], mittlerweile aber in 78 Staaten den Ratifikationsprozess durchlaufen hat[110] und somit als Erfolg gewertet werden kann. Das CISG stellt als völkerrechtlicher Vertrag[111] einheitliche kaufrechtliche Regeln für grenzüberschreitende Kaufverträge zur Verfügung und kommt immer dann zur Anwendung, wenn seine Wahl nicht ausgeschlossen wird (sog. opt-out-Verfahren[112]). Sein Anwendungsbereich ist allerdings gemäß Art. 2 lit. a CISG auf reine Handelskäufe beschränkt, womit es sich vom Erbe *Rabels* entfernt hat, das eine solche Differenzierung noch als nicht geboten ansah.[113] Die Idee, ein einheitliches Kaufrecht für grenzüberschreitende Verträge zu schaffen, ist demnach nicht neu, sondern kann in der uns bekannten Form auf eine über achtzigjährige Geschichte zurückblicken, in der entsprechende Projekte mit unterschiedlichem Erfolg verwirklicht wurden.

2. Moderne Ansätze einheitlicher Rechtstexte

a) PECL, PICC, EVGB und Acquis

Neben des tatsächlichen Abschlusses entsprechender völkerrechtlicher Verträge gibt es etwa seit Beginn der 1980er Jahre Bestrebungen aus der Wissenschaft, einheitliche Regelungen für das europäische Vertragsrecht in seiner Gesamtheit

---

104 *Schlechtriem* in Schlechtriem, Einheitliches Kaufrecht und nationales Obligationenrecht, S. 27, 28 f.

105 Einheitliches Gesetz über den internationalen Kauf beweglicher Sachen (EKG) und Einheitliches Gesetz über den Abschluss von internationalen Kaufverträgen über bewegliche Sachen (EAG).

106 *Magnus* in Staudinger, Einl. zum CISG, Rn. 22.

107 *Magnus* in Staudinger, Einl. zum CISG, Rn. 24.

108 Übereinkommen der Vereinten Nationen über Verträge über den internationalen Warenkauf (CISG).

109 *Magnus* in Staudinger, Einl. zum CISG, Rn. 27.

110 http://www.uncitral.org/uncitral/en/uncitral_texts/sale_goods/1980CISG_status.html (zuletzt abgerufen am 10.09.2013).

111 *Saenger* in Ferrari / Kieninger / Mankowski u. a., Internationales Vertragsrecht, Einl. CISG, Rn. 1 f.

112 *Westermann* in MüKo-BGB, Art. 6 CISG, Rn. 1.

113 *Rabel*, Die Arbeiten zur Vereinheitlichung des Kaufrechts, Gesammelte Aufsätze III, S. 496, 499.

auf Grundlage der gemeinsamen Rechtstraditionen der Mitgliedsstaaten der EU zu entwickeln.[114] Hervorzuheben ist hier zunächst die von *Ole Lando* geleitete Kommission für Europäisches Vertragsrecht, die 1982 mit ihrer Arbeit begann[115] und in drei Abschnitten in den Jahren 1995, 2000[116] und 2003[117] die Principles of European Contract Law (PECL) vorlegte. Auch wenn im Laufe ihrer Entwicklung Uneinigkeit darüber bestand, ob sie ein rein wissenschaftliches Projekt bleiben oder ein tatsächlich wählbares Recht für den grenzüberschreitenden Handel werden sollen[118], ist eine wie immer geartete Kodifikation der PECL nicht in Aussicht. Als rechtsvergleichender Referenzpunkt für nationale Gesetzgeber und Gerichte haben die PECL aber bereits eine Rolle gespielt.[119] Parallel hierzu entwickelte die Akademie Europäischer Privatrechtswissenschaftler unter *Giuseppe Gandolfi* den Vorentwurf eines Europäischen Vertragsgesetzbuches (EVGB), der im Jahr 2000 veröffentlicht wurde[120] und sich im Gegensatz zu den PECL als konkreter Vorschlag einer ausformulierten Kodifikation versteht[121]. Dieser Ansatz erfuhr in der wissenschaftlichen Rezeption weitaus weniger Beachtung als die PECL und erlangte in der weiteren Entwicklung des Privatrechts auf EU-Ebene keine nennenswerte Bedeutung.[122] Nicht in Konkurrenz zu den PECL hingegen steht die Arbeit der 2002 ins Leben gerufenen European Research Group on Existing EC Private Law.[123] Deren Zielsetzung war die Zusammenfassung des Gesamtbestandes der privatrechtlichen Regelungen innerhalb der EU, in Form eines „restatements", also einer Wiedergabe des tatsächlichen Besitzstandes der EU auf dem Gebiet des Privatrechts. Aufgrund ihrer räumlichen Beschränkung auf den Rechtsstand der EU und der Tatsache, dass viele europäische Rechtsakte erst im Anschluss an die Veröffentlichung der PECL erlassen wurden, hat das restatement in Bezug auf diese einen ergänzenden Charakter.[124]

---

114 *Martens*, EuZW 2010, 527.

115 *Luig*, Der internationale Vertragsschluß, S. 10.

116 *Von Bar / Zimmermann*, Grundregeln des Europäischen Vertragsrechts – Teile I und II.

117 *Von Bar / Zimmermann*, Grundregeln des Europäischen Vertragsrechts – Teil III.

118 *Martens*, EuZW 2010, 527, 528.

119 *Zimmermann*, EuZW 2009, 319.

120 *Kindler*, JZ 2012, 712, 713.

121 *Gandolfi*, ZEuP 2002, 1, 2.

122 *Kindler*, JZ 2012, 712, 714, der darauf hinweist, dass der EVGB allerdings als Quelle für ein sich derzeit in Planung befindliches lateinamerikanisches Vertragsgesetzbuch dient.

123 Auch die Bezeichnung „acquis-group" ist geläufig.

124 *Meyer*, Principles of Contract Law und nationales Vertragsrecht, S. 63.

Ebenfalls zeitgleich mit den PECL entstanden die Principles of International Commercial Contracts (PICC) von Unidroit, die zunächst 1994[125] und in überarbeiteter Fassung 2004[126] erneut vorgelegt wurden. Sie stehen zwar auf internationaler Ebene in Konkurrenz zu den PECL, unterscheiden sich aber im Wesentlichen von ihnen durch eine andere Zielrichtung: Während die PICC global ausgerichtet sind, sich ihr Anwendungsbereich aber auf internationale Handelsverträge beschränken soll, stellen die PECL ein ausdrückliches europäisches Projekt dar, dass aber Grundregeln für ein allgemeines Vertragsrecht aufstellt.[127]

b) Der Draft Common Frame of Reference

Das jüngste Regelungswerk, das in dieser Aufzählung zu nennen ist, ist der Draft Common Frame of Reference (DCFR). Dieser Entwurf eines Gemeinsamen Referenzrahmens wurde zunächst im Jahr 2008 in einer Interim Outline Edition und Ende 2009 in einer sechs Bände umfassenden Gesamtausgabe, mit einem Umfang von über 6.000 Seiten, unter dem Titel „Principles, Definitions and Model Rules of European Private Law", veröffentlicht.[128] Der Entwurf entstand aus der Arbeit der Study Group on a European Civil Code, deren Initiatoren schon der Lando-Kommission angehörten, die die PECL erarbeitet hatte[129], und ihre Tätigkeit in dieser neuen Gruppe als Fortsetzung ihrer Arbeit an den PECL betrachteten.[130] Die PECL stellten demgemäß auch die Basis für die Arbeit am DCFR dar.[131] Der DCFR begreift sich selbst als ein Regelungswerk, das das gesamte Vermögensrecht umfasst und darüber hinaus Erläuterungen und rechtsvergleichende Darstellungen enthält, die das Verständnis im Kontext zu den verschiedenen gemeinschaftlichen Zivilrechtsordnungen vereinfachen und somit die Grundlage für die Debatte über die weitere Harmonisierung des Privatrechts legen sollen.[132] Welche Rolle dem DCFR bei seiner Veröffentlichung tatsächlich zugedacht war, ist jedoch umstritten: Die maßgeblichen Akteure hinter seiner Ausarbeitung stellen darauf ab, dass der DCFR primär ein wissenschaftliches Projekt ist und lediglich

---

125 *Zimmermann*, ZEuP 2005, 264.

126 *Zimmermann*, ZEuP 2005, 264, 266.

127 *Zimmermann*, Die Principles of European Contract Law als Ausdruck und Gegenstand europäischer Rechtswissenschaft, S. 13 f.

128 Vgl. zu dieser Entwicklung *Martinek* in Staudinger, Eckpfeiler des Zivilrechts, Kap. A, Rn. 109.

129 *Von Bar* in FS Henrich, S. 1, 2.

130 *Von Bar* in FS Henrich, S. 1, 6.

131 *Eidenmüller / Faust / Grigoleit / Jansen / Wagner / Zimmermann*, JZ 2008, 529, 532.

132 *Martinek* in Staudinger, Eckpfeiler des Zivilrechts, Kap. A, Rn. 109.

Teile davon darüber hinaus als Common Frame of Reference (CFR) in eine „politische Toolbox“ münden sollen, die sich die Rechtspraxis und die gemeinschaftliche Legislative zu Nutzen machen können, er also im Grunde ein Abbild dessen sei, was die europäischen Privatrechtsordnungen allgemein anerkennen.[133] Kritische Stimmen hingegen rekurrieren darauf, dass der DCFR im Kern ein unmittelbar anwendungsfähiges System privatrechtlicher Regeln darstellt, das als nichtlegislativer Referenztext die Deutungshoheit über das europäische Privatrecht für sich beanspruchen will, was angesichts der weitreichenden inhaltlichen Kritik[134] für dessen Zukunft gefährlich sei.[135]

II. Entwicklung hin zum Gemeinsamen Europäischen Kaufrecht

Einen „Königsweg“ hin zu einem europäischen Vertragsrecht gibt es nicht.[136] Daher ist es nicht verwunderlich, dass die Kommission mit dem Gemeinsamen Europäischen Kaufrecht als optionales Instrument einen neuen Weg einzuschlagen versucht. Ausweislich seiner Begründung[137] wurzelt der Verordnungsentwurf in der Mitteilung der Kommission zum europäischen Vertragsrecht aus dem Jahr 2001[138]. In dieser wurde die Diskussion aufgegriffen, ob es trotz bzw. gerade wegen des bis dahin verfolgten Ansatzes, der auf bestimmte Themen beschränkten Maßnahmen der Rechtsangleichung, Probleme für den Binnenmarkt und die Kohärenz des Gemeinschaftsrechts gibt. Für den Fall, dass man das Bestehen dieser Probleme bejaht, wurden vier Lösungsansätze[139] zur Debatte gestellt.[140] Auf Grundlage des hierdurch angestoßenen Konsultations- und Diskussionsprozesses veröffentlichte die Kommission anderthalb Jahre später den Aktionsplan für ein kohärenteres europäisches Vertragsrecht.[141] In diesem wurden die Lösungsansätze aus der

133 *Schulte-Nölke*, NJW 2009, 2161, 2164 ff.

134 Statt vieler s. *Eidenmüller / Faust / Grigoleit / Jansen / Wagner / Zimmermann*, JZ 2008, 529 ff.

135 *Jansen / Zimmermann*, NJW 2009, 3401, 3406.

136 *Zerres*, Die Bedeutung der Verbrauchsgüterkaufrichtlinie für die Europäisierung des Vertragsrechts, S. 477 f.

137 KOM(2011) 635 endg., S. 5.

138 KOM(2001) 398 endg.

139 Die Regelung durch den Markt, die Ausarbeitung gemeinsamer Grundsätze, die Überarbeitung geltender Rechtsvorschriften und der Erlass neuer Regelungen auf Gemeinschaftsebene.

140 *Staudenmayer*, EuZW 2001, 485, 486 ff.

141 KOM(2003) 68 endg.

Mitteilung von 2001 erneut aufgegriffen, hierdurch die Grundlage für die Arbeiten am DCFR und an der Überarbeitung des Acquis Communautaire geschaffen und darüber hinaus erstmals die Idee eines optionalen Vertragsrechtsinstruments auf europäischer Ebene von Seiten der EU formuliert.[142] Wieder anderthalb Jahre später kündigte die Kommission in einer weiteren Mitteilung[143] schwerpunktmäßig die Schaffung eines „Gemeinsamen Referenzrahmens“ an, was 2008 im DCFR mündete, fachte aber zugleich die Diskussion über ein optionales Instrument weiter an.[144] Nach Veröffentlichung des DCFR legte die Kommission im Kontext der „Europa-2020-Strategie“[145] ein Grünbuch über die Einführung eines Europäischen Vertragsrechts[146] vor, in welchem sie für dieses Vorhaben sieben Optionen präsentierte.[147] Im Zuge dessen wurde eine Expertengruppe eingesetzt, die unter Rückgriff auf Vorarbeiten u. a. durch der PECL, der PICC und des CISG eine Machbarkeitsstudie für ein optionales Kaufrechtsinstrument (feasibility study)[148] erstellte, die im Mai 2011 veröffentlicht wurde.[149] Auf Grundlage dieser Machbarkeitsstudie erblickte letztlich am 11.10.2011 der Verordnungsvorschlag über ein Gemeinsames Europäisches Kaufrecht[150], der im Mittelpunkt dieser Arbeit steht, das Licht der Welt – ein potentieller Meilenstein auf dem Gebiet des europäischen Privatrechts.[151]

B. Kursorischer Überblick über Konzeption und Regelungsgehalt des Verordnungsvorschlags[152]

Der Verordnungsvorschlag über ein Gemeinsames Europäisches Kaufrecht ist ein optionales Instrument, das von den Vertragsparteien eines grenzüberschreitenden

---

142 *Staudenmayer*, EuZW 2003, 165, 168 ff.
143 KOM(2004) 651 endg.
144 *Staudenmayer*, EuZW 2005, 103, 104 ff.
145 KOM(2010) 2020 endg.
146 KOM(2010) 348 endg.
147 Für eine Übersicht siehe z. B. *Tonner*, EuZW 2010, 767, 768; speziell zur 4. Option eines optionalen Instruments siehe *Herresthal*, EuZW 2011, 7 ff.
148 http://ec.europa.eu/justice/contract/files/feasibility-study_en.pdf (zuletzt abgerufen am 10.09.2013).
149 *Staudenmayer*, NJW 2011, 3491, 3493.
150 KOM(2011) 635 endg.
151 *Janssen* in Janssen, Auf dem Weg zu einem Europäischen Privatrecht, S. 11, 23.
152 Vgl. auch *Mansel*, WM 2012, 1253 ff. und 1309 ff.; *Maurer*, ZVertriebsR 2012, 31 ff.

Kaufvertrags durch eine entsprechende Vereinbarung anstelle des kollisionsrechtlich einschlägigen Rechtsregimes zur Anwendung gebracht werden können soll. Er ist aufgeteilt in die 16 Artikel umfassende, eigentliche Verordnung (GEKR-VO)[153] und den 186 Artikel umfangreichen Regelungstext als solchen (GEKR) im Anhang I.[154] Diese Konstruktion wurde allerdings im Berichtsentwurf des Europäischen Parlaments wieder aufgegeben, da sie als zu verwirrend eingestuft wurde.[155] Der Anhang II enthält darüber hinaus das Standard-Informationsblatt, das zur Vereinbarung des GEKR bei Verträgen zwischen Unternehmer und Verbraucher Letzterem übermittelt werden muss. Die Zielsetzung für den Erlass des GEKR besteht darin, den Binnenmarkt dadurch zu fördern, dass den Unternehmen für grenzüberschreitende Kaufverträge ein einheitliches Regelungsregime zur Verfügung gestellt wird, wodurch diese Transaktionskosten einsparen können sollen, was auch deren Hemmungen vor dem Eintritt in einen mitgliedsstaatlichen Markt abbauen soll.[156] Zugleich soll durch das GEKR ein hohes Verbraucherschutzniveau gewährleistet und durch gesteigerten Wettbewerb eine größere Produktauswahl und niedrigere Preise erreicht werden.[157]

An dieser Stelle findet bewusst noch keine kritische Auseinandersetzung mit dem Inhalt des Verordnungsvorschlags statt, sondern es soll zum Verständnis der Arbeit eine Übersicht über seinen Inhalt geleistet werden. Auf die Veränderungen, die durch den Berichtsentwurf vorgeschlagen werden, wird an den jeweiligen Stellen hingewiesen. Der Vollständigkeit halber finden sich hier aber Verweise auf den vertieften Diskurs in der Literatur zu den jeweiligen Regelungen. Eine ausführliche inhaltliche Auseinandersetzung mit ausgewählten Gesichtspunkten erfolgt in *Kapitel vier*.

---

153 Auch als „Chapeau-Verordnung" bezeichnet, vgl. *Wagner / Zimmermann*, AcP 212 (2012), 467, 471; *Schmidt-Kessel* in Schmidt-Kessel, Ein einheitliches europäisches Kaufrecht?, S. 29, 49; *Stabentheiner* in Wendehorst / Zöchling-Jud, Am Vorabend eines Gemeinsames Europäischen Kaufrechts, S. 3, 11.

154 Kritisch zu dieser Konstruktion *Wendehorst* in Schulze, Common European Sales Law (CESL) – Commentary, Art. 1 CESLR, Rn. 12 f.

155 COM(2011)0635 – C7-0329/2011 – 2011/0284(COD), S. 122 f. (dt. Fassung) / S. 113 f. (engl. Fassung).

156 Erw.gr. 1, 2, 3, 4, 7, 8, 36 GEKR-VO.

157 Erw.gr. 4, 5, 6, 11 GEKR-VO.

I. Inhalt der GEKR-VO

Die GEKR-VO enthält in ihrem Art. 2 zunächst eine Reihe von Definitionen, die die Arbeit mit dem GEKR erleichtern sollen.[158] In den Art. 4 – 7 GEKR-VO werden der räumliche, sachliche und persönliche Anwendungsbereich geregelt. Hierbei ist hervorzuheben, dass das GEKR nur auf solche grenzüberschreitenden Kaufverträge Anwendung finden soll, die im Verhältnis zwischen Unternehmer und Verbraucher (b2c) oder zwischen zwei Unternehmern (b2b) geschlossen werden, wenn dabei einer der Vertragspartner ein kleines oder mittleres Unternehmen (KMU) ist, das in Art. 7 Abs. 2 GEKR-VO legaldefiniert wird.[159] Verträge zwischen zwei Verbrauchern (c2c) sind hingegen nicht umfasst. Nach Art. 8 Abs. 1 S. 1 GEKR-VO muss die Verwendung des GEKR von den Parteien vereinbart werden. Demnach wird hier die „opt-in"-Ausgestaltung des GEKR manifestiert, womit es im Gegensatz zum CISG mit seinem „opt-out"-Verfahren steht.[160] Im Folgenden werden die besonderen Voraussetzungen für die Vereinbarung des GEKR in b2c-Verhältnissen statuiert, wobei insbesondere Informationspflichten des Unternehmers gegenüber dem Verbraucher aufgestellt werden. Art. 13 GEKR-VO ermöglicht den Mitgliedsstaaten die Anwendbarkeit auf Inlandssachverhalte und jegliche b2b-Geschäfte auszuweiten.[161] Zum Abschluss werden Maßnahmen festgelegt, die zum Erfolg des GEKR beitragen und diesen dokumentieren sollen: die Errichtung einer öffentlichen Urteilsdatenbank, Art. 14 GEKR-VO, und die Überprüfung der Nutzung des GEKR, vier bzw. fünf Jahre nach Beginn der Anwendung der Verordnung, Art. 15 GEKR-VO. Der Berichtsentwurf will den sachlichen Anwendungsbereich auf solche grenzüberschreitenden Kaufverträge beschränken, die im Fernabsatz geschlossen werden.

---

158 Besonders erwähnenswert ist hierbei die Definition des Kaufvertrags in Art. 2 lit. k GEKR-VO, die sowohl dem deutschen Trennungs- und Abstraktionsprinzip, als auch dem z. B. in Frankreich geltenden Einheitsprinzip gerecht wird.

159 Kritisch zu dieser Beschränkung *Budde / Eckhoff* in Hahn, Gemeinsames Europäisches Kaufrecht – Moderner Ansatz oder praxisferne Vision, S. 113, 116 f.; *Pfeiffer* in Remien / Herrler / Limmer, Gemeinsames Europäisches Kaufrecht für die EU?, S. 35, 38.

160 Gemäß Erw.gr. 25 GEKR-VO stellt die Einwahl in das GEKR zugleich die Auswahl aus dem CISG dar; vgl. auch *Hellwege*, IHR 2012, 180, 185.

161 Zu den praktischen Auswirkungen dieser Möglichkeit *Schmidt-Kessel* in Schmidt-Kessel, Ein einheitliches europäisches Kaufrecht?, S. 29, 35.

II. Inhalt des GEKR

Die 186 Artikel des sich im Anhang I befindenden GEKR gliedern sich in acht Teile, die sich wiederum in 18 Kapitel unterteilen.

1. Teil I. Einleitende Bestimmungen

Das Regelungswerk beginnt mit einleitenden Bestimmungen. Zunächst werden die Grundsätze der Vertragsfreiheit und von Treu und Glauben aufgestellt. Infolgedessen werden insbesondere das Prinzip der ausschließlich autonomen Auslegung[162] formuliert, Art. 4 GEKR, weitere Begriffsklärungen vorgenommen und allgemeine Regeln für die Fristenberechnung festgelegt.

2. Teil II. Zustandekommen eines bindenden Vertrags

Der zweite Teil enthält die Voraussetzungen für einen wirksamen Vertragsschluss auf Grundlage des GEKR. In den Art. 13–29 GEKR werden umfangreich die vorvertraglichen Informationspflichten bzgl. des Kaufvertragsschlusses geregelt[163], die nicht mit den Informationspflichten hinsichtlich der Wahl des GEKR in Art. 8, 9 GEKR-VO zu verwechseln sind. Der Unternehmer muss den Verbraucher über alle wesentlichen Dinge, die mit dem Vertragsschluss im Zusammenhang stehen, vor dem Abschluss des Vertrags informieren und haftet für alle Schäden, die ihm durch fehlende oder unrichtige Informationen entstehen. Art. 30–39 GEKR stellen die allgemeinen Regeln für den Vertragsschluss auf, indem sie vorgeben, wann Angebot und Annahme in inhaltlicher Übereinstimmung vorliegen.[164] Art. 40–47 GEKR konstituieren das Widerrufsrecht des Verbrauchers bei im Fernabsatz und außerhalb von Geschäftsräumen geschlossenen Verträgen.[165] Die Regelungen entsprechen im Wesentlichen denen der neuen

162 Das GEKR steht damit im Gegensatz zum CISG, das in seinem Art. 7 Abs. 2 HS. 2 einen subsidiären Rückgriff auf mitgliedsstaatliches Sachrecht gebietet, vgl. *Gsell* in Remien / Herrler / Limmer, Gemeinsames Europäisches Kaufrecht für die EU?, S. 145, 149 f.

163 Ausführlich hierzu *Benninghoff* in Schmidt-Kessel, Ein einheitliches europäisches Kaufrecht, S. 87 ff.; *Piers*, ZEuP 2012, 867 ff.; *Steensgard / Twigg-Flesner* in Dannemann / Vogenauer, The Common European Sales Law in Context, S. 216, 231 ff.

164 Ausführlich hierzu *Gebauer* in Schmidt-Kessel, Ein einheitliches europäisches Kaufrecht?, S. 121 ff.; *Harvey / Schillig* in Dannemann / Vogenauer, The Common European Sales Law in Context, S. 248, 257 ff.

165 Ausführlich hierzu *Weller* in Schmidt-Kessel, Ein einheitliches europäisches Kaufrecht?, S. 147 ff.; *Schulze / Morgan* in Dannemann / Vogenauer, The Common European Sales Law in Context, S. 294 ff.

Verbraucherrechte-Richtlinie[166] (VR-RL). Auffälligster Unterschied zum BGB ist, dass der Verbraucher nach Art. 45 Abs. 2 GEKR grundsätzlich immer die Rücksendekosten tragen muss, während sie ihm gemäß § 357 Abs. 2 S. 3 BGB nur bei einem Warenpreis von unter 40 Euro vertraglich auferlegt werden dürfen, also prinzipiell der Unternehmer die Kosten zu tragen hat, § 357 Abs. 2 S. 2 BGB.[167] In Art. 48–57 GEKR werden die Voraussetzungen und die Wirkung der Anfechtung geregelt.[168] Mit der Anfechtung wegen unfairer Ausnutzung nach Art. 51 GEKR verfügt der Verordnungsentwurf über einen Anfechtungsgrund, den das BGB nicht kennt.[169] Im Gegensatz zum deutschen Recht lässt Art. 48 Abs. 1 lit. a GEKR zwar grundsätzlich jeden Motivirrtum zur Anfechtung genügen, im Gegenzug verlangt aber Art. 48 Abs. 1 lit. b GEKR die Verantwortlichkeit des Anfechtungsgegners für den Irrtum des Anfechtenden.[170]

3. Teil III. Bestimmung des Vertragsinhalts

Art. 58–65 GEKR stellen die Regeln der Vertragsauslegung auf.[171] Die Grundprinzipien entsprechen den §§ 133, 157 BGB. Hervorzuheben sind die Zweifelsregelung für Verträge in mehreren Sprachfassungen in Art. 61 GEKR und die Auslegung zu Gunsten des Verbrauchers bei b2c-Verträgen in Art. 64 GEKR. In Art. 65–78 GEKR wird geregelt, welche Vertragsbestimmungen mit welcher Wirkung Bestandteile des Vertrags werden können, insbesondere für den Fall, dass eine explizite Parteivereinbarung über einen bestimmten Punkt nicht vorliegt.[172] Art. 78 GEKR normiert hierbei die „Vertragsbestimmungen zugunsten Dritter“ und

---

166 RL 2011/83/EU vom 25.10.2011.

167 Dieser Unterschied wird aber mit dem Umsetzungsgesetz zur Verbraucherrechte-Richtlinie, BR-Drs. 498/13, das am 13.06.2014 in Kraft treten wird, aufgehoben; nach § 357 Abs. 6 BGB n. F. ist es grundsätzlich der Verbraucher, der die Rücksendekosten zu tragen hat; die Umsetzung der Verbraucherrechte-Richtlinie führt somit im Detail zu einer Absenkung des Verbraucherschutzniveaus im BGB.

168 Ausführlich hierzu *Martens* in Schmidt-Kessel, Ein einheitliches europäisches Kaufrecht?, S. 179 ff.; *ders.*, AcP 211 (2011), 845 ff.; *Ackermann / Franck*, ERCL 2012, 113 ff.; *Cartwright / Schmidt-Kessel* in Dannemann / Vogenauer, The Common European Sales Law in Context, S. 373, 391 ff.

169 Eine umfassende Analyse zu diesem bietet *Pfeiffer* in FS Rüßmann, S. 917 ff.

170 Vgl. *Looschelders*, AcP 212 (2012), 581, 618.

171 Ausführlich hierzu *Maultzsch* in Schmidt-Kessel, Ein einheitliches europäisches Kaufrecht?, S. 203 ff.

172 Ausführlich hierzu *Looschelders / Makowsky* in Schmidt-Kessel, Ein einheitliches europäisches Kaufrecht?, S. 227 ff.

entspricht inhaltlich im Wesentlichen § 328 BGB.[173] Art. 79–86 GEKR behandeln schließlich die „unfairen Vertragsbestimmungen“[174], die im Kontext der Definition der „Standardvertragsbestimmungen“ in Art. 2 lit. d GEKR-VO, Art. 7 GEKR zu verstehen sind. Im Zentrum stehen hierbei die „schwarze“ und „graue“ Liste in Art. 84, 85 GEKR, die von ihrer Konzeption das Pendant zu § 309 bzw. 308 BGB darstellen und die vorangestellte Generalklausel des Art. 83 Abs. 1 GEKR, die inhaltlich § 307 II BGB entspricht.

4. *Teile IV. und V. Verpflichtungen und Abhilfen der Parteien*

Der umfangreichste Teil IV des GEKR beschreibt die Rechte und Pflichten der Kaufvertragsparteien.[175] Art. 87–90 GEKR bilden hierbei die Grundlage für das allgemeine Leistungsstörungsrecht innerhalb des GEKR.[176] Art. 87 GEKR formuliert den einheitlichen Leistungsstörungstatbestand[177] der wesentlichen Nichterfüllung, der neben der gänzlich ausgebliebenen Lieferung v. a. auch die verspätete und die Schlechtlieferung umfasst. Nach Art. 88 GEKR ist diese nur entschuldigt, wenn sie auf Umständen beruht, die sich des Einflussbereiches der nichterfüllenden Vertragspartei gänzlich entziehen. Art. 91–105 GEKR beschreiben die Pflichten des Verkäufers.[178] Die Hauptleistungspflicht des Verkäufers besteht gemäß Art. 91 GEKR darin, dem Käufer die von Sach- und Rechtsmängeln freie Ware zu liefern und zu übereignen. Art. 93–98 GEKR regeln die Modalitäten der Lieferung und die Rechtsfolgen der Nichtannahme der Lieferung durch den Käufer. Art. 99–105 GEKR beschreiben, wann eine Ware vertragsgemäß, also mangelfrei ist. Die Bestimmung von Sach- und Rechtsmängeln entspricht inhaltlich im Wesentlichen den §§ 434, 435 BGB. Maßgeblicher Zeitpunkt für die Feststellung

---

173 Ausführlich hierzu *Burrows / Busch* in Dannemann / Vogenauer, The Common European Sales Law in Context, S. 502 ff.

174 Hierzu bereits eingehend *Graf von Westphalen*, ZIP 2011, 1985 ff.; *ders.*, NJOZ 2012, 441 ff.; *Ernst* in Remien / Herrler / Limmer, Gemeinsames Europäisches Kaufrecht für die EU?, S. 93, 98 ff.; *Ayad / Schnell*, BB 2012, 1487, 1491 f.; *Whittaker* in Moccia, The Making of European Private Law, S. 117 ff.; *Hellwege / Miller* in Dannemann / Vogenauer, The Common European Sales Law in Context, S. 423 ff.

175 Für eine systematische Gesamtbetrachtung siehe *Lorenz*, AcP 212 (2012), 702, 716 ff.

176 Ausführlich hierzu *Schmidt-Kessel* in Schmidt-Kessel, Ein einheitliches europäisches Kaufrecht?, S. 287 ff.

177 *Wilhelm*, IHR 2011, 225 f.

178 Ausführlich hierzu *Remien* in Schmidt-Kessel, Ein einheitliches europäisches Kaufrecht?, S. 307 ff.; *Schuller / Zenefels* in Dannemann / Vogenauer, The Common European Sales Law in Context, S. 581, 591 ff.

der Vertragsmäßigkeit ist nach Art. 105 Abs. 1 GEKR der des Gefahrübergangs, wobei auch hier bei b2c-Verträgen gemäß Art. 105 Abs. 2 GEKR eine sechsmonatige Beweislastumkehr gilt. Im Gegensatz zu § 442 BGB, kommt ein Gewährleistungsausschluss wegen Kenntnis oder Kennenmüssens des Mangels ausweislich Art. 104 GEKR nur bei b2b-Verträgen in Betracht. Auch wenn der Verbraucher durch diese Regelung besser gestellt wird, so dürfte der praktische Unterschied aufgrund des Anwendungsschwerpunkts des GEKR im Fernabsatz doch äußerst gering ausfallen.

Art. 106–122 GEKR konstituieren die Abhilfemöglichkeiten des Käufers im Falle der nicht vertragsgemäßen, also nicht mangelfreien Lieferung durch den Verkäufer.[179] In Art. 106 Abs. 1 GEKR werden die verschiedenen Institute zur Abhilfe für den Käufer aufgelistet, wobei diese gemäß Art. 106 Abs. 3 GEKR im Gegensatz zum deutschen Recht bei b2c-Verträgen in keinem Rangverhältnis zueinander stehen, es also kein „Recht zur zweiten Andienung"[180] gibt.[181] Dementsprechend ist die in Art. 109 GEKR geregelte Heilung durch den Verkäufer nach Art. 106 Abs. 2 GEKR nur bei b2b-Verträgen vorrangig. Die Art. 110–122 GEKR behandeln die Rechte des Käufers auf Erfüllung, Zurückhaltung der Leistung, Vertragsbeendigung[182] und Preisminderung sowie die Mitteilungs- und Prüfungspflichten[183] bei b2b-Verträgen im Detail. Art. 123–130 GEKR statuieren die Pflichten des Käufers[184], allen voran gemäß Art. 123 GEKR die Hauptleistungspflicht zur Bezahlung des Kaufpreises und der Annahme der Ware und in der Folge deren Modalitäten. Art. 131–139 GEKR behandeln die Abhilfemöglichkeiten des Verkäufers, die sich mit Ausnahme der Minderung mit denen des Käufers

---

179 Ausführlich hierzu *Maurer*, ZVertriebsR 2012, 88, 92 ff.; *Zöchling-Jud* in Schmidt-Kessel, Ein einheitliches europäisches Kaufrecht?, S. 327 ff.; *Chen-Wishart / Magnus* in Dannemann / Vogenauer, The Common European Sales Law in Context, S. 647 ff.

180 *Matusche-Beckmann* in Staudinger, § 437, Rn. 6; *Westermann* in MüKo-BGB, § 437, Rn. 4; kritisch zur Terminologie *Mankowski*, JZ 2011, 781 ff.

181 Vgl. *Stempel*, EuZW 2013, 174, 175 f.

182 Ausführlich hierzu *Wendehorst* in Schmidt-Kessel, Ein einheitliches europäisches Kaufrecht?, S. 371 ff.

183 Ausführlich hierzu *Wiese* in Schmidt-Kessel, Ein einheitliches europäisches Kaufrecht?, S. 401 ff.

184 Ausführlich hierzu *Schaub* in Schmidt-Kessel, Ein einheitliches europäisches Kaufrecht?, S. 425 ff.; *Schuller / Zenefels* in Dannemann / Vogenauer, The Common European Sales Law in Context, S. 581, 603 ff.

decken.[185] Art. 140–146 GEKR regeln den Gefahrübergang.[186] Hier ist hervorzuheben, dass sich aus Art. 142 Abs. 1, 3 GEKR ergibt, dass bei b2c-Verträgen, die im Wege des Fernabsatzes – dem Hauptanwendungsfall des GEKR – geschlossen werden, der Gefahrübergang auch bei Annahmeverzug nicht eintritt, anders als nach § 446 S. 3 BGB. Teil V schließlich stellt Spezialregelungen für die Pflichten und Abhilfen der Parteien bei Verträgen über verbundene Dienstleistungen auf.[187] Die Gleichrangigkeit der Rechtsbehelfe des Käufers will der Berichtsentwurf nicht wieder abschaffen, jedoch abmildern. Hierfür stellt er drei Alternativen zur Disposition: einen Vorrang der Nacherfüllung nach Ablauf einer Frist von sechs Monaten, die Möglichkeit der sofortigen Vertragsbeendigung nur innerhalb einer „angemessenen Frist“ oder die Verpflichtung zur Zahlung eines Nutzungsentgelts bei Vertragsbeendigung. Dieser Ansatz wurde in der vom Europäischen Parlament am 26.02.2014 angenommenen Fassung[188] allerdings wieder aufgegeben und zur vollen Gleichrangigkeit der Rechtsbehelfe des Verbraucher-Käufers zurückgekehrt.

5. Teil VI. Schadensersatz und Zinsen

Art. 159–171 GEKR regeln Schadensersatz und Zinsen.[189] Ein bedeutender Unterschied zum deutschen Recht liegt in der Tatsache, dass der Schadensersatzanspruch im GEKR nicht wie in §§ 280, 276 BGB verschuldensabhängig, sondern ausweislich Art. 159 Abs. 1 i. V. m. Art. 88 Abs. 1 GEKR als verschuldensunabhängige Garantiehaftung ausgestaltet ist.[190] Das GEKR orientiert sich diesbezüglich am CISG.[191]

---

185 Ausführlich hierzu *Fehrenbach* in Schmidt-Kessel, Ein einheitliches europäisches Kaufrecht?, S. 447 ff.

186 Ausführlich hierzu *Wiese* in Schmidt-Kessel, Ein einheitliches europäisches Kaufrecht?, S. 469 ff.

187 Ausführlich hierzu *Lorenz*, AcP 212 (2012), 702, 831 ff.

188 ORAL P7_TA-PROV (2014)0159, abrufbar unter http://gesetzgebung.beck.de/news/gemeinsames-europaeisches-kaufrecht (zuletzt aufgerufen am 11.03.2014).

189 Ausführlich hierzu *Remien* in Schmidt-Kessel, Ein einheitliches europäisches Kaufrecht?, S. 503 ff.; *Wendehorst* in Remien / Herrler / Limmer, Gemeinsames Europäisches Kaufrecht für die EU?, S. 189.

190 *Maurer*, ZVertriebsR 2012, 88, 100.

191 *Saenger* in Ferrari / Kieninger / Mankowski u. a., Internationales Vertragsrecht, Art. 79 CISG, Rn. 13; *Magnus* in Staudinger, Art. 79 CISG, Rn. 4; *Huber* in MüKo-BGB, Art. 79 CISG, Rn. 1.

6. Teil VII. Rückabwicklung

Art. 172–177 GEKR behandeln die Rückabwicklung von angefochtenen oder beendeten Kaufverträgen.[192] Besonders auffällig ist, dass, im Gegensatz zum deutschen Recht, keine Differenzierung zwischen der Rückabwicklung nach Anfechtung und der Rückabwicklung nach Rücktritt vorgenommen wird. Der Grundgedanke ist die gegenseitige Herausgabe des jeweils Erlangten in Natur, und sofern dies nicht möglich ist, ein entsprechender Ersatz in Geld. Insbesondere der deutsche Jurist sieht sich jedoch im Verhältnis zu den ausdifferenzierten Regelungen in den §§ 346 ff. und §§ 812 ff. BGB relativ schwach konturierten und vagen Bestimmungen gegenüber, was sich vor allem in der Existenz einer allgemeinen Billigkeitsklausel in Form von Art. 176 GEKR zeigt.

7. Teil VIII. Verjährung

Zum Abschluss des Anhangs I wird in Art. 178–186 GEKR die Verjährung geregelt.[193] Hierbei wird ein System doppelter Verjährung festgelegt: Einerseits gibt es nach Art. 179 Abs. 1 GEKR eine zweijährige „kurze Verjährungsfrist", die gemäß Art. 180 Abs. 1 GEKR erst mit Kenntnis der das Recht begründenden Umstände zu laufen beginnt, was wiederum § 199 Abs. 1 S. 2 BGB entspricht, andererseits gibt es nach Art. 179 Abs. 2 GEKR eine „lange Verjährungsfrist" von zehn Jahren (bzw. 30 Jahren bei Schadensersatzansprüchen wegen Personenschäden), die allerdings mit Fälligkeit der geschuldeten Leistung zu laufen beginnt, Art. 180 Abs. 2 GEKR. Im Vergleich zu § 438 BGB wird der Käufer somit wesentlich bessergestellt: Während nach deutschem Recht die Gewährleistungsrechte des Käufers zwei Jahre nach Ablieferung der Ware verjähren, wird diese Zeitspanne im GEKR verfünffacht und sollten die zehn Jahre bereits verstrichen sein, wenn der Mangel auftritt, noch mit zwei zusätzlichen Jahren flankiert. Der Berichtsentwurf will die lange Verjährungsfrist von zehn auf sechs Jahre reduzieren.

8. Zusammenfassung

Es ist festzuhalten, dass der Anwendungsbereich des GEKR zwar auf grenzüberschreitende Kaufverträge beschränkt ist, es inhaltlich aber weit über einen rein

---

192 Kritisch *Wendehorst* in Remien / Herrler / Limmer, Gemeinsames Europäisches Kaufrecht für die EU?, S. 189, 195 ff.; *Lehmann* in Schulze, Common European Sales Law (CESL) – Commentary, Art. 172 CESL, Rn. 61 ff.; *Lorenz*, AcP 212 (2012), 702, 787.

193 Ausführlich hierzu *Müller* in Schmidt-Kessel, Ein einheitliches europäisches Kaufrecht?, S. 529 ff.; *ders.*, GPR 2012, 11 ff.

kaufrechtlichen Regelungsgehalt hinausgeht. Dies wurzelt in dem Ansinnen der Kommission, dass das GEKR den „gesamten Lebenszyklus“ eines Kaufvertrags umfassen soll.[194] Obgleich es notwendig war, einen allgemeinen Teil voranzustellen, wurde dieser kurz gehalten und es kommt stattdessen mit dem Ziel der Anwenderfreundlichkeit zu gewissen Wiederholungen in den einzelnen Kapiteln.[195] Trotzdem stellt das GEKR mitnichten ein vollständiges Vertragsrechtsregime dar und schon gar kein umfassendes Zivilgesetzbuch.[196] Hierzu wurden gewichtige Rechtsfelder ausgelassen, deren Behandlung sich nach dem jeweils einschlägigen Kollisionsrecht richtet, allen voran die Rechtspersönlichkeit, die Geschäftsfähigkeit, die Rechts- und Sittenwidrigkeit, die Stellvertretung, die Behandlung von Schuldner- und Gläubigermehrheiten, der Parteienwechsel innerhalb des Vertragsverhältnisses, insbesondere die Abtretung, die Aufrechnung und das Sachen- und Deliktsrecht.[197] Die Kommission betont hierbei, dass diese Gebiete ausgelassen wurden, weil sie in der Praxis grenzüberschreitender Verträge nicht so relevant seien, dass sie einer Regelung in einem anwenderfreundlichen optionalen Instrument bedürfen.[198] Diese Auffassung wird aber von einigen Stimmen aus Wissenschaft und Praxis angezweifelt, verbunden mit der Befürchtung, dass gerade durch diese externen Lücken die Anwendung mit fremden Sachrecht in der Rechtspraxis doch zwingend notwendig sein und der Nutzen des GEKR sich somit in Grenzen halten und seine Handhabung wesentlich erschwert werde.[199]

---

194 Erw.gr. 6, 26 GEKR-VO; *Moser* in Remien / Herrler / Limmer, Gemeinsames Europäisches Kaufrecht für die EU?, S. 7, 11.

195 *Staudenmayer*, NJW 2011, 3491, 3496.

196 Vgl. auch *Herresthal* in Schulte-Nölke / Zoll / Jansen / Schulze, Der Entwurf für ein optionales europäisches Kaufrecht, S. 85, 91 f.

197 Vgl. Erw.gr. 27 GEKR-VO; zur rechtlichen Behandlung dieser „externen Lücken“ siehe *Gsell* in Remien / Herrler / Limmer, Gemeinsames Europäisches Kaufrecht für die EU?, S. 145, 154 ff.; *Fornasier*, RabelsZ 76 (2012), 401, 438; *Fleischer*, RabelsZ 76 (2012), 235, 248 f.

198 *Staudenmayer*, NJW 2011, 3491, 3495; *Moser* in Remien / Herrler / Limmer, Gemeinsames Europäisches Kaufrecht für die EU?, S. 7, 12.

199 *Herresthal* in Schulte-Nölke / Zoll / Jansen / Schulze, Der Entwurf für ein optionales europäisches Kaufrecht, S. 85, 95; *Griss* in Wendehorst / Zöchling-Jud, Am Vorabend eines Gemeinsames Europäischen Kaufrechts, S. 269 f.; *Budde* / *Eckhoff* in Hahn, Gemeinsames Europäisches Kaufrecht – Moderner Ansatz oder praxisferne Vision, S. 113, 119 f., die den Nutzen des GEKR aus diesem Grund aber nicht verneinen, sondern ihn nur als geringfügig gemindert ansehen und Vorschläge zum Umgang mit den externen Lücken in der Praxis anbieten.

Der Verordnungsvorschlag ist somit ein optionales Instrument, in das sich bestimmte Konstellationen von Vertragsparteien einwählen können und das über das reine Kaufrecht hinaus die wesentlichen Materien umfasst, die beim Zustandekommen, der Durchführung und der Abwicklung eines Kaufvertrags regelmäßig relevant sind. Es beinhaltet ein hohes Verbraucherschutzniveau, indem es umfassende vorvertragliche Informationspflichten statuiert, vielfach den Verbraucher gegenüber einem Unternehmer als Käufer begünstigt und eine Disposition über die verbraucherfreundlichen Regelungen zu dessen Lasten regelmäßig ausschließt. Welche Bedeutung es im Kontext der europäischen Integration erlangen kann, welche Hindernisse es auf dem Weg zu seiner Kodifikation meistern muss, welche Erfolgsaussichten das Projekt in der derzeitigen Form hat und unter welchen Umständen diese gesteigert werden können – sprich, ob die Zeit reif ist für die Gesetzgebung auf dem Gebiet des europäischen Vertragsrechts[200] – ist fraglich und wird im Fortgang dieser Arbeit untersucht.

C. Mögliche Bedeutung eines Gemeinsamen Europäischen Kaufrechts für die europäische Integration

Wie bereits herausgestellt, wirkt sich die Privatrechtsangleichung auf europäischer Ebene – zumindest mittelbar – förderlich auf die europäische Integration aus. Durch die Einführung des GEKR als optionales Kaufrechtsinstrument tritt allerdings eine Zäsur in der Methodik auf, mit der die Europäische Union die Privatrechtsangleichung voranzutreiben versucht. Als optionales Instrument ist das GEKR selbstredend keine Kodifikation im klassischen Sinne. Durch die Geltung als einheitlicher Rechtstext auf einem zentralen Gebiet des Privatrechts kommt es einer solchen – trotz seiner fakultativen Natur – jedoch sehr nahe.[201] Man muss daher von einem präkodifikatorischen Charakter des GEKR sprechen. Um die Bedeutung des GEKR für die europäische Integration zu ermitteln, muss daher zunächst herausgearbeitet werden, inwiefern privatrechtliche Kodifikationen einerseits, und europäische Maßnahmen im Allgemeinen andererseits, überhaupt einen identitätsstiftenden Charakter aufweisen können, um hierdurch die

200 So *Schulze*, EuZW 2011, 569; a. A. *Honsell* in Staudinger, Einleitung zum BGB, Rn. 113c; hinsichtlich des Verbraucherschutzrechts ablehnend *Schmidt-Kessel*, VuR 2012, 350, 354 f.

201 *Zimmermann*, ERCL 2012, 367, 388.

Perspektiven aufzuzeigen, die sich durch das GEKR im Hinblick auf die europäische Integration bieten.

I. Der identitätsstiftende Charakter von Privatrechtskodifikationen

1. Nationale Privatrechtskodifikationen in Europa[202]

Die uns heute wie selbstverständlich erscheinende Tatsache[203], dass nahezu jeder Staat über sein eigenes privatrechtliches Regelungsregime verfügt, ist keine urhistorische Gegebenheit. Stattdessen ist die Geschichte nationalstaatlicher Privatrechtskodifikationen eine verhältnismäßig junge. Weit entfernt von Gedanken an die Bildung von Nationalstaaten entwickelte sich ab dem Hochmittelalter im zwölften Jahrhundert, durch die Rückbesinnung auf antike Rechtstexte, die mit dem Latein in einer einheitlichen Sprache verfasst waren, ein gemeinschaftliches europäisches Recht und eine gemeinsame europäische Rechtskultur, die bis zum Anbruch der Moderne gegen Ende des 18. Jahrhunderts ihre Gültigkeit behielten.[204] Ab dieser Zeit vollzog sich in vielen Ländern der Wandel von ständischen Verhältnissen zu modernen Privatrechtsordnungen – die Entstehung einer neuen bürgerlichen Gesellschaft ist im direkten Zusammenhang zu derer der Kodifikationen zu sehen[205] – und es begann die Realisierung der Idee des Nationalstaats.[206] Das Preußische Allgemeine Landrecht (ALR) aus dem Jahr 1794 ist hierunter noch nicht zu fassen, da es weder die Ständeordnung aufhob, noch in Verbindung zu Bestrebungen nach einem Nationalstaat stand. Des Weiteren umfasste es inhaltlich nicht nur das Zivilrecht, sondern darüber hinaus unter anderem auch Staats-, Straf- und Kirchenrecht.[207] Eine Zäsur der Rechtsentwicklung auf dem europäischen Kontinent ist hingegen der französische Code Civil, der 1804 unter der Ägide Napoleons erlassen wurde.[208] Dieser verkörperte die Ideen der Aufklärung und die Ideale der Französischen Revolution. Sein durchschlagender Erfolg

---

202 Eine Übersicht über den Aufbau der wichtigsten kontinentaleuropäischen Kodifikationen findet sich in *Ranieri*, Europäisches Obligationenrecht, S. 119 ff.

203 *Honsell* in Staudinger, Einleitung zum BGB, Rn. 43.

204 Ausführlich *Schulze* in Janssen, Auf dem Weg zu einem Europäischen Privatrecht, S. 65, 67 ff.

205 *Caroni*, Gesetz und Gesetzbuch, S. 201 ff.

206 *Schulze* in Janssen, Auf dem Weg zu einem Europäischen Privatrecht, S. 65, 72.

207 Zur Entstehung und Bewertung des ALR vgl. *Schlosser*, Grundzüge der Neueren Privatrechtsgeschichte, S. 117 ff.; *ders.*, Neuere Europäische Rechtsgeschichte, Kap. 10, Rn. 44 ff.

208 *Lando* in Moccia, The Making of European Private Law, S. 1, 3.

wird primär seiner sachgerechten Sprache und seinem Stil zugeschrieben.[209] Auch wenn er eine Vielzahl von Veränderungen durchlebt hat und sich inhaltlich nicht mehr sehr von jüngeren Rechtsordnungen unterscheidet, ist festzuhalten, dass er nunmehr über 200 Jahre in Kraft ist und damit die älteste heute noch gültige Privatrechtskodifikation Europas darstellt.[210] Die zweite bedeutende nationale naturrechtliche Kodifikation dieser Epoche, die ebenfalls heute noch das gültige Privatrecht darstellt, ist das österreichische ABGB aus dem Jahr 1811.[211] Es verkörpert zugleich das Ende des ersten Kodifikationszeitalters auf dem europäischen Kontinent.[212]

Die zweite Kodifikationswelle begann mit dem deutschen BGB, das nach langer und kontroverser Vorarbeit 1896 verkündet wurde und symbolträchtig am 01.01.1900 in Kraft trat.[213] Auch dieses ist noch heute gültig, was in Anbetracht zweier verlorener Weltkriege und der deutschen Teilung nach dem Zweiten Weltkrieg besonders bemerkenswert erscheint. Doch naturgemäß hat auch das BGB eine umfassende Evolution durchlaufen, die zuletzt immer mehr durch europäische Einflüsse geprägt ist.[214] Ihm folgten insbesondere das Schweizer Zivilgesetzbuch (ZGB) von 1907, an diesem orientiert[215] der italienische Codice Civile von 1942 und das niederländische Nieuw Burgelijk Wetboek, das abschnittsweise zwischen 1970 und 1992 erlassen wurde. Zuletzt ist in der jüngeren Geschichte die Entwicklung des Privatrechts in den ehemaligen osteuropäischen Sowjetstaaten hervorzuheben, die sich deutlich von den Gesetzen sozialistischer Prägung abgrenzt und auf die kontinentaleuropäische Tradition[216] zurückbesinnt.[217]

---

209 *Schlosser*, Neuere Europäische Rechtsgeschichte, Kap. 10, Rn. 104; *ders.*, Grundzüge der Neueren Privatrechtsgeschichte, S. 131 f.

210 Zur Genese des Code Civil seit dessen Inkrafttreten siehe *Witz / Kull*, NJW 2004, 3757, 3759 ff.

211 Zu Geschichte und Bedeutung vgl. *Thier*, ZEuP 2011, 805 ff.

212 *Schlosser*, Neuere Europäische Rechtsgeschichte, Kap. 10, Rn. 139 ff.; *ders.*, Grundzüge der Neueren Privatrechtsgeschichte, S. 136 ff.

213 Zur Entstehung des BGB siehe *Schulte-Nölke*, NJW 1996, 1705 ff.; *Honsell* in Staudinger, Eckpfeiler des Zivilrechts, Kap B., Rn. 1 ff.

214 Zur Genese des BGB siehe *Schmoeckel*, NJW 1996, 1697 ff.; *Honsell* in Staudinger, Eckpfeiler des Zivilrechts, Kap. B., Rn. 30 ff.; *Säcker* in MüKo-BGB, Einleitung, Rn. 12 ff., 213 ff.

215 *Schlosser*, Neuere Europäische Rechtsgeschichte, Kap. 13, Rn. 29.

216 *Vékás*, ZEuP 2004, 454 ff.

217 Vgl. beispielhaft *Horn* (Hrsg.), Die Neugestaltung des Privatrechts in Mittelosteuropa und Osteuropa.

2. *Der Einfluss der nationalen Kodifikationen auf die Bildung einer nationalstaatlichen Identität*

Umstritten ist die Auswirkung der Kodifikationsentwicklung seit Beginn des 19. Jahrhunderts auf die Herausbildung einer nationalstaatlichen Identität. Vielfach war mit der Schaffung eines national gültigen Privatrechts die Bestrebung nach der Perpetuierung einer gemeinschaftlichen Identität der vom persönlichen Anwendungsbereich umfassten Bevölkerung verbunden.[218] Insbesondere der Code Civil wird in Frankreich mit großer Zustimmung als Teil der kulturellen französischen Identität verstanden.[219] So betrachteten schon seine Verfasser die politische Wirkung des Code Civil dahingehend, dass durch dieses einheitliche Recht eine einheitliche Nation geschaffen werde, was einerseits auf dem Prinzip der Gleichheit vor dem Gesetz beruhe, durch das Unterschiede, die auf sozialem Status beruhen, abgeschafft werden, vor allem aber darauf, dass durch ein einheitliches Recht die verschiedenen französischen Volksgruppen zu einer Nation verschmelzen.[220] Dieser Gedanke der unmittelbaren Wirkung der Rechtseinheit zu Gunsten einer nationalen Kultur gilt gleichermaßen für Deutschland[221]: Nachdem mit der gescheiterten Revolution von 1848 der nationale Gedanke in Deutschland auflebte, herrschte auch hier die Ansicht vor, dass eine nationale Kodifikation ein zwingend erforderliches Element eines Nationalstaates sei. Das Bestreben nach einer Kodifikation des bürgerlichen Rechts in Deutschland war somit primär darin begründet, die nationale Einigung, gerade auch durch die Stärkung des Einheitsgedankens der Bevölkerung, zu konsolidieren.[222]

Es ist zu konstatieren, dass sich diese Kerngedanken der historischen Gesetzgeber realisiert haben. Die Herausbildung der Nationalstaaten seit Beginn des 19. Jahrhunderts und die Entstehung und Weiterentwicklung der nationalen Kodifikationen verliefen nicht zufällig parallel, sondern standen in Wechselwirkung zueinander. Die einheitliche Geltung einer Privatrechtsordnung innerhalb der Grenzen eines Nationalstaats hatte im Zuge dessen ohne Zweifel ihren einheits- und identitätsstiftenden Effekt, der Kultur, Geschichte und Selbstverständnis

---

218 Zur Beziehung zwischen der Kodifikationsidee und dem Nationalstaat bereits *Wieacker* in FS Boehmer, S. 34, 43 ff.

219 Die Rolle des Code civil als kulturelles Element besonders betonend *Michaels*, ERCL 2012, 277, 285 ff.

220 *Witz / Kull*, NJW 2004, 3757, 3758; *Zimmermann*, ERCL 2012, 367, 374.

221 Für die Wirkung der jeweiligen Privatrechte als Symbol nationaler Identität in ganz Europa *Martens*, EuZW 2010, 527.

222 *Honsell*, Einleitung zum BGB, Rn. 19 ff.

einzelner Landesteile angenähert hat.[223] Dieser national einende Effekt droht gegenwärtig gar die Rechtsentwicklung in die andere Richtung zu verkehren: Der heute zum Teil verbreitete Europaskeptizismus, begünstigt auch durch die fortdauernde Wirtschaftskrise, führt dazu, dass mit hörbaren Stimmen die weitergehende europäische Rechtsangleichung bzw. -vereinheitlichung missbilligt wird, unter Berufung darauf, dass durch sie die Gefahr drohe, Kultur und Selbstverständnis der europäischen Nationalstaaten zu verwässern oder gar zu schädigen.[224] Nichtsdestotrotz bleibt festzuhalten, dass nationale Kodifikationen einen unmittelbaren positiven Einfluss auf die Herausbildung einer nationalen Identität der Bevölkerung bewirken.

II. Der identitätsstiftende Charakter bisheriger europäischer Projekte

Eine „europäische Kodifikation", die für die Identitätsstiftung eines europäischen Volkes dasselbe geleistet hat, was die nationalen Kodifikationen, wie soeben dargestellt, für die nationale Identitätsstiftung geleistet haben, gibt es bislang nicht. Damit aber die Frage beantwortet werden kann, ob eine solche – oder vielmehr das GEKR mit seinem präkodifikatorischen Charakter – für die europäische Identitätsstiftung förderlich sein kann, ist zunächst zu klären, ob Maßnahmen auf europäischer Ebene im Allgemeinen, also insbesondere auch diejenigen, die jenseits des Privatrechts liegen oder dieses nur mittelbar tangieren, hierzu überhaupt in der Lage sind oder ob sich der Einheitsgedanke gemeinhin an den nationalstaatlichen Grenzen erschöpft. Diese Untersuchung erfolgt anhand der zwei wohl bedeutendsten europäischen Projekte unserer Zeit.

1. Die Europäische Union

Das mit großem Abstand signifikanteste Projekt auf europäischer Ebene seit 1945 ist die Europäische Union als solche.[225] Die politische Entwicklung in Europa in der ersten Hälfte des 20. Jahrhunderts hatte die Idee der Identifikation des Volkes mit dem Nationalstaat ihren Zenit erreichen lassen und teilweise, insbesondere in Deutschland zur Zeit des Dritten Reichs, zu nahezu absurden Extremen geführt.[226]

---

223 Für den Code civil z.B. *Witz / Kull*, NJW 2004, 3757, 3758; für das BGB z.B. *Schulte-Nölke*, NJW 1996, 1705, 1709 f.

224 *Hesselink*, ERCL 2012, 342, 345 ff.

225 Zur historischen Entwicklung der EU siehe in diesem Kapitel § 1, A., II., 1.

226 Vgl. zum völkischen Rechtsverständnis des dritten Reichs *Schlosser*, Neuere Europäische Rechtsgeschichte, Kap. 12, Rn. 74 f.

Aber gerade diese Entgleisung des Nationalstaatsgedankens und seine Auswirkungen durch den Zweiten Weltkrieg bedingten, dass die Ausgangslage für ein europäisches Projekt und die Offenheit der zunächst westeuropäischen Bevölkerung hinsichtlich einer europäischen Annäherung nach 1945 günstiger war denn je. Kurz formuliert: Die Folgen, die die Uneinigkeit Europas seiner Bevölkerung bescherte, waren letztlich das treibende Element für den Beginn des europäischen Einigungsprozesses.[227]

Eine Darstellung der Entwicklung dieses mittlerweile über 60 Jahre andauernden Einigungsprozesses würde den Rahmen dieser Arbeit sprengen.[228] Sie konzentriert sich an dieser Stelle auf die Frage, ob der politische Einigungsprozess zugleich zu einer Identifikation der europäischen Bevölkerung mit Europa geführt hat, also ob sich die Einwohner der mittlerweile 28 Mitgliedsstaaten nunmehr primär oder zumindest partikulär bzw. situativ als Europäer verstehen. Die aktuellste empirische Studie hierzu stammt aus dem Jahr 2007.[229] Demnach fühlen sich im EU-Durchschnitt[230] 16 % der Einwohner Europas „oft" nicht nur als Bürger ihres Nationalstaates, sondern auch als Europäer und 38 % „manchmal", also zumindest situationsbezogen.[231] Es verbleibt eine Gruppe von 43 %, die sich „nie" als Europäer fühlt; die Mehrheit der europäischen Bevölkerung versteht sich demnach zumindest je nach Sachlage auch als Bürger Europas.[232] Gestützt wird dieser Befund durch eine jüngere Studie aus dem Jahr 2011.[233] Folglich fühlen sich im EU-Durchschnitt 62 % – und damit eine noch größere Mehrheit – der Einwohner Europas als „Bürger der EU".[234] Bemerkenswert ist, dass diese Selbsteinschätzung mit ansteigendem Bildungsstand einerseits, und abnehmendem Alter andererseits,

---

227 *Mittag*, Kleine Geschichte der Europäischen Union, S. 46 f.

228 Hierzu sei umfassend verwiesen auf *Mittag*, Kleine Geschichte der Europäischen Union.

229 Eurobarometer 66, abrufbar unter http://ec.europa.eu/public_opinion/archives/eb/eb66/eb66_de.pdf (zuletzt abgerufen am 10.09.2013).

230 Noch ohne Bulgarien, Rumänien und Kroatien, deren Beitritt erst nach Erhebung der Daten erfolgte.

231 *Fligstein* spricht in diesem Kontext von „situational identity", *Fligstein* in Checkel / Katzenstein, European Identitiy, S. 132, 155.

232 Mit Ausnahme Großbritanniens ist dies auch innerhalb der einzelnen Mitgliedsstaaten der Fall.

233 Eurobarometer 75 – Die öffentliche Meinung in der Europäischen Union, abrufbar unter http://ec.europa.eu/public_opinion/archives/eb/eb75/eb75_publ_de.pdf (zuletzt abgerufen am 10.09.2013).

234 Innerhalb der einzelnen Mitgliedsstaaten wird diese Ansicht nur in Lettland, Griechenland, Bulgarien und Großbritannien von der Minderheit der Bevölkerung geteilt.

zunimmt.[235] Insbesondere Letzteres lässt auf eine fortschreitende pro-europäische Entwicklung zukünftiger Generationen schließen. Wenn also pauschal behauptet wird, es gebe derzeit noch kein starkes Gefühl einer europäischen Identität[236], so sind solche Aussagen hiermit widerlegt.

Es ist somit festzuhalten, dass das Selbstverständnis des überwiegenden Teils der Bevölkerung der EU Elemente europäischer Identifikation beinhaltet[237] und die zukünftigen Aufgaben Europas gerade in den Händen derer liegen, die sich heute zumindest partiell als Europäer sehen.[238] Das bedeutet, dass die EU in ihrer heutigen Form weit über das Ziel der Gründungsgemeinschaft – die wirtschaftliche Zusammenarbeit – hinaus unmittelbare Auswirkungen auf die Einwohner entfaltet hat und weiter entfaltet und hierdurch maßgeblich zur Entstehung und Ausbreitung einer europäischen Identität beigetragen hat. Die politische Integration Europas ist somit ein fundamentales Element für die europäische Identitätsstiftung.

2. Der Euro

Doch nicht nur die Europäische Union als solche, sondern auch ganz bestimmte politische Projekte können eine erkennbare Rolle für die europäische Identitätsstiftung spielen. Das bedeutendste der jüngeren Vergangenheit stellt der Euro dar, der 1999 als Buch- und 2002 als Bargeld in zunächst zwölf EU-Staaten als neues Währungsmittel eingeführt wurde und dem sich mittlerweile fünf weitere EU-Staaten angeschlossen haben. Doch die Einführung des Euros war von Beginn an über die wirtschaftlichen Aspekte einer Gemeinschaftswährung – das Zusammenwachsen der Volkswirtschaften nach innen und die Bündelung der Handlungsmöglichkeiten nach außen – hinaus vor allem auch ein symbolträchtiges Projekt. Die wirtschaftlichen Effekte hätten auch dadurch erzielt werden können, dass lediglich die Wechselkurse fixiert worden wären.[239] Die besondere integrationspolitische und

---

235 Dies ist insbesondere im Fall Großbritanniens augenscheinlich: Während in den soeben genannten Studien zur Identifikation mit Europa Großbritannien jeweils mit klarem Abstand das Schlusslicht bildete, ist Medienberichten zur Folge bei der jungen Generation hier ein klarer Umschwung zu erkennen, vgl. http://www.spiegel.de/politik/ausland/junge-briten-wollen-laut-umfrage-in-der-eu-bleiben-a-878251.html (zuletzt abgerufen am 10.09.2013).

236 So z.B. *Zimmermann*, ERCL 2012, 367, 396.

237 So auch *Katzenstein / Checkel* in Checkel / Katzenstein, European Identitiy, S. 213, 216.

238 *Fligstein* in Checkel / Katzenstein, European Identity, S. 132, 158.

239 *Häde* in Calliess / Ruffert, Art. 119 AEUV, Rn. 14.

symbolische Bedeutung[240] des Euro-Projekts wurde jedoch auch von vornherein darin begründet, dass der Euro zu einem weiteren Zusammenwachsen der europäischen Bevölkerung beitragen sollte, zu einer Stärkung des „Wir-Gefühls"; es war und ist mithin auch ein identitätsstiftendes Unterfangen, weshalb die Währungsunion auch als wichtigste politische Errungenschaft des europäischen Einigungsprozesses angesehen wird.[241] Jüngeren Erhebungen[242] zufolge ist dieser Effekt eingetreten: Demnach unterstützt – trotz der Wirtschafts- und Finanzkrise – eine Mehrheit der EU-Bevölkerung von 56 % das Institut des Euros.[243]

Selbstredend ist eine gemeinsame Währung nicht ausreichend um die Einwohner Europas auf der Ebene des Selbstverständnisses zu einen.[244] Jedoch ist der Euro ein ungemein symbolbehaftetes europäisches Projekt, das gerade in Zeiten der Krise bewirkt, dass die Europäer „ihre" Wirtschaft und „ihre" Währung verteidigen müssen. Der Euro verdeutlicht, dass auch neben der Etablierung der EU als solche, andere Maßnahmen jenseits des Privatrechts dazu geeignet sind, einen weitreichenden Beitrag zur europäischen Integration, nicht nur auf politischer Ebene, zu leisten und somit europäische Maßnahmen über die nationalstaatlichen Grenzen hinaus identitätsstiftend wirken können.

3. Schlussfolgerung

Projekte auf europäischer bzw. EU-Ebene dienen in aller Regel primär politischen oder wirtschaftlichen Zwecken und Zielen. Gleichwohl können sie darüber hinaus identitätsstiftende Intentionen haben – und dies mit Erfolg. Maßnahmen, die die politische und wirtschaftliche Integration vorantreiben, haben in der Vergangenheit auch eine Annäherung der Bevölkerung bewirkt und hierdurch zur Herausbildung einer gemeinsamen europäischen Identität beigetragen. Diese ist bis dato weder vollendet, noch hat sie die nationalstaatliche Identifikation abgelöst, was aber auch gar nicht bezweckt und ohnehin unmöglich ist. Vielmehr ist die europäische Identität der Bürger im Begriff sich neben den jeweils nationalen

240 Vgl. *Grieser*, Flexible Integration in der Europäischen Union, S. 203.

241 *Hakenberg*, Europarecht, Rn. 454.

242 Eurobarometer 73, abrufbar unter http://ec.europa.eu/public_opinion/archives/eb/eb73/eb73_vol1_de.pdf (zuletzt abgerufen am 10.09.2013).

243 Nur in fünf Mitgliedsstaaten, von denen keiner der Euro-Zone angehört, ist eine Mehrheit gegen die Wirtschafts- und Währungsunion.

244 *Hatje*, EuR 2009 Beiheft 1, 276, 279.

Identitäten zu etablieren.[245] Dieser Prozess wird durch symbolbehaftete Maßnahmen auf EU-Ebene immens vorangetrieben.

III. Perspektiven durch das Gemeinsame Europäische Kaufrecht

Wenn Kodifikationen auf nationaler Ebene identitätsstiftenden Charakter im Hinblick auf die Entstehung einer nationalstaatlichen Identität und Projekte auf EU-Ebene zumindest mittelbar die Herausbildung einer europäischen Identität bewirkt haben, die neben den nationalen steht, so drängt sich die Frage auf, welche Rolle das GEKR im Hinblick auf die europäische Identitätsbildung und mithin für die europäische Integration zu spielen vermag.

1. Übertragung der These von der identitätsstiftenden Wirkung privatrechtlicher Kodifikationen auf die europäische Ebene

Zunächst ist hierfür die Frage zu beantworten, ob sich die identitätsstiftende Wirkung nationaler Privatrechtskodifikationen auf die europäische Ebene übertragen lässt. Das europäische Privatrecht etablierte sich Ende der 1980er Jahre als eigenständiges Forschungsgebiet.[246] Seitdem ist es unabhängig von dem speziellen Fall des Verordnungsentwurfs umstritten, ob, und wenn ja, in welchem Maße, die Kodifikation eines „europäischen Vertragsrechts" zur europäischen Integration beitragen bzw. inwiefern ihr ein identitätsstiftender Charakter zugeschrieben werden könnte. Argumentiert wird, dass ein einheitlicher Gesetzestext nichts daran ändern würde, dass die Rechtspraktiker weiterhin nationalen Traditionen verhaftet wären und ihr Verständnis des nationalen Vertragsrechts daher ausschlaggebend für die Auslegung der europäischen Kodifikation sei.[247] Noch weiter geht hier die Ansicht, nach der ein einheitlicher Rechtstext als solcher schon nicht in der Lage sei, eine Rechtsangleichung auf europäischer Ebene zu bewirken, da dessen einheitliche Rezeption in den Mitgliedsstaaten nicht gewährleistet werden könne und zudem die Möglichkeit hierzu historisch widerlegt sei.[248] Hinzu stehe die Tatsache, dass ein solcher in 23 europäischen Amtssprachen gleichermaßen Bindungswirkung entfalten würde, einer integrativen Wirkung entgegen, da dies zu erheblichen

245 Vgl. schon *Drobnig* in FS Steindorff, S. 1141, 1149.

246 *Janssen* in Janssen, Auf dem Weg zu einem Europäischen Privatrecht, S. 11, 15 f.

247 Im Allgemeinen schon *Rittner*, JZ 1995, 849, 856; dasselbe für das GEKR befürchtend *Maultzsch* in Hahn (Hrsg.), Gemeinsames Europäisches Kaufrecht – Moderner Ansatz oder praxisferne Vision?, S. 9, 21 f.

248 *Ranieri* bezeichnet die Rechtsangleichung durch einen einheitlichen Rechtstext daher als Illusion, vgl. *Ranieri*, Europäisches Obligationenrecht, S. 116.

Anwendungsschwierigkeiten führen und eine einheitliche Auslegung wesentlich erschweren würde.[249] Auch wird auf die immensen Unterschiede zwischen dem kontinentalem Privatrecht und dem Common Law verwiesen, deren kulturelle Gräben sich nicht mit einem einheitlichen Rechtstext überbrücken ließen.[250]

Gegen diese Argumente lässt sich jedoch einwenden, dass sie die integrative Wirkung eines einheitlichen europäischen Rechtstextes letztlich nicht ernstlich widerlegen können. Es ist mittlerweile weitgehend anerkannt, dass es gerade die bis dato fragmentarische EU-Gesetzgebung ist, die auf dem Gebiet des Privatrechts eine desintegrative Wirkung erzeugt.[251] Eben diese Tatsache war ausschlaggebend dafür, über neue und kohärentere Wege nachzudenken. Wenn es aber die Fragmentierung des Rechts ist, die desintegrativ wirkt, dann muss folgerichtig die Vereinheitlichung des Rechts integrativ wirken. Die integrative und identitätsstiftende Wirkung eines möglichen europäischen Vertragsrechts wurde schon früh festgestellt. Sie wird damit begründet, dass der unzweifelhafte kausale Zusammenhang zwischen Rechtsordnung und nationaler Identität sich auch zu deren Gunsten umkehren lasse.[252] Auch heute noch ist die Überzeugung verbreitet, dass neben allen wirtschaftlichen Aspekten ein – wie auch immer geartetes – europäisches Vertragsrecht von überragender symbolischer Bedeutung für die gemeinschaftlichen Beziehungen zwischen den Mitgliedsstaaten und ihren Bürgern wäre.[253] Dass dieser Integrationsprozess aber ein ständig fortwährender und nicht abgeschlossener ist, zeigt sich darin, dass die Bestrebungen des vergangenen Jahrzehnts in Hinblick auf ein europäisches Vertragsrecht Ausdruck der weiter andauernden Entwicklung einer europäischen Identität sind.[254] Die herausragende Bedeutung des Privatrechts für die europäische Integration lässt sich nicht mehr

---

249 *Zimmermann*, ERCL 2012, 367, 391; a. A. wohl *Schmidt-Kessel* in FS Blaurock, S. 401, 415, der die Mehrsprachigkeit des Europäischen Privatrechts als angemessenes Hilfsmittel der europäischen Kultur bezeichnet.

250 Vgl. *Legrand*, MLR 1997, 44, 53 ff.

251 *Riedl*, Vereinheitlichung des Privatrechts in Europa, S. 20.

252 *Neuhaus / Kropholler*, RabelsZ 45 (1981), 73, 77 bezeichneten die Stärkung der Zusammengehörigkeit der beteiligten Staaten als „Nebenwirkung" der Rechtsvereinheitlichung; *Drobnig* in FS Steindorff, S. 1141, 1148, der ein europäisches Vertragsrecht als Ausdruck einer sich bereits entwickelten europäischen Identität ansah; *Kramer*, Europäische Privatrechtsvereinheitlichung, S. 30 f., der erwog, dass ein vereinheitlichtes europäisches Privatrecht zu einem „qualitativen Sprung" der Integrationsbemühungen führen könnte.

253 *Heiderhoff*, Europäisches Privatrecht, Rn. 583; ähnlich *von Bar* in FS Jayme, S. 1217, 1222.

254 *Jansen*, Binnenmarkt, Privatrecht und europäische Identität, S. 90.

verleugnen.[255] Die Zusammenschau all dieser Punkte führt zu der Schlussfolgerung, dass sich die identitätsstiftende Wirkung privatrechtlicher Kodifikationen auch auf europäischer Ebene entfalten würde. Ein einheitlich geregeltes Privatrecht ist grundsätzlich in der Lage, einen außerordentlichen Beitrag zur europäischen Identitätsbildung zu leisten.

2. Wirkung des GEKR auf die Entwicklung einer europäischen Identität

Nun stellt das GEKR aber keine umfassende Kodifikation des Privatrechts oder wenigstens des Vertragsrechts dar, sondern „lediglich" ein optionales Instrument, das auf dem Gebiet des Kaufrechts neben die bestehenden nationalen Rechtsordnungen tritt und inhaltlich die für die Behandlung eines Kaufvertrags relevantesten Regelungen von der Vertragsanbahnung bis zur Rückabwicklung umfasst.[256] Es ist demnach zu klären, ob dies schon ausreichend ist, um ähnlich zu einer großen Kodifikation identitätsstiftende Wirkung zu entfalten.

Hierbei ist voranzustellen, dass die Einführung eines europäischen Zivilgesetzbuches ohne vorhergehende, wegebnende Maßnahmen ohnehin nicht denkbar ist.[257] Den effektiven und legitimen ersten Schritt hierfür kann aber gerade ein optionales Instrument darstellen.[258] Neben seiner primären Zielsetzung – Förderung des Binnenmarkts durch Senkung von Transaktionskosten – soll es gleichsam ein Vorbote für eine weitergehende Privatrechtsvereinheitlichung sein und im Erfolgsfall der erste Schritt zu einem zukünftigen europäischen Zivilgesetzbuch werden; das GEKR ist demnach geprägt von einem präkodifikatorischen Charakter. Es ist nicht abzustreiten, dass das GEKR, auch wenn es kein zwingendes, sondern nur fakultatives Recht darstellt, über eine gewisse Ausstrahlungswirkung verfügen wird. Wenn die Europäer ein gemeinsames Regelungsregime für die Ausgestaltung ihrer kaufvertraglichen Rechtsbeziehungen besitzen, so wird das Zugehörigkeitsgefühl für ihre grenzüberschreitende Gemeinschaft zweifelsfrei gestärkt. Freilich wird das den Luxemburger, der sonntagmorgens zur französischen Bäckerei oder den Bayern, der über die tschechische Grenze zum Tanken fährt, nicht tangieren. Es werden aber insbesondere kleine und mittelständische Unternehmen sein, die im Verhältnis zu ihresgleichen und den Verbrauchern die Hauptzielgruppe des GEKR

---

255 *Schulze* in Janssen, Auf dem Weg zu einem Europäischen Privatrecht, S. 285, 293.

256 Kap. 2, § 2, B.

257 Dies kann nur in langfristiger Hinsicht ein „Endziel" sein, vgl. *Mansel*, WM 2012, 1253, 1254.

258 *Schmid*, Die Instrumentalisierung des Privatrechts durch die Europäische Union, S. 832.

ausmachen und in der Lage sein werden, durch die Nutzung des optionalen Instruments das Zusammenhörigkeitsgefühl zu ihren ausländischen Geschäftspartnern oder Endkunden zu stärken. Ob das GEKR – tritt es denn in Kraft – tatsächlich förderlich für die europäische Identitätsstiftung sein wird, hängt somit letztlich davon ab, ob ihm tatsächlich Erfolg widerfahren wird, also ob es Unternehmer und Verbraucher wirklich nutzen und sich mit ihm anfreunden werden. Dass es aber im Erfolgsfall Strahlkraft über den rein wirtschaftlichen Nutzen hinaus entfalten und die Fortentwicklung der europäischen Identität und Integration stärken wird, kann nach den in diesem Kapitel angestellten Untersuchungen nicht ernstlich bezweifelt werden.

Es ist somit festzuhalten, dass das GEKR vielleicht nicht im selben Maße für die europäische Identität das bewirken kann, was z. B. der Code Civil für die französische, das ABGB für die österreichische oder das BGB für die deutsche Identität geleistet haben. Aber nichtsdestotrotz wäre es im Erfolgsfall aller Voraussicht nach ein identitätsstiftender und damit integrationspolitischer Meilenstein der EU, der dadurch, auf (ganz) lange Sicht sogar den Weg für ein europäisches Zivilgesetzbuch ebnen könnte, das in dieser Hinsicht vom Wirkungsgrad den nationalen Kodifikationen in nichts mehr nachstünde. Grundsätzlich verfügt das GEKR demnach über das Potential, ein wichtiger Baustein für die Fortschreibung der europäischen Erfolgsgeschichte zu werden.

§ 3: Zusammenfassung in Thesen

1. Unter „europäischer Integration" ist das andauernde und weiter fortschreitende Zusammenwirken der Mitgliedsstaaten der Europäischen Union zu verstehen. Sie bezweckt sowohl die Steigerung der wirtschaftlichen Leistungsfähigkeit als auch die des sozialen Wohlstands der europäischen Bevölkerung und fasst darüber hinaus alle Handlungen auf Ebene der EU unter den einheits- und identitätsstiftenden Gedanken der kontinentalen Friedenssicherung zusammen.

2. Die Entwicklung der europäischen Integration ist im Kontext der Entwicklung der Europäischen Union und der ihr zu Grunde liegenden Verträge zu betrachten. Die Union und der sie tragende identitätsstiftende Einheitsgedanke entwickelten sich als Reaktion auf die Ursachen und Folgen des Zweiten Weltkriegs hin zu ihrem heutigen Stand auf Grundlage des Vertrags von Lissabon. Die Integration fand zunächst nur auf wirtschaftlicher Ebene statt. Diese Maßnahmen haben sich jedoch langfristig auch auf politischer und gesellschaftlicher Ebene ausgewirkt; man spricht von sog. „spill-over-Effekten" bzw. der „funktionalistischen

Integrationstheorie“. Die europäische Integration ist daher heute umfassend zu verstehen: Sie umfasst sowohl wirtschaftliche als auch politische und gesellschaftliche Aspekte mit dem darüber hinausgehenden Ziel der Etablierung und Fortentwicklung einer europäischen Identität der Bürger neben ihren nationalen.

3. Eine Privatrechtsangleichung auf europäischer Ebene ist immer dann gegeben, wenn bestimmte nationale Regelungen auf dem Gebiet des Privatrechts der verschiedenen Mitgliedsstaaten durch eine Maßnahme der EU einander angenähert oder sogar vereinheitlicht werden oder neue Normen erlassen werden, die in den Mitgliedsstaaten gleichermaßen Geltung erlangen.

4. Die Privatrechtsangleichung durch die EU vollzieht sich in größerem Maße seit Mitte der 1980er Jahre und vornehmlich auf dem Gebiet des Verbraucherrechts. Seit dem Erlass der EEA im Jahr 1987 basiert sie regelmäßig auf der allgemeinen Binnenmarktkompetenz des Art. 114 AEUV bzw. seinen Vorgängernormen. Hierbei wird bis dato meist das Konzept der Mindestharmonisierung verfolgt, nach dem die Richtlinie Mindeststandards vorgibt, die die Mitgliedsstaaten in nationales Recht umzusetzen haben, aber auch darüber hinausgehen können.

5. Die Privatrechtsangleichung im Wege der Mindestharmonisierung ist an ihre Grenze gestoßen. Durch die verschiedenen Methoden der Umsetzung, ihrer unterschiedlichen Intensität und den Kollisionen mit den unterschiedlichen bisherigen nationalen Regelungen, zeigt sich heute ein fragmentarisches Bild der Privatrechtsangleichung. Der Ansatz, die Rechtsangleichung durch Vollharmonisierung kohärenter zu gestalten, ist im Laufe der Entwicklung der Verbraucherrechte-Richtlinie gescheitert. Daher wurde mit dem GEKR in seiner Natur als optionales Instrument eine neue Methode entwickelt, um bei fortschreitender Privatrechtsangleichung ein hohes Maß an Kohärenz zu gewährleisten.

6. Die Privatrechtsangleichung hat sich zu einer tragenden Säule der europäischen Integration entwickelt. Durch sie entstehen ein gemeinsamer europäischer Rechtsraum und eine gemeinsame europäische Rechtskultur. Sie ist somit Ausdruck des „spill-over“-Prinzips, indem sie über ihre angleichende Wirkung hinaus eine einheitsstiftende Funktion für die europäische Bevölkerung erfüllt.

7. Der am 11.10.2011 veröffentliche Verordnungsentwurf über ein Gemeinsames Europäisches Kaufrecht steht in der Tradition vorhergehender Projekte einheitlicher Rechtstexte. Zu nennen sind das Werk *Ernst Rabels*, das letztlich im CISG mündete, einerseits, aber auch modernere wissenschaftliche Ansätze wie

die PECL und insbesondere der DCFR andererseits. Die Entwicklung hin zum GEKR selbst wurde von 2001 an durch die Europäische Kommission maßgeblich vorangetrieben.

8. Der Verordnungsentwurf ist in die Verordnung als solche (GEKR-VO) und den eigentlichen Regelungstext in deren Anhang I (GEKR) aufgeteilt. Die inhaltliche Ausgestaltung fußt auf dem Ansinnen, den „gesamten Lebenszyklus" eines Kaufvertrags zu umfassen. Ein umfassendes Vertragsrecht stellt das GEKR nicht dar. Es ist ein optional wählbares Rechtsregime für grenzüberschreitende Kaufverträge, das für b2c-Verträge ein hohes Maß an Verbraucherschutz aufweist. Dennoch ist es aufgrund seiner Zielsetzung, die in der Gesamtheit über die Binnenmarktförderung hinausgeht, geprägt von einem präkodifikatorischen Charakter.

9. Die jüngere kontinentaleuropäische Geschichte seit Beginn des 19. Jahrhunderts zeigt, dass die nationalen Privatrechtskodifikationen seit dem Code Civil in engem Zusammenhang mit der Nationalstaatsbildung standen und einen wesentlichen identitätsstiftenden Effekt hatten. Sie haben sich förderlich auf die Herausbildung einer nationalstaatlichen Identität der Bevölkerung ausgewirkt.

10. Die Genese der Europäischen Union sowie gewichtiger politischer Maßnahmen auf europäischer Ebene haben die Entstehung einer europäischen Identität der Bürger neben ihrer nationalstaatlichen Verbundenheit angestoßen. Diese ist im Begriff der weiteren Fortentwicklung.

11. Hieraus ist zu schließen, dass sich das Prinzip der identitätsstiftenden Wirkung nationaler Privatrechtskodifikationen auf die europäische Ebene übertragen lässt. Eine – zumindest teil- oder schubweise – europäische Kodifikation privatrechtlicher Materien ist geeignet, einen außerordentlichen Beitrag zur europäischen Identitätsbildung zu leisten. Auch wenn das GEKR keine Kodifikation ist, ist sie dennoch geprägt von einem präkodifikatorischen Charakter, womit sich diese These auch auf es übertragen lässt.

12. Somit kann auch das GEKR als optionales Instrument auf dem Gebiet des Kaufrechts einheitsstiftend wirken und hierdurch die europäische Identitätsbildung maßgeblich vorantreiben. Voraussetzung hierfür ist, dass es von den Marktteilnehmern tatsächlich genutzt wird und somit eine weite Verbreitung im europäischen Rechtsverkehr findet.

Kapitel 3: Verfahrensrechtliche Hindernisse

Auf dem Weg zu seinem Erlass stehen dem GEKR als Ausdruck der europäischen Integration mittels Angleichung des Privatrechts zunächst verfahrensrechtliche Hindernisse entgegen. Als Erstes ist hier die umstrittene Frage nach der korrekten Kompetenzgrundlage im AEUV für den Erlass des GEKR zu nennen. Die Kommission will es auf der zentralen Binnenmarktkompetenz Art. 114 AEUV stützen.[1] Diese Ansicht findet zwar Befürworter[2], allerdings auch massiven Widerstand[3]. Der stellt z. T. darauf ab, dass die Abrundungskompetenz Art. 352 AEUV heranzuziehen sei und dass z. T. darauf, dass der AEUV überhaupt keine einschlägige Rechtsgrundlage enthalte. Sollte die falsche Kompetenznorm gewählt werden, so könnte das GEKR in der Folge durch eine Subsidiaritätsklage wieder nichtig werden.[4] Daher ist die Wahl der richtigen Ermächtigung von überragender Bedeutung für Erfolg und Akzeptanz des GEKR.

Das zweite große verfahrensrechtliche Hindernis besteht in der massiven Kritik[5], die dem Projekt seit der Veröffentlichung des Verordnungsentwurfs am

---

1 Vgl. Begründung GEKR-VO.

2 Z. B. *DAV*, Stellungnahme zu Art. 114 AEUV, S. 3 ff.; *Wojcik* in Gebauer, Gemeinsames Europäisches Kaufrecht – Anwendungsbereich und kollisionsrechtliche Einbettung, S. 51, 61 ff.; *Heiderhoff*, Europäisches Privatrecht, Rn. 580; *Lando* in Moccia, The Making of European Private Law, S. 1, 4.

3 Z. B. *Tamm*, VuR 2012, 3, 9; *Basedow*, EuZW 2012, 1 f.; *Riesenhuber*, EWS 2012, 7, 8 ff.; *Müller-Graff* in Schulte-Nölke / Zoll / Jansen / Schulze, Der Entwurf für ein optionales europäisches Kaufrecht, S. 21, 35; *ders.* in Schmidt-Kessel, Ein einheitliches europäisches Kaufrecht?, S. 51, 57 ff.; *Perner* in Wendehorst / Zöchling-Jud, Am Vorabend eines Gemeinsamen Europäischen Kaufrechts, S. 21, 33 ff.; *Ludwigs*, EuZW 2012, 608, 611; *Grigoleit* in Remien / Herrler / Limmer, Gemeinsames Europäisches Kaufrecht für die EU?, S. 67, 75 ff.; *ders.*, Stellungnahme RA, S. 9 f.; *Wagner*, Stellungnahme RA, S. 3 ff.; *Huttenlocher*, Stellungnahme RA, S. 3 ff.; *Eidenmüller / Jansen / Kieninger / Wagner / Zimmermann*, JZ 2012, 269, 274.

4 Hierzu *Ludwigs*, EuZW 2012, 608, 612.

5 An kritischen Stellungnahmen sind beispielhaft zu nennen: *Eidenmüller / Jansen / Kieninger / Wagner / Zimmermann*, JZ 2012, 269 ff.; *Basedow*, EuZW 2012, 1 f.; *Grigoleit*, Stellungnahme RA; *ders.* in Remien / Herrler / Limmer, Gemeinsames Europäisches Kaufrecht für die EU?, S. 67 ff.; *Huttenlocher*, Stellungnahme RA; *Lorenz*,

11.10.2011 entgegenschlägt. Sie erweckt den Anschein, als wenn ein Großteil der Kritiker das GEKR scheitern sehen will.[6] Das gesamte Geschehen kommt dem geneigten Beobachter indes merkwürdig vertraut vor. Hat man nicht schon Rechtsetzungsprojekte beobachten müssen, die genau durch dieses Vorgehen zum Stillstand gebracht wurden? Hat man aber nicht auch schon solche gesehen, die trotz aller Kritik realisiert wurden und deren Beurteilung heute größtenteils positiver Natur ist? Auch diesen Fragen geht die vorliegende Arbeit im nun folgenden Kapitel anhand zweier konkreter Beispiele nach um sodann die Parallelen zwischen dem Vorgehen bei diesen und dem beim GEKR zu ziehen und zuletzt darzulegen, wie die wissenschaftliche Rezeption dazu geeignet sein kann, die Verwirklichung des GEKR zu behindern und welche Perspektiven für das GEKR aus diesem Kontext heraus bestehen.

§ 1: Die Rechtsgrundlage für das Gemeinsame Europäische Kaufrecht

In *Kapitel 4* der vorliegenden Arbeit folgt eine Beurteilung der Erfolgsaussichten des Verordnungsentwurfs in Anbetracht einer Auswahl der ihm innewohnenden materiellrechtlichen Probleme.[7] Damit es überhaupt möglich ist, dass materiellrechtliche Probleme in der Wirklichkeit entstehen, ist vorher etwas anderes eine unabdingbare Voraussetzung: Der Verordnungsentwurf muss in rechtmäßiger Weise realisiert werden und somit zu Geltung gelangen. Die Frage nach der richtigen

---

AcP 212 (2012), 702, 843 ff.; *Riesenhuber*, EWS 2012, 7 ff.; *Roth*, EWS 2012, 12 ff.; *Rüfner*, ZJS 2012, 476 ff.; *Kindler*, JZ 2012, 712 ff.; *Tamm*, VuR 2012, 3 ff.; *Wagner*, Stellungnahme RA; *ders.*, ZEuP 2012, 455 ff.; *Zimmermann*, JBl 2012, 2 ff.; *Müller-Graff* in Schmidt-Kessel, Ein einheitliches europäisches Kaufrecht?, S. 51 ff.; *Faust*, BRJ 2012, 123 ff.

6 Der Autor war in den Jahren 2012 und 2013 bei mehreren Kongressen, die den Verordnungsentwurf thematisierten, zugegen und musste eine größtenteils negative Grundstimmung der Teilnehmer – insbesondere derer aus der Wissenschaft – zur Kenntnis nehmen; diesem größtenteils skeptischen Eindruck zustimmend *Herrler*, DNotI-Report 2013, 18; mit der Erkenntnis, dass es wohl nur noch um das „wann" und „wie", aber nicht mehr um das „ob" des GEKR geht, scheint sich das Stimmungsbild in der Wissenschaft dem GEKR schrittweise zu öffnen, vgl. zur Entwicklung *Konecny*, ZVertriebsR 2012, 125 ff., *ders.* ZVertriebsR 2012, 263 ff., *ders.*, ZVertriebsR 2013, 257 ff.

7 Vgl. Einleitung.

Rechtsgrundlage für ein optionales Instrument auf dem Gebiet des Vertragsrechts war dabei bereits vor Veröffentlichung des Verordnungsentwurfs umstritten.[8] Die Entscheidung der Kommission, Art. 114 AEUV als Rechtsgrundlage zu wählen[9], entflammte diese Diskussion weiter und führte zu einem vielfältigen Meinungsbild. Dieses spiegelt sich u. a. auch in der Subsidiaritätsrüge des Deutschen Bundestags wieder.[10]

Die Europäische Union verfügt über keine Kompetenz-Kompetenz zum eigenmächtigen Erlass einer für das GEKR passenden Rechtsgrundlage.[11] Erforderlich ist demnach eine Rechtsgrundlage, die sich unmittelbar aus den Unionsverträgen ergibt oder sich zumindest auf diese zurückführen lässt.[12] Dieses Erfordernis einer Rechtsgrundlage zum Erlass des GEKR ergibt sich aus dem Prinzip der begrenzten Einzelermächtigung nach Art. 5 Abs. 1 S. 1, Abs. 2 S. 1 EUV. Dieses besagt, dass die Europäische Union nur für solche Materien eine Regelungsbefugnis besitzt, die ihr von den Mitgliedsstaaten übertragen wurden.[13] Es ist demnach nicht ausreichend, dass mit einer Maßnahme lediglich eines der Unionsziele nach Art. 3 EUV[14] verfolgt wird, vielmehr stellt die EU-vertragliche Zuweisung einer Handlungskompetenz eine nicht abdingbare Voraussetzung für das Tätigwerden der Organe der Union dar.[15]

Die Bedeutung der Wahl der Rechtsgrundlage für den Erlass des GEKR hat somit nicht nur die Frage zum Gegenstand, ob die Union überhaupt tätig werden darf. Vielmehr gilt es, die *richtige* Rechtsgrundlage zu finden, da sich für die verschiedenen Kompetenzgrundlagen in den europäischen Verträgen z. T.

---

8 *Grigoleit*, AcP 210 (2010), 354; *Roth*, EWS 2008, 401; *Basedow* in FS Säcker, S. 29; *MPI*, RabelsZ 75 (2011), 371; *Reich / Micklitz*, EWS 2011, 113.

9 Die „Wahl“ der richtigen Rechtsgrundlage ist freilich keine Wahl im engeren Wortsinne, sondern der Begriff umschreibt die Ermittlung der einschlägigen Rechtsgrundlage, vgl. *Schwartz*, Die Wahl der Rechtsgrundlagen im Recht der Europäischen Union, S. 75 f.

10 Nachzulesen unter http://dipbt.bundestag.de/dip21/btd/17/080/1708000.pdf (zuletzt abgerufen am 10.09.2013); i. Ü. haben nur der belgische Senat, das britische Unterhaus und der österreichische Bundesrat entsprechende Rügen erhoben, womit diese lediglich zu „berücksichtigen“ sind, die Kommission aber mangels Quorum nicht zu einer begründeten Stellungnahme verpflichten, vgl. *Hölscheidt* in Grabitz / Hilf / Nettesheim, Art. 12 EUV, Rn. 24 ff.

11 *Frenz / Ehlenz*, EuZW 2011, 623.

12 *Bast / von Bogdandy* in Grabitz / Hilf / Nettesheim, Art. 5 EUV, Rn. 13.

13 *Calliess* in Calliess / Ruffert, Art. 5 EUV, Rn. 6.

14 Zu diesen zählt gemäß Art. 3 Abs. 3 S. 1 EUV gerade auch der Binnenmarkt.

15 *Bast / von Bogdandy* in Grabitz / Hilf / Nettesheim, Art. 5 EUV, Rn. 5.

unterschiedliche Organkompetenz, Handlungsformen und Verfahrensvorschriften ergeben.[16] Vor diesem Hintergrund sind insbesondere die Folgen der Wahl von Art. 114 AEUV und Art. 352 AEUV als Rechtsgrundlage zu betrachten. Wird Art. 114 AEUV, wie von der Kommission angedacht, für das Vorhaben gewählt, so wird durch die Bezugnahme in Art. 114 Abs. 1 S. 2 AEUV das ordentliche Gesetzgebungsverfahren[17] nach Art. 289, 294 AEUV in Gang gesetzt.[18] Essentiell hierbei ist, dass in diesem Verfahren gemäß Art. 16 Abs. 3 EUV ein Ratsbeschluss mit qualifizierter Mehrheit genügt.[19] Wird Art. 352 AEUV als Rechtsgrundlage gewählt, bedarf es hingegen nach Art. 352 Abs. 1 S. 1 AEUV der Einstimmigkeit. Aufgrund des „Lissabon-Urteils"[20] des BVerfG kann darüber hinaus der deutsche Ratsvertreter seine Zustimmung nur erteilen, wenn der Deutsche Bundestag hierzu gemäß § 8 IntVG ein entsprechendes Gesetz erlässt.[21] Nach Ansicht einiger kritischer Stimmen soll wohl überwiegend diese Tatsache ausschlaggebend für die Wahl von Art. 114 AEUV durch die Kommission gewesen sein.[22] Dass dieser Aspekt tatsächlich eine Rolle gespielt haben könnte, vermag ich an dieser Stelle

16 *Nettesheim* in von Bogdandy / Bast, Europäisches Verfassungsrecht, S. 389, 435.

17 Der Begriff „Gesetzgebungsverfahren" ist hier nicht ergebnisbezogen zu verstehen, sondern bezeichnet eine bestimmte Verfahrensform, s. Oppermann / Classen / Nettesheim, Europarecht, § 11, Rn. 44.

18 Vgl. z.B. *Kluth* in Calliess / Ruffert, Art. 294 AEUV, Rn. 9.

19 Als qualifizierte Mehrheit gilt hier für Abstimmungen ab dem 01.11.2014 nach Art. 16 Abs. 4 S. 1 EUV eine Mehrheit, die zugleich 55% der Ratsmitglieder sowie 65% der Unionsbevölkerung repräsentiert; sollte die maßgebliche Abstimmung im Rat bis zum 31.10.2014 stattfinden, so werden gemäß Art. 16 Abs. 5 AEUV i. V. m. Art. 3 ÜbBestProt die Ratsstimmen gewichtet nach der Einwohnerzahl der Mitgliedsstaaten und eine Mehrheit ist mit 255 von 345 Stimmen erreicht (ca. 73,9%), die, auf Antrag eines Mitgliedsstaats hin, wiederum 62% der Unionsbevölkerung repräsentieren müssen, sog. „demographisches Netz", vgl. Oppermann / Classen / Nettesheim, Europarecht, § 5, Rn. 77.

20 BVerfGE 123, 267 = NJW 2009, 2267; kritisch hierzu in Hinblick auf das Gesellschaftsrecht *Fleischer*, ZHR 174 (2010), 385, 400.

21 I. E. bedürfte das GEKR somit der Zustimmung des deutschen Bundestags, vgl. *MPI*, RabelsZ 75 (2011), 371, 396; allgemein zu den Auswirkungen des IntVG auf die Wahl der Rechtsgrundlage vgl. *Kämmerer*, RabelsZ 76 (2012), 253, 259 ff; a. A. *Basedow*, EuZW 2010, 41, der im Wege einer teleologischen Reduktion ein solches Zustimmungsgesetz nur für Maßnahmen außerhalb des Gemeinsames Marktes als erforderlich ansieht.

22 *Basedow*, EuZW 2012, 1; *Low*, M-EPLI Working Paper No. 2012 / 2; *Müller-Graff* in Schmidt-Kessel, Ein einheitliches europäisches Kaufrecht?, S. 51, 59; *Leible* in Remien / Herrler / Limmer, Gemeinsames Europäisches Kaufrecht für die EU?, S. 43, 44.

nicht zu beurteilen. Es ist jedoch festzuhalten, dass die Wahl der Rechtsgrundlage als (vor-)entscheidender Faktor für den Erfolg des GEKR zu betrachten und zu behandeln ist.[23]

Die Frage nach der richtigen Rechtsgrundlage ist demnach nicht nur eine verfahrensrechtliche, sondern auch eine rechtspolitische: Da für die verschiedenen in Betracht kommenden Rechtsgrundlagen jeweils unterschiedlich hohe Hürden zu meistern sind, ist jede juristische Argumentation hierzu auch vor dem Hintergrund zu betrachten, ob der jeweilige Autor generell, aber insbesondere inhaltlich zu den Gegnern oder den Befürwortern des „Projekts GEKR" zu zählen ist. Jegliche Stellungnahme ist insofern mit einer gewissen Vorsicht zu genießen.

A. Die möglichen Kompetenzgrundlagen

Im Mittelpunkt der Diskussion um die richtige Rechtsgrundlage für den Erlass des GEKR stehen Art. 114 und 352 AEUV, während die ebenfalls zu erwähnenden Art. 81 und 169 Abs. 2 lit. b AEUV bis dato eher ein Schattendasein fristen. Weiterhin ist der ebenfalls in der Wissenschaft vertretene Standpunkt anzusprechen, dass die Unionsverträge für das GEKR in dieser Form tatsächlich überhaupt keine einschlägige Rechtsgrundlage enthalten.[24]

I. Art. 114 AEUV[25]

Der Verordnungsentwurf sieht vor, dass die Verordnung über ein Gemeinsames Europäisches Kaufrecht „auf den Vertrag über die Arbeitsweise der Europäischen Union, insbesondere auf Artikel 114" gestützt werden soll.[26] Die Wahl der Rechtsgrundlage fiel somit auf den sog. „kompetenzrechtlichen Integrationsmotor" des

---

23 So auch *Fleischer*, RabelsZ 76 (2012), 235, 244.

24 Die folgende Darstellung beschränkt sich auf die von der Kollision gewählte kollisionsrechtliche Einbettung des GEKR als „2. nationales Regime"; zu den Auswirkungen der anderen möglichen Varianten „28. Regime" und „einheitsrechtliche Lösung" auf die Frage nach der Kompetenzgrundlage vgl. *Wojcik* in Gebauer, Gemeinsames Europäisches Kaufrecht – Anwendungsbereich und kollisionsrechtliche Einbettung, S. 51, 60 ff.

25 Durch den Vertrag von Lissabon wurde Art. 95 EGV ohne inhaltliche Veränderung zu Art. 114 AEUV, vgl. *Grigoleit*, AcP 210 (2010), 354, 364; Literatur und Rechtsprechung, die sich auf Art. 95 EGV beziehen sind somit ohne Einschränkungen auch in Hinsicht auf Art. 114 AEUV heranzuziehen.

26 Siehe GEKR-VO zu Beginn.

Vertrags.[27] Diese Wahl von Art. 114 AEUV als Rechtsgrundlage für die Verordnung durch die Kommission hat umgehend weitreichende Kritik nach sich gezogen.[28] Daher beginnt die Betrachtung der in Frage kommenden Rechtsgrundlagen auch mit ebenjenem. Maßgeblich für die Frage, ob die Kommission mit ihrer Wahl richtig liegt, ist also, ob die Voraussetzungen des Art. 114 AEUV im Falle des Verordnungsentwurfs gegeben sind.

1. Maßnahme

Art. 114 Abs. 1 S. 2 AEUV besagt, dass *„das Europäische Parlament und der Rat ... die Maßnahmen zur Angleichung der Rechts- und Verwaltungsvorschriften ...* [erlassen]*"*. Daher ist zunächst einmal festzustellen, was unter einer „Maßnahme" i. S. v. Art. 114 AEUV zu verstehen ist und ob die von der Kommission gewählte Maßnahmenform der Verordnung[29] nach Art. 288 Abs. 2 AEUV dieser Definition entspricht.

Diese Frage ist schnell abgehandelt: Art. 114 AEUV wurde seinerzeit als Art. 100a EWGV durch die „Einheitliche Europäische Akte" zum 01.07.1987 eingeführt.[30] Bereits damals sprach er von „Maßnahmen" und stand damit im direkten Gegensatz zum damaligen Art. 100 EWGV[31], in dem explizit von „Richtlinien" die Rede war. Die hiermit eingeführte Möglichkeit zum Zwecke der Rechtsangleichung auch die Form der Verordnung wählen zu können, kann zwar als Systembruch oder gar Zäsur angesehen werden[32], jedoch ist heute allgemein anerkannt, dass Art. 114 Abs. 1 S. 2 AEUV auf alle Handlungsformen des Art. 288 AEUV verweist.[33] Dem Unionsgesetzgeber steht hierbei ein Ermessensspielraum hinsichtlich der Wahl der Maßnahme zu.[34] Auch wenn heute noch

27 *Khan* in Geiger / Khan / Kotzur, Art. 114 AEUV, Rn. 5.

28 Statt vieler *Basedow*, EuZW 2012, 1.

29 Das maßgebliche Charakteristikum der Verordnung ist, dass sie, im Gegensatz zur Richtlinie, unmittelbare Wirkung in jedem Mitgliedsstaat entfaltet, vgl. z. B. *Ruffert* in Calliess / Ruffert, Art. 288 AEUV, Rn. 20.

30 *Kahl* in Calliess / Ruffert, Art. 114 AEUV, Rn. 1.

31 Heute Art. 115 AEUV.

32 *Everling* in FS Steindorff, S. 1155, 1166.

33 U. a. *Bron*, Rechtsangleichung des Privatrechts auf Ebene der Europäischen Union, S. 68; *Tietje* in Grabitz / Hilf / Nettesheim, Art. 114 AEUV, Rn. 115; *Kahl* in Calliess / Ruffert, Art. 114 AEUV, Rn. 28; *Riesenhuber*, EWS 2012, 7, 9; *Reich / Micklitz*, EWS 2011, 113, 114; *Bock*, Rechtsangleichung und Regulierung im Binnenmarkt, S. 54; *Ludwigs*, Rechtsangleichung nach Art. 94, 95 EG-Vertrag, S. 92.

34 EuGH, *Urteil* vom 8.6.2010 – Rs. C-58/08, Rn. 35.

vereinzelt vertreten wird, dass Art. 114 AEUV generell nicht zum Erlass von Verordnungen ermächtige[35], so ist diese Mindermeinung aufgrund der soeben getätigten Feststellungen abzulehnen.

Somit ist festzuhalten, dass, auch wenn in der Praxis hauptsächlich das Mittel der Richtlinie gewählt wird[36], Verordnungen „Maßnahmen“ i. S. v. Art. 114 AEUV darstellen und das GEKR somit wie im Entwurf angedacht als Verordnung auf Grundlage des Art. 114 AEUV erlassen werden kann, sofern dessen Voraussetzungen erfüllt sind.

2. Rechtsangleichung

Weiter muss die „Maßnahme GEKR“ eine „Rechtsangleichung“ i. S. v. Art. 114 AEUV bewirken. Art. 114 Abs. 1 S. 2 AEUV verlangt explizit *„Maßnahmen zur Angleichung der Rechts- und Verwaltungsvorschriften der Mitgliedsstaaten“*. Eine Definition, was man unter einer „Rechtsangleichung“ zu verstehen hat, sucht man in den Unionsverträgen jedoch vergebens. Zwar wird seit der Veröffentlichung des Verordnungsentwurfs in zahlreichen Beiträgen kontrovers diskutiert, ob das GEKR eine „Rechtsangleichung“ i. S. v. Art. 114 AEUV bewirke, eine Beantwortung der gedanklich voranzustellenden Frage, was man überhaupt unter einer „Rechtsangleichung“ zu verstehen hat, bleiben die Verfasser jedoch schuldig. Somit ist es notwendig zur Beurteilung der Frage, ob mit dem GEKR bereits begrifflich eine „Rechtsangleichung“ vorliegt, zunächst einmal herauszustellen, was man unter diesem Begriff zu verstehen hat und wovon er abzugrenzen ist.

Wie in dieser Arbeit bereits dargelegt[37], liegt eine „Privatrechtsangleichung“ auf europäischer Ebene immer dann vor, wenn einzelne Regelungen auf dem Gebiet des Privatrechts durch eine Maßnahme der EU inhaltlich angenähert oder vereinheitlicht werden oder neue Regelungen gesetzt werden, die in den Mitgliedsstaaten (oder zumindest einem Teil davon) gleichermaßen zur Geltung gelangen. Eine Rechtsvereinheitlichung ist dabei als Unterfall der Rechtsangleichung anzusehen, nämlich als deren intensivste Ausgestaltung. Entscheidend für die im Raum stehende Frage, ob Art. 114 AEUV als Rechtsgrundlage für das GEKR in der Form des Verordnungsentwurfs herangezogen werden kann, ist

---

35 *Leible* in Remien / Herrler / Limmer, Gemeinsames Europäisches Kaufrecht für die EU?, S. 43, 44.

36 *Bock*, Rechtsangleichung und Regulierung im Binnenmarkt, S. 54; vgl. auch die, nicht abschließende, Aufzählung bei *Bron*, Rechtsangleichung des Privatrechts auf Ebene der Europäischen Union, S. 67.

37 Vgl. Kap. 2, § 1, B., I.

mithin – noch bevor dessen übrige Voraussetzungen erörtert werden sollen – ob es nach dem hier vertretenen weiten Verständnis des Begriffs „Rechtsangleichung" i. S. v. Art. 114 AEUV als solche zu qualifizieren ist.

Ob dies der Fall ist, ist seit der Veröffentlichung des Entwurfs ein weitläufig diskutierter Streitpunkt.[38] Ausgangspunkt dieser Diskussion ist die Rechtsprechung des EuGH hinsichtlich der Verordnung über das Statut der Europäischen Genossenschaft[39] aus dem Jahr 2006.[40] In diesem Urteil lehnte der EuGH eine Nichtigerklärung der in Frage stehenden Verordnung ab, indem er, entgegen dem klagenden Europäischen Parlament[41], Art. 95 EGV (als Vorgängernorm von Art. 114 AEUV) als Rechtsgrundlage ablehnte und entschied, dass die Verordnung zu Recht auf Grundlage von Art. 308 EGV (als Vorgängernorm von Art. 352 AEUV) erlassen wurde. Hierbei stand die Frage im Mittelpunkt, ob das Statut über die europäische Genossenschaft, durch die eine neue, neben den nationalen Rechtsformen bestehende, europäische Gesellschaftsrechtsform geschaffen wurde, eine Rechtsangleichung i. S. v. Art. 95 EGV bzw. Art. 114 AEUV, bewirkt. Der EuGH betonte in seiner Entscheidung: *„Damit lässt sich nicht vertreten, dass die angefochtene Verordnung, die die bestehenden nationalen Rechte unverändert lässt, die Angleichung der auf Genossenschaften anwendbaren Rechtsvorschriften der Mitgliedstaaten bezweckt; sie verfolgt vielmehr das Ziel, eine neue Genossenschaftsform zu schaffen, die die nationalen Rechtsformen überlagert."*[42] Fraglich ist, ob diese Rechtsprechung mit ihrem Argumentationsstrang auf den Verordnungsentwurf zu übertragen ist.

38 *Schmidt-Kessel* in Schmidt-Kessel, Ein einheitliches europäisches Kaufrecht?, S. 1, 13; *Müller-Graff* in Schmidt-Kessel, Ein einheitliches europäisches Kaufrecht?, S. 51, 59 f.; *Wagner*, Stellungnahme RA, S. 4 f.; *Schulze*, Stellungnahme RA, S. 8; *Riesenhuber*, EWS 2012, 7, 9 f.; *Tamm*, Stellungnahme RA, S. 10 f.; *Roth*, EWS 2012, 12, 17; *Huttenlocher*, Stellungnahme RA, S. 5 f.; *Ludwigs*, EuZW 2012, 608, 609; *Mansel*, WM 2012, 1309, 1315 f.

39 Verordnung (EG) Nr. 1435/2003.

40 EuGH, Urteil vom 02.05.2006, Rs. C-436/03, nachzulesen z. B. in EuZW 2006, 380 ff.

41 Seit dem Inkrafttreten des Vertrags von Lissabon wäre mit einer solchen Klage des Europäischen Parlaments wohl nicht mehr zu rechnen, da Art. 352 AEUV eine Zustimmung des Parlaments erfordert, während eine Maßnahme nach Art. 308 EGV lediglich einer Anhörung des Parlaments bedurfte.

42 EuGH, Urteil vom 02.05.2006, Rs. C-436/03, Rn. 44.

a) Die ablehnende Ansicht

Die Literatur steht Art. 114 AEUV als Rechtsgrundlage für das GEKR zu großen Teilen schon deshalb ablehnend gegenüber, da für das GEKR in seiner Form als optionales Instrument die o. g. Rechtsprechung des EuGH herangezogen werden müsse. Aufgrund dessen kommt man zu dem Schluss, dass das GEKR nicht auf eine Rechtsangleichung i. S. v. Art. 114 AEUV gerichtet sei bzw. eine solche nicht bewirke.

Grund hierfür sei zunächst, dass das optionale GEKR ein legislativ eigenständiges unionsrechtliches Kaufrecht darstelle. Als solches ziele es aber gerade nicht auf eine Rechtsangleichung ab, sondern trete stattdessen in einen Wettbewerb um die Rechtswahl mit den daneben bestehen bleibenden nationalen Kaufrechten. In diesem Konzept bestehe die Ähnlichkeit zur o. g. EuGH-Entscheidung. Für die Einführung einer Rechtsform, neben der die mitgliedsstaatlichen Rechtsformen in dieser Art und Weise erhalten bleiben, sei Art. 114 AEUV aber gerade nicht geschaffen, da mit diesem einzig die Änderung des nationalen Rechts bezweckt werden könne.[43] Wie die europäische Genossenschaft stelle auch das GEKR einen „neuen Rechtstitel" dar. Daher sei es ebenso als ein „29. Regime"[44], das neben die nationalen Rechte tritt, zu betrachten, weswegen es den vom EuGH aufgestellten Kriterien zur Bestätigung einer Rechtsangleichung nicht gerecht werde.[45] Auch die – hiernach rein formalistische – Argumentation, das GEKR stelle keine „29. Kaufrechtsordnung", sondern eine „zweite nationale Kaufrechtsordnung" dar, könne hieran nichts ändern, da sie in juristischer Unschärfe die Fragen nach der Wahlmöglichkeit des GEKR und nach dem GEKR als solches, unzulässig vermenge.[46] Letztlich sei dies auch nur ein „konstruktiver Kniff", der nichts daran ändern könne, dass eine Rechtsangleichung hier tatsächlich nicht bewirkt werde.[47]

Das Vorliegen einer Rechtsangleichung durch das GEKR sei auch zu verneinen, weil Art. 114 AEUV bislang so verstanden wurde, dass er gerade nicht auf die Einführung einer „Parallelrechtsordnung" gerichtet ist, von der keine

---

43 *Müller-Graff* in Schmidt-Kessel, Ein einheitliches europäisches Kaufrecht?, S. 51, 59 f.; *ders.* in Schulte-Nölke / Zoll / Jansen / Schulze, Der Entwurf für ein optionales europäisches Kaufrecht, S. 21, 35.

44 Die meisten Fachbeiträge verwenden in diesem Zusammenhang noch den Begriff „28. Regime"; seit dem Beitritt Kroations würde das GEKR nunmehr aber ein „29. Regime" darstellen.

45 *Riesenhuber*, EWS 2012, 7, 9 f.

46 *Müller-Graff* in Schmidt Kessel, Ein einheitliches europäisches Kaufrecht?, S. 51, 60.

47 *Schmidt-Räntsch*, ZJS 2012, 301, 320; *Eidenmüller / Jansen / Kieninger / Wagner / Zimmermann* reden gar von „Taschenspielertricks", JZ 2012, 269, 274.

rechtsvereinheitlichende Wirkung ausgehe, da sie die nationalen Rechtsordnungen lediglich ergänze.[48] Knackpunkt ist hiernach also der optionale Charakter des GEKR in Form des Verordnungsentwurfs: Würde das GEKR die mitgliedsstaatlichen Kaufrechte ersetzen, läge eine Vereinheitlichung des Kaufrechts auf europäischer Ebene[49] und somit auch eine Rechtsangleichung i. S. v. Art. 114 AEUV vor. Da eine Ersetzung aber gerade nicht stattfindet, könne auch von einer Vereinheitlichung keine Rede sein. Aus der Berechtigung über Art. 114 AEUV Verordnungen zu erlassen, wird nach gegenläufiger Sicht geschlossen, dass Art. 114 AEUV dann auch „erst recht" den Erlass eines weniger in die mitgliedsstaatliche Integrität eingreifenden optionalen Instruments ermöglichen müsse. Dem wird allerdings entgegengehalten, dass sich die EU hiernach eigenmächtig eine ihr durch die Mitgliedsstaaten gerade nicht eingeräumte faktische Kompetenz-Kompetenz schaffen würde. Dies stehe aber, in Hinblick auf das Prinzip der begrenzten Einzelermächtigung, im Widerspruch zum Verfassungsgefüge des Vertrags von Lissabon und könne daher nicht zugelassen werden.[50]

Die Gegner des Art. 114 AEUV stützen sich in der Frage nach dem Bewirken einer Rechtsangleichung zusätzlich auf die Existenz von Art. 118 AEUV, der durch den Vertrag von Lissabon, also über drei Jahre nach dem EuGH-Urteil zur europäischen Genossenschaft, neu eingeführt wurde. Dieser ermächtigt den europäischen Gesetzgeber zum Erlass von *„Maßnahmen zur Schaffung europäischer Rechtstitel über einen einheitlichen Schutz der Rechte des geistigen Eigentums in der Union...".* Hiermit geht er dem Art. 114 AEUV grundsätzlich als *lex specialis* vor.[51] Fraglich ist jedoch, ob dies Auswirkungen darauf hat, was nach Art. 114 AEUV als Rechtsangleichung angesehen werden muss. Hierzu wird argumentiert, dass die EU durch die Einführung des Art. 118 AEUV die EuGH-Rechtsprechung zur europäischen Genossenschaft in legislativer Weise bestätigt habe: Art. 118 Abs. 1 AEUV ermöglicht die Einführung einheitlicher europäischer Rechtstitel auf dem Gebiet des geistigen Eigentums, die im Wege des ordentlichen Gesetzgebungsverfahrens neben die unverändert bestehen bleibenden Rechtstitel der Mitgliedsstaaten treten. Somit habe sich die EU mit dem Vertrag von Lissabon bewusst dafür entschieden, dass die Einführung europäischer Regeln, die neben nationale Regeln treten, im Grundsatz ausschließlich über Art. 352 AEUV erlassen werden können und so nur für das Gebiet des geistigen

48 *Tamm*, VuR 2012, 3, 8.
49 *Roth*, EWS 2012, 12, 17.
50 *Huttenlocher*, Stellungnahme RA, S. 6.
51 *Stieper* in Grabitz / Hilf / Nettesheim, Art. 118 AEUV, Rn. 20.

Eigentums eine bewusste Ausnahmeregelung getroffen.[52] Auch wenn die Setzung von Einheitsrecht als intensivste Form der Rechtsangleichung zu betrachten ist, so könne Art. 114 AEUV vor diesem Hintergrund gerade nicht als ausreichend für die Einführung eines optionalen Instruments angesehen werden, da es sonst des Art. 118 AEUV schlichtweg nicht bedurft hätte.[53]

Folgt man dieser kritischen Haltung, so kommt man zu dem Schluss, dass Art. 114 AEUV als Kompetenzgrundlage für das GEKR schon deshalb nicht heranzuziehen ist, weil es keine Rechtsangleichung im Sinne dieser Kompetenznorm bewirkt.

b) Die befürwortende Ansicht

In ähnlichem Umfang gibt es allerdings auch Unterstützung für die Ansicht der Kommission, dass das GEKR eine Rechtsangleichung nach Art. 114 AEUV bewirke. Hierbei ist zu beachten, dass nicht alle, die in diesem Punkt mit der Kommission konform gehen, Art. 114 AEUV auch als korrekte Kompetenzgrundlage für das GEKR ansehen; dieser wird z. T. aber ausschließlich in Ermangelung der übrigen Voraussetzungen abgelehnt. Auf die hier zu untersuchende Frage nach der bloßen Bewirkung einer Rechtsangleichung hat dies jedoch noch keine Auswirkung.

Für die Annahme einer Rechtsangleichung wird angeführt, dass es sich beim GEKR gerade nicht um einen Fall handele, der mit dem der europäischen Genossenschaft vergleichbar ist. Der essentielle Unterschied sei, dass das GEKR keine neue Rechtsform darstelle, sondern ein zweites Kaufrecht, dass über den Weg der Verordnung Bestandteil der nationalen Rechtsordnungen werden soll. Wählen die Vertragsparteien das GEKR, werde somit nicht die besondere Rechtsform eines „europäischen Kaufvertrags“ gewählt, sondern lediglich auf einen geschlossenen Kaufvertrag Regeln eines zweiten nationalen Kaufrechts zur Anwendung gebracht.[54] Oder anders formuliert: Ohne die Verordnung über die europäische Genossenschaft ist die Gründung einer solchen nicht möglich; der Abschluss eines Kaufvertrags ist hingegen von der Existenz des GEKR nicht abhängig. Auch wenn man vertreten würde, dass die nationalen Rechtsordnungen durch die Einführung des GEKR unberührt blieben, so müsse erkannt werden, dass sie hierdurch einem Wettbewerb um die Rechtswahl ausgesetzt würden, der zumindest zu einer „sanften“, d. h. einer faktischen Rechtsangleichung durch die Marktkräfte führen

52 *Roth*, EWS 2012, 12, 18.

53 *Basedow* in FS Säcker, S. 29, 40; *MPI*, RabelsZ 75 (2011), 371, 388.

54 *Staudenmayer*, NJW 2011, 3491, 3495.

würde.[55] Auch spreche für das Vorliegen einer Rechtsangleichung, dass hier, im Gegensatz zum Fall der europäischen Genossenschaft, ein einheitliches Regelungswerk geschaffen werden soll, das mit dem bestehenden mitgliedsstaatlichen Recht kollisionsrechtlich „verklammert“ würde.[56] Hinzu wird auch die Argumentation des damals obsiegenden Rates aus der Entscheidung des EuGH über die europäische Genossenschaft aufgegriffen: Hiernach müsse für das Bejahen einer Harmonisierungsmaßnahme dasselbe Ergebnis auch durch den parallelen Erlass identischer nationaler Regelungen in jedem Mitgliedsstaat zu erreichen sein.[57] Genau das sei hier aber im Gegensatz zur europäischen Genossenschaft der Fall. Diese stellt eine supranationale Rechtsform dar, die so nur durch die EU eingeführt werden konnte. Eine nationale Parallelgesetzgebung ist aber nicht imstande, eine solche Gesellschaftsform zu erschaffen.[58] Aber schon das Beispiel der Haager Kaufgesetze hat gezeigt, dass dieses Vorgehen bei Kaufrechtsregelungen sehr wohl möglich ist. Das Vorgehen in Verordnungsform sei letzten Endes gewählt worden, um Unterschiede zu vermeiden, die sich bei der Umsetzung einer Richtlinie hätten ergeben können.[59]

Darüber hinaus wird eine Übertragung der o. g. EuGH-Rechtsprechung auf das GEKR auch aus dem Grund abgelehnt, dass die dort vorgenommene Differenzierung zwischen den Begriffen „Angleichung“ und „Überlagerung“ nicht überzeuge. Durch diese Differenzierung finde eine unzulässige Verengung des Begriffs der „Angleichung“ auf unmittelbare Eingriffe in das mitgliedsstaatliche Recht statt. Dabei seien mit dem Wortlaut des Begriffs optionale Rechtsordnungen offenkundig in Einklang zu bringen. Denn durch eine solche werde einerseits einheitliches Recht gesetzt, andererseits läge zugleich die Verdrängung des mitgliedsstaatlichen Rechts in der Einwahl in das optionale Instrument hinsichtlich des konkreten Falls.[60]

Ein weiterer substantieller Unterschied zwischen dem GEKR und der europäischen Genossenschaft läge darin, dass Letztere eine von der EU geschaffene Rechtsform darstellt, bei der das nationale Recht nur ausnahmsweise und nur *kraft*

---

55 *Wagner*, Stellungnahme RA, S. 5.

56 *Schulze*, Stellungnahme RA, S. 8.

57 EuGH, Urteil vom 02.05.2006, Rs. C-436/03, Rn. 32.

58 So auch *DAV*, Stellungnahme zu Art. 114 AEUV, S. 12; *Ludwigs*, EuZW 2012, 608, 609.

59 *Schmidt-Kessel* in Schmidt-Kessel, Ein einheitliches europäisches Kaufrecht?, S. 1, 13 f.

60 *Grigoleit* in Remien / Herrler / Limmer, Gemeinsames Europäisches Kaufrecht für die EU?, S. 67, 81 f.

Verweisung zur Anwendung gelangt. Das GEKR hingegen sei im Falle seiner Wahl ein integraler Bestandteil des nationalen Rechts. Dieser Unterschied werde insbesondere bei b2b-Geschäften relevant, da hier nach dem Umkehrschluss aus Art. 8 Abs. 3 GEKR-VO auch eine Teilwahl des GEKR möglich sein soll; in einem solchen Fall kommt hinsichtlich der Bereiche, für die das GEKR nicht vereinbart wurde, ausschließlich die *originäre* Anwendung nationalen Rechts in Betracht. Dasselbe gilt für die Bereiche, die das GEKR nicht geregelt hat, z. B. die Sittenwidrigkeit. Hinzu komme, dass es für die Gründung einer europäischen Genossenschaft des vorherigen Gesetzgebungsakts der EU bedurfte. Für den wirksamen Abschluss eines Kaufvertrages ist die Einführung des GEKR an sich aber irrelevant. Dieses modifiziere lediglich den Umgang mit dem Kaufvertrag, dessen Entstehung aber einzig im nationalen Recht wurzele.[61]

Von mehreren Seiten wird für die Rechtsangleichung auch eine „Erst-recht-Argumentation" in die Waagschale gelegt: Wenn unstrittig Verordnungen, die das nationale Recht ersetzen, als Rechtsvereinheitlichung – und somit als Rechtsangleichung – zu qualifizieren sind, und damit den Anwendungsbereich von Art. 114 AEUV eröffnen, so müsse dies erst recht für ein optionales Instrument wie das GEKR gelten, das die Anwendbarkeit der nationalen Regelungen nur im Falle seiner Wahl beseitigt und somit weniger stark in die Kompetenzen der Mitgliedsstaaten eingreife.[62]

Zuletzt ist anzumerken, dass *Schmidt-Kessel* die These vertritt, dass die Einführung des Art. 118 AEUV nicht nur als Indiz dafür angesehen werden könne, dass das GEKR keine Rechtsangleichung bewirke, sondern gleichwohl auch im gegenteiligen Sinne interpretierbar sei. Hiernach sei Art. 118 AEUV zunächst dergestalt als Ausnahmeregelung zu Art. 114 AEUV zu sehen, dass Art. 118 Abs. 2 AEUV ein besonderes Gesetzgebungsverfahren für die Sprachenregelungen bei Angleichungsmaßnahmen auf dem Gebiet des geistigen Eigentums vorsieht. Für die Funktion als Ausnahmeregelung spreche insbesondere die systematische Stellung hinter Art. 114 AEUV. Damit Art. 118 AEUV dieser Funktion aber auch gerecht werden kann, müsse Art. 114 AEUV nun so verstanden werden, dass sämtliche optionalen Instrumente, gerade auch supranationale Gesellschaftsformen wie die

61 *DAV*, Stellungnahme zu Art. 114 AEUV, S. 9 ff.

62 So u. a. *Wagner*, Stellungnahme RA, S. 5; *Moser* in Remien / Herrler / Limmer, Gemeinsames Europäisches Kaufrecht für die EU?, S. 7, 11; *Grigoleit* in Remien / Herrler / Limmer, Gemeinsames Europäisches Kaufrecht für die EU?, S. 67, 82; *DAV*, Stellungnahme zu Art. 114 AEUV, S. 5; *Ludwigs*, EuZW 2012, 608, 609.

europäische Genossenschaft, hierunter zu fassen sind, d. h. auch diejenigen, die bisher unter Art. 308 EGV bzw. Art. 352 AEUV gefasst wurden.[63]

Folgt man hinsichtlich der Rechtsangleichung der Kommission und den anderen befürwortenden Stimmen, so ist die Beantwortung der Frage, ob Art. 114 AEUV die richtige Kompetenzgrundlage für das GEKR ist, ausschließlich von der Erfüllung der restlichen Voraussetzungen abhängig.

c) „Dritter Ansatz": Rechtsangleichung *keine* Voraussetzung

Im Zuge der Diskussion darüber, ob das GEKR eine Rechtsangleichung bewirkt, wurde von *Perner* die Rechtsprechung des EuGH dahingehend angezweifelt, dass das Bewirken einer Rechtsangleichung in Wirklichkeit gar keine Voraussetzung für die Anwendbarkeit von Art. 114 AEUV sei.

Seiner Ansicht nach sei die Interpretation des Art. 114 AEUV durch den EuGH zu formalistisch. Eine Rechtsangleichung sei im Rahmen dieser Norm die typische Folge einer Gesetzgebungsmaßnahme der EU und könne somit nicht zugleich eine Anwendungsvoraussetzung dieser Norm sein. Denn wenn die Binnenmarktkompetenz nicht auch bei bereits identischer Rechtslage in den Mitgliedsstaaten zur Anwendung gelangen kann, so könnte die EU ihre einmal auf Grundlage von Art. 114 AEUV erlassenen Rechtsakte nicht mehr inhaltlich abändern, da sie in diesem Fall nichts mehr angleichen würde. Im Zentrum der Frage nach der Anwendbarkeit des Art. 114 AEUV müsse aber dessen Zweck stehen, d. h. die Verbesserung der Bedingungen für den Binnenmarkt. Somit könne es für die Frage, ob der Anwendungsbereich des Art. 114 AEUV eröffnet ist, nicht darauf ankommen, ob rein technisch gesehen eine Rechtsangleichung bewirkt wird.[64]

Folgt man diesem „dritten Ansatz", so ist die soeben geschilderte Auseinandersetzung überflüssig und die Frage nach dem Bewirken einer Rechtsangleichung irrelevant.

d) Entscheidung für die vorzugswürdige Ansicht

Zunächst ist die letztgenannte Ansicht *Perners* abzulehnen. Seine Argumentation verkennt, dass derjenige Gesetzgeber, der eine Maßnahme berechtigterweise erlässt, auch dazu ermächtigt sein muss, diese Maßnahme zu novellieren, damit er diese gegebenenfalls veränderten Umständen anpassen kann, soweit ihm nicht

---

63 *Schmidt-Kessel* in Schmidt-Kessel, Ein einheitliches europäisches Kaufrecht?, S. 1, 14.

64 *Perner* in Wendehorst / Zöchling-Jud, Am Vorabend eines Gemeinsamen Europäischen Kaufrechts, S. 21, 36.

die Rechtsetzungskompetenz für die ursprüngliche Maßnahme zwischenzeitlich gesetzlich entzogen worden ist. Auch kann das Prinzip der begrenzten Einzelermächtigung aus Art. 5 EUV nicht dahingehend ausgelegt werden, dass der europäische Gesetzgeber selbst erlassene Rechtsangleichungsmaßnahmen nicht aktualisieren bzw. optimieren darf, nur weil damit nicht erneut ein höheres Level an Rechtsangleichung erreicht wird.[65] Eine solche Abänderungsbefugnis stellt demnach eine Annexkompetenz zu Art. 114 AEUV dar.[66] Deren Existenz im Unionsrecht ist im Rahmen der „implied powers" anerkannt[67] und sie ist somit gerade keine Ausnahme vom Prinzip der begrenzten Einzelermächtigung.[68] Die logische Schlussfolgerung hieraus ist, dass entgegen der These *Perners* das Bewirken einer Rechtsangleichung für den ursprünglichen Erlass einer Maßnahme auf Grundlage von Art. 114 AEUV zu Recht als notwendige Voraussetzung anzusehen ist.

Hinsichtlich der Frage, ob das GEKR tatsächlich eine Rechtsangleichung bewirkt, ist zunächst herauszustellen, dass die „Erst-recht-Argumentation" auf dieser Prüfungsebene des Art. 114 AEUV verfehlt ist. Die Kritik, dass ein optionales Instrument weniger in die nationale Autorität eingreife, als eine Maßnahme, die das nationale Recht ersetzt, kann nicht auf der Ebene der Rechtsangleichung fußen. Die Frage, wie sehr eine Maßnahme das nationale Kompetenzgefüge beeinträchtigen darf, muss richtigerweise auf der Ebene der Verhältnismäßigkeit der Maßnahme verordnet werden. Nach Art. 5 Abs. 4 EUV sind am Grundsatz der Verhältnismäßigkeit sämtliche Maßnahmen der Union zu messen. Im Rahmen dieser Verhältnismäßigkeitsprüfung steht die Schonung der mitgliedsstaatlichen Autonomie als Schutzzweck im Mittelpunkt.[69] In Anbetracht dessen kann aber das Maß, mit dem das GEKR in mitgliedsstaatliche Kompetenzen eingreift, nicht zur Beantwortung der Frage, ob das GEKR eine Rechtsangleichung bewirkt, herangezogen werden. Die „Erst-recht-Argumentation" ist an dieser Stelle somit deplatziert, womit die Tatsache, dass das GEKR die nationalen Rechtsordnungen auf den ersten Blick unberührt lässt, zunächst gegen die Annahme einer Rechtsangleichung spricht.

---

65 Im Ergebnis zustimmend *Ludwigs*, Rechtsangleichung nach Art. 94, 95 EG-Vertrag, S. 231; *Herrnfeld* in Schwarze, EU-Kommentar, 3. Aufl., Art. 114 AEUV, Rn. 32.

66 *Strohmayr* bezeichnet dies als „Zweitharmonisierungskompetenz", vgl. *Strohmayr*, Kompetenzkollisionen zwischen europäischem und nationalem Recht, S. 138.

67 So bereits *Nicolaysen*, EuR 1966, 129 ff.; vgl. hierzu auch *Schwartz*, Die Wahl der Rechtsgrundlage im Recht der Europäischen Union, S. 70 f.

68 *Nettesheim* in von Bogdandy / Bast, Europäisches Verfassungsrecht, S. 389, 412.

69 *Bast / von Bogdandy* in Grabitz / Hilf / Nettesheim, Art. 5 EUV, Rn. 67.

Die Argumentation der Befürworter hingegen, bzgl. der möglichen Parallelgesetzgebung in den Mitgliedsstaaten, erscheint auf den ersten Blick schlüssig. Die Einführung einer optionalen Kaufrechtsordnung für grenzüberschreitende Kaufverträge steht natürlich jedem Staat frei, womit theoretisch auch alle Mitgliedsstaaten parallele Regelungen erlassen können. Man kommt bei dieser Argumentation jedoch nicht umhin zu hinterfragen, wie realistisch diese Möglichkeit ist. Eine dahingehende Vereinbarung der Mitgliedsstaaten aus freien Stücken kann man getrost als absurdes Hirngespinst abtun. Eine entsprechende Motivation ist nicht ersichtlich und auch eine Kompromissfindung kann hier zweifelsfrei als vollkommen unwahrscheinlich ausgeschlossen werden. Ebenso wenig wird eine nationalgesetzliche Einführung über die Umsetzung einer entsprechenden Richtlinie eintreten, da auch hier eine vollständige Parallelität der Regelungen nicht sicher ist.[70] Vor diesem Hintergrund erscheint es zumindest höchst fragwürdig, inwiefern eine rein theoretische, faktisch aber nicht realisierbare Parallelgesetzgebung als „Alternative“ dargestellt und somit als Argumentation für das Bejahen einer Rechtsangleichung herangezogen werden kann. Dieser Aspekt ist rein theoretischer Natur. Für die Frage nach der Rechtsangleichung kommt es aber gerade auf das Ergebnis an und nicht auf die Herangehensweise. Das Ergebnis wäre hier aber identisch. Somit sollte man diesen Aspekt am Rande in die Betrachtung zwar mit einbeziehen, ihm aber nicht allzu viel Bedeutung beimessen.

Um die Bedeutung des neu eingeführten Art. 118 AEUV beurteilen zu können, ist zunächst herauszustellen, was unter einem „europäischen Rechtstitel“ im Sinne dieser Norm zu verstehen ist. Der Begriff „Rechtstitel“ begrenzt hierbei den Anwendungsbereich der Norm auf Ausschließlichkeitsrechte.[71] Europäische Rechtstitel in diesem Sinne sind daher ausschließlich autonome Schutzrechtssysteme, die dem Inhaber des jeweiligen Schutzrechts ein unionsweit einheitliches Recht gewähren.[72] Solche autonomen Systeme umfassen allerdings in aller Regel auch ihre jeweiligen Verfahrensbestimmungen.[73] Das GEKR, wie die GEKR-VO, enthalten aber gerade keine Verfahrensregeln, sondern stellen materielles Recht dar. Das allgemeine Verständnis des Begriffs „Schutzrecht“ beschränkt sich zudem auf das Gebiet des geistigen Eigentums.[74] Mit der Beschränkung auf „Rechtstitel“

---

70 So sogar *Staudenmayer*, NJW 2011, 3491, 3496.

71 Z.B. Patent-, Urheber- und Markenrecht, vgl. *Wichard* in Calliess / Ruffert, Art. 118 AEUV, Rn. 3.

72 *Stieper* in Grabitz / Hilf / Nettesheim, Art. 118 AEUV, Rn. 16.

73 *Khan* in Geiger / Khan / Kotzur, Art. 118 AEUV, Rn. 9.

74 Vgl. hierzu die Verweisungen in *Creifelds*, Rechtswörterbuch, S. 1065.

ist der Anwendungsbereich des Art. 118 AEUV also wesentlich enger gefasst als der des Art. 114 AEUV. Vor diesem Hintergrund kann Art. 118 AEUV nicht über seinen Wortlaut hinaus die Bedeutung zugetragen werden, dass mit seiner Einführung dem Umfang der Rechtsangleichung Grenzen gesetzt werden sollten. Er wurde geschaffen, um die Gesetzgebung auf dem Gebiet des geistigen Eigentums zu erleichtern.[75] Die bisher erlassenen Schutztitel bestehen zwar allesamt neben den nationalstaatlichen Regelungen fort[76], es ist allerdings nicht ersichtlich, wieso dies als Indiz dafür gelten soll, dass optionale Instrumente außerhalb des Anwendungsbereichs des Art. 118 AEUV nur über Art. 352 AEUV erlassen werden können und gerade nicht über Art. 114 AEUV. Auch ist Art. 118 AEUV ansonsten nicht überflüssig, da mit ihm einerseits die Gesetzgebung auf dem Gebiet des geistigen Eigentums vereinfacht und durch die Spezialregelung dessen europäische Bedeutung hervorgehoben werden sollte und er sich andererseits durch die besondere Ausgestaltung hinsichtlich der Sprachenregelung in Art. 118 Abs. 2 AEUV von den anderen Kompetenznormen abgrenzt. Im Ergebnis ist *Schmidt-Kessel* dahingehend zuzustimmen, dass die Einführung von Art. 118 AEUV nicht als Argument gegen, sondern für die Möglichkeit der Einführung optionaler Instrumente über Art. 114 AEUV anzusehen ist.

In Ansehung des soeben Dargestellten ist die Frage nach dem Bewirken einer Rechtsangleichung durch das GEKR auf das Wesentliche zu reduzieren: Hat das GEKR tatsächlich angleichende Wirkung? Hierzu ist zunächst herauszustellen, dass im Vertragsrecht der Grundsatz der Privatautonomie gilt, während im Gesellschaftsrecht hinsichtlich der wählbaren Gesellschaftsformen ein Numerus Clausus besteht.[77] Eine besondere Form der Gesellschaft kann nicht durch vertragliche Vereinbarung geschaffen werden. Hält man sich dies vor Augen, so kann weder ein Kaufvertrag, noch das GEKR im Sinne der EuGH-Rechtsprechung zur Europäischen Genossenschaft als „Rechtsform" bezeichnet werden. Der Grundsatz der Privatautonomie gewährt den Parteien gerade das Recht, ihre Verträge beliebig im Rahmen der allgemeinen Grenzen und der zwingenden Normen auszugestalten. Somit ist es Kaufvertragsparteien vor allem freigestellt, Kaufverträge mit beliebigem Inhalt zu schließen und insbesondere auch die Abwicklung, solange keine zwingenden Regeln entgegenstehen, frei zu gestalten, d. h., vor allem im Rahmen von b2b-Geschäften. Somit hinkt der Vergleich mit der o. g. EuGH-Rechtsprechung. Ein Modell zur Regelung privatrechtlicher Verträge – und nichts anderes ist das

---

75 *Stieper* in Grabitz / Hilf / Nettesheim, Art. 118 AEUV, Rn. 2 f.

76 *Wichard* in Calliess / Ruffert, Art. 118 AEUV, Rn. 8.

77 *K. Schmidt*, Gesellschaftsrecht, S. 96 f.

GEKR – unterscheidet sich daher essentiell von der Schaffung einer neuen europäischen Rechtsform, die ohne den europäischen Gesetzgebungsakt als Grundlage nie zum Entstehen gebracht werden kann.

Hinzu kommt, dass das nationale Recht, wie bereits dargestellt[78], originär anwendbar bleibt. Hierdurch findet im Anwendungsfall, d. h., wenn nach der Wahl des GEKR im konkreten Sachverhalt eine seiner Lücken zu schließen ist, eine Verzahnung zwischen dem nationalen Recht und dem GEKR statt. Aufgrund des Grundsatzes der unionsrechtskonformen Auslegung[79] kann an diesen Stellen die Auslegung der originär nationalen Normen von den mitgliedsstaatlichen Gerichten auch nicht dazu genutzt werden, den Sinn und Zweck des GEKR zu unterlaufen. Darüber hinaus ist festzuhalten, dass trotz der Optionalität des GEKR mit dessen Einführung ein höherer Grad an Identität der mitgliedsstaatlichen Rechte erreicht wird. Allein dieser simple Fakt spricht schon von der Wortbedeutung her für das Bewirken einer Angleichung.

Zuletzt darf auch nicht verkannt werden, dass der Begriff der Rechtsangleichung, neben der rein formalen, auch einer faktischen Betrachtungsweise zuzuführen ist. Wird das GEKR eingeführt und von den Marktteilnehmern angewandt, ist jede vertragliche Vereinbarung des GEKR ein Schritt mehr zur faktischen Rechtsangleichung. Denn schon vom Wortsinn her findet mit der Verwendung identischer Regelungen hinsichtlich des Kaufrechts in den verschiedenen Mitgliedsstaaten eine Angleichung der rechtlichen Grundlagen statt. Hierbei kann richtigerweise eingewandt werden, dass der Erfolg des GEKR und seine Etablierung am Markt nach seiner Einführung zum Zeitpunkt des Inkrafttretens noch nicht absehbar ist; es könnte ein Erfolg für die Kommission werden, es könnte aber auch scheitern. Hinsichtlich der im Raum stehenden Frage spielt das jedoch keine Rolle. Wie bereits festgestellt, gibt Art. 114 AEUV hinsichtlich des Maßes der zu erzielenden Rechtsangleichung keine Vorgaben; dies gilt nach oben, sodass auch eine Rechtsvereinheitlichung von dieser Norm gedeckt ist, genauso wie nach unten. Dass das GEKR nur geringe Verbreitung finden wird ist durchaus möglich. Aber die These, dass es niemals zur Anwendung gelangen könnte, ist bei unvoreingenommener Betrachtung völlig realitätsfremd. Somit ist festzuhalten, dass auch auf faktischer Ebene durch die Einführung des GEKR eine Rechtsangleichung bewirkt wird, deren Ausmaß lediglich noch nicht absehbar ist.

---

78 Kap. 3, § 1, A., I., 2., b).

79 Vgl. hierzu *Ruffert* in Calliess / Ruffert, Art. 1 AEUV, Rn. 24.

e) Ergebnis

Es ist zu konstatieren, dass das traditionelle, strikt zwischen den Begriffen „Rechtsvereinheitlichung" und „Rechtsangleichung" differenzierende Begriffsverständnis nicht aufrecht erhalten werden kann und die Rechtsvereinheitlichung als Unterfall der Rechtsangleichung anzusehen ist, nämlich als deren intensivste Form. Hierbei sprechen, entgegen der wohl noch vorherrschenden Meinung in der Literatur, die stichhaltigeren Argumente dafür, dass mit der Einführung des GEKR eine Rechtsangleichung i. S. v. Art. 114 AEUV bewirkt wird. Insbesondere die Neueinführung des Art. 118 AEUV durch den Vertrag von Lissabon hat hierauf keine negativen Auswirkungen. Die Einführung des GEKR auf Grundlage von Art. 114 AEUV scheitert demnach nicht am Bewirken einer Rechtsangleichung, sondern ist einzig daran zu messen, ob auch dessen übrige Voraussetzungen erfüllt sind.

3. Präzisierung der übrigen Voraussetzungen durch den EuGH

Die weiteren Voraussetzungen der Ermächtigungsgrundlage Art. 114 AEUV wurden durch den EuGH, für die Vorgängernorm Art. 95 EGV bzw. Art. 100a EWGV, erstmals im Jahr 2000 im sog. ersten „Tabakwerbung"-Urteil präzisiert.[80] Hieraus ergibt sich, was mit den darauffolgenden „Tabak-Urteilen" beibehalten und bekräftigt wurde[81], dass Maßnahmen, die auf Grundlage von Art. 114 AEUV erlassen werden sollen, die Voraussetzungen für die Errichtung und das Funktionieren des Binnenmarkts verbessern und diesem Zweck dienen müssen.[82] Dabei ist zunächst herauszustellen, dass sich aus Art. 114 AEUV keine allgemeine Kompetenz zur Regelung des Binnenmarkts ergibt.[83] Es fällt also nicht zwangsläufig jede rechtsangleichende Maßnahme unter Art. 114 AEUV.[84] Allerdings ist festzuhalten, dass trotz der Präzisierung durch den EuGH, insbesondere im Schrifttum, nicht einheitlich und abschließend geklärt ist, was mit den durch den EuGH ausgearbeiteten Voraussetzungen tatsächlich verlangt wird.[85] Daher wird im Folgenden

80 EuGH, Urteil vom 05.10.2000, Rs. C-376/98, nachzulesen z. B. in EuR 2001, 62 ff.

81 EuGH, Urteil vom 12.12.2002, Rs. C-491/01, EuR 2003, 80; Urteil vom 12.12.2006, Rs. C-380/03, EuR 2007, 230.

82 EuGH, Urteil vom 05.10.2000, Rs. C-376/98, Rn. 83 f.

83 EuGH, Urteil vom 05.10.2000, Rs. C-376/98, Rn. 83; die Literatur stimmt hier einhellig zu, z. B. *von Danwitz* in Dauses, Hb.EUWirtR, B. II., Rn. 116; *Frenz / Ehlenz*, EuZW 2011, 623; *Ludwigs*, Eur 2006, 370, 381; *Grigoleit*, AcP 210 (2010), 354, 365; *Bron*, Rechtsangleichung des Privatrechts auf Ebene der Europäischen Union, S. 70.

84 *Heiderhoff*, Europäisches Privatrecht, Rn. 15.

85 *Roth* in Gsell / Herresthal, Vollharmonisierung im Privatrecht, S. 29, 32.

herausgearbeitet, welche Kriterien eine rechtsangleichende Maßnahme erfüllen muss, um auf Grundlage von Art. 114 AEUV erlassen werden zu können, um infolgedessen festzustellen, ob der Verordnungsentwurf diesen Anforderungen entspricht und somit der von der Kommission anvisierte Weg eingeschlagen werden kann.

a) Begriff des Binnenmarkts und der Binnenmarktkompetenz

Der vom EuGH skizzierte Anwendungsbereich sowie der Wortlaut von Art. 114 AEUV nehmen explizit Bezug auf den „Binnenmarkt". Somit ist zunächst zu klären, was der Begriff des Binnenmarkts in diesem Kontext umfasst, d. h. wie weit die von Art. 114 AEUV gewährte Binnenmarktkompetenz reicht. Art. 114 Abs. 1 S. 1 AEUV verweist hierbei ausdrücklich auf Art. 26 AEUV, der in seinem Abs. 2 eine Legaldefinition des Begriffs „Binnenmarkt" bereitstellt[86]: Hiernach umfasst der Binnenmarkt *„einen Raum ohne Binnengrenzen, in dem der freie Verkehr von Waren, Personen, Dienstleistungen und Kapital gemäß den Bestimmungen der Verträge gewährleistet ist"*. Hieraus und aus dem Wortlaut des Art. 114 AEUV ergibt sich, dass die Binnenmarktkompetenz keine allgemeine Wirtschaftsregulierung gewährleistet, sondern immer eine Erleichterung der Verkehrsfreiheiten bezwecken muss.[87] Dadurch unterfallen solche Rechtsvorschriften in ihrem Grundsatz der Binnenmarktkompetenz, die die Herstellung, Beschaffenheit oder Vermarktung von Waren und Dienstleistungen betreffen. Die Verwirklichung der Grundfreiheiten ist also das vorrangige Ziel der Rechtsangleichungskompetenz des Art. 114 AEUV.[88] Gleichwohl dient der Binnenmarkt wiederum dem übergeordneten Ziel der europäischen Integration.[89] Für den Verordnungsentwurf stellt diese Konkretisierung nun mitnichten ein Hindernis dar: Das GEKR soll im Falle von grenzüberschreitenden Warenkaufverträgen als Vertragsregime zugrunde gelegt werden können.[90] Hieraus ergibt sich, dass von den Sachverhalten, die durch das GEKR geregelt werden sollen, der grenzüberschreitende Warenverkehr innerhalb der EU im Mittelpunkt steht. Der Verordnungsentwurf berührt somit ohne Weiteres den Binnenmarkt, womit eine Eröffnung des Anwendungsbereichs von Art. 114 AEUV für diesen auf den ersten Blick grundsätzlich nahe liegt.

---

86 *Kahl* in Calliess / Ruffert, Art. 26, Rn. 8.

87 *Tietje* in Grabitz / Hilf / Nettesheim, Art. 114, Rn. 84.

88 *Von Danwitz* in Dauses, Hb.EUWirtR, B. II., Rn. 114.

89 *Luczak*, Die Europäische Wirtschaftsverfassung als Legitimationselement europäischer Integration, S. 194.

90 Vgl. Art. 1 Abs. 1 S. 2 GEKR-VO.

b) Errichten und Funktionieren des Binnenmarkts als Zielsetzung

Zunächst ist es erforderlich, dass der Unionsgesetzgeber mit der Maßnahme des Verordnungsentwurfs subjektiv das Ziel verfolgt, die Bedingungen für das Errichten und das Funktionieren des Binnenmarkts zu verbessern.[91] Diese subjektive Zielsetzung wird durch die vom EuGH im ersten „Tabakwerbung-Urteil" aufgestellten Grundsätze anhand der Erwägungsgründe des jeweiligen Rechtsakts geprüft.[92] Die Kommission führt hierzu bereits in Erw.gr. 1 GEKR-VO aus: *„Das unterschiedliche Vertragsrecht der Mitgliedsstaaten ... stellt ein Hindernis für das Funktionieren und die kontinuierliche Weiterentwicklung des Binnenmarkts dar."* Weitere explizite Bezugnahmen auf das subjektive Ziel des Verordnungsentwurfs, das Funktionieren des Binnenmarkts zu gewährleisten und zu verbessern, finden sich in Erw.gr. 3, 4, 6, 21 und 36. Hierdurch wird deutlich, dass die Kommission, ausweislich der Erwägungsgründe des Verordnungsentwurfs den subjektiven Voraussetzungen nach der „Tabak"-Rechtsprechung nachkommt und zumindest aus ihrer Sicht das Ziel verfolgt, den Binnenmarkt auszubauen und sein Funktionieren zu verbessern. Dieses Erfordernis des Art. 114 AEUV ist demnach zweifelsfrei erfüllt.

c) Tatsächlicher – objektiver – Binnenmarktbezug

Dreh- und Angelpunkt der Untersuchung, ob Art. 114 AEUV als Rechtsgrundlage für das GEKR herangezogen werden kann, ist nun also die Frage, ob tatsächlich ein objektiver Binnenmarktbezug vorliegt. Dies ist dann der Fall, wenn die Maßnahme das Ziel, die Bedingungen für das Errichten und Funktionieren des Binnenmarkts zu verbessern, tatsächlich fördert.[93] Hierzu ist es erforderlich, dass die Maßnahme dazu beiträgt, dass Hemmnisse für den freien Waren- und Dienstleistungsverkehr oder Wettbewerbsverzerrungen beseitigt werden[94], wobei die Beurteilung, ob dies bei der konkreten Maßnahme der Fall ist, auf objektiven, durch das Gericht nachprüfbaren Umständen, fußen muss.[95]

---

91 *Schweitzer / Schroeder / Bock*, EG-Binnenmarkt und Gesundheitsschutz, S. 32; *von Danwitz* in Dauses, Hb.EUWirtR, B. II., Rn. 118.

92 *Roth*, EWS 2008, 401, 407; EuGH, Urteil vom 05.10.2000, Rs. C-376/98, Rn. 90 ff.; EuGH, Urteil vom 12.12.2006, Rs. C-380/03, Rn. 46 ff.; *Bron*, Rechtsangleichung des Privatrechts auf Ebene der Europäischen Union, S. 70.

93 *Von Danwitz* in Dauses, Hb.EUWirtR, B. II., Rn. 117.

94 *Grigoleit*, Acp 210 (2010), 354, 366.

95 *Roth*, EWS 2008, 401, 407 f.

Vereinzelt wurde in der Literatur – entgegen dem Vorgehen des EuGH[96] – hierzu vertreten, dass diese Voraussetzungen kumulativ vorliegen müssen.[97] Dem kann jedoch nicht gefolgt werden: Zunächst einmal widerspräche ein solches Erfordernis der durch den EuGH vorgenommenen Präzisierung der Voraussetzungen des Art. 114 AEUV.[98] Hinzu kommt, dass die Vertreter, die ein kumulatives Vorliegen der Erfordernisse fordern, dies mit dem Argument begründen, dass das Spürbarkeitserfordernis hinsichtlich der Wettbewerbsverzerrungen[99] unterlaufen würde, wenn die Beseitigung von Hemmnissen des freien Waren- und Dienstleistungsverkehrs ausreichend wäre.[100] Dem ist allerdings entgegenzuhalten, dass die Vertreter dieser Ansicht das kumulative Erfordernis selbst dahingehend relativieren, dass das Vorliegen des einen Kriteriums, das des anderen implizieren soll.[101] Wenn jedoch das eine das andere einschließen soll, kann man vom Wortsinn her schon nur schwerlich von kumulativen, d. h. sich summierenden Voraussetzungen sprechen. Vor dem Hintergrund dieser in sich unschlüssigen Relativierung und der gegenläufigen Praxis des EuGH ist mit der wohl überwiegenden Meinung[102] von einem alternativen Verhältnis dieser Voraussetzungen auszugehen.

Da also nur eine der Voraussetzungen gegeben sein muss, konzentriert sich die Arbeit im Folgenden auf diejenige, die ausweislich der Erwägungsgründe für den Verordnungsentwurf, die einzige für das GEKR in Betracht kommende ist: die Verbesserung der Bedingungen für das Errichten und Funktionieren des Binnenmarkts, durch die Beseitigung von Hemmnissen für den freien Waren- und

---

96 Der EuGH prüft in Rs. C-376/98 nach dem Verneinen von Hemmnissen für den Waren- und Dienstleistungsverkehr darüber hinaus das Vorliegen spürbarer Wettbewerbsverzerrungen, Rn. 106 ff.; konsequent betont er das Ausreichen des alternativen Vorliegens einer der Voraussetzungen in Rs. C-380/03, Rn. 67.

97 *Selmayr / Kamann / Ahlers*, EWS 2003, 49, 56 f.; *Schweitzer / Schroeder / Bock*, EG-Binnenmarkt und Gesundheitsschutz, S. 34 f.; dem EuGH in dieser Hinsicht ein politisch motiviertes Handeln vorwerfend *Schwarze* in FS Hirsch, S. 165, 168.

98 EuGH, Urteil vom 12.12.2006, Rs. C-380/03, Rn. 67.

99 EuGH, Urteil vom 05.10.2000, Rs. C-376/98, Rn. 108.

100 *Schweitzer / Schroeder / Bock*, EG-Binnenmarkt und Gesundheitsschutz, S. 34 f.

101 *Bock*, Rechtsangleichung und Regulierung im Binnenmarkt, S. 127; wie hier die Relativierung aufzeigend *Bron*, Rechtsangleichung des Privatrechts auf Ebene der Europäischen Union, S. 71.

102 *Tietje*, in Grabitz / Hilf / Nettesheim, Art. 114 AEUV, Rn. 106; *Ludwigs*, Rechtsangleichung nach Art. 94, 95 EG-Vertrag, S. 209; *ders.*, EuR 2006 370, 381 f.; *Kahl* in Calliess / Ruffert, Art. 114 AEUV, Rn. 22 (m. w. N.); *von Danwitz* in Dauses, Hb.EUWirtR, B. II., Rn. 119; *Herresthal* in Langenbucher, Europäisches Privat- und Wirtschaftsrecht, S. 69, 87.

Dienstleistungsverkehr. Hierzu ist eine zweistufige Prüfung[103] vorzunehmen: Zunächst ist zu prüfen, ob solche Handelshemmnisse vorliegen, um sodann zu klären, ob mit der geplanten Maßnahme gerade diese Hemmnisse tatsächlich beseitigt oder gemildert werden.

aa) Das Vorliegen von Handelshemmnissen

Um die Frage nach dem Vorliegen von Handelshemmnissen in diesem konkreten Fall zu beantworten, ist zu prüfen, ob das Bestehen von 28 unterschiedlichen Kaufrechtsordnungen innerhalb der EU tatsächlich handelsbeschränkend wirkt. Hierzu ist als Schlussfolgerung aus der Tabak-Rechtsprechung zunächst festzuhalten, dass die bloße Feststellung der Unterschiedlichkeit nationaler Vorschriften, hier der Kaufrechtsordnungen, nicht ausreichend wäre, um eine Maßnahme auf Grundlage von Art. 114 AEUV zu erlassen.[104] Es müssen sich vielmehr konkrete Handelshemmnisse aus diesen Unterschieden ergeben.

i) Gleichlauf mit der *Keck*-Rechtsprechung?

Vor diesem Hintergrund ist nun aber fraglich, was man unter dem Begriff des „Handelshemmnisses" überhaupt zu verstehen hat. Insbesondere ist zunächst zu klären, ob hierbei, wie in der Literatur vielfach gefordert, ein „Gleichlauf" mit der *Keck*-Rechtsprechung des EuGH heranzuziehen ist oder anders formuliert, ob der Anwendungsbereich von Art. 114 AEUV parallel zu dem der Grundfreiheiten, hier der Warenverkehrsfreiheit nach Art. 34, 35 AEUV, verläuft.

(1) Der Anwendungsbereich der Warenverkehrsfreiheit

Im Rahmen der Warenverkehrsfreiheit sind nach Art. 34, 35 AEUV alle mengenmäßigen Ein- und Ausfuhrbeschränkungen sowie sämtliche Maßnahmen kontingentgleicher Wirkung verboten. Als Maßnahme kontingentgleicher Wirkung ist nach der *Dassonville*-Formel des EuGH aus dem Jahr 1974 hierbei jede Handelsregelung der Mitgliedsstaaten anzusehen, die geeignet ist, den innergemeinschaftlichen Handel unmittelbar oder mittelbar, tatsächlich oder potentiell

---

103 *Tietje*, in Grabitz / Hilf / Nettesheim, Art. 114 AEUV, Rn. 96; *Ludwigs*, Rechtsangleichung nach Art. 94, 95 EG-Vertrag, S. 191.

104 EuGH, Urteil vom 05.10.2000, Rs. C-376/98, Rn. 84; *Grigoleit*, AcP 210 (2010), 354, 366; *Bron*, Rechtsangleichung des Privatrechts auf Ebene der Europäischen Union, S. 72; *Riesenhuber*, Europäisches Vertragsrecht, S. 69; *ders.*, System und Prinzipien des Europäischen Vertragsrechts, S. 140; *Roth* in Gsell / Herresthal, Vollharmonisierung im Privatrecht, S. 13, 32.

zu behindern.[105] Mit der Begründung der *Keck*-Rechtsprechung[106] im Jahr 1993 hat der EuGH diese Formel jedoch dahingehend eingeschränkt, dass von ihr nur produktbezogene Regelungen umfasst sind, bloße Verkaufsmodalitäten aber aus dem Anwendungsbereich der Art. 34, 35 AEUV ausscheiden.[107] An dieser „*Keck*-Formel" hält der EuGH bis heute fest.[108] Diese Rechtsprechung wird nun in weiten Teilen der Literatur auf den Anwendungsbereich der Binnenmarktkompetenz übertragen.[109]

(2) Begründung der „Gleichlauf"-These

Ergebnis dieser „Gleichlauf"-These ist, dass der Begriff des „Handelshemmnisses", im Sinne von Art. 114 AEUV i. V. m. Art. 26 AEUV, mit dem der „Beschränkung" der Warenverkehrsfreiheit nach Art. 34, 35 AEUV gleichzusetzen ist.[110] Grund hierfür sei, dass wenn eine nationale Regelung aus dem Anwendungsbereich der Art. 34, 35 AEUV herausfalle, eine Harmonisierung solcher bloßer Verkaufsmodalitäten nicht zu einer Verbesserung der Warenverkehrsfreiheit führe und somit den Mitgliedsstaaten diesbezüglich eine vorrangige Kompetenz zuzusprechen ist.[111]

(3) Die Einordnung des Vertragsrechts nach der *Keck*-Rechtsprechung

Bezogen auf das GEKR und Art. 114 AEUV könnte dies bedeuten: Sind das GEKR, respektive die nationalen Kaufrechtsordnungen, als bloße Verkaufsmodalitäten im Sinne der *Keck*-Rechtsprechung zu qualifizieren[112], so fallen sie aus dem Anwendungsbereich der Art. 34, 35 AEUV heraus, womit sich ein Rückgriff auf Art. 114 AEUV als Rechtsgrundlage bereits verbietet. Für eine Einordnung

---

105 EuGH, Urteil vom 11.06.1974, Rs. 8/74 = NJW 1975, 515 f.

106 EuGH, Urteil vom 24.11.1993, Rs. C-267/91 = NJW 1994, 121.

107 Vgl. hierzu *Möschel*, NJW 1994, 429, 430.

108 Vgl. hierzu *Brigola*, EuZW 2012, 248 ff.

109 Zum Teil wird diese Übertragung der *Keck*-Rechtsprechung auf die Binnenmarktkompetenz auch in die Tabak-Rechtsprechung des EuGH hinein interpretiert, so *Strohmayr*, Kompetenzkollisionen zwischen europäischem und nationalem Recht, S. 134.

110 *Bron*, Rechtsangleichung des Privatrechts auf Ebene der Europäischen Union, S. 77.

111 *Ludwigs*, Rechtsangleichung nach Art. 94, 95 EG-Vertrag, S. 196; *ders.*, EuR 2006, 370, 383; *Tietje* in Grabitz / Hilf / Nettesheim, Art. 114 AEUV, Rn. 98; im Umkehrschluss auch *Leible / Streinz* in Grabitz / Hilf / Nettesheim, Art. 34 AEUV, Rn. 125.

112 So *Perner* in Wendehorst / Zöchling-Jud, S. 21, 34 f.; *Huttenlocher*, Stellungnahme RA, S. 4.

des vom GEKR umfassten Regelungskomplexes als eine solche Verkaufsmodalität spricht die Erwägung, dass unter produktbezogenen Regelungen üblicherweise nur solche verstanden werden, die z. B. Auswirkungen auf Bezeichnung, Form, Abmessung, Gewicht, Zusammensetzung, Verpackung etc. eines Produkts haben.[113] Kaufrechtliche und allgemeine vertragsrechtliche Regelungen sowie das Leistungsstörungsrecht haben aber grundsätzlich weder mittelbaren noch unmittelbaren Einfluss auf die Produktgestaltung. Ein Kaufrechtsregime als solches, egal ob rein national oder mit grenzüberschreitendem Charakter wie das GEKR, beinhaltet daher keinerlei Regeln, welche die Produktgestaltung für den Markt bestimmen, sondern liefert „lediglich" eine rechtliche Grundlage für den Produktvertrieb und ist daher als Verkaufsmodalität im Sinne der *Keck*-Rechtsprechung einzustufen.

Diese strenge Abgrenzung zwischen produkt- und verkaufsbezogenen Regelungen wird allerdings vielfach als zu „begriffsjuristisch" kritisiert.[114] Dem wird mitunter dadurch Rechnung getragen, dass für die Frage, ob die Verkaufsmodalitäten an den Grundfreiheiten zu messen sind, darauf abgestellt wird, ob sie eine Erschwerung für den Zutritt zu einem mitgliedsstaatlichen Markt mit sich bringen, welche den produktbezogenen Regelungen bereits innewohne.[115] Wichtiger ist im vorliegenden Fall allerdings die Frage, ob die Kriterien der *Keck*-Rechtsprechung dahingehend auf das Vertragsrecht übertragen werden können – denn solches stellt das GEKR dar – dass vertragsrechtliche Regeln als bloße Verkaufsmodalitäten aus dem Anwendungsbereich der Grundfreiheiten herauszunehmen sind. *Remien* hat hierzu die Hypothese aufgestellt, dass zur Einordnung vertragsrechtlicher Regelungen darauf abzustellen ist, ob diese die Vermarktbarkeit von Leistungen oder aber die Ausführung der Vermarktung regeln.[116] Letztere sind dann als solche Verkaufsmodalitäten einzustufen, die aus dem Anwendungsbereich der Warenverkehrsfreiheit herausfallen. Auch nach dieser Abgrenzung muss man jedoch zu dem Schluss kommen, dass das GEKR nicht an den Grundfreiheiten zu messen ist, da es mit den allgemeinen vertragsrechtlichen und kaufvertragsrechtlichen Regelungen, die es beinhaltet, nur Einfluss auf die Ausführung der Vermarktung eines

113 *Kingreen* in Calliess / Ruffert, Art. 36 AEUV, Rn. 49.

114 Ausführlich *Steindorff*, EG-Vertrag und Privatrecht, S. 97 ff.

115 So *Ludwigs*, Rechtsangleichung nach Art. 94, 95 EG-Vertrag, S. 194, m. w. N.; *ders.*, EuZW 2012, 608, 610; *Leible / Streinz* in Grabitz / Hilf / Nettesheim, Art. 34 AEUV, Rn. 79.

116 Mit ausführlicher Herleitung *Remien*, Zwingendes Vertragsrecht und Grundfreiheiten des EG-Vertrages, S. 198 f.

Produkts haben kann. Genauso wenig wie auf die Produktgestaltung können die Regeln des GEKR Einfluss auf die Vermarktbarkeit eines Produkts nehmen, da mit ihnen lediglich Abschluss, Durchführung und (Rück-)Abwicklung des Produktkaufs optional geregelt werden können. Geht man also von einem Gleichlauf des Anwendungsbereichs von Art. 34, 35 AEUV und der Reichweite der Kompetenz des Art. 114 AEUV aus, so kommt man zu dem Schluss, dass das GEKR schon deshalb nicht von der Binnenmarktkompetenz umfasst sein kann, weil seine Regelungen als bloße Verkaufsmodalitäten im Sinne der *Keck*-Rechtsprechung zu qualifizieren sind.

Eine Gegenthese hierzu stammt von *Langner*: Ihm zur Folge können die gesetzlichen Regeln über die Gewährleistung und Leistungsstörung hinsichtlich der Einordnung unter die *Keck*-Rechtsprechung nicht isoliert betrachtet werden, da für den Käufer eines Produkts diese Rechte, je vorteilhafter sie für ihn ausgestaltet sind, einen tatsächlichen Mehrwert der Kaufsache darstellen. Es werde also nicht nur bloß die Kaufsache an sich erworben, sondern ein „gekoppeltes Produkt“, bestehend aus der Ware an sich und der „Versicherungszusage“, die sich aus Gewährleistungs- und Leistungsstörungsrecht ergibt. Da ein Anspruch aus dieser Versicherungszusage allerdings zwangsweise eine Folge aus der mangelhaften Beschaffenheit der Ware darstellt, bestehe hier ein unmittelbarer Zusammenhang zur Produktgestaltung.[117] Folgt man dieser These, so ist das GEKR zumindest hinsichtlich der kaufrechtlichen Primär- und Sekundärrechte – nicht jedoch hinsichtlich der allgemeinen Regelungen über den Vertragsschluss[118] – als produktbezogene Regelung im Sinne der *Keck*-Rechtsprechung anzusehen und fällt daher insoweit unter die Grundfreiheiten.

(4) Ablehnung der „Gleichlauf“-These

Auf eine Entscheidung dieses Streits – der im Ergebnis wohl überwiegend von dogmatischer Bedeutung ist[119] – kommt es vorliegend jedoch nicht an, wenn man zu

---

117 *Langner*, RabelsZ 65 (2001), 222, 232 ff.

118 *Langner*, RabelsZ 65 (2001), 222, 232.

119 Bspw. spricht *Ludwigs* auf Grundlage der erstgenannten Ansicht und der „Gleichlauf“-These mehreren Richtlinien die Kompetenzgemäßheit ab oder stellt sie zumindest erheblich in Frage, vgl. *Ludwigs*, Rechtsangleichung nach Art. 94, 95 EG-Vertrag, S. 375 ff.; an der Umsetzung dieser Richtlinien durch die Mitgliedsstaaten und somit deren allgemeiner tatsächlicher Akzeptanz kann jedoch nicht gezweifelt werden; i. d. S. auch *Roth*, der für den Fall, dass man der „Gleichlauf“-These folgt, die Kompetenz für mehrere privatrechtsgestaltende Richtlinien als „prekär“ bezeichnet, vgl. *Roth* in Gsell / Herresthal, Vollharmonisierung im Privatrecht, S. 13, 35; i. E. auch

dem Schluss kommt, dass im Hinblick auf Art. 114 AEUV die „Gleichlauf"-These abzulehnen ist. Eine Ablehnung hätte zur Folge, dass zur Bestimmung des Vorliegens von Handelshemmnissen nicht auf die Einordnung der betroffenen Regelungen nach der *Keck*-Rechtsprechung zurückgegriffen werden kann, der Umfang der Binnenmarktkompetenz also unabhängig hiervon nach anderen Kriterien zu bestimmen ist.

Gegen die „Gleichlauf"-These spricht zunächst einmal der Wortlaut der Art. 114, 26 AEUV: Hiernach ist der europäische Gesetzgeber ermächtigt, Maßnahmen zu erlassen, die das Funktionieren des Binnenmarkts – also eines Raums, in dem die Grundfreiheiten verbürgt sind, vgl. Art. 26 Abs. 2 AEUV – „gewährleisten". Diese „Gewährleistung" geht aber über den bloßen Abbau von Beschränkungen hinaus. Der gestalterischen Aufgabe des Gesetzgebers kann demnach eine Einschränkung, die die Förderung des Binnenmarkts nur zulässt, wenn die Grundfreiheiten bereits in dem nach *Keck* relevanten Umfang berührt werden, nicht gerecht werden.[120] Hinzu muss man zwischen den Aufgaben von Judikative und Exekutive differenzieren: Die Bestimmung des Anwendungsbereichs der Grundfreiheiten begrenzt die Möglichkeiten zur Normverwerfung für den EuGH. Hierbei besteht allerdings ein gerichtliches Zurückhaltungsgebot, das enger zu fassen ist als die letztlich gestalterischen Handlungsmöglichkeiten durch den europäischen Gesetzgeber, die durch das europäische Gesetzgebungsverfahren gerade auch eine demokratische Legitimation genießen. Dann muss aber schon eine abstrakte Förderung der Grundfreiheiten zum Erlass von Maßnahmen auf Grundlage von Art. 114 AEUV genügen. Eine Beschränkung der Gesetzgebungskompetenz auf die Behebung konkreter Eingriffe in die Grundfreiheiten ergibt sich nicht aus dem AEUV.[121] Auch ist der Zielverwirklichungsgedanke des Binnenmarkts zu berücksichtigen: Dieser ist nicht bereits durch die Beseitigung sämtlicher Hindernisse für die in Art. 26 Abs. 2 AEUV aufgezählten Grundfreiheiten verwirklicht. Denn auch die Verwirklichung der weiteren Binnenmarktziele nach Art. 3 Abs. 3 EUV muss hierzu angestrebt werden. Auch diesem Umstand wird eine Beschränkung des Begriffs des „Hemmnisses" auf produktbezogene Regelungen allerdings nicht

---

Meller-Hannich, die bezweifelt, dass sich die Richtlinien im Bereich des schuldvertraglichen Verbraucherschutzes auf Art. 94, 95 EGV stützen lassen, vgl. *Meller-Hannich*, Verbraucherschutz im Schuldvertragsrecht, S. 58.

120 *Riesenhuber*, System und Prinzipien des Europäischen Vertragsrechts, S. 137; *ders.*, Europäisches Vertragsrecht, S. 70.

121 *Grigoleit*, AcP 210 (2010), 354, 367.

gerecht.[122] Des Weiteren steht bereits die Verwendung des Begriffs des „Hemmnisses“ im Rahmen von Art. 114 AEUV einer Übertragung der *Keck*-Rechtsprechung entgegen: Während die „Maßnahme gleicher Wirkung“ im Rahmen von Art. 34 AEUV als wertungsbedürftiger Begriff dahingehend verstanden wird, dass solche Maßnahmen, die aufgrund der dem Begriff immanenten Schranke des Gemeinwohls, durch das Allgemeininteresse gerechtfertigt sind, nicht als „Maßnahmen gleicher Wirkung“ anzusehen sind – und damit aus dem Anwendungsbereich der Grundfreiheiten herausfallen – bestehen hingegen gerade in solchen Fällen Harmonisierungsbedarf und somit „Hemmnisse“ im Sinne von Art. 114 AEUV. Im Gegensatz zur „Maßnahme gleicher Wirkung“ darf der Begriff des „Hemmnisses“ also gerade nicht als abwägbarer Begriff verstanden werden. Hinzu stehen bei Harmonisierungsmaßnahmen die Allgemeininteressen der Mitgliedsstaaten gerade nicht im Widerspruch zur Verwirklichung des Binnenmarkts, wie es bei der Prüfung staatlicher Maßnahmen, die evtl. gegen Grundfreiheiten verstoßen, der Fall ist. Somit besteht keine Rechtfertigung für die „Gleichlauf“-These.[123] Lehnt man diese These also ab, so müssen zur Bestimmung des Begriffs des „Hemmnisses“ für den Binnenmarkt und damit auch für die Reichweite des Art. 114 AEUV Kriterien aufgestellt werden, die diese Kompetenzgrundlage zwar im Dienste der Grundfreiheiten nutzbar machen, aber zugleich von deren Dogmatik abkoppeln.[124]

Dem ist zu folgen: Zunächst einmal ist festzuhalten, dass die „Gleichlauf“-These insofern nicht nachvollziehbar erscheint, als dass sie behauptet, dass Maßnahmen, die aufgrund ihrer Eigenschaft als Verkaufsmodalitäten nicht dem Anwendungsbereich der Art. 34, 35 AEUV unterfallen, allein aus dieser Tatsache heraus nicht zur Förderung der Grundfreiheiten – und somit auch der des Binnenmarkts – beitragen können. Wie Art. 26 Abs. 2 AEUV verdeutlicht, sind die Grundfreiheiten dem Begriff des Binnenmarktes inhärent. Vor diesem Hintergrund sollen Maßnahmen nach Art. 114 AEUV im Ergebnis der Förderung der Grundfreiheiten dienen. Es erscheint dann aber unschlüssig, diese Kompetenz auf solche Maßnahmen zu beschränken, die die Warenverkehrsfreiheit im Sinne von Art. 34 AEUV „gewährleisten“. Die Förderung eines Gemeinschaftsguts ist nämlich bereits begrifflich weiter angelegt als dessen Gewährleistung. Unter einer Gewährleistung hat man den Erhalt eines Mindeststandards zu verstehen, der durch divergierende nationale Regelungen gefährdet wird. Die Förderung eines bestimmten Ziels muss sich jedoch nicht an den Mindestvoraussetzungen für dessen Verwirklichung

---

122 *Bron*, Rechtsangleichung des Privatrechts auf Ebene der Europäischen Union, S. 78 f.
123 *Roth*, EWS 2008, 401, 410.
124 *Roth* in Gsell / Herresthal, Vollharmonisierung im Privatrecht, S. 13, 35 f.

orientieren. Es ist mittlerweile anerkannt, dass die Vollendung des Binnenmarkts nicht ein einmalig herzustellender Ist-Zustand ist, sondern eine fortwährende Zielsetzung und andauernde Aufgabe der Europäischen Union darstellt. Diesem Verständnis des Binnenmarkts entspricht auch der Vertrag von Lissabon, in dem die Frist zur Verwirklichung des Binnenmarkts des Art. 14 EGV[125] in dessen Nachfolgeregelung Art. 26 AEUV abgeschafft wurde.[126] Eine solche Fortentwicklung muss dann aber auch über den Gehalt einer bloßen Gewährleistung hinausgehen können. Die „Gleichlauf"-These ist somit abzulehnen. Daher ist zur Beantwortung der Frage, ob das Bestehen von 28 unterschiedlichen Kaufrechtsordnungen ein „Hemmnis" für den Binnenmarkt im Sinne von Art. 114 AEUV bewirkt nicht auf deren Einordnung als produkt- oder vertriebsbezogene Regelungen, sondern auf andere Kriterien abzustellen.

ii) Bestimmung der maßgeblichen Kriterien

Folgt man der hier vertretenen Auffassung, dass das Vorliegen von Handelshemmnissen nicht im Gleichlauf mit dem Anwendungsbereich der Grundfreiheiten zu bestimmen ist, so muss zunächst geklärt werden, welche Kriterien denn letztlich die maßgeblichen sind. Wie bereits dargestellt, ist die bloße Unterschiedlichkeit nationalstaatlicher Regelungen noch kein hinreichender Grund für die Anwendbarkeit der Binnenmarktkompetenz des Art. 114 AEUV. Nicht ausreichend können demnach solche – geringen – Hemmnisse sein, die gerade der mitgliedsstaatlichen Rechtsvielfalt innewohnen. Man muss viel mehr zu dem Schluss kommen, dass es *spezifischer* Hemmnisse für den Handel im Binnenmarkt bedarf, die in ihren Auswirkungen auf den Binnenmarkt gerade darüber hinausgehen, also einen gewichtigeren Effekt haben als die Unterschiedlichkeit an sich.[127] Dass ein solches „Mehr" an Hemmnis vorliegen muss, ist die logische Schlussfolgerung aus der Tabak-Rechtsprechung des EuGH.[128] Allerdings ist mit dieser Feststellung an sich noch nichts gewonnen. Die Gegner der „Gleichlauf"-These bleiben eine Antwort auf die Frage, wo die Grenze zwischen spezifischen und nicht spezifischen

---

125 *„Die Gemeinschaft trifft die erforderlichen Maßnahmen, um bis zum 31. Dezember 1992 ... den Binnenmarkt schrittweise zu verwirklichen."*

126 *Hatje* in Schwarze, EU-Kommentar, 3. Aufl., Art. 26 AEUV, Rn. 1, 19, 23.

127 So *Herresthal* in Langenbucher, Europäisches Privat- und Wirtschaftsrecht, S. 69, 87 f.; *Roth*, EWS 2008 401, 412; *Grigoleit*, AcP 210 (2010), 354, 368.

128 Vgl. Kap. 3, § 1, A., I., 3., a).

Hemmnissen für den Binnenmarkt zu ziehen ist, leider schuldig.[129] Daher ist es notwendig aufzuzeigen, anhand welcher Kriterien hier das Vorliegen oder Fehlen eines spezifischen Binnenmarkthemmnisses durch das Nebeneinander der 28 nationalen Kaufrechtsordnungen zu bestimmen ist.

(1) Keine Binnenmarktrelevanz dispositiver Regeln?

Trotz der heutzutage bestehenden Durchdringung des Kaufrechts durch zwingende verbraucherschützende Normen[130], ist das Kaufrecht von seinem Grundsatz her dispositiv, d. h., die gesetzlichen Regelungen können grundsätzlich zu Gunsten parteiautonomer Vertragsgestaltung abbedungen werden. Auch das GEKR ist, wenn auch mit einer Vielzahl von zwingenden Ausnahmen für Verbraucherverträge versehen[131], dem Grunde nach dispositives Recht. Zum Teil wird ein spezifisches Binnenmarkthemmnis durch das Nebeneinander der 28 mitgliedsstaatlichen Kaufrechtsordnungen schon aufgrund deren Dispositivität abgelehnt. Hierfür wird argumentiert, dass dispositive Regelungen lediglich ein Angebot an den Markt seien, das abgelehnt oder abgeändert werde, wenn es die Marktteilnehmer nicht als passend für ihre Bedürfnisse erachten. Durch diese Möglichkeit zur Abänderung entbehre die Annahme, dass unterschiedliche dispositive Rechtsordnungen grenzüberschreitende Geschäfte verhindern, jeglicher Grundlage. Auch seien weder die Last der Abbedingung, noch die Beharrungswirkung des dispositiven Rechts, falls es nicht abgewählt wird, relevante Hindernisse für Binnenmarkttransaktionen.[132]

Allerdings beruht die Vorstellung, dass der Markt alleine für die passendsten Regeln sorgen wird, auf der Annahme, dass alle Marktteilnehmer in gleicher Weise in der Lage sind, auf die Vertragsgestaltung einzuwirken. Dort wo die gesetzlichen Regelungen dispositiv sind, also insbesondere im b2b-Bereich, setzt sich allerdings im Zweifel die marktmächtigere Vertragspartei bei der vertraglichen Ausgestaltung des Kaufvertrags durch. Wenn nun eine dispositive gesetzliche Regelung für die marktmächtigere Partei vorteilhafter ist, so wird sich die andere Partei im

129 Exemplarisch hierfür *Grigoleit* in Remien / Herrler / Limmer, Gemeinsames Europäisches Kaufrecht für die EU?, S. 77 ff., der aufzählt, dass aus diversen Gründen bzw. Gesichtspunkte ein Hemmnis für den Binnenmarkt abzulehnen ist, aber keine Bestimmung vornimmt, wann man hiervon berechtigterweise sprechen kann.

130 Vgl. hierzu §§ 474 ff. BGB.

131 Vgl. u. a. Art. 22, 47, 56 Abs. 2, 108, 142 Abs. 5, 177, 186 Abs. 5 GEKR.

132 *Grigoleit* in Remien / Herrler / Limmer, Gemeinsames Europäisches Kaufrecht für die EU?, S. 67, 78; *ders.*, AcP 210 (2010), 354, 369; *Roth* in Gsell / Herresthal, Vollharmonisierung im Privatrecht, S. 13, 44; *Riesenhuber*, EWS 2012, 7, 9.

Zweifel bei den Vertragsverhandlungen nicht mit dem Wunsch nach einer Änderung dieser für sie ungünstigen Regelung durchsetzen können.[133] In solchen Fällen entfaltet das dispositive Recht eine „quasi-zwingende" Wirkung. Dasselbe gilt auch, wenn sich die Vertragsparteien nicht auf eine Abänderung einigen können, da in diesem Fall die in der dispositiven Regelung enthaltenen mitgliedsstaatlichen Wert- und Ordnungsvorstellungen zwingend werden.[134] Vor diesem Hintergrund kann ein spezifisches Binnenmarkthemmnis durch die divergierenden nationalen Kaufrechtsordnungen nicht schon aufgrund deren grundsätzlicher Disposivität abgelehnt oder auf den Bereich ihrer zwingenden Verbraucherschutzregeln[135] reduziert werden. Die Disposivität der mitgliedsstaatlichen Regelungen ist mithin kein geeignetes Kriterium zur Bestimmung des objektiven Binnenmarktbezugs.

(2) Empirischer Beleg von Handelsbeschränkungen

Die Kommission stützt sich bei der Frage des Vorliegens von Hemmnissen für den Binnenmarkt in den Erwägungsgründen des Verordnungsentwurfs darauf, dass die Unternehmer die Schwierigkeit, sich über ausländisches Vertragsrecht zu informieren, als eines der größten Hindernisse für den grenzüberschreitenden Handel ansehen, sowohl mit anderen Unternehmern als auch mit Verbrauchern.[136] Hierdurch sollen eine erhebliche Anzahl exportorientierter Unternehmer, insbesondere kleine und mittlere Unternehmen[137], davon abgehalten werden, den grenzüberschreitenden Handel aufzunehmen oder ihn auf weitere Mitgliedsstaaten auszuweiten.[138] Die Transaktionskosten und rechtlichen Hindernisse, insbesondere aufgrund unterschiedlicher nationaler Verbraucherschutznormen bei grenzüberschreitenden Kaufverträgen, sollen sich daher unmittelbar auf das Funktionieren des Binnenmarkts auswirken[139], es den Unternehmern unmöglich machen, dessen Potential voll auszuschöpfen[140] und Unternehmer wie Verbraucher daran hindern, dessen Vorteile zu nutzen[141]. Denn Transaktionskosten, d. h. die Kosten für

133 So auch *Steindorff*, EG-Vertrag und Privatrecht, S. 79.
134 *Lurger*, Grundfragen zur Vereinheitlichung des Vertragsrechts in der Europäischen Union, S. 274.
135 So aber *Riesenhuber*, EWS 2012 7, 9.
136 Erw.gr. 1 GEKR-VO.
137 In Anlehnung an die Terminologie des GEKR im Folgenden „KMU".
138 Erw.gr. 2 GEKR-VO.
139 Erw.gr. 3 GEKR-VO.
140 Erw.gr. 4 GEKR-VO.
141 Erw.gr. 6 GEKR-VO.

Anbahnung, Vereinbarung und Abwicklung eines Leistungsaustauschs[142], werden in aller Regel auf die Kunden in Form von höheren Endpreisen umgewälzt. Sind diese höheren Endpreise am Markt nicht durchsetzbar, wirken Transaktionskosten in der Konsequenz als Marktzutrittsschranke und schaden letztendlich sowohl den Unternehmern als auch den Verbrauchern.[143]

Die Kommission unterstreicht diese Linie durch ihre Mitteilung zum GEKR an das Europäische Parlament, den Europäischen Rat, den Europäischen Wirtschafts- und Sozialausschuss und den Ausschuss der Regionen, die, wie der Verordnungsentwurf selbst, am 11.10.2011 veröffentlicht wurde.[144] Zur Stärkung ihrer Argumentation stützt sie sich auf die empirischen Studien „Flash Eurobarometer" 320 und 321[145], die auf im Januar 2011 durchgeführten Telefonbefragungen von über 6000 Unternehmen innerhalb der EU basieren.[146] Das hierbei im Mittelpunkt stehende Ergebnis dieser Studien ist, dass bei Geschäften zwischen zwei Unternehmen[147] 35% der befragten Unternehmer den Umgang mit ausländischem Vertragsrecht als Handelshemmnis ansehen und 49% ihren grenzüberschreitenden Handel von vertragsrechtsbezogenen potentiellen Handelshemmnissen beeinflusst sehen.[148] Bei deren Geschäften mit Verbrauchern[149] betragen diese Quoten 40% und 55%.[150] Bekräftigt wird diese Herleitung durch eine ähnliche, jedoch ältere Untersuchung aus dem Jahr 2005.[151] Diese erreicht mit ihrem Umfang von 175 Unternehmen aus acht Mitgliedsstaaten bei Weitem nicht dieselbe empirische Breite wie die „Eurobarometer", auch wenn sich um einen „repräsentativen Querschnitt" bemüht wurde.[152] Nach dieser Studie gaben sogar 65% der Unternehmen an, dass die bestehenden Unterschiede zwischen den nationalen Rechtsordnungen ein Hemmnis für den grenzüberschreitenden Handelsverkehr darstellen.[153]

---

142 *Wagner*, ZEuP 2012, 455, 456.
143 *Wagner*, ZEuP 2012, 455, 457.
144 KOM(2011) 636 endgültig.
145 KOM(2011) 636 endgültig, S. 3.
146 Flash Eurobarometer Nr. 320: *European contract law in business-to-business transactions – Summary*, S. 4; Flash Eurobarometer Nr. 321: *European contract law in consumer transactions – Summary*, S. 4.
147 Im Folgenden: „b2b"-Geschäfte.
148 Flash Eurobarometer Nr. 320, Summary, S. 7 f.
149 Im Folgenden: „b2c"-Geschäfte.
150 Flash Eurobarometer Nr. 321, Summary, S. 7 f.
151 *Vogenauer / Weatherill*, JZ 2005, 870 ff.
152 *Vogenauer / Weatherill*, JZ 2005, 870, 874.
153 *Vogenauer / Weatherill*, JZ 2005, 870, 876.

Betrachtet man diese empirischen Studien, so muss das Vorliegen von Handelsbeschränkungen i. S. v. Art. 114 AEUV aus Sicht der Marktteilnehmer, also den für den Binnenmarkt maßgeblichen Protagonisten, bejaht werden.[154]

Im Ergebnis stellt die Kommission also auf solche Benachteiligungen ab, die aus Sicht der Unternehmer im Binnenmarkt vorliegen, d. h. *gefühlte* Hemmnisse. Dieses Abstellen auf gefühlte Behinderungen zur Begründung von europäischen Rechtsetzungsakten hat Tradition: Schon in der Verbrauchsgüterkaufrichtlinie aus dem Jahr 1999[155] stellte der europäische Gesetzgeber in Erwägungsgrund Nr. 5 darauf ab, dass erst das Vertrauen der Verbraucher in einheitliche europäische Schutzstandards es ihnen ermöglicht, die Vorteile des Binnenmarkts auszunutzen.[156] Es wurde mithin zur Begründung von Rechtsakten im Bereich des Verbraucherschutzrechts auf Grundlage von Art. 95 EGV (Vorgängernorm von Art. 114 AEUV) die Figur des *confident consumer* geschaffen.[157] Diese besagt, dass die Stärkung des Vertrauens der Verbraucher in den grenzüberschreitenden Handel sich förderlich auf den Binnenmarkt auswirkt.[158] Ungeachtet der bis heute andauernden Kritik[159] hält die EU an diesem Begründungsmodell bis dato fest.[160]

Wie soeben dargestellt, steht in den Erwägungsgründen der GEKR-VO jedoch nicht der Verbraucherschutz bzw. das Verbrauchervertrauen im Mittelpunkt. Ein hoher Verbraucherschutz soll zwar durch das GEKR gewährleistet werden[161], maßgeblich soll jedoch der Abbau der Hindernisse sein, die die Unternehmer an

154 A. A. *Balthasar*, RIW 2012, 361, 365, der die Erhebungen der Kommission gegenteilig interpretiert.

155 RL 1999/44/EG.

156 Ohne explizit das Vertrauen der Verbraucher anzusprechen geht in diese Richtung bereits Erw.gr. 5 der Richtlinine 1993/13/EWG über missbräuchliche Klauseln in Verbraucherverträgen, die darauf abstellt, dass die Unkenntnis der Verbraucher von den Rechtsvorschriften in den Mitgliedsstaaten diese vom grenzüberschreitenden Einkauf abhält.

157 Zur Figur des *confident consumer* ausführlich *Kunz*, Verbraucherschutz beim Internethandel in der Europäischen Union, S. 22 ff.

158 *Kunz*, Verbraucherschutz beim Internethandel in der Europäischen Union, S. 24.

159 Z.B. *Roth*, EWS 2008, 401, 411; *ders.* in Gsell / Herresthal, Vollharmonisierung im Privatrecht, S. 13, 36 f.; *ders.* bereits JZ 2001, 475, 478 ff; a. A. *Heiderhoff*, Grundstrukturen des nationalen und europäischen Verbrauchervertragsrechts, S. 226 f., 453, die das Verbrauchervertrauen als „notwendiges Element des Binnenmarkts" betrachtet.

160 Vgl. insb. Erw.gr. 6 der neuen Richtlinie über die Rechte der Verbraucher, RL 2011/83/EU, die am 25.10.2011, d. h. nach der Veröffentlichung des Verordnungsentwurfs, verkündet wurde.

161 Erw.gr. 11 GEKR-VO.

der vollumfänglichen Teilnahme am Binnenmarkt hindern. Der Linie auf *gefühlte* Hemmnisse abzustellen treu bleibend, hat die Kommission demnach zur Begründung der GEKR-VO die Figur des *confident enterpriser*[162] geschaffen.

(3) Kritik an der empirischen Begründung

Ob solche empirischen Studien jedoch als Beweis für das Vorliegen von Handelsbeschränkungen herangezogen werden können, wird bestritten. In Hinsicht auf die von *Vogenauer* und *Weatherill* durchgeführte Studie wird die Figur des *confident enterpriser* zur Begründung von Binnenmarkthemmnissen explizit kritisiert: Hiernach sei die bloße Unbekanntheit bzw. die Skepsis im Umgang mit ausländischem Recht lediglich eine logische Folgerung der bloßen Unterschiedlichkeit der verschiedenen nationalen Kaufrechtsordnungen.[163] Diese bloße Unterschiedlichkeit kann aber gerade keine Rechtsetzungskompetenz nach Art. 114 AEUV begründen.[164] Das geforderte *spezifische* Hindernis könne mit von den Unternehmern gefühlten Hindernisses nicht begründet werden. Problematisch an dieser Argumentation ist allerdings, dass die Grenze zwischen *gefühlten* und *tatsächlichen* Hemmnissen nur schwer gezogen werden kann. Diese Grenzziehung verläuft naturgemäß ebenso verschwommen, wie die bei der Frage, ob eine Studie, die sich selbst als empirisch versteht, tatsächlich repräsentativ ist. Das Erfordernis eines konkreten empirischen Nachweises von Binnenmarkthemmnissen im Rahmen von Art. 114 AEUV stößt daher auch auf Ablehnung.[165]

Die Problematik dieser Abgrenzung lässt sich anschaulich am wesentlichen Transaktionskosten-Argument[166] der Kommission aufzeigen: Fakt ist, dass der Eintritt in den Markt eines Mitgliedsstaats mit gewissen Kosten verbunden ist. Die eigenen AGB müssen an die Rechtsordnung des Mitgliedsstaats, in dem man in den Markt eintreten will, angepasst werden. Entsprechende Anpassungen, beispielsweise auch hinsichtlich vorvertraglicher Informationspflichten, müssen an der Verkaufsplattform vorgenommen werden. Im Hauptfall des grenzüberschreitenden Handels, dem E-Commerce, stellt dies die Firmenwebsite dar, in der in aller Regel ein Bestellsystem integriert ist. Die tatsächliche Höhe dieser Kosten ist aber

---

162 Begriff in Anlehnung an *Roth*, EWS 2008, 401, 412; *ders.* in Gsell / Herresthal, Vollharmonisierung im Privatrecht, S. 13, 37.

163 *Roth*, EWS 2008, 401, 411 f.

164 Vgl. Kap. 3, § 1, A., I., 3., c), aa).

165 *Heiderhoff*, Europäisches Privatrecht, Rn. 15, 24.

166 Vgl. Kap. 3, § 1, A., I., 3., c), aa), ii), (2).

kaum zu pauschalisieren.[167] Sie hängt von einer Vielzahl von Faktoren[168] ab. Wenn die Kommission von rund 10.000 Euro an Transaktionskosten pro Mitgliedsstaat, in den man exportieren möchte, spricht[169], kann man dies ebenso wenig als gegeben hinnehmen, wie die Gegenthese, dass höhere Kosten für Auslandsgeschäfte gerade nicht auf der Unterschiedlichkeit der nationalen Vertragsrechte beruhen.[170] Auch die Argumentation, dass das Bestehen von Transaktionskosten nicht binnenmarktrelevant sei, weil die Kosten ebenso bei einer Neugründung im Inland anfallen würden[171], ist nicht zielführend. Die Kosten, die bei jeder Firmenneugründung anfallen, sind bereits von dem Wortsinn des Begriffs Transaktionskosten nicht umfasst. Auch sind nicht die Kosten gemeint, die für den erstmaligen Aufbau von AGB und von Vertriebswegen her anfallen, sondern die spezifischen Kosten, die durch die Anpassung an die mitgliedsstaatliche Rechtsordnung entstehen. Ebenso geht an dieser Stelle die Argumentation fehl, dass es wesentlich schwerwiegendere Probleme für den Handel im Binnenmarkt gäbe als die Unterschiedlichkeit der mitgliedsstaatlichen Rechtsordnungen.[172] Unabhängig vom Wahrheitsgehalt dieser Aussage kann es für die Frage, ob eine Tatsache ein Hemmnis für den Binnenmarkt darstellt, nicht darauf ankommen, ob andere Tatsachen vielleicht noch schwerwiegendere Hemmnisse darstellen. Die Einschätzung, dass die Beseitigung eines Hemmnisses aus rechtspolitischer Sicht dringender erscheint, als die eines anderen, kann nicht überwinden, dass eine Tatsache immer noch ein Hemmnis darstellt.

Der Kritik an der empirischen Herleitung von Hemmnissen für den Binnenmarkt kann daher nicht gefolgt werden.

(4) Lösung des Problems

Wie soeben aufgezeigt, verläuft die Grenze zwischen nur *gefühlten* und *tatsächlichen* Hemmnissen fließend, sodass eine klare Einstufung der Unterschiedlichkeit

---

167 So auch *Rüfner*, ZJS 2012, 476, 479.

168 Z. B. die Größe der Firma, die Branche, die Art und Breite des Produktangebots etc.

169 *Reding* in Hahn, Gemeinsames Europäisches Kaufrecht – Moderner Ansatz oder praxisferne Vision, S. 1.

170 *Palige* in Hahn, Gemeinsames Europäisches Kaufrecht – Moderner Ansatz oder praxisferne Vision, S. 149, 153.

171 *Grigoleit* in Remien / Herrler / Limmer, Gemeinsames Europäisches Kaufrecht für die EU?, S. 67, 79.

172 *Müller-Graff* in Schulte-Nölke / Zoll / Jansen / Schulze, Der Entwurf für ein optionales europäisches Kaufrecht, S. 21, 40 f.; *Grigoleit* in Remien / Herrler / Limmer, Gemeinsames Europäisches Kaufrecht für die EU?, S. 67, 79.

der Rechtsordnungen an dieser Stelle nicht möglich ist. Dies muss zur Folge haben, dass auf dieser Prüfungsebene keine zu hohen Maßstäbe angesetzt werden dürfen. Voraussetzung für das Bestehen eines Hindernisses für den Binnenmarkt kann demnach nur sein, dass die Begründungen für dieses Hindernis sich nicht als vollkommen aus der Luft gegriffen und somit als offensichtlich für rechtspolitische Bestrebungen vorgeschoben darstellen. Logische Konsequenz dieser Betrachtung ist, dass die Maßnahmen, die zur Beseitigung des Hemmnisses durchgeführt werden sollen, entsprechend streng an der zweiten Prüfungsstufe sowie an der Ebene der Verhältnismäßigkeit zu messen sind. Dieses Kriterium erfüllt der Verordnungsentwurf. Dass der Eintritt in den Markt eines Mitgliedsstaates mit gewissen Kosten verbunden ist, ist Fakt. Ob diese grundsätzlich ausreichen, um als Hemmnis für den Markteintritt zu gelten, kann nicht genau bestimmt werden. Aber die Aussage, dass besonders kleine Unternehmer diese Kosten oftmals scheuen, erscheint bei klarer Betrachtung nachvollziehbar. Vor diesem Hintergrund kann auch der Unsicherheit im Umgang mit fremdem Recht und fremden Rechtskulturen, Wirkung über ein rein psychologisches bzw. *gefühltes* Hemmnis hinaus zugesprochen werden. Somit stellt das Bestehen von 28 unterschiedlichen Kaufrechtsordnungen ein Hemmnis für den Binnenmarkt dar.

bb) Die Beseitigung der Handelshemmnisse durch das GEKR

Folgt man der hier vertretenen Ansicht hinsichtlich des Bestehens von Handelshemmnissen für den Binnenmarkt, so ist nun in einer abschließenden Prüfung festzustellen, ob das GEKR in der Form des Verordnungsentwurfs tatsächlich geeignet ist, die Handelshemmnisse zu beseitigen oder abzumildern, die sich aus der Unterschiedlichkeit der mitgliedsstaatlichen Kaufrechtsordnungen ergeben.

i) Keine Beseitigung durch das GEKR

Wie soeben dargestellt, wird in der Literatur bereits das Vorliegen von Handelshemmnissen durch das Nebeneinander der mitgliedsstaatlichen Kaufrechtsordnungen vielfach bestritten. Der Großteil dieser Kritiker erläutert jedoch darüber hinaus, wieso das GEKR die Hemmnisse, wenn sie denn doch bestünden, jedenfalls nicht beseitigen könnte.[173]

---

173 U. a. *Balthasar*, RIW 2012 361, 365; *Grigoleit* in Remien / Herrler / Limmer, Gemeinsames Europäisches Kaufrecht für die EU?, S. 67, 79.

Als Begründung hierfür werden zunächst einmal die sog. externen Lücken[174] des GEKR vorgebracht.[175] Wenn ein Sachverhalt Regelungsbereiche berührt, die vom GEKR nicht erfasst sind, so findet das einschlägige Kollisionsrecht Anwendung.[176] Diese Tatsache führe dazu, dass sich die Unternehmer im Ergebnis doch auf 28 unterschiedliche Rechtsordnungen einstellen müssen und dementsprechend Transaktionskosten aufgrund rechtlichen Beratungsbedarfs entstehen.[177] Aber auch die nicht unerhebliche Verwendung auslegungsbedürftiger Rechtsbegriffe führe zu einer Rechtsunsicherheit, da aufgrund der unterschiedlichen europäischen Rechtskulturen eine einheitliche Auslegung nicht gewährleistet werden könne.[178] Auch der EuGH sei hierzu nicht imstande: Unabhängig von der allgemeinen Kritik an seiner zivilrechtlichen Kompetenz[179] sei einerseits das Vorabentscheidungsverfahren nach Art. 267 AEUV hierzu nicht geeignet und darüber hinaus würde diese Aufgabe die Kapazitäten des EuGH sprengen.[180] Gerade diese Rechtsunsicherheit stelle aber, ganz im Gegensatz zu den Transaktionskosten, einen wahren Kostentreiber dar.[181] Auch wird argumentiert, dass die mögliche Kostenersparnis, durch die Verwendung identischer AGB in den Mitgliedsstaaten, nur marginal sei, da diese in die jeweiligen Sprachen übersetzt werden müssen, was zur eigenen Absicherung aber auch nur von Kanzleien vorgenommen werden kann und somit seinen entsprechenden Preis habe.[182]

Hinzu scheitere eine Senkung der Transaktionskosten durch das GEKR an dessen eingeschränktem Anwendungsbereich. Nach Art. 7 Abs. 1 GEKR-VO darf das GEKR nur für b2c-Geschäfte und solche b2b-Geschäfte vereinbart werden, bei denen wenigstens ein Unternehmen ein KMU nach der Legaldefinition des

---

174 Zur Abgrenzung zwischen externen und internen Lücken siehe *Gsell* in Remien / Herrler / Limmer, Gemeinsames Europäisches Kaufrecht für die EU?, S. 145, 147 ff.

175 Vgl. Erw.gr. 27 GEKR-VO, der diese vom GEKR nicht erfassten Regelungsbereiche – nicht abschließend – auflistet.

176 Erw.gr. 27 GEKR-VO.

177 *Balthasar*, RIW 2012, 361, 366.

178 *Balthasar*, RIW 2012, 361, 366 ff.

179 Vgl. *Lorenz*, NJW 2011, 2241, 2245.

180 *Zimmermann*, JBl 2012, 2, 20; *Balthasar*, RIW 2012, 361, 367; *MPI*, RabelsZ 75 (2011), 371, 434 f.; *Grigoleit* in Remien / Herrler / Limmer, Gemeinsames Europäisches Kaufrecht für die EU?, S. 66, 71 ff.

181 *Palige* in Hahn, Gemeinsames Europäisches Kaufrecht – Moderner Ansatz oder praxisferne Vision, S. 149, 153.

182 So geäußert in einer öffentlichen Diskussionsrunde im Rahmen der Anhörung der Konferenz der Justizministerinnen und Justizminister vom 24. Mai 2012 in Frankfurt am Main, bei der der Autor zugegen war.

Art. 7 Abs. 2 GEKR-VO ist. Wenn man die Vertragsgestaltung nun aber nicht für sämtliche Geschäfte vereinheitlichen könne, so sei eine Einsparung von Transaktionskosten nicht möglich.[183] Ebenso sollen die hohen Hürden für die Vereinbarung des GEKR für b2c-Geschäfte der Ersparnis von Transaktionskosten entgegenstehen.[184] Denn die Art. 13–29 GEKR schreiben umfassende Informationspflichten des Unternehmers gegenüber dem Verbraucher vor. Hinzu ist der Unternehmer dazu verpflichtet, dem Verbraucher nach Art. 8 Abs. 2 S. 2 GEKR-VO die Vereinbarung über die Anwendung des GEKR auf einem dauerhaften Datenträger zu übermitteln sowie ihm nach Art. 9 GEKR-VO vor Vereinbarung des GEKR ein Standard-Informationsblatt auszuhändigen.

Zuletzt wird argumentiert, dass das GEKR insbesondere im b2b-Bereich keine Förderung des Binnenmarkts bewirken könne. Die kaufrechtlichen Regelungen im b2b-Bereich sind größtenteils dispositiv, hinzu gewährt Art. 3 Rom-I-VO die Rechtswahlfreiheit, sodass für den Fall, dass eine Einigung auf das mitgliedsstaatliche Recht eines Vertragsteils nicht möglich ist, ein „neutrales" Recht wie das CISG oder, wie in der Praxis oft üblich, das englische oder schweizerische Recht gewählt werde. Daher führe das GEKR nicht zur weiteren Senkung von Transaktionskosten.[185]

ii) Beseitigung durch das GEKR

Dieser Argumentation wird jedoch entgegengehalten, dass die Eurobarometer-Umfragen, auf welche die Kommission die Annahme stützt, dass ein vereinheitlichtes Kaufrecht mehr Unternehmen zum Exportieren bewegen werde und somit binnenmarktförderlich wirkt[186], ein umfangreiches *Impact Assessment* darstellen. Bislang seien noch keine umfassenden Analysen erstellt worden, die dessen Belastbarkeit widerlegen könnten. Daher könne man den Stellungnahmen, die eine Beseitigung von Handelshemmnissen durch das GEKR ausschließen, ankreiden, dass sie die Nützlichkeit des GEKR schlichtweg leugnen, ohne aber eine nachvollziehbare Basis hierfür zu haben. Bloße Zweifel an dem Ergebnis des *Impact Assessments* seien vor dem Hintergrund der Einschätzungsprärogative[187] des europäischen Gesetzgebers aber nicht in der Lage, dieses in Frage zu stellen.

---

183 *Wagner*, ZEuP 2012, 455, 457 f.

184 *Wagner*, ZEuP 2012, 455, 459.

185 So geäußert in einer öffentlichen Diskussionsrunde im Rahmen der Anhörung der Konferenz der Justizministerinnen und Justizminister vom 24. Mai 2012 in Frankfurt am Main, bei der der Autor zugegen war.

186 KOM(2011) 636 endg., S. 10 f.

187 Vgl. *Suhr* in FS Rüßmann, S. 1053, 1064.

Hinzu zeige der Beratungsbedarf in der anwaltlichen Praxis, dass die Unterschiede der mitgliedsstaatlichen Rechtsordnungen für die maßgeblichen Marktteilnehmer Handelshemmnisse darstellen, welche durch das GEKR beseitigt werden können.[188] Denn für die 90% der europäischen Unternehmen, die derzeit noch nicht exportieren, werden durch das GEKR die Zugangskosten für die mitgliedsstaatlichen Märkte gesenkt und somit zusätzliche Anreize zum binnenmarktweiten Handel geschaffen, auf dem ein Potential von 26 Mrd. Euro noch brach liege.[189]

iii) Entscheidung für die vorzugswürdige Ansicht

Stellt man nun die Argumentationen der Befürworter und der Kritiker gegenüber, so muss man unweigerlich zu dem Schluss kommen, dass sich beide Positionen gewisser Unwägbarkeiten bedienen. Während die befürwortende Ansicht nicht sicher darlegen kann, dass die Handelshemmnisse, die durch das Nebeneinander der 28 mitgliedsstaatlichen Kaufrechtsordnungen bestehen, durch das GEKR beseitigt oder zumindest gemildert werden, ist die Gegenposition, wenn sie dies leugnet, im selben Umfang eine Mutmaßung. Vor dem Hintergrund, dass der Beitrag der Maßnahme zur Beseitigung der Handelshemmnisse auf gerichtlich nachprüfbaren Umständen beruhen muss[190], erscheinen somit beide Positionen äußerst problematisch.

Jedoch ist festzuhalten, dass die geforderte gerichtliche Nachprüfbarkeit *vor* Erlass einer Maßnahme kaum gegeben sein kann. Ob eine Maßnahme tatsächlich eine Förderung des Binnenmarkts bewirkt, lässt sich erst durch den Vergleich statistischer Daten, die vor und nach ihrem Erlass erhoben wurden, mit Sicherheit beurteilen. Aus Gründen der Rechtssicherheit kann ihre Wirksamkeit aber selbstverständlich nicht nachträglich davon abhängig gemacht werden, ob der mit ihr verfolgte Effekt tatsächlich im erwarteten Ausmaß eintritt; ein legislativer Akt kann schließlich nicht unter der auflösenden Bedingung des Nichteintritts der gewünschten Wirkung erlassen werden. Das Erfordernis der gerichtlichen Nachprüfbarkeit kann sich demnach nicht auf die Auswirkungen des Erlasses des GEKR beziehen, sondern muss diejenigen Faktoren zum Gegenstand haben, die den angestrebten Auswirkungen zugrunde gelegt werden. Das bedeutet, im Zweifelsfall ist durch den EuGH gerichtlich zu überprüfen, ob der europäische Gesetzgeber das ihm zustehende gestalterische Ermessen in zulässiger Weise ausgeübt hat, was dann der Fall ist, wenn überzeugend dargelegt werden konnte, dass der

188 *DAV*, Stellungnahme zu Art. 114 AEUV, S. 6 f.

189 *Reding* in Hahn, Gemeinsames Europäisches Kaufrecht – Moderner Ansatz oder praxisferne Vision, S. 1, 2.

190 *Herrnfeld* in Schwarze, EU-Kommentar, 3. Aufl., Art. 114 AEUV, Rn. 10.

Erlass des GEKR geeignet ist, zur Beseitigung des hier bestehenden Binnenmarkthemmnisses beizutragen.

Diese Voraussetzung erfüllt der Verordnungsentwurf. Die Ausführungen der Kommission, dass durch ein vereinheitlichtes Kaufrecht Transaktionskosten beim Einstieg in den Markt eines Mitgliedsstaates gespart werden können, und somit für europäische Unternehmen Anreize zum Export in den Binnenmarkt gesetzt werden, erscheinen durchaus plausibel.[191] Auch die dieser Einschätzung zugrundeliegenden Eurobarometer-Umfragen können, wie bereits dargestellt, in diese Richtung interpretiert werden. Wenn die Ergebnisse dieser Umfragen und deren Übertragung als Stütze für das GEKR nun als „selektive und tendenziöse Schlussfolgerungen der Kommission“[192] angegriffen werden, so berührt dies nicht bestimmt und widerlegend die Substanz der Umfragen und die Befunde, die die Kommission aus ihnen zieht. Vielmehr wird sich hierdurch lediglich die Deutungshoheit über die Ergebnisse der Studien angemaßt. Dass empirische Studien mit entsprechender Argumentation aber in unterschiedliche Richtung gedeutet werden können, liegt allerdings in der Natur der Sache.

Auch die Argumentation, dass der eingeschränkte Anwendungsbereich des GEKR und die ausführlichen Informationspflichten zur seiner Vereinbarung, die der Verordnungsentwurf vorsieht, die Absenkung der Transaktionskosten auf dem Binnenmarkt hindern, greift nicht durch. Zwar sind beide Punkte durchaus zu kritisieren, allerdings ist es nicht plausibel, deshalb dem GEKR die Senkung der Transaktionskosten vollends abzusprechen. Dass die Effektivität der Transaktionskostenersparnis hierdurch eingeschränkt wird, kann zwar kaum bestritten werden, jedoch bleibt es eben nur bei einer Einschränkung. Die Tatsache, dass es auch nach der Fassung des Verordnungsentwurfs mit an Sicherheit grenzender Wahrscheinlichkeit zur Senkung von Transaktionskosten kommen wird, vermag diese Argumentation hingegen nicht zu beeinträchtigen. Auch der Vergleich mit anderen Methoden der europäischen Rechtsetzung hat keinen Einfluss auf die hier allein im Raum stehende Frage nach der Geeignetheit des GEKR zur Transaktionskostensenkung.[193]

---

191 Befürwortend *Ganuza / Gomez* in Moccia, The Making of European Private Law, S. 93, 100 ff.

192 *Grigoleit* in Remien / Herrler / Limmer, Gemeinsames Europäisches Kaufrecht für die EU?, S. 67, 80.

193 Zur ökonomischen Vorzugswürdigkeit eines optionalen Instruments gegenüber der Vollharmonisierung s. *Mittwoch*, Vollharmonisierung und Europäisches Privatrecht, S. 225 ff.

Zudem vermag auch der Standpunkt, dass durch die vorhandene Rechtswahlfreiheit das GEKR zu keiner weiteren Transaktionskostenersparnis im b2b-Bereich führen kann, nicht zu überzeugen. In der Praxis ist es oftmals so, dass das marktmächtigere Unternehmen imstande ist, sein bevorzugtes Recht beim Vertragsschluss durchzusetzen. Allerdings ist es auch im unternehmerischen Verkehr von finanziellem Vorteil, wenn man in der Lage ist, den gesamten Warenvertrieb auf derselben rechtlichen Grundlage durchzuführen. Diesen Vorteil kann das GEKR auf europäischer Ebene bringen, da es den Warenvertrieb auf Grundlage eines einzigen AGB-Katalogs ermöglicht. Im b2b-Bereich tritt das GEKR somit in den Rechtswahlwettbewerb der Vertragsrechte ein und vermag bei einer für Unternehmen attraktiven Ausgestaltung den binnenmarkteinheitlichen Warenvertrieb zu ermöglichen und somit auch in diesem Bereich Transaktionskosten zu senken.[194] Wenn die Spürbarkeit der Transaktionskostensenkungen dadurch bestritten wird, dass weiterhin Rechtsberatungskosten anfallen werden, weil die einheitlichen AGB durch Rechtsanwaltskanzleien übersetzt werden müssen, erscheint diese Argumentation reichlich oberflächlich. Dass entsprechende Kosten weiterhin entstehen werden, ist nicht zu bestreiten. Dass die Kosten für eine Übersetzung von AGB allerdings erheblich geringer ausfallen werden, als die für deren Erstellung oder Anpassung, versteht sich jedoch von selbst.[195]

Hinzu ist die Veränderung der alternativen, subsidiären Rechtsgrundlage Art. 352 AEUV durch den Vertrag von Lissabon zu beachten. Das wesentliche Manko der Maßnahmen, die auf Grundlage der Vorgängernorm Art. 308 EGV erlassen wurden, wurde behoben: die nur geringe demokratische Legitimität mangels Zustimmungspflicht des Europäischen Parlaments als Legislativorgan. Jede Maßnahme auf Grundlage von Art. 352 AEUV verlangt nunmehr die Zustimmung des Parlaments, nicht mehr nur dessen Anhörung. Durch diese Annäherung an das ordentliche Gesetzgebungsverfahren reiht sich Art. 352 AEUV nun noch klarer in das Kompetenzgefüge der EU ein. Diese Identität der parlamentarischen Mitwirkung im Vergleich zu den anderen Rechtsgrundlagen verdeutlicht aber nun umso mehr den Auffangcharakter der Norm, was grundsätzlich eine Verschiebung der Kompetenzabgrenzung zugunsten der anderen Rechtsgrundlagen, hier Art. 114 AEUV, zur Folge haben muss.[196]

---

194 So auch *Roth*, EWS 2012, 12, 20.

195 Vgl. auch *Herresthal*, WiVerw 2012, 140, 141.

196 *Schmidt-Kessel* in Schmidt-Kessel, Ein einheitliches europäisches Kaufrecht?, S. 1, 15.

Somit bleibt festzuhalten: Die Kommission legt für den Verordnungsentwurf in plausibler Weise dar, dass das GEKR im Grundsatz dazu geeignet ist, zur Beseitigung von Handelshemmnissen für den Binnenmarkt beizutragen, indem es insbesondere den KMU erleichtert, ihre Waren mit geringerem Aufwand und Kosten in mehr Ländern anzubieten, als sie das bisher tun – v. a. über das Internet.[197] Die Argumentation ist nachvollziehbar und ihre Grundlage gerichtlich überprüfbar. Im Zweifel steht es dem EuGH frei, die zu Grunde gelegten Umfragen anders zu deuten oder eigene empirische Nachforschungen zu betreiben. Bis dato gibt es noch keine Erhebungen bzw. Analysen, die geeignet wären, die Position der Kommission ernsthaft in Frage zu stellen. Man kann hier also keinesfalls von einem nur vorgeschobenen Grund, geschweige denn von einer Kompetenzanmaßung durch die EU sprechen. Diese Ansicht wird gestärkt durch die ohnehin vorhandene Verschiebung des Kompetenzgefüges durch den Vertrag von Lissabon zu Gunsten von Art. 114 AEUV. Beim GEKR liegt somit ein tatsächlicher, objektiver Binnenmarktbezug vor, womit die Voraussetzungen des Art. 114 AEUV erfüllt sind.

d) Art. 114 Abs. 3 AEUV als Kompetenzschranke?

Art. 114 Abs. 3 AEUV verpflichtet den europäischen Gesetzgeber bei der Wahrnehmung der Binnenmarktkompetenz zu einem „hohen Verbraucherschutzniveau“. *Tamm* sieht hierin eine Kompetenzausübungsschranke.[198] Das bisher von der EU verfolgte Konzept der Mindestharmonisierung führte dazu, dass manche Richtliniennormen zum Verbraucherschutz „überschießend“ umgesetzt wurden.[199] Dies hat nun zur Folge, dass einzelne Regelungen im BGB verbraucherschützender ausgestaltet sind, als ihre entsprechenden Normen im GEKR. Daher scheitere die Primärrechtskonformität des GEKR an der Schranke des Art. 114 Abs. 3 AEUV.[200]

Unabhängig davon, ob zur Beurteilung der Frage, ob das GEKR ein höheres Verbraucherschutzlevel aufweist als das BGB, maßgeblich ist, dass jede

197 Zustimmend *Hesselink*, ERCL 2012, 342, 353.

198 *Tamm*, VuR 2012, 3, 7.

199 Hierzu ausführlich *Brandner*, Die überschießende Umsetzung von Richtlinien, S. 66 ff.; s. auch *Habersack / Mayer* in Riesenhuber, Europäische Methodenlehre, § 15, Rn. 7; zu den Problemen bei der Rechtsanwendung bei überschießender Richtlinienumsetzung *Sedlmeier*, Rechtsgeschäftliche Selbstbestimmung im Verbrauchervertrag, S. 67 ff.; aufgrund der Ausgestaltung des GEKR als Verordnung muss i. Ü. auf die Problematik der überschießenden Richtlinienumsetzung nicht näher eingegangen werden.

200 *Tamm*, VuR 2012, 3, 8.

Einzelnorm des GEKR ein höheres Verbraucherschutzniveau bietet als die jeweils entsprechende Regelung des BGB oder ob hierzu eine wertende Gesamtbetrachtung der Regelungswerke vorzunehmen ist, steht Art. 114 Abs. 3 AEUV dem Erlass des GEKR auf Grundlage von Art. 114 AEUV nicht im Weg. Die Verpflichtung zu einem „hohen Schutzniveau" gebietet dem europäischen Gesetzgeber weder die Orientierung an dem höchsten Schutzniveau eines Mitgliedsstaats, noch an dem theoretisch rechtstechnisch höchstmöglichen.[201] *Tamms* Auffassung, dass Art. 114 Abs. 3 AEUV dem Erlass des GEKR als Kompetenzausübungsschranke entgegensteht, ist demnach nicht zu folgen.

4. Ergebnis

Art. 114 AEUV ist als einschlägige Rechtsgrundlage für das GEKR heranzuziehen. Durch seine Einführung per Verordnung als optionales Instrument wird eine Rechtsangleichung bewirkt und es kann dazu beitragen, die Handelshemmnisse, die aufgrund der Kaufrechtsvarianzen innerhalb des Binnenmarkts bestehen, zu beseitigen. Da allerdings, wie aufgezeigt, der Rückgriff auf Art. 114 AEUV äußerst umstritten ist, ist im Folgenden noch auf die anderen in Betracht kommenden Rechtsgrundlagen einzugehen.

II. Art. 81 AEUV

Art. 81 AEUV ermächtigt den europäischen Gesetzgeber zum Erlass von Maßnahmen auf dem Gebiet der justiziellen Zusammenarbeit in Zivilsachen mit grenzüberschreitendem Bezug. Es wird vertreten, dass ein fakultatives Vertragsrechtsinstrument, das nur auf grenzüberschreitende Sachverhalte Anwendung findet – ein solches stellt das GEKR dar[202] – nur auf dieser Rechtsgrundlage erlassen werden kann.[203] Argumentiert wird hierfür, dass Art. 81 AEUV im Vergleich zu seiner Vorgängernorm Art. 65 EGV offener formuliert ist: Während Art. 65 EGV, für den Konsens über seine sachliche Beschränkung auf das internationale Zivilverfahrensrecht und das Kollisionsrecht bestand[204], Gegenstände der

201 *Herrnfeld* in Schwarze, EU-Kommentar, 3. Aufl., Art. 114 AEUV, Rn. 51; *Kahl* in Calliess / Ruffert, Art. 114 AEUV, Rn. 35.

202 Art. 13 GEKR-VO stellt die Anwendbarkeit auf innerstaatliche Sachverhalte in das Ermessen der Mitgliedsstaaten – freilich ist diese Norm lediglich deklaratorischer Natur.

203 *Basedow* in FS Säcker, S. 29, 41.

204 Zur Entwicklung dieser Kompetenznorm siehe *Hess* in Grabitz / Hilf / Nettesheim, Art. 81 AEUV, Rn. 3 ff.

Rechtsetzung enthielt, formuliert Art. 81 Abs. 2 AEUV Ziele, die mit der Rechtsetzung verfolgt werden sollen.[205] Problematisch an dieser Rechtsgrundlage ist, dass für Dänemark[206], Großbritannien und Irland die Möglichkeit besteht, sich nicht an hierauf erlassenen Maßnahmen zu beteiligen[207] sowie die Beschränkung der Ermächtigungsgrundlage auf die Regelung grenzüberschreitender Sachverhalte.[208] Hierdurch besteht bei einem Erlass des GEKR auf Grundlage von Art. 81 AEUV einerseits das Risiko, dass nicht der gesamte Binnenmarkt erfasst wird, was zu Lasten der Akzeptanz und der Attraktivität des optionalen Instruments gehen würde, und zum anderen fehlt hier die Option des europäischen Gesetzgebers, das GEKR später auch auf innerstaatliche Sachverhalte ausdehnen zu können. Folgt man der hier genannten Ansicht, muss man also zu dem Schluss kommen, dass Art. 81 AEUV zwar eine mögliche, aber zugleich eine unattraktive Rechtsgrundlage darstellt.[209]

Nach überwiegender Meinung ist Art. 81 AEUV jedoch nicht als Rechtsgrundlage für ein optionales Vertragsrechtsinstrument heranzuziehen, da dieser nach Wortlaut und systematischer Stellung zwar für eine Angleichung des Zivilverfahrens- und des Kollisionsrechts, aber nicht für eine Gesetzgebung im Rahmen des materiellen Zivilrechts herangezogen werden kann.[210] Hierfür spricht insbesondere die Formulierung von Art. 81 Abs. 2 AEUV: Hier werden die Ziele, die mit Maßnahmen aufgrund von Art. 81 AEUV verwirklicht werden sollen, enumerativ aufgelistet. Diese Auflistung ist abschließend[211], und beinhaltet gerade nur solche Regelungsmaterien, die in das Gebiet des Zivilverfahrens- und Kollisionsrecht fallen. Keines streift auch nur das Gebiet des materiellen Zivilrechts.[212] Daher kann Art. 81 AEUV nicht als alternative Rechtsgrundlage für das GEKR herangezogen werden.

---

205 *MPI*, RabelsZ 75 (2011), 371, 386 f.; *Basedow* in FS Säcker, S. 29, 37.

206 *Hess* in Grabitz / Hilf / Nettesheim, Art. 81 AEUV, Rn. 59.

207 *Hess* in Grabitz / Hilf / Nettesheim, Art. 81 AEUV, Rn. 58.

208 *Rossi* in Calliess / Ruffert, Art. 81 AEUV, Rn. 5.

209 *MPI*, RabelsZ 75 (2011), 371, 395; *Basedow* in FS Säcker, S. 29, 38.

210 *Grigoleit*, AcP 210 (2010), 354, 364; *Rossi* in Calliess / Ruffert, Art. 81 AEUV, Rn. 15; *Hess* in Grabitz / Hilf / Nettesheim, Art. 81 AEUV, Rn. 9 ff.; *Reich / Micklitz*, EWS 2011, 113, 114; *Stumpf* in Schwarze, EU-Kommentar, 3. Aufl., Art. 81 AEUV, Rn. 2; *Suhr* in FS Rüßmann, S. 1053, 1058.

211 *Stumpf* in Schwarze, EU-Kommentar, 3. Aufl., Art. 81 AEUV, Rn. 10; *Rossi* in Calliess / Ruffert, Art. 81 AEUV, Rn. 7.

212 So auch *Ludwigs*, EuZW 2012, 608, 611.

III. Art. 169 Abs. 2 lit. b AEUV

In der Vergangenheit wurde auch Art. 169 Abs. 2 lit. b AEUV als Grundlage für eine „Verbraucherrechts-Verordnung" angedacht.[213] Ungeachtet der Kritik an dieser Idee[214] kann Art. 169 Abs. 2 lit. b AEUV bereits *prima facie* als Rechtsgrundlage für das GEKR ausgeschlossen werden. Zwar sollen nach Art. 169 Abs. 1 AEUV die Interessen der Verbraucher gefördert und ein hohes Verbraucherschutzniveau gewährleistet werden, allerdings ermächtigt Art. 169 Abs. 2 lit. b AEUV auch in diesem Rahmen nur zu Maßnahmen zur Unterstützung, Ergänzung und Überwachung der Politik der Mitgliedsstaaten. Dies führt dazu, dass eine eigenständige, umfassende Verbraucherpolitik durch die EU auf dieser Grundlage nicht zulässig ist[215], was zugleich bedeutet, dass Art. 169 Abs. 2 lit. b AEUV keine eigenständige Kompetenz für das Verbraucherprivatrecht bieten kann.[216] Hinzu kann das GEKR in dieser Form schon deshalb nicht umfasst sein, da es nicht nur Regeln hinsichtlich des Verbraucherschutzes bzw. der Verbraucherverträge enthält, sondern gerade auch im b2b-Bereich zur Anwendung gelangen soll.[217] Somit kann auch Art. 169 Abs. 2 lit. b AEUV nicht als alternative Rechtsgrundlage für das GEKR herangezogen werden.

IV. Art. 352 AEUV

Lehnt man – entgegen der hier vertretenen Auffassung – Art. 114 AEUV als Rechtsgrundlage für das GEKR ab[218], kommt als Alternative einzig die in Art. 352 AEUV

---

213 *Reich*, ZEuP 2007, 161, 170 f.

214 *Roth*, EWS 2008, 401, 405.

215 *Berg* in Schwarze, EU-Kommentar, 3. Aufl., Art. 169 AEUV, Rn. 18.

216 Ausführlich hierzu *Tamm*, Verbraucherschutzrecht, S. 301 ff.

217 So auch *Tamm*, VuR 2012, 3, 9.

218 *Ludwigs*, EuZW 2012, 608, 611; *Tamm*, VuR 2012, 3, 9; *Basedow*, EuZW 2012, 1 f.; *Riesenhuber*, EWS 2012, 7, 8 ff.; *Müller-Graff* in Schulte-Nölke / Zoll / Jansen / Schulze, Der Entwurf für ein optionales europäisches Kaufrecht, S. 21, 35; *ders.* in Schmidt-Kessel, Ein einheitliches europäisches Kaufrecht?, S. 51, 57 ff.; *Perner* in Wendehorst / Zöchling-Jud, Am Vorabend eines Gemeinsamen Europäischen Kaufrechts, S. 21, 33 ff.; *Grigoleit* in Remien / Herrler / Limmer, Gemeinsames Europäisches Kaufrecht für die EU?, S. 67, 75 ff.; *ders.*, Stellungnahme RA, S. 9 f.; *Wagner*, Stellungnahme RA, S. 3 ff.; *Huttenlocher*, Stellungnahme RA, S. 3 ff.; *Eidenmüller / Jansen / Kieninger / Wagner / Zimmermann*, JZ 2012, 269, 274.

manifestierte „Abrundungskompetenz“[219] in Betracht. Deren Zweck ist es, für solche Maßnahmen eine Rechtsgrundlage bereitzustellen, die in den Verträgen nicht ausdrücklich vorgesehen sind, aber dennoch zur Verwirklichung eines Vertragsziels als notwendig erscheinen.[220]

1. Vertragszielverwirklichung

Zunächst müsste das GEKR der Verwirklichung eines Ziels der Verträge dienen. Diese Formulierung bezieht sich primär auf die Aufzählung in Art. 3 EUV, aber auch auf Ziele, die sich aus Einzelnormen des AEUV ergeben.[221] In Art. 3 Abs. 3 S. 1 EUV wird explizit das Ziel des Binnenmarkts genannt. Schon gemäß Erw.gr. 1 GEKR-VO wird mit dem GEKR das Funktionieren und die Weiterentwicklung des Binnenmarkts angestrebt. Darüber hinaus wird nach Erw. gr. 11 GEKR-VO das Ziel eines hohen Verbraucherschutzniveaus, das sich aus Art. 169 Abs. 1 AEUV ergibt, verfolgt. Mithin soll das GEKR der Verwirklichung von Zielen der Unionsverträge dienen.[222]

2. Im Rahmen der in den Verträgen festgelegten Politikbereiche

Des Weiteren müsste das GEKR eine Maßnahme darstellen, die sich im Rahmen der in den Verträgen festgelegten Politikbereiche befindet. Dieser „Rahmen“ umfasst grundsätzlich alle Materien, die in den Teilen eins bis sieben des AEUV geregelt sind[223], was wiederum den Verbraucherschutz und den Binnenmarkt einschließt, womit das GEKR zunächst in diesen Rahmen zu fallen scheint. *Ludwigs* gibt allerdings zu bedenken, dass diese Wendung eine gegenständliche Begrenzung der Ermächtigungsnorm auf Rechtsakte darstellt, die bereits bestehenden Unionspolitiken zuzuordnen sind. Durch die Ablehnung eines objektiven Binnenmarktbezugs des GEKR, schlussfolgert er, dass aufgrund des breiten Ansatzes des GEKR, sowohl b2c- als auch b2b-Verträge zu umfassen, dieses nicht in die Politikbereiche „Verbraucherschutz“ und „Binnenmarkt“ fällt, sondern einen neuen Politikbereich „Materielles Zivilrecht“ beschreitet und somit schon deswegen nicht mehr von Art. 352 AEUV gedeckt ist.[224]

---

219 *Geiss* in Schwarze, EU-Kommentar, 3. Aufl., Art. 352 AEUV, Rn. 4; kritisch zu diesem Begriff *Winkler* in Grabitz / Hilf / Nettesheim, Art. 352 AEUV, Rn. 17.

220 *Geiss* in Schwarze, EU-Kommentar, 3. Aufl., Art. 352 AEUV, Rn. 1.

221 *Rossi* in Calliess / Ruffert, Art. 352 AEUV, Rn. 30; *Geiss* in Schwarze, EU-Kommentar, 3. Aufl., Art. 352 AEUV, Rn. 13.

222 Zustimmend *Roth*, EWS 2012, 12, 19.

223 *Geiss* in Schwarze, EU-Kommentar, 3. Aufl., Art. 352 AEUV, Rn. 16.

224 So *Ludwigs*, EuZW 2012, 608, 611 f.

Gegen dieses Verständnis von Art. 352 AEUV spricht jedoch zunächst die Tatsache, dass auf Grundlage seiner Vorgängernormen in der Vergangenheit regelmäßig neue Politikbereiche erschlossen wurden, die daraufhin auch ihre Aufnahme in die Unionsverträge fanden.[225] Dass der EU diese Gestaltungsmöglichkeit durch den Vertrag von Lissabon nicht mehr zustehen soll, lässt sich dem Wortlaut von Art. 352 AEUV nicht entnehmen.[226] Somit kann dem „Rahmen der vertraglich festgelegten Politikbereiche" kaum eine eigenständige Bedeutung gegenüber dem Erfordernis der „Vertragszielverwirklichung" zugestanden werden. Die kumulative Erwähnung dieser Voraussetzungen in der Literatur[227] ist somit letzten Endes hauptsächlich didaktischer Natur und der Übersicht geschuldet.

3. Erforderlichkeit

Maßgeblich dafür, ob Art. 352 AEUV als alternative Rechtsgrundlage für das GEKR herangezogen werden kann, ist somit, ob sein Erlass im Rahmen der vertraglich festgelegten Politikbereiche zur Vertragszielverwirklichung erforderlich ist. Nach allgemeiner Ansicht besteht eine Erforderlichkeit i. S. v. Art. 352 AEUV, wenn eine Diskrepanz zwischen dem verfolgten Vertragsziel und seiner Verwirklichung besteht.[228] Dies ist allerdings eine sehr schwammige Definition, weshalb die Voraussetzungen des Erforderlichkeitskriteriums näher zu bestimmen sind. Einer Ansicht zur Folge läuft die Bestimmung der Erforderlichkeit mit den Grundsätzen der Subsidiarität und Verhältnismäßigkeit nach Art. 5 EUV gleich, womit Letzterem kein eigenständiger Anwendungsbereich mehr verbliebe.[229] Gegen dieses Verständnis sprechen allerdings die unterschiedlichen Anknüpfungspunkte: Die Erforderlichkeit nach Art. 352 AEUV bezieht sich ausweislich des Wortlauts auf das Tätigwerden der Union als solches.[230] Darf die Union hiernach tätig werden, kann sie die „geeigneten Vorschriften" erlassen. Erst diese Vorschriften sind dann

---

225 Eine umfangreiche, beispielhafte Auflistung findet sich bei *Winkler*, EuR 2011, 384, 389.

226 So auch *Winkler* in Grabitz / Hilf / Nettesheim, Art. 352 AEUV, Rn. 58; *dies.*, EuR 2011, 384, 404.

227 *Rossi* in Calliess / Ruffert, Art. 352 AEUV, Rn. 23; *Geiss* in Schwarze, EU-Kommentar, 3. Aufl., Art. 352 AEUV, Rn. 12; *Winkler* in Grabitz / Hilf / Nettesheim, Art. 352 AEUV, Rn. 37.

228 *Rossi* in Calliess / Ruffert, Art. 352 AEUV, Rn. 44.

229 *Geiss* in Schwarze, EU-Kommentar, 3. Aufl., Art. 352 AEUV, Rn. 17.

230 So auch *Klepper*, Vollzugskompetenzen der Europäischen Gemeinschaft aus abgeleitetem Recht, S. 77.

an den Grundsätzen der Subsidiarität und Verhältnismäßigkeit nach Art. 5 EUV zu messen. Diese Prüfungen sind demnach strikt voneinander abzugrenzen.[231]

Somit ist hier nur zu prüfen, ob eine spürbare Diskrepanz zwischen einem Vertragsziel der Union und seiner Verwirklichung besteht. Ausgehend von den Ausführungen zu Art. 114 AEUV, ist die Verwirklichung des Binnenmarkts als fortwährendes Ziel der Europäischen Union anzusehen. In der großen Anzahl derjenigen Unternehmen, die nicht auf dem Binnenmarkt tätig sind, ist die Diskrepanz zur Verwirklichung dieses Ziels zu sehen. Somit erscheint ein Tätigwerden der Union hier auch erforderlich i. S. v. Art. 352 AEUV.

4. Subsidiarität der Rechtsgrundlage

Weiterhin dürfte keine vorrangige Regelungskompetenz im AEUV bestehen. Die Bezeichnung von Art. 352 AEUV als „Abrundungskompetenz" fußt auf seiner grundlegenden Subsidiarität gegenüber anderen Rechtsgrundlagen. Diese bewirkt, dass ein Rückgriff auf Art. 352 AEUV als Rechtsgrundlage für einen Gesetzgebungsakt nur dann zulässig ist, wenn der AEUV für diesen ansonsten keine oder keine ausreichende Rechtsgrundlage parat hält. Dies dient der Wahrung des Prinzips der begrenzten Einzelermächtigung aus Art. 5 Abs. 1 AEUV.[232]

Tamm schließt den Rückgriff auf Art. 352 AEUV aufgrund dessen Subsidiarität aus. Ihrer Ansicht nach sorge allein das Bestehen von Art. 114 AEUV als Kompetenztitel für die Binnenmarktharmonisierung im Bereich des Vertragsrechts dafür, dass Art. 352 AEUV als Rechtsgrundlage subsidiär zurücktreten müsse, unabhängig davon, ob Art. 114 AEUV einschlägig ist oder nicht.[233] Dieselbe Überlegung kann man anstellen, wenn man die rechtsangleichende Wirkung des GEKR zwar bejaht, Art. 114 AEUV aber aufgrund der Verneinung eines objektiven Binnenmarktbezugs ablehnt.[234] In diesem Fall kann man zu dem Schluss kommen, dass der Anwendungsbereich des Art. 114 AEUV grundsätzlich eröffnet ist, weshalb sich ein Rückgriff auf den subsidiären Art. 352 AEUV bereits deshalb verbietet, weil eine an sich einschlägige Rechtsgrundlage existiert, die lediglich i. Ü. tatbestandlich nicht erfüllt ist.

---

231 Zustimmend *Rossi* in Calliess / Ruffert, Art. 352 AEUV, Rn. 57.

232 *Winkler* in Grabitz / Hilf / Nettesheim, Art. 352 AEUV, Rn. 73; *Rossi* in Calliess / Ruffert, Art. 352 AEUV, Rn. 58; *Geiss* in Schwarze, EU-Kommentar, 3. Aufl., Art. 352 AEUV, Rn. 19.

233 *Tamm*, VuR 2012, 3, 9.

234 So *Ludwigs*, EuZW 2012, 608, 609 ff.; *Grigoleit* in Remien / Herrler / Limmer, Gemeinsames Europäisches Kaufrecht für die EU?, S. 67, 81 ff.

Die überwiegende Meinung sieht hingegen den Rückgriff auf Art. 352 AEUV als logische Schlussfolgerung auf die Ablehnung des Art. 114 AEUV als Rechtsgrundlage für das GEKR.[235] Dem ist zuzustimmen, denn: Nach herrschender Meinung ist Art. 352 AEUV nicht nur anwendbar, wenn die Verträge überhaupt keine Rechtsgrundlage für eine geplante Maßnahme vorsehen, sondern auch dann, wenn die an sich einschlägige Rechtsgrundlage tatbestandlich nicht herangezogen werden kann, also unzureichend ist.[236] Hierfür spricht zunächst, dass sich aus dem Wortlaut von Art. 352 AEUV keine solche Einschränkung ergibt. Darüber hinaus würde ein gegenläufiges Verständnis der Subsidiarität von Art. 352 AEUV zu dem paradoxen Ergebnis führen, dass die Union eine Auffangkompetenz besitzt, wenn sie gar keine Befugnisse aus den Verträgen hat, aber dann nicht, wenn die vertragliche Kompetenz nur unzureichend ist. Im Falle einer fehlenden Einzelermächtigung hätte die EU demnach weitergehende Befugnisse als im Falle einer bestehenden, aber unzureichenden Einzelermächtigung.[237] Somit ist hier – unter der fehlgehenden Prämisse, dass Art. 114 AEUV nicht als Rechtsgrundlage für das GEKR herangezogen werden kann, – auch die Subsidiarität des Art. 352 AEUV gewahrt.

5. *Keine Vertragsänderung*

Zuletzt dürfte der Erlass des GEKR auf Grundlage von Art. 352 AEUV nach dessen immanenter negativer Voraussetzung keine faktische Vertragsänderung ohne Einhaltung des hierfür vorhergesehenen Verfahrens nach Art. 48 EUV darstellen.[238] Nach *Grigoleit* wäre aber gerade dies beim GEKR der Fall: Durch die Regelung eines großflächigen Rechtsgebiets wie dem Kaufrecht auf der Grundlage der Abrundungskompetenz werde das Prinzip der begrenzten Einzelermächtigung ausgehöhlt, was im Ergebnis zu einer Vertragsveränderung führe.[239] Problematisch an dieser Sichtweise ist aber, dass sie verkennt, dass letztlich jede Erschließung

---

235 So z. B. *Müller-Graff* in Schmidt-Kessel, Ein einheitliches europäisches Kaufrecht?, S. 51, 59 f.; *Schmidt-Räntsch*, ZJS 2012, 301, 320; *Roth*, EWS 2012, 12, 19; *Herresthal*, EuZW 2011, 7, 9.

236 *Khan* in Geiger / Khan / Kotzur, Art. 352 AEUV, Rn. 11; *Rossi* in Calliess / Ruffert, Art. 352 AEUV, Rn. 65; *Winkler* in Grabitz / Hilf / Nettesheim, Art. 352 AEUV, Rn. 82, m. w. N.

237 So auch *Franzen*, Privatrechtsangleichung durch die Europäische Gemeinschaft, S. 88; *Geiss* in Schwarze, EU-Kommentar, 3. Aufl., Art. 352 AEUV, Rn. 21.

238 *Rossi* in Calliess / Ruffert, Art. 352 AEUV, Rn. 72 ff.

239 *Grigoleit* in Remien / Herrler / Limmer, Gemeinsames Europäisches Kaufrecht für die EU?, S. 67, 84.

neuer Politikbereiche durch die Schaffung neuer Regelungen, was, wie bereits erörtert, Sinn und Zweck von Art. 352 AEUV ist, zu einer faktischen Modifikation des geschriebenen Vertragsrechts führt.[240] Prüfungsmaßstab kann daher an dieser Stelle nur sein, ob die zu erwartenden Folgen des GEKR noch mit den Befugnissen, die die Mitgliedsstaaten der Union vertraglich übertragen haben, im Einklang stehen.[241] Dies ist hier der Fall: Es ist, wie bereits zu Art. 114 AEUV geschildert, zu erwarten, dass das GEKR auf Unternehmerseite zur Senkung von Transaktionskosten und auf Verbraucherseite zu einer Vergrößerung des Warenangebots führt und somit für die Entwicklung des Binnenmarkts förderlich sein wird. Gerade die Binnenmarktpolitik gehört aber ausweislich des AEUV zu den Politikfeldern, die durch die EU geregelt werden sollen. Durch den Erlass des GEKR wird somit keine faktische Vertragsänderung herbeigeführt.

Demnach ist Art. 352 AEUV, lehnt man Art. 114 AEUV als Rechtsgrundlage ab, im vorliegenden Fall dem Grunde nach anwendbar.

6. Rechtsfolge: Geeignete Vorschriften

Auf der Rechtsfolgenseite müsste das GEKR nun eine „geeignete Vorschrift" zur Überwindung der Diskrepanz zwischen dem Vertragsziel und dessen Verwirklichung sein. Vertritt man – wie hier – die Ansicht, dass das GEKR zur Senkung von Transaktionskosten beiträgt und somit binnenmarktförderlich wirkt, so ist auch diese Voraussetzung unproblematisch gegeben. Nach Ansicht derer, die Art. 114 AEUV nur mangels rechtsangleichender Wirkung ablehnen, kann Art. 352 AEUV daher als Rechtsgrundlage für das GEKR herangezogen werden.[242] Problematisch erscheint hier aber die Beurteilung, wenn man Art. 114 AEUV auch mangels eines objektiven Binnenmarktbezugs des GEKR verneint.[243] Gegen eine solch enge Sichtweise spricht, dass der Anwendungsbereich des Art. 352 AEUV weiter gefasst sein muss als der, der speziellen Kompetenzen, da Art. 352 AEUV gerade den Fall unzureichender vertraglicher Kompetenzgrundlagen abdecken soll. Hierfür sprechen ebenfalls die höheren Verfahrensanforderungen: Wenn ein Konsens der Ratsvertreter sämtlicher Mitgliedsstaaten erforderlich ist, so muss dies auch zu weitergehenden Befugnissen führen, als wenn, wie bei Art. 114 AEUV,

---

240 *Geiss* in Schwarze, EU-Kommentar, 3. Aufl., Art. 352 AEUV, Rn. 35, m. w. N.

241 *Rossi* in Calliess / Ruffert, Art. 352 AEUV, Rn. 75.

242 *Roth*, EWS 2012, 12, 19; *Müller-Graff* in Schmidt-Kessel, Ein einheitliches europäisches Kaufrecht?, S. 51, 59 f.; *Wagner*, Stellungnahme RA, S. 4 ff.

243 *Grigoleit* in Remien / Herrler / Limmer, Gemeinsames Europäisches Kaufrecht für die EU?, S. 67, 82 f.

eine Mehrheitsentscheidung ausreichend ist. Daher könnte dem GEKR die Geeignetheit i. S. v. Art. 352 AEUV nur abgesprochen werden, wenn man ihm jegliches, auch ein nur sehr geringes, Förderungspotential für den Binnenmarkt abspricht. Nach allen bisherigen Ausführungen kann dies aber nicht ernsthaft vertreten werden. Das GEKR stellt somit auch eine geeignete Vorschrift und damit eine zulässige Rechtsfolge i. S. v. Art. 352 AEUV dar.

7. Ergebnis

Lehnt man Art. 114 AEUV als Rechtsgrundlage für den Erlass des GEKR ab, sei es mangels dessen angleichender Wirkung oder dessen unzureichenden objektiven Binnenmarktbezugs, kann auf Art. 352 AEUV als Abrundungskompetenz zurückgegriffen werden. Der Ansicht, im AEUV sei überhaupt keine belastbare Rechtsgrundlage vorhanden[244], ist daher in keinem Fall zu folgen.

B. Die Vereinbarkeit des Verordnungsentwurfs mit den Grundsätzen der Subsidiarität und der Verhältnismäßigkeit

Unabhängig von der Wahl der Rechtsgrundlage[245] muss jede Maßnahme der Union mit den Grundsätzen der Subsidiarität und der Verhältnismäßigkeit aus Art. 5 Abs. 1 S. 2 EUV im Einklang stehen.[246]

I. Vereinbarkeit mit dem Grundsatz der Subsidiarität

Zunächst müsste das Subsidiaritätsprinzip, das als Kompetenzschranke für die Rechtsetzung der Union wirkt[247], nach Art. 5 Abs. 3 EUV gewahrt sein. Dies ist immer dann der Fall, wenn die mit einer Unionsmaßnahme verfolgten Ziele nicht

---

244 *Grigoleit* in Remien / Herrler / Limmer, Gemeinsames Europäisches Kaufrecht für die EU?, S. 67, 84; *Ludwigs*, EuZW 2012, 608, 612; *Tamm*, VuR 2012, 3, 12; i. E. auch *Rutgers* in Hartkamp / Hesselink / Hondius / Mak / du Perron, Towards a European Civil Code, S. 311, 327 f.

245 Vgl. *Suhr* in FS Rüßmann, S. 1053, 1063 f.

246 *Bast / von Bogdandy* in Grabitz / Hilf / Nettesheim, Art. 5 EUV, Rn. 49; *Lienbacher* in Schwarze, EU-Kommentar, 3. Aufl, Art. 5 EUV, Rn. 2.

247 *Heiderhoff*, Grundstrukturen des nationalen und europäischen Verbrauchervertragsrechts, S. 32.

mindestens ebenso gut auf mitgliedsstaatlicher Ebene zu verwirklichen sind.[248] Hiergegen wird in Bezug auf den Verordnungsentwurf vorgebracht, dass die mitgliedsstaatliche Option der Ausweitung des Anwendungsbereichs des GEKR auch auf innerstaatliche Sachverhalte zu einem politischen Druck führen werde, von dieser Möglichkeit auch Gebrauch zu machen.[249] Inwiefern dies einen Verstoß gegen das Subsidiaritätsprinzip begründen soll, erschließt sich allerdings nicht. Die Erwähnung dieser Möglichkeit in Art. 13 GEKR-VO ist rein deklaratorischer Natur. Sie ändert allerdings nichts daran, dass den Mitgliedsstaaten die Bestimmung des anwendbaren Rechts bei grenzüberschreitenden Verträgen für sich nicht möglich ist. Vielmehr ist festzustellen, dass keine Maßnahme auf mitgliedsstaatlicher Ebene denkbar ist, die mit derselben Verbindlichkeit und Breite wie die Verordnung über das GEKR wirken würde. Das Subsidiaritätsprinzip ist demnach durch den Verordnungsentwurf gewahrt[250], insbesondere vor dem Hintergrund des weiten Einschätzungs- und Gestaltungsspielraums des europäischen Gesetzgebers.[251]

II. Vereinbarkeit mit dem Grundsatz der Verhältnismäßigkeit

Nach Art. 5 Abs. 4 EUV ist der Grundsatz der Verhältnismäßigkeit gewahrt, wenn die Umsetzung des Verordnungsentwurfs nicht über das zur Erreichung der Ziele der Verträge erforderliche Maß hinausgeht.[252] Nach dem deutschen Verständnis des Verhältnismäßigkeitsprinzips steht hierbei das Merkmal der Erforderlichkeit im Mittelpunkt. Eine Maßnahme der Union ist demnach verhältnismäßig, wenn es keine gleich effektive Regelungsalternative gibt, die zugleich weniger in die mitgliedsstaatlichen Handlungsmöglichkeiten eingreift.[253] Daher sind die denkbaren Regelungsalternativen an dem Verordnungsentwurf zu messen.

Als Alternative zur Verordnung des optionalen Instruments käme zunächst ein multilateraler Vertrag zwischen den Mitgliedsstaaten in Betracht. Problematisch bei diesem Konstrukt ist, dass kein Mitgliedsstaat zur Teilnahme verpflichtet wäre, sondern alles auf freiwilliger Basis geschehen würde. Dies würde letzten Endes aber keine Förderung, sondern vielmehr eine Zersplitterung des Binnenmarkts bewirken und somit kein gleich effektives Mittel darstellen. Weiter denkbar wäre

248 *Bast / von Bogdandy* in Grabitz / Hilf / Nettesheim, Art. 5 EUV, Rn. 49.
249 *Huttenlocher*, Stellungnahme RA, S. 8 f.
250 Zustimmend *Roth*, EWS 2012, 12, 20; *Suhr* in FS Rüßmann, S. 1053, 1065.
251 *Lienbacher* in Schwarze, EU-Kommentar, 3. Aufl., Art. 5 EUV, Rn. 27.
252 *Calliess* in Calliess / Ruffert, Art. 5 EUV, Rn. 44.
253 *Bast / von Bogdandy* in Grabitz / Hilf / Nettesheim, Art. 5 EUV, Rn. 71.

eine Richtlinie mit einem sehr engen Umsetzungsspielraum. Sinn und Zweck des GEKR ist es aber den Teilnehmern am Binnenmarkt ein vollständig vereinheitlichtes Instrument an die Hand zu geben, sodass sie sich sicher sein können, binnenmarktweit dieselbe Option zur Verfügung zu haben – ohne jegliche Differenzen in Details oder Übersetzungen. Auch diese Möglichkeit ist demnach nicht gleich effektiv. An dieser Stelle kommt die Ausgestaltung des GEKR als optionales Instrument zum Tragen: Dadurch, dass es gleichberechtigt neben die nationalen Rechtsordnungen zur Wahl bei Binnenmarkttransaktionen treten soll, bleiben diese i. Ü. vollkommen unangetastet. Der Erfolg des GEKR soll somit nicht durch die verbindliche Rechtsetzung erzwungen werden, sondern sich vielmehr am Markt entscheiden. Hierdurch wird in schonender Art und Weise mit dem nationalen Recht umgegangen, womit auch das Verhältnismäßigkeitsprinzip gewahrt ist.[254]

In diesem Kontext ist auch die bereits erwähnte „Erst-recht-Argumentation“[255] korrekt zu verorten. Sowohl für Art. 114 AEUV als auch für Art. 352 AEUV ist allgemein anerkannt, dass auf ihrer Grundlage Verordnungen erlassen werden können, mit denen unmittelbar geltendes und zwingendes Recht in den Mitgliedsstaaten gesetzt werden kann. Im Gegensatz zu zwingendem Recht stellt ein optionales Instrument wie das GEKR jedoch einen weitaus geringeren Eingriff in die mitgliedsstaatliche Rechtsetzungskompetenz dar, da das nationale Recht hier nicht verdrängt wird, sondern das GEKR lediglich neben es tritt. Es ist mithin ein milderes Mittel als eine Verordnung ohne optionalen Charakter. Daher kann auch vor diesem Hintergrund nicht von einem Verstoß gegen den Verhältnismäßigkeitsgrundsatz gesprochen werden.

Unabhängig davon, ob man Art. 114 AEUV oder Art. 352 AEUV als einschlägige Rechtsgrundlage betrachtet, werden die allgemeinen Grenzen der Subsidiarität und der Verhältnismäßigkeit, die Art. 5 EUV für jegliche Maßnahmen der EU aufstellt, gewahrt.

C. Eigene Beurteilung und Erwartungen

I. Die zu erwartende weitere Entwicklung

Wie ich es in den Ausführungen in diesem Kapitel aufgezeigt habe, ist die Frage nach der richtigen Kompetenzgrundlage für das GEKR, nicht zuletzt wegen

254 Auch in diesem Punkt zustimmend *Roth*, EWS 2012, 12, 20.
255 Vgl. Kap. 3, § 1, A., I., 2., b).

ihrer verfahrenstechnischen und der damit einhergehenden politischen Bedeutung, heillos umstritten. Dies wird dazu führen, dass sich auf alle Fälle der EuGH nach Erlass des GEKR mit dieser Frage auseinandersetzen muss. So ist es z. B. denkbar, dass der deutsche Bundestag nach seiner Subsidiaritätsrüge auch eine Subsidiaritätsklage erheben wird.[256] Wie sich der EuGH entscheiden wird – ob er sich auf die Seite der Kommission stellen und seiner tradierten Rolle als „Motor der Integration“[257] gerecht wird oder ob ihn die Argumente der zahlreichen Kritiker überzeugen werden können – ist derzeit allerdings noch nicht absehbar.

Die Arbeiten an der materiellrechtlichen Ausgestaltung des GEKR schreiten indes fort, sodass gegen Ende des Jahres 2013 bzw. zu Beginn des Jahres 2014 mit einer inhaltlich überarbeiteten Fassung des Verordnungsentwurfs zu rechnen ist.[258] Ein erster Fingerzeig, wohin die Reise geht, liefert der Berichtsentwurf des Rechtsausschusses des Europäischen Parlaments.[259] Diese inhaltliche Überarbeitung wird auf die Frage der Rechtsgrundlage allerdings nur sehr geringe bis gar keine Auswirkungen haben, da eine Änderung des GEKR in seiner Ausgestaltung im Kern – ein optionales Instrument als wählbares Rechtsregime für grenzüberschreitende Kaufverträge – nicht zu erwarten ist.

II. Eigene Beurteilung

Das GEKR kann, wie soeben dargelegt, richtiger Weise auf Grundlage von Art. 114 AEUV erlassen werden. An der vielfältigen Kritik an diesem Vorgehen und dem zu erwartenden Verfahren vor dem EuGH zeigt sich jedoch das Risiko, dass die Kommission mit diesem Weg eingeht: Die mangelnde Akzeptanz der Rechtsgrundlage und das Verfahren hiergegen, das in seiner Form als Nichtigkeitsklage[260] zu erwarten ist, werden zu massiver Unsicherheit bei der Zielgruppe des GEKR führen und seine Durchsetzung auf dem „Markt der Vertragsrechte“, zumindest bis zu einem positiven Verfahrensende, verhindern. Auch wenn das GEKR ein solches Verfahren überstehen sollte, so wird trotzdem der fade

256 Ob mit dieser die fehlende Verbandskompetenz der Europäischen Union überhaupt geltend gemacht werden kann ist aber umstritten, vgl. *Ludwigs*, EuZW 2012, 608, 612 f., m. w. N.

257 *Honsell* in Staudinger, Eckpfeiler des Zivilrechts, Kap. B., Rn. 43.

258 Vgl. *Lehne* in Hahn, Gemeinsames Europäisches Kaufrecht – Moderner Ansatz oder praxisferne Vision, S. 189, 192.

259 COM(2011)0635 – C7-0329/2011 – 2011/0284(COD).

260 *Hölscheidt* in Grabitz / Hilf / Nettesheim, Art. 12 EUV, Rn. 36; vgl. auch *Schwartz*, Die Wahl der Rechtsgrundlage im Recht der Europäischen Union, S. 138 ff.

Beigeschmack der Inakzeptanz an ihm haften bleiben, womit es äußerst fraglich erscheint, ob das GEKR tatsächlich zum geplanten Meilenstein auf dem Weg zu einem europäischen Vertragsrecht reifen kann.[261]

Vor diesem Hintergrund erscheint es grundsätzlich angebracht, einen anderen Weg, als den von der Kommission geplanten, einzuschlagen, um die allgemeine Akzeptanz eines GEKR zu sichern und somit dessen Erfolg zu ermöglichen: Ein angemessenes Vorgehen wäre es, durch eine Änderung der Unionsverträge nach Art. 48 EUV eine Kompetenzgrundlage zum Erlass des GEKR zu schaffen, die frei von jeglichen Zweifeln ist. Ein solches Vorgehen würde den Erlass des GEKR allerdings enorm verlangsamen. Jedoch birgt das Projekt GEKR das Potential in sich, eines der bedeutendsten Rechtsetzungsprojekte auf dem Gebiet des europäischen Privatrechts zu werden, das zukünftigen Maßnahmen zum Vorantreiben der europäischen Rechtsvereinheitlichung und der europäischen Integration neue Wege ebnen kann. Die Schaffung einer zweifelsfreien Kompetenzgrundlage gibt den Mitgliedsstaaten darüber hinaus die Möglichkeit, einen erneuten und detaillierten Konsens zu finden, wie weit die Übertragung ihrer Kompetenzen an die EU auf dem Gebiet der Privatrechtsetzung reichen soll. Dies ist ein Aspekt, der bei den Verhandlungen über den Vertrag von Lissabon nicht im Mittelpunkt stand. Einer so geschaffenen Kompetenzgrundlage könnte auch die rechtswissenschaftliche Literatur, abgesehen von Fundamentalkritik, nicht viel entgegensetzen. Ein auf einer solchen Grundlage geschaffenes GEKR hätte demnach ungleich bessere Erfolgsaussichten. Insbesondere in den so wichtigen ersten Jahren nach der Einführung stünde seine Rechtmäßigkeit nicht in Frage, was das Vertrauen derer, die das GEKR wählen sollen, um ein Vielfaches stärken würde.

Ein solches Vorgehen ist allerdings sehr langwierig und kann sich über viele Jahre hinziehen. Daher birgt es die Gefahr – oder aus Sicht der GEKR-Kritiker die Chance –, dass das GEKR bis zur Realisierung dieser Vertragsänderung von der dann aktuellen politischen Agenda verschwunden ist. Dies rührt daher, dass die Durchsetzung von Rechtsetzungsprojekten oft eng an einzelne Personen geknüpft ist, die die entsprechenden politischen Schlüsselpositionen besetzen. Dieser Rolle können sie sich aber nur innerhalb ihrer Wahlperioden sicher sein, weshalb sich das „window of opportunity“[262] zur Realisierung des GEKR mit Zusammensetzung der neuen Kommission 2014 wieder schließen könnte. Somit ist das soeben dargestellte Vorgehen in der Theorie zwar wünschenswert, doch ironischer weise

261 Vgl. hierzu *Martinek* in Staudinger, Eckpfeiler des Zivilrechts, Kap. A., Rn. 147 ff.; *Herresthal*, EuZW 2011, 7, 12.

262 Vgl. *Wagner / Zimmermann*, AcP 212 (2012), 467, 471.

könnten dessen tatsächliche Umstände dazu führen, dass die Schaffung einer zweifelsfreien Rechtsgrundlage die Realisierung des GEKR auf politischer Ebene zu Grabe trägt.

Es ist *de lege lata* nicht notwendig, dass die Kommission von ihrem geplanten Vorgehen über Art. 114 AEUV abweicht, da sich aus diesem die Kompetenz der Europäischen Union zum Erlass des GEKR ergibt. Zur Stärkung der Akzeptanz und der Erfolgsaussichten des GEKR, wäre es jedoch *de lege ferenda* grundsätzlich wünschenswert, dass im Wege einer Vertragsänderung eine Kompetenzgrundlage geschaffen wird, welche die Zweifel an der Berechtigung der Union zum Erlass des GEKR beseitigt. Allerdings würde gerade dieses Vorgehen die Gefahr der Nichtrealisierung des GEKR mit sich bringen, da es bis dahin politisch womöglich nicht mehr verfolgt wird. Zu Gunsten der Verwirklichung des Projekts sollte man daher bei Art. 114 AEUV als Rechtsgrundlage bleiben. Dieser birgt zwar Akzeptanzgefahren, doch wiegen diese geringer als die Nichtverwirklichungsgefahren, die ein langwieriger Vertragsänderungsprozess mit sich brächte. Zusammenfassend stellt der Streit um die Frage nach der richtigen Rechtsgrundlage somit ein wesentliches verfahrensrechtliches Hindernis für den Erlass des GEKR dar. Die Realisierung über den tatsächlich einschlägigen Art. 114 GEKR wäre aber letztlich von allen Hürden, die man zu Überspringen die Wahl hat, die geringste.

D. Zusammenfassung

Der Europäischen Kommission ist im Grunde zuzustimmen, wenn sie das GEKR auf Grundlage von Art. 114 AEUV erlassen will. Er stellt die einschlägige Kompetenzgrundlage in den Unionsverträgen für ein optionales Kaufrechtsregime dar. Durch die Einführung des GEKR wird eine Angleichung der mitgliedsstaatlichen Rechtsordnungen bewirkt. Denn die nationalen Rechte sind sich durch die Einführung eines zusätzlichen optionalen Rechtsregimes ähnlicher als zuvor und die Rechtsprechung des EuGH zur Europäischen Genossenschaft kann hier nicht übertragen werden, weil eine fakultative Regelung des Kaufrechts nicht als „Rechtsform“ i. d. S., die nicht von den Mitgliedsstaaten selbst eingeführt werden könnte, betrachtet werden kann. Durch das derzeitige Nebeneinanderbestehen der 28 mitgliedsstaatlichen Kaufrechtsordnungen entstehen Transaktionskosten für den grenzüberschreitenden Handel, die vor allem eine Abschreckungswirkung für den Markteintritt in anderen Mitgliedsstaaten entfalten. Dies stellt ein Handelshemmnis dar. Diese Unsicherheit über das Verhalten in einem fremden

Rechtskreis lässt sich ebenso als Hemmnis für den Verbraucher übertragen, Kaufverträge im Ausland abzuschließen. Das GEKR ist imstande diese Transaktionskosten zu senken, Unsicherheiten zu beseitigen und somit die bestehenden Handelshemmnisse abzubauen, da es den Unternehmen ermöglicht ihren mitgliedsstaatlichen Handel auf einem einzigen Rechtsregime zu begründen, d. h. für den gesamten Binnenmarkt eine einheitliche Vertragsgestaltung und einheitliche AGB zu verwenden. Auch wenn über die genauen Ausmaße nur gemutmaßt werden kann und diese darüber hinaus auch abhängig von der endgültigen Fassung des GEKR bei dessen künftiger Realisierung sind, sind diese Feststellungen ausreichend um die Voraussetzungen des Art. 114 AEUV zu erfüllen.

Ob das Einstimmigkeitserfordernis im Rat bei der alternativen Kompetenzgrundlage Art. 352 AEUV ein Hintergrundgedanke der Kommission bei der Wahl von Art. 114 AEUV war, spielt indes letztlich keine Rolle. Durch die Einschlägigkeit von Art. 114 AEUV tritt – der tatbestandlich ebenfalls heranziehbare – Art. 352 AEUV subsidiär zurück. Die noch weitergehende Ansicht, es bestehe gar keine belastbare Kompetenzgrundlage, geht fehl. Trotzdem ist ein Erlass des GEKR auf Grundlage von Art. 114 AEUV nicht frei von Risiken. Die doch relativ beträchtliche rechtswissenschaftliche Inakzeptanz sowie das zu erwartende Vorgehen vor dem EuGH werden bei den potentiellen Nutzern des GEKR zu Unsicherheit und Misstrauen führen, was gerade in den wichtigen ersten Jahren enorm zu einem Misserfolg des Projekts beitragen kann. Der Wunsch nach einem erfolgreichen GEKR und die immense Bedeutung des Projekts für die weitere Europäisierung des Privatrechts sowie für die fortschreitende europäische Integration gebieten es, grundsätzlich im Wege eines Vertragsänderungsverfahrens nach Art. 48 EUV eine zweifelsfreie und ausdrückliche Kompetenzgrundlage zu schaffen. Das hierdurch entstehende Risiko, dass das Projekt bis zum Abschluss eines solchen Verfahrens durch ein Verschwinden von der politischen Agenda der Kommission im Sande verläuft, ist jedoch höher zu bewerten als die Risiken, die die Realisierung über Art. 114 AEUV mit sich bringt.

Somit stellen in einer Gesamtbetrachtung schon die Wahl und die Debatte um die korrekte Rechtsgrundlage ein wesentliches verfahrensrechtliches Hindernis für das GEKR und folglich für die europäische Integration mittels Angleichung des Privatrechts dar. Der von der Kommission eingeschlagene Weg über Art. 114 AEUV ist für dieses Ziel jedoch noch derjenige des geringsten Risikos und sollte deshalb weiter verfolgt werden.

§ 2: Das „Ausbremsen“ von Rechtsetzungsprojekten durch den rechtswissenschaftlichen und den rechtspolitischen Diskurs

Das zweite wesentliche verfahrensrechtliche Hindernis auf dem Weg zum Erlass des GEKR, und damit der fortschreitenden europäischen Integration mittels Angleichung des Privatrechts, ist der rechtswissenschaftliche und -politische Diskurs als solcher. Dieser hatte in der Vergangenheit oftmals maßgeblichen Einfluss auf die Entwicklung, aber auch auf das Erreichen des Stillstands einmal in Gang gesetzter Rechtsetzungsprojekte. Im Folgenden wird daher dargestellt, wie sich die Rezeption durch die Rechtswissenschaft auf vergangene Projekte ausgewirkt hat, wie sich der Diskurs rund um das GEKR darstellt und welche Schlussfolgerungen hieraus auf die weiteren Erfolgsaussichten des GEKR zu ziehen sind.

A. Erfahrungen anhand bisheriger Rechtsetzungsprojekte

Als Beispiel für ein legislatorisches Projekt, das trotz aller, auch nachhallender[263], Kritik umgesetzt wurde und letztlich auch weitreichende Akzeptanz gefunden hat, soll das Schuldrechtsmodernisierungsgesetz (SModG)[264] dienen, im Zuge dessen das BGB zum 01.01.2002 neu in Kraft trat[265]. Als Gegenbeispiel für ein Projekt, das durch die Diskussion in der Rechtswissenschaft und der Politik heute weitgehend in Stillstand verharrt, soll hingegen der Verordnungsentwurf der Europäischen Kommission über die Societas Privata Europaea (SPE)[266] betrachtet werden.

I. Beispiel 1: Das Schuldrechtsmodernisierungsgesetz

1. Geschichte, wesentlicher Inhalt und Bedeutung

Zur Entstehung des SModG ist zwischen dessen Ursprung und dem Anstoß zur tatsächlichen Verwirklichung zu differenzieren. Die Debatte über eine

---

263 Beispielhaft ist die Kritik *Katzensteins* an § 311a Abs. 2 BGB nach Inkrafttreten des SModG samt der Aufforderung diesen nicht anzuwenden in JR 2003, 447 ff. und JURA 2005, 73 ff.; umfassender auch *Lobinger*, Die Grenzen rechtsgeschäftlicher Leistungspflichten.

264 Gesetz zur Modernisierung des Schuldrechts vom 26.11.2001, BGBl. 2001 I, S. 3138.

265 Bekanntmachung der Neufassung des Bürgerlichen Gesetzbuchs vom 02.01.2002, BGBl. 2002 I, S. 42.

266 KOM(2008) 396 endg.; zu deutsch „Europäische Privatgesellschaft“.

umfassende Überarbeitung des deutschen Schuldrechts aufgrund dessen damals teils so empfundenen unbefriedigenden Zustands stieß bereits 1978 der damalige Bundesjustizminister *Hans-Jochen Vogel* an.[267] In der Folge wurden eine Reihe wissenschaftlicher Gutachten in Auftrag gegeben, die in der wissenschaftlichen Diskussion regen Widerhall fanden.[268] Die tatsächliche Arbeit an einer Überarbeitung des Schuldrechts begann aber erst nach dem Regierungswechsel unter *Vogels* Amtsnachfolger *Hans Engelhard* im Jahre 1984.[269] Er setzte hierfür eine Kommission[270] ein, die ihre Arbeit 1991 beendete und deren Ergebnisse in einem Abschlussbericht[271] 1992 veröffentlicht wurden.[272] Trotz zunächst umfangreicher Diskussionen und größtenteils positiver Rezeption durch die deutschen Zivilrechtswissenschaftler[273] wurde eine Realisierung des Reformentwurfs nicht weiter verfolgt. Es schien, als sei er in der Schublade des Justizministeriums verschwunden und vergessen.[274]

Der erneute Anstoß für eine Schuldrechtsmodernisierung beruhte auf der Verpflichtung des deutschen Gesetzgebers zur Umsetzung einiger europäischer Richtlinien, allen voran der Verbrauchsgüterkaufrichtlinie[275]. Sie wurde zum Anlass genommen[276], das Schuldrecht nun doch einer umfassenden Überarbeitung zu unterziehen, anstatt sie nur punktuell umzusetzen.[277] Die Verbrauchsgüterkaufrichtlinie musste bis zum 31.12.2001 in geltendes Recht umgesetzt werden.[278]

---

267 *Wolf*, ZRP 1978, 249 f.

268 Vgl. *Zimmermann* in Ernst / Zimmermann, Zivilrechtswissenschaft und Schuldrechtsreform, S. 1, 13 f.

269 Vgl. *Engelhard*, NJW 1984, 1201 ff.

270 Ihr gehörten z. T. namhafte Juristen an, namentlich: Jürgen Schmidt-Räntsch, Walter Rolland, Günter Brambring, Uwe Diederichsen, Lothar Haas, Helmut Heinrichs, Wolfgang Henrich, Horst-Diether Hensen, Gerhard Herbst, Jürgen Jürgensen, Hein Kötz, Rudolf Kuck, Dieter Medicus, Rolf Meyer ter Vehn, Dieter Rabe, Peter Schlechtriehm und Alfred Walchshöfer.

271 *Kinkel* (Hrsg.), Abschlussbericht der Kommission zur Überarbeitung des Schuldrechts.

272 Kritisch hierzu *Ernst*, NJW 1994, 2177 ff.

273 Vgl. den Tagungsbericht zum 60. Deutschen Juristentag in NJW 1994, 3069 ff.

274 *Zimmermann* in Ernst / Zimmermann, Zivilrechtswissenschaft und Schuldrechtsreform, S. 1, 16.

275 RL 1999/44/EG vom 25.05.1999.

276 *Honsell*, JZ 2001, 278.

277 Die alternativen Umsetzungsmöglichkeiten aufzeigend *Roth*, JZ 2001, 475, 484 ff.

278 Hieran hielten sich freilich viele Mitgliedsstaaten nicht; auch gingen andere Mitgliedsstaaten den Weg, Sondergesetze zu erlassen; eine Übersicht über die

Daher veröffentlichte die Bundesregierung am 04.08.2000 einen Diskussionsentwurf zur Schuldrechtsmodernisierung, der auf ebenjenem Abschlussbericht von 1992 basierte. Dieser war aber nunmehr auch bereits fast zehn Jahre alt und nicht mehr auf dem neuesten Stand, weshalb am 06.03.2001 eine von einer Expertenkommission überarbeitete konsolidierte Fassung veröffentlicht wurde. Die anschließende lebhafte Reaktion der Rechtswissenschaft führte zu einer erneuten Überarbeitung, die im Mai 2001 schließlich in das Gesetzgebungsverfahren ging. Dieses durchlief sie mit weiteren Änderungen, mit denen das SModG schließlich am 29.11.2001 verkündet wurde und am 01.01.2002 in Kraft trat.[279]

Inhaltlich änderte das SModG das BGB an einigen Stellen ganz wesentlich. Besonders hervorzuheben sind hierbei u. a. die Einführung des Begriffs der Pflichtverletzung als zentraler Leistungsstörungstatbestand in § 280 BGB[280], die Abschaffung des Rechtsinstituts der Wandelung durch dessen Integration in das Rücktrittsrecht, die Regelung bisher ungeschriebener, aber richterrechtlich anerkannter Rechtsinstitute wie der culpa in contrahendo in §§ 311 Abs. 2, 241 Abs. 2, 280 Abs. 1 BGB oder des Wegfalls der Geschäftsgrundlage in § 313 BGB. Weitere Änderungen betrafen die Neugestaltung des Kaufrechts, bei der durch § 434 Abs. 3 BGB die Falsch- und Minderlieferung mit dem Sachmangel gleichgestellt wurden und die Rechtsbehelfe der Vertragsparteien nunmehr durch § 437 BGB mit dem allgemeinen Leistungsstörungsrecht verzahnt worden sind – in ähnlicher Weise wurde auch das Werkvertragsrecht revidiert –, die Reformierung des Verjährungsrechts mit einer Sonderregelung für das Kaufrecht in § 438 BGB, die Spezialvorschriften für den Verbrauchsgüterkauf in §§ 474 ff. BGB, die Regeln der rücktrittsrechtlichen Rückabwicklung nach §§ 346 ff. BGB und die Integration bisheriger v. a. verbraucherschutzrechtlicher Sondergesetze[281] in das BGB.[282]

---

verschiedenen mitgliedsstaatlichen Umsetzungswege findet sich in KOM (2007) 210 endg., S. 14 ff.

279 Eine Übersicht zum Gesetzgebungsverfahren des SModG findet sich in *Olzen / Wank*, Die Schuldrechtsreform, Rn. 8 ff; *Laws*, Neue Zivilrechtspraxis, S. 3 f.; *Rolland* in Haas / Medicus / Rolland / Schäfer / Wendtland, Das neue Schuldrecht, Kap. 1, Rn. 1; Eine Darstellung im Vergleich zum Gesetzgebungsverfahren des BGB bieten *Schröder / Thiessen*, JZ 2002, 325 ff; Kritisch zum Vorgehen der Bundesregierung *Wilhelm*, JZ 2001, 861 f.

280 Hierbei wurde sich am CISG orientiert, vgl. *Honsell* in Staudinger, Eckpfeiler des Zivilrechts, Kap. B., Rn. 38.

281 Namentlich das AGBG, das HaustürWiderrufsG, das FernAbsG, das TzWrG und das VerbrKrG.

282 Umfassende Übersichten hierzu in *Canaris*, Schuldrechtsreform 2002; *Olzen / Wank*, Die Schuldrechtsreform; *Olzen* in Staudinger, Einleitung zum Schuldrecht, Rn. 189 ff.;

Eine Neuerung praktischer Natur war die Einführung amtlicher Paragraphen-Überschriften für sämtliche Normen des BGB, wie sie in den Gesetzesabdrucken aus dem Beck-Verlag schon vorher ohne gesetzliche Geltungskraft üblich waren.[283]

Die Bedeutung des SModG ist zunächst darin zu sehen, dass es seit Inkrafttreten des BGB mehr als 100 Jahre zuvor dessen umfangreichste – es wurden über 200 Normen der ersten beiden Bücher des BGB geändert – sowie inhaltlich tiefgreifendste Revision bewirkt hat.[284] Dass tatsächlich ein sich über die Jahrzehnte aufgestauter Reformbedarf für das Schuldrecht bestanden hat, war größtenteils unbestritten.[285] Allerdings hat das SModG eine Diskussion über seine Sinnhaftigkeit und Ausgestaltung entfacht, die sowohl im Ausmaß als auch in der Emotionalität[286], mit der die Debatte geführt wurde, bis heute beispiellos ist.[287] Als beispielhaft muss es allerdings dafür gelten, dass durch es das zu dieser Zeit nur fragmentarisch bestehende europäische Verbraucherprivatrecht weitgehend systematisch stimmig in ein tradiertes Privatrechtssystem eingearbeitet wurde. Dieser integrationstechnische Ansatz ist heute weitgehend akzeptiert und kaum bestritten.[288]

2. *Ablauf des Gesetzgebungsprozesses und dessen Begleitung und Rezeption durch die Rechtswissenschaft*

Auch wenn das BGB in seiner Form seit dem SModG heute allgemein akzeptiert ist und für eine Rückkehr zu den alten schuldrechtlichen Regelungen nicht mehr ernstlich plädiert wird, war das SModG seit Veröffentlichung seiner ersten Diskussionsentwurfsfassung hochgradig umstritten. Eine Darstellung der Diskussion

---

Laws, Neue Zivilrechtspraxis, S. 4 ff.; *Haas / Medicus / Rolland / Schäfer / Wendtland*, Das neue Schuldrecht.

283 Ausführlich hierzu *Rüfner*, ZRP 2001, 12 ff.

284 *Säcker* in MüKo-BGB, Einleitung, Rn. 21; *Ernst* bezeichnet den Inhalt des SModG als „epochale Änderungen an der zentralen Kodifikation des Privatrechts", vgl. ZRP 2001, 1, 11; *Däubler*, NJW 2001, 3729.

285 Diesen ausführlich aufzeigend *Medicus* in Schulze / Schulte-Nölke, Die Schuldrechtsreform vor dem Hintergrund des Gemeinschaftsrechts, S. 33 ff.

286 Den Diskurs als „Kriegsgeschichte" bezeichnet *Egon Lorenz* in Karlsruher Forum 2005, S. 1, 2.

287 Von unversöhnlich gespalteten Lagern spricht *Lorenz*, Neues Leistungsstörungs- und Kaufrecht, S. 6.

288 A. A. *Micklitz*, Verhandlungen des 69. DJT, S. A 25 f., der für eine Wiederausgliederung des Verbraucherrechts aus dem BGB nach Vorbild des französischen Code de la Consommation plädiert.

um die Detailregelungen wird hier nicht vorgenommen. Vielmehr konzentriert sich die folgende Betrachtung auf die wesentlichen Argumentationsstränge und die Art und Weise, wie der Diskurs um das SModG geführt wurde.

a) Kritik am SModG

Die Pflicht zur Umsetzung der Verbrauchsgüterkaufrichtlinie bis 31.12.2001 gab diese selbst vor. Ob es hierzu aber einer „großen Lösung" – die umfassende Umgestaltung des Schuldrechts – tatsächlich bedurfte, bzw. ob diese überhaupt sinnhaft gewesen ist, wurde kritisiert: Alternativmodelle zur Umsetzung[289], wie sie in anderen Mitgliedsstaaten realisiert wurden[290], seien nicht ernsthaft in die Diskussion eingeflossen, da nach Ansicht des Bundesjustizministeriums die „große Lösung" alternativlos gewesen sei.[291] Diese Alternativlosigkeit[292] soll tatsächlich aber nicht vorgelegen haben.[293] Im Gegenteil, denn die punktuelle Umsetzung oder die Kodifizierung eines separaten Verbrauchergesetzbuches wären ebenfalls realisierbare Umsetzungsmöglichkeiten gewesen, welche die europarechtlichen Vorgaben gewahrt hätten.[294] Die Pflicht zur Richtlinienumsetzung habe also gerade keinen Handlungsbedarf im Hinblick auf eine Änderung des Schuldrechts bewirkt, weder rechtlich noch faktisch.[295] Auch aus anderen Blickwinkeln sei die Reform nicht erforderlich gewesen: So böte beispielsweise die Normierung bisher ungeregelter aber dennoch anerkannter Rechtsinstitute wie der culpa in contrahendo oder des Wegfalls der Geschäftsgrundlage keine praktischen Vorteile. Sie würde vielmehr sogar zusätzliche neue Probleme aufwerfen.[296] Um dieser Argumentation Nachdruck zu verleihen, wurde sich mitunter gar *Savignys* bedient: Man sei in dieser Zeit in Hinblick auf das SModG nicht zur Gesetzgebung berufen.[297]

---

289 *Ernst / Gsell*, ZIP 2000, 1410 ff., die einen vollständigen Entwurf zur Umsetzung der Verbrauchsgüterkaufrichtlinie präsentierten, der sich auf ihren Kern beschränkte.

290 Vgl. KOM (2007) 210 endg., S. 14 ff.

291 *Dauner-Lieb*, JZ 2001, 8, 15.

292 Vgl. *Schmidt-Räntsch*, ZIP 2000, 1639, 1645; *Däubler-Gmelin*, NJW 2001, 2281, 2283.

293 *Lieb* in Ernst / Zimmermann, Zivilrechtswissenschaft und Schuldrechtsreform, S. 553, 557 f.

294 *Roth* in Ernst / Zimmermann, Zivilrechtswissenschaft und Schuldrechtsreform, S. 225, 226 ff.

295 *Wetzel*, ZRP 2001, 117, 118 f.

296 *Wetzel*, ZRP 2001, 117, 125.

297 *Flume*, ZIP 2000, 1427, 1430; *Wilhelm*, JZ 2001, 861; *Lieb* in Ernst / Zimmermann, Zivilrechtswissenschaft und Schuldrechtsreform, S. 553 ff.

Beanstandet wurde auch das schmale Zeitfenster, das dem Projekt zugestanden und diesem inhärent das hohe Tempo, mit dem das SModG umgesetzt wurde. Tatsächlich lagen zwischen der Veröffentlichung des ersten Diskussionsentwurfs und dem Inkrafttreten des SModG nicht einmal anderthalb Jahre.[298] Allgemein wurde argumentiert, dass sich die „große Lösung" im Angesicht der zeitlichen Vorgaben durch die Verbrauchsgüterkaufrichtlinie von vornherein verboten hätte.[299] Eine qualitativ hochwertige Gesetzgebung hätte deutlich mehr Zeit bedurft, die knappe zeitliche Vorgabe habe letztlich ein unausgereiftes SModG hervorgebracht.[300] Jedenfalls sei die gegebene Zeit zu kurz gewesen, um die notwendige zivilrechtswissenschaftliche Diskussion im angemessenen Umfang zu führen und sie auch für die Ausgestaltung des SModG tatsächlich fruchtbar zu machen[301], um so das gesetzgeberische Niveau des BGB aufrecht zu erhalten[302]. Innerhalb der Argumentation, dass die Richtlinienumsetzung im Rahmen einer „großen Lösung" gerade nicht alternativlos gewesen sei, wurde hinzugefügt, dass der zeitliche Druck, den das Justizministerium vorgab, letztlich unecht und willkürlich gewesen sei.[303] Gerade dieser nur künstlich generierte Zeitdruck hätte in den Augen der Kritiker aber nicht zum Anlass genommen werden dürfen, den Diskussionsentwurf nur soweit zu verbessern, wie es bis zum 01.01.2002 möglich war. Ganz im Gegenteil hätte hiernach die Konnexität zwischen der Richtlinienumsetzung und der „großen" Schuldrechtsreform wieder gelöst und für letztere ein angemessener Zeitrahmen gesetzt werden müssen.[304] Die Kritik an der engen Zeitvorgabe, in der das SModG letztlich auch tatsächlich realisiert wurde, lässt sich verkürzt auf den plakativen Satz zusammenfassen: Gute Gesetzgebung braucht ihre Zeit. Denn Übereilung in der Gesetzgebung führe zwangsläufig zu qualitativ minderwertigem Recht, das – in Anlehnung an *Montesquieu* – immer neue Novellierungen erfordere, um die Fehler zu beseitigen, die nicht bestünden, hätte man sich nur ausreichend Zeit gelassen.[305]

---

298 Von einem „gesetzgeberischen Parforce-Ritt" spricht *Lorenz*, Neues Leistungsstörungs- und Kaufrecht, S. 5.

299 *Knütel*, NJW 2001, 2519.

300 *Knütel*, NJW 2001, 2519, 2521.

301 *Wetzel*, ZRP 2001, 117, 118.

302 *Ernst*, ZRP 2001, 1, 11.

303 *Dauner-Lieb*, JZ 2001, 8, 15; *Ernst*, ZRP 2001, 1, 11.

304 *Wilhelm*, JZ 2001, 861, 862; *Ernst* in Ernst / Zimmermann, Zivilrechtswissenschaft und Schuldrechtsreform, S. 559, 604 f.

305 *Honsell* in Staudinger, Einleitung zum BGB, Rn. 109.

Ein weiterer wesentlicher Kritikpunkt am SModG, der ebenfalls im Kontext der Geschwindigkeit des Verfahrens zu betrachten ist[306], war der, dass es einen nicht tragbaren Zustand der Rechtsunsicherheit für seine Anwender verursachen würde.[307] Die Einarbeitung der Rechtspraxis in das neue Schuldrecht stelle einen enormen Aufwand dar, der, insbesondere in Verbindung mit ungeklärten Fragen, die durch eine höchstrichterliche Rechtsprechung erst einige Jahre nach Erlass des Gesetzes geklärt werden können, Mehrkosten für die Mandanten und Haftungsrisiken für die Anwaltschaft birgt.[308] Beispielhaft für die Erhöhung des Abstraktionsgrades des BGB, die das SModG bewirkt, stehe die Zusammenfassung der verschiedenen Arten von Leistungsstörung unter dem Oberbegriff der Pflichtverletzung in § 280 BGB. Diese neue Systematik sei für die Praktiker an konkreten Fällen nur schwer handhabbar.[309] Letztlich wurde die Überforderung des gesamten Rechtsverkehrs einschließlich der Justiz mit der Einarbeitung in das neue Schuldrecht in solch kurzer Zeit angemahnt.[310] Kernpunkt dieser Argumentation ist demnach die Mahnung, dass es einiger Jahre an Rezeption des SModG durch die Wissenschaft und der Klärung von Streitfragen durch den BGH bedürfe, bis ein Zustand der Rechtssicherheit eingetreten sei, der demjenigen vor Inkrafttreten des SModG entspreche. Der Weg dorthin sei aber mit massiven Kosten für die öffentliche Hand, der Anwaltschaft und der Wirtschaft[311] und Mühen für die deutschen Juristen gepflastert und gehe auch zu Lasten der rechtssuchenden Bürger[312], da es erst deren Streitfälle sind, die eine höchstrichterliche Klärung von Rechtsfragen überhaupt zulassen.

Neben der inhaltlichen Detailkritik am SModG bestanden also zusammengefasst im Wesentlichen drei Argumentationsstränge, die im Laufe des Gesetzgebungsverfahrens gegen dieses vorgebracht wurden: Es bestünde kein Bedarf für ein SModG, der zeitliche Rahmen sei zu eng gesetzt und es verursache einen nicht zu akzeptierenden Zustand der Rechtsunsicherheit.

---

306 *Dauner-Lieb*, DStR 2001, 1572, 1575.

307 *Knütel*, NJW 2001, 2519, 2521; *Lieb* in Ernst / Zimmermann, Zivilrechtswissenschaft und Schuldrechtsreform, S. 553, 556.

308 Vgl. *Olzen* in Staudinger, Einleitung zum Schuldrecht, Rn. 201.

309 *Wetzel*, ZRP 2001, 117, 121 ff.; kritisch hierzu auch *Altmeppen*, DB 2001, 1131 ff.

310 *Ernst*, ZRP 2001, 1, 11; *Dauner-Lieb*, DStR 2001, 1572, 1575.

311 *Dauner-Lieb*, JZ 2001, 8, 17.

312 *Wetzel*, ZRP 2001, 117, 121.

b) Reaktionen auf die Kritik

Allerdings hat die Kritik am SModG und dessen Entstehung entsprechende Gegenreaktionen hervorgerufen, deren Herkunft sich nicht auf den Kreis derer beschränkt, die an der Entstehung des SModG mitgewirkt haben. Dass die Umsetzung der Richtlinien im Rahmen einer „großen Lösung“ nicht alternativlos gewesen sei, wurde größtenteils zwar nicht bestritten[313], allerdings wurde vielfach darauf verwiesen, dass die Umsetzungspflicht eine einmalige politische Chance zur umfassenden Reformierung des Schuldrechts biete.[314] Gesetzgebung ist nicht ausschließlich durch die Notwendigkeit der zu setzenden Regelungen bedingt, sondern – man darf sagen: leider – auch immer abhängig von den aktuellen politischen Gegebenheiten, die Gesetzgebungsvorhaben erst ermöglichen müssen.[315] Dies gilt umso mehr, je bedeutender und symbolträchtiger die konkrete Maßnahme erscheint. Vor diesem Hintergrund hätte der Richtlinienumsetzung mittels einer „kleinen“ Lösung die Gefahr innegewohnt, dass die politische Chance zur Realisierung der notwendigen Reformierung des deutschen Schuldrechts vertan worden wäre und das Projekt wäre hierdurch nicht nur aufgeschoben, sondern tatsächlich auf lange Sicht wohl gar nicht verwirklicht worden.[316] Im Zuge dessen wurde die (Fundamental-)Kritik am SModG gleichsam als politisches Kalkül qualifiziert: Was für die Befürworter die Gefahr der Nichtumsetzung der Schuldrechtsmodernisierung darstellte, war für die Kritiker spiegelbildlich die Chance zu deren Verhinderung.[317] Dass dies das eigentliche Ziel manches Kritikers gewesen sei, habe sich umso mehr offenbart, je oberflächlicher und fundamentaler weiter fortdauerende Diskussionen über die Ausgestaltung des SModG gefordert wurden.[318]

---

313 *Westermann*, JZ 2001, 530 f.; *Schulze / Schulte-Nölke* in Schulze / Schulte-Nölke, Die Schuldrechtsreform vor dem Hintergrund des Gemeinschaftsrechts, S. 3, 9; *Lorenz*, JZ 2001, 742, 745; *Canaris*, JZ 2001, 499, 524; a. A. *Däubler-Gmelin*, NJW 2001, 2281, 2283; *Schmidt-Räntsch*, ZIP 2000, 1639, 1644 f.

314 *Pick* in Schulze / Schulte-Nölke, Die Schuldrechtsreform vor dem Hintergrund des Gemeinschaftsrechts, S. 25, 30; *Canaris*, JZ 2001, 499, 524; *Schulze / Schulte-Nölke* in Schulze / Schulte-Nölke, Die Schuldrechtsreform vor dem Hintergrund des Gemeinschaftsrechts, S. 3, 8; *Heldrich*, NJW 2001, 2521, 2522; a. A. *Lieb* in Ernst / Zimmermann, Zivilrechtswissenschaft und Schuldrechtsreform, S. 553, 557.

315 Auch die erstmalige Kodifikation des BGB war letztlich nur aufgrund zu jener Zeit günstiger politischer Gegebenheiten möglich, vgl. *Schulte-Nölke*, NJW 1996, 1705, 1709.

316 Dies befürchtete damals schon *Heldrich*, NJW 2001, 2521, 2522.

317 *Canaris*, JZ 2001, 499, 524.

318 *Lorenz*, JZ 2001, 742, 744.

Diese Repliken gelten auch gleichermaßen für die Kritik an dem geringen Zeitrahmen, der vom ersten Diskussionsentwurf bis zum Inkrafttreten des SModG vorgegeben war. Es wurde zugegeben, dass die Zeit für die Umsetzung des SModG in Anbetracht von dessen Umfang, Bedeutung und Auswirkungen auf die Systematik des deutschen Privatrechts äußerst knapp bemessen war. Allerdings konstatierten mitunter auch Skeptiker des Vorhabens, dass das SModG vom Diskussions- zum Regierungsentwurf eine positive Entwicklung durchlief, indem die Ergebnisse des breit geführten wissenschaftlichen Diskurses verarbeitet und somit Verbesserungen am SModG im Sinne des überwiegenden Teils der Rechtswissenschaft erzielt wurden. Auch wenn diese in den Augen der Kritiker selbstredend keinesfalls ausreichend waren.[319] Jedoch wurde auch hier die Frage aufgeworfen, ob die geäußerte Kritik an der geringen Zeitvorgabe tatsächlich nur als eine solche anzusehen ist oder ob, und wenn ja inwiefern, sie sie als willkommenes Einfallstor für die Fundamentalopposition gegenüber des SModG instrumentalisiert, indem das Argument, dass man für das SModG mehr Zeit benötige, dafür genutzt wird, dass die Reform zunächst hinausgezögert und letztlich ganz ad acta gelegt werden soll.[320] Der zeitliche Aspekt der Verknüpfung von Richtlinienumsetzung und Schuldrechtsreform wurde demnach im Allgemeinen als kritisch anerkannt, jedoch wurde sich mitunter vehement dagegen gewehrt, dies allein zum Anlass zu nehmen, das Projekt als Ganzes aus anderer Motivation heraus scheitern zu lassen. Die Befürworter des SModG wogen die Sachlage letztlich dahingehend ab, dass die Risiken, die die Revision des ersten Diskussionsentwurfs innerhalb dieser kurzen Zeit[321] bargen, eher hinzunehmen waren, als die Gefahr, die Schuldrechtsmodernisierung durch die vertane politische Möglichkeit ihrer Realisierung überhaupt nicht mehr verwirklichen zu können.

Zuletzt blieb auch das Argument der durch das SModG eintretenden Rechtsunsicherheit nicht ohne Widerstand. Zwar fanden sich auch seitens der Befürworter des SModG Überlegungen zur Minimierung des Effekts.[322] Allerdings wurde

---

319 U. a. *Westermann*, JZ 2001, 530, 542; *Dauner-Lieb*, DStR 2001, 1572, 1574 f.

320 *Canaris*, JZ 2001, 499, 523 f.; *Lorenz*, JZ 2001, 742, 744 f.

321 Diese Revision, die zur konsolidierten Entwurfsfassung führte, wurde letztlich durch das von Wolfgang Ernst und Reinhard Zimmermann initiierte Regensburger Symposium Ende November 2000 (s. *Ernst / Zimmermann*, Zivilrechtswissenschaft und Schuldrechtsreform) angefacht, da als Fazit dieser Veranstaltung gezogen wurde, dass der Diskussionsentwurf auf keinem seiner Teilgebiete als verabschiedungsreif angesehen werden konnte, vgl. *Ernst* in Ernst / Zimmermann, Zivilrechtswissenschaft und Schuldrechtsreform, S. 559, 598 sowie *Dauner-Lieb*, JZ 2001, 8, 12.

322 *Lorenz*, JZ 2001, 742, 745.

herausgestellt, dass ein gewisses Maß an Rechtsunsicherheit einer Gesetzesnovellierung naturgemäß innewohnt und diese Tatsache allein daher nicht ausreichend ist, um entscheidend gegen das SModG zu sprechen.[323] Auch hier wurde demgemäß zu Gunsten des SModG abgewogen zwischen dessen kurzfristigen Auswirkungen auf die Sicherheit des Rechtsverkehrs und der Gefahr der endgültigen Nichtrealisierung des Projekts, sollte seine Verwirklichung nicht bis zum 01.01.2002 gelingen.

Es ist somit festzuhalten, dass sich bereits im Laufe des damaligen Gesetzgebungsprozesses erhebliche und fundierte Gegenstimmen dem Chor der Kritiker des SModG entgegenstellten. Hierbei wurden den Kritikern ihre Standpunkte zwar zu großen Teilen zugestanden, jedoch in eine Abwägung mit den Vorteilen, die das SModG mit sich bringe und den Gefahren, die seine Nichteinführung bergen würde, gebracht. Mit dem Schluss, dass die Einführung des SModG, selbst wenn noch nicht vollständig ausgereift, zu befürworten ist.

c) Bewertung

Heute, mehr als elf Jahre nach Inkrafttreten des SModG[324] und der Ausbildung der ersten Generationen deutscher Juristen, die mit dem alten Schuldrecht naturgemäß nie in Berührung kamen[325], ihm also höchstens, wie hier, rechthistorisch begegnen, wirkt der Rückblick auf die Debatte über das SModG und insbesondere die Art und Weise, wie sie geführt wurde, mitunter recht befremdlich. Dies liegt vor allem daran, dass das Schuldrecht in seiner heutigen Gestalt der aktuellen Juristengeneration als selbstverständlich erscheint. Der heutigen allgemeinen Akzeptanz des reformierten Schuldrechts hat es sehr geholfen, dass der größte Teil der rechtswissenschaftlichen Literatur nach Inkrafttreten des SModG dazu übergegangen ist, die Fundamentalkritik niederzulegen[326] und stattdessen konstruktiv

323 *Lorenz*, Neues Leistungsstörungs- und Kaufrecht, S. 6.

324 Für eine Übersicht zur rechtlichen Entwicklung siehe *Schmidt-Räntsch*, ZJS 2012, 301 ff.

325 Der Autor selbst begann sein Studium zum Wintersemester 2006 / 2007; die Erfahrungen aus Studium und Lehrtätigkeiten führen zu dem Schluss, dass im Laufe des Studiums schon gar nicht die Zeit vorhanden ist, den Studierenden näherzubringen, dass und inwiefern das Schuldrecht früher anders geregelt war.

326 Anders z. B. *Katzenstein*, der zur Nichtanwendung des neuen § 311a II aufforderte, vgl. JR 2003, 447 ff. und JURA 2005, 73 ff.; siehe auch *Lobinger*, Grenzen rechtsgeschäftlicher Leistungspflichten, dessen Habilitationsschrift sich als Grundsatzkritik an Lösungen des SModG liest; zu diesen widerlegend Stellung nehmend *Canaris* in

mit dem nunmehr gültigen Recht zu arbeiten und es auszufüllen.[327] Die großen Befürchtungen, vor denen die Kritiker zu Teilen gemahnt haben, sind nicht eingetreten.[328] Die rechtspolitische Diskussion ging somit in alltägliche juristische Arbeit über.[329] Die rechtlichen Probleme, die das SModG barg, sind weithin höchstrichterlich entschieden.[330] Man darf also sagen, dass die Schuldrechtsreform heute als durch die Wissenschaft und die Praxis gemeistert anzusehen ist.[331] Diese Erkenntnisse bilden den Hintergrund, vor dem eine Bewertung der damaligen Debatte heute vorgenommen werden muss. Die inhaltliche Kritik, insbesondere am ersten Diskussionsentwurf, war selbstredend zu großen Teilen berechtigt, weshalb produktive Verbesserungsvorschläge auch in größerem Maße in die finale Fassung einflossen. Die Art und Weise, wie die Debatte geführt wurde, offenbart aber gerade aus der heutigen distanzierten Betrachtung, dass es offenkundig nicht allen Beteiligten darum ging, in den Prozess konstruktiv einzugreifen, sondern sich den wissenschaftlichen Diskurs, zur Verhinderung eines aus ihrer Sicht ungewollten Projekts, zunutze zu machen. So wurde u. a. das BGB zum unantastbaren deutschen „Kulturdenkmal" hochstilisiert[332], die Realisierung zum 01.01.2002 als „unerträglich" bezeichnet[333], unterstellt, die legislative Zustimmung zum SModG sei „nicht nur lauteren Mitteln verdankt"[334], behauptet, die Verzahnung der Schuldrechtsreform mit der Richtlinienumsetzung sei bloße „politische Willkür"[335] und dem Gesetzgeber wurde nicht nur politische Verantwortungslosigkeit vorgeworfen, sondern sogar, dass er sich der zentralen Bedeutung des Schuldrechts für das gesamte Privatrecht nicht bewusst sei[336]. Diese Stilblüten verdeutlichen, dass der produktive Diskurs nicht Sinn und Zweck jeglicher das SModG betreffende

---

FS Heldrich, S. 11 ff.; auch *Honsell* in Staudinger, Einleitung zum BGB, Rn. 109 kritisiert, dass das BGB durch das SModG zur „Dauerbaustelle" wurde.

327 Beispielhaft *Dauner-Lieb*, ZGS 2003, 10, die eine Wandlung von „konzeptioneller Grundsatzdiskussion" zur Behandlung von Einzelproblemen den Bedürfnissen der Praxis entsprechend konstatiert.

328 *Lorenz*, NJW 2007, 1.

329 *Lorenz*, NJW 2005, 1889.

330 Vgl. *Graf von Westphalen*, BB 2008, 2 ff.

331 So auch *Schulte-Nölke*, ZGS 2011, 529.

332 *Flume*, ZIP 2000, 1427, 1429.

333 *Lieb* in Ernst / Zimmermann, Zivilrechtswissenschaft und Schuldrechtsreform, S. 553, 558.

334 *Schröder / Thiessen*, JZ 2002, 325, 329.

335 *Ernst*, ZRP 2001, 1, 11.

336 *Wilhelm*, JZ 2001, 861, 862; *Ernst / Gsell*, ZIP 2001, 1389, 1403.

Publikationen war. Nachfolgend soll dies anhand der einzelnen herausstechenden Argumentationsstränge verdeutlicht werden.

Dem Argument, es habe der „großen“ Schuldrechtsreform nicht bedurft, ist nur insoweit zuzustimmen, als dass die gemeinschaftsrechtliche Verpflichtung Deutschlands zur Richtlinienumsetzung auch partiell hätte vollzogen werden können, sie also *hierfür* tatsächlich nicht notwendig war.[337] Dass aber das Schuldrecht als solches einen dringenden angestauten Reformbedarf aufwies, war allgemein anerkannt[338] und drückte sich bereits in den mittlerweile knapp zehn Jahre zurückliegenden ersten Reformbestrebungen aus. Auch die Behauptung, die Integration richterrechtlich anerkannter Rechtsinstitute und verbraucherrechtlicher Spezialgesetze in das BGB brächten keinen praktischen Nutzen[339], ist nicht haltbar. Wer dies vertritt, der differenziert nicht angemessen zwischen Rechtsinstitut und Kasuistik. Darüber hinaus kann Richterrecht durch sich ändernde richterliche Übung wieder abgeschafft werden, wohingegen der zeitliche Geltungsbereich für normiertes Recht für den Anwender klar erkennbar ist. Hinzu kommt, dass es gerade für werdende Juristen, sprich Rechtsstudenten, um ein Vielfaches einfacher ist, zu erlernen, wie man konkrete Probleme unter das abstrakt normierte Schuldrecht subsumiert, als viele für das Schuldrecht wesentliche Dinge wie die positive Vertragsverletzung neben dem normierten Recht zu erarbeiten und einzuordnen. Wenn man hierdurch die Schulung der Juristen verbessert, darf i. Ü. erwartet werden, dass sich als Effekt die Qualität der fertig ausgebildeten Juristen erhöhen kann. Der ganz praktische Bedarf nach einer „großen“ Reformierung des Schuldrechts ist somit rückblickend nicht abzustreiten. Die entsprechenden Vertreter befanden sich auch schon zur Entstehungszeit des SModG in der klaren Minderheit.

Auch die Argumentation, dass die vom Bundesjustizministerium vorgegebene Zeitspanne zur Realisierung des SModG zu gering gewesen sei, muss rückblickend primär in Hinblick auf ihre taktische Komponente betrachtet werden. Ihre Knappheit ist in Anbetracht der Bedeutung, die dem SModG für die gesamte deutsche Zivilrechtssystematik innewohnte, selbstredend unbestreitbar.[340] Die Tatsache aber, dass das SModG auf über zehnjährige Vorarbeiten zurückgriff[341], die sich

337 Vgl. den Entwurf von für eine „kleine Lösung“ von *Ernst / Gsell*, ZIP 2000, 1410 ff.

338 Diese Feststellung war bereits 1978 der Stein des Anstoßes für den Beginn der Arbeit an einer Schuldrechtsüberarbeitung, vgl. *Wolf*, ZRP 1978, 249 ff.

339 *Wetzel*, ZRP 2001, 117, 125 f.

340 Zwischen Veröffentlichung des ersten Diskussionsentwurfs und Inkrafttreten lagen weniger als anderthalb Jahre.

341 Vgl. *Däubler-Gmelin*, NJW 2001, 2281, 2283.

unabhängig von den Richtlinien mit dem Schuldrecht als solches befassten, also gerade mit dem Teilgebiet, dass in Hinblick auf das SModG am stärksten kritisiert wurde, wurde größtenteils ignoriert oder aber die Vorarbeiten als nicht ausreichend diskutiert abgetan.[342] Auch wurde es mitunter in Anbetracht der europarechtlichen Entwicklungen bei Inkrafttreten als bereits veraltet bezeichnet.[343] Dass dies zu Beginn des 20. Jahrhunderts gleichermaßen gegen das BGB vorgebracht werden konnte[344], wurde dabei nicht erwähnt. Spätestens aber, als bestritten wurde[345], dass mit dem Verstreichen der Umsetzungsfrist der Verbrauchsgüterkaufrichtlinie eine auf lange Sicht einmalige Chance zur Realisierung der Schuldrechtsreform ungenutzt bliebe, wird, insbesondere in der Retrospektive, der vorwiegend taktische Aspekt dieser Argumentation offensichtlich: Wenn die Schuldrechtsmodernisierung tatsächlich unabhängig von der spezifischen politischen Gegebenheit der Umsetzungspflicht möglich gewesen wäre, so muss sich die Frage aufdrängen, wieso keine Gesetzgebung in Angriff genommen wurde, nachdem die Schuldrechtskommission 1992 ihren Abschlussbericht vorgelegt hatte, der größtenteils auf ein positives Echo stieß[346] und zu dieser Zeit schon die Ansicht ganz vorherrschend war, dass hinsichtlich des Schuldrechts ein dringender Modernisierungsbedarf bestand.[347] Eine Antwort hierauf kann nicht gegeben werden. Der Zeitdruck zur Umsetzung des SModG war also mitnichten künstlich, noch das Ergebnis politischer Willkür.[348] Es ist vielmehr zu bezweifeln, dass bei einer Richtlinienumsetzung, die eine umfassende Schuldrechtsmodernisierung nicht mit eingeschlossen hätte, ein zweiter nicht unwesentlicher Eingriff in Kerngebiete des Privatrechts bis heute in rechtspolitischer Hinsicht durchsetzbar gewesen wäre. Als Fazit ist demnach zunächst festzustellen, dass sich Gesetzgebung und -reformierung nicht primär an den Bedürfnissen der Rechtspraxis orientieren, sondern in einem überaus großen Maße auch die politischen Gestaltungsmöglichkeiten ausschlaggebend sind. Je mehr Menschen dabei vom potentiellen Gesetz betroffen sind, desto mehr ist eine politisch günstige Gelegenheit zu seiner Realisierung eine unabdingbare

342 *Dauner-Lieb*, JZ 2001, 8, 15.

343 *Wetzel*, ZRP 2001, 117, 120 f; a. A. *Rolland* in Haas / Medicus / Rolland / Schäfer / Wendtland, Das neue Schuldrecht, Kap. 1, Rn. 3 f.

344 Vgl. *Eckert* in Eckert / Delbrück, Reform des deutschen Schuldrechts, S. 9, 22.

345 V. a. *Lieb* in Ernst / Zimmermann, Zivilrechtswissenschaft und Schuldrechtsreform, S. 553, 557 f.

346 Eine Übersicht über vereinzelte kritische Stimmen findet sich bei *Dauner-Lieb*, JZ 2001, 8, 15.

347 Vgl. Beschlüsse des 60. Deutschen Juristentags 1994, abgedruckt in NJW 1994, 3075.

348 So aber *Wetzel*, ZRP 2001, 117, 118 f.

Voraussetzung. Von der Reformierung des Schuldrechts war und ist praktisch jeder betroffen, der mit der Abwicklung von Verträgen rechtlich oder faktisch zu tun hat. Hieran und an der Tatsache, dass in den 22 Jahren seit dem ersten Anstoß zu einer Schuldrechtsform keine Gesetzgebungsinitiative in Angriff genommen wurde, zeigt sich, dass die Pflicht zur Richtlinienumsetzung dem damaligen Gesetzgeber eine tatsächlich kaum erneut denkbare Möglichkeit gab, das SModG zu realisieren. Hinzu wird dadurch deutlich, dass die Debatte um den geringen Zeitrahmen – zumindest von gewichtigen Teilen der Rechtswissenschaft – nicht ehrlich geführt wurde. Dem soeben Festgestellten muss man sich bei näherer Befassung mit der Materie bewusst gewesen sein. Hat man dennoch mit dem Argument, die Zeit sei zu knapp bemessen, gefordert, die Reform aufzuschieben, so stand hierhinter das offensichtlich taktische Kalkül, sie ganz zu verhindern. Wer sich hingegen produktiv an der Gestaltung des SModG einbringen wollte, der hätte sich an dieser „Meisterleistung“[349] der Verbesserung des ersten Entwurfs unter dem enormen Zeitdruck beteiligen müssen. Auch wenn *Honsell* unter Bezugnahme auf *Montesquieu* noch heute die Realisierung des SModG in diesem kurzen Zeitrahmen mit dem Hinweis kritisiert, dass eine übereilte Gesetzgebung dazu führe, dass das erlassene Gesetz immer wieder novelliert werden müsse, bis es qualitativ dem entspreche, dem man bedürfe[350], so muss zur Widerlegung seiner Kritik, der dieser Argumentation zu Grunde liegende Ansatz zu Ende gedacht werden: Natürlich ist es wünschenswert, dass die Qualität eines jeden Gesetzes, das in Kraft tritt, der Perfektion zumindest nahe kommt. Hierzu bedürfte es aber vor jeder Kodifizierung der Klärung, wann und ob diese Perfektion als erreicht betrachtet werden kann. Lähmt man ein Gesetzgebungsverfahren jetzt aber dadurch, dass man die Diskussionen und Beratungen über einen Entwurf so lange hinzieht, bis ein faktisch kaum zu erreichender Konsens in der Rechtswissenschaft und -praxis erreicht ist, in dem das Gesetz die angestrebte Form erlangt hat, zieht sie sich soweit hin, dass eine Gesetzgebung kaum noch möglich erscheint. Denn die Frage nach dem idealen Gesetz lässt sich letztlich nicht mit einem Konsens beantworten. Betrachtet man dies vor dem soeben festgestellten Hintergrund, dass die Gesetzgebung in der Wirklichkeit in großem Maße von politischen Gestaltungsmöglichkeiten abhängig ist, ist dieses Streben nach dem idealen Gesetz abzulehnen, da es schlicht nicht realisierbar ist. Erkennt man also, wie im Falle des Schuldrechts, einen Bedarf zur Gesetzgebung und tut sich eine Chance auf, diesen Bedarf zu stillen, so sollte anstatt dagegen zu arbeiten, vielmehr die Bemühung

349 So *Motsch*, NJ 2002, 1.

350 Vgl. *Honsell* in Staudinger, Einleitung zum BGB, Rn. 109.

angestellt werden, im Rahmen der Möglichkeiten die bestmögliche Lösung zu finden. Dies ist beim SModG rückwirkend betrachtet gelungen, was sich nicht zuletzt in seiner heutigen Akzeptanz zeigt.

Zuletzt muss auch die Argumentation als widerlegt angesehen werden, dass die Realisierung des SModG die Sicherheit des Rechtsverkehrs über Maß gefährden würde. Es ist zuzugeben, dass das SModG erhebliche Änderungen bzw. Neuerungen für die Rechtspraxis mit sich brachte. Die hierdurch notwendige Weiterbildung nahmen die betroffenen Juristen in breitem Rahmen vor.[351] Selbstredend war dies ein immenser Aufwand. Es ist jedoch heute festzuhalten, dass die Umstellung auf die neue Rechtslage im Allgemeinen als gelungen und als durch die Rechtspraxis bewältigt zu betrachten ist. Insbesondere deshalb, weil kein Zustand besonderer Rechtsunsicherheit eingetreten ist.[352] Anders lässt sich auch nicht erklären, dass grundlegende Kritik an den Reformen heute praktisch nicht mehr stattfindet.[353] Hierbei muss man sich zwangsläufig die Frage stellen, wie man zu der Annahme gelangen konnte, es würde anders ablaufen. Auch wenn es vielleicht Möglichkeiten gegeben hätte, der Rechtspraxis die Umstellung auf die neuen Regelungen zu erleichtern[354], muss das Vertrauen in die deutschen Juristen der Praxis schon sehr gering gewesen sein, wenn man ernsthaft in Zweifel zog, sie könnten der Aufgabe der Bewältigung der Schuldrechtsreform nicht gerecht werden. Auch die Argumentation, die Einarbeitung in das neue Recht sei in kurzer Zeit schon deshalb kaum zu bewältigen, weil es noch keine Materialien, insbesondere keine Rechtsprechung, gäbe und der Abstraktionsgrad des Schuldrechts durch das SModG erhöht werde[355], ging fehl: Tatsächlich war es so, dass sowohl die Anwälte als auch die Gerichte zur Anwendung des neuen Rechts in nicht geringem Umfang auf Rechtsprechung und Literatur zum alten Recht zurückgreifen konnten und dies auch taten.[356] Die alte These *„drei berichtigende Worte des Gesetzgebers und ganze Bibliotheken werden zur Makulatur“*[357] bewahrheitete sich nicht. Um ein Fazit zu ziehen, muss man auch an dieser Stelle die Argumentation der Kritiker schlicht zu Ende denken: Es liegt in der Natur der Sache, dass einer jeden Rechtsetzung zunächst eine gewisse Phase der Rechtsunsicherheit folgt, bis diejenigen Fragen

351 *Dauner-Lieb*, ZGS 2003, 10.

352 Vgl. *Graf von Westphalen*, BB 2008, 2 ff.; *Lorenz*, NJW 2007, 1, 8.

353 *Sprau* in Palandt, Einleitung zum BGB, Rn. 10.

354 Für eine Übergangslösung mit zwar gleichzeitigem Beschluss, aber gestaffelten Inkrafttreten der neuen Regeln plädierte *Lorenz*, JZ 2001, 742, 745.

355 *Wetzel*, ZRP 2001, 117, 121.

356 *Schmidt-Räntsch*, ZJS 2012, 301.

357 *Von Kirchmann*, Die Wertlosigkeit der Jurisprudenz als Wissenschaft, S. 29.

und Streitpunkte, die dem Gesetz innewohnen, einer Lösung durch Rechtspraxis und Rechtsprechung zugeführt werden. Aber diese Tatsache allein kann nicht entscheidend gegen eine Gesetzgebungsmaßnahme, auch nicht im Falle des SModG, sprechen.[358] Wenn man nun aber nicht bereit ist, eine gewisse und – wie hier – überschaubare Rechtsunsicherheit, die es zu bewältigen gilt, in Kauf zu nehmen, führt das zu der logischen Schlussfolgerung, dass man das Gesetz überhaupt nicht mehr novellieren darf. Zu Ende gedacht, entlarvt sich die Argumentation mit der Rechtssicherheit demnach selbst als nicht haltbar. Dies gilt umso mehr, je umfangreicher auf Materialien zu vorangegangenen oder artverwandten Regelungen zurückgegriffen werden kann, was insbesondere auch beim SModG kein wesentliches Problem darstellte.

Zusammenfassend ist demnach festzuhalten, dass im Rahmen der Entstehung des SModG bei der Würdigung seiner Kritik nach Inhalt, Art und Weise und tatsächlicher Zielsetzung zu differenzieren ist. Neben der – zweifelsohne auch in nicht geringem Umfang vorgebrachten – primär inhaltlich ausgerichteten Kritik, stachen aus der Masse der Publikationen insbesondere diejenigen hervor, denen man, wie soeben aufgezeigt, zuschreiben muss, dass sie bei richtiger Lesart nicht auf einen konstruktiven Diskurs abzielten, sondern vor allem eine ganz allgemeine Hinderung des Gesetzgebungsvorhabens bezweckten. Gerade dies hat sich oftmals in einer Ausdrucksweise gezeigt, die in ihrer Emotionalität weit über das Maß eines sachlichen Diskurses hinausging. Allerdings: All diese Kritik und Versuche, das SModG zu verhindern, haben seinem Erfolg und seiner Akzeptanz letztlich keine Abstriche bereitet.

II. Beispiel 2: Der Verordnungsentwurf über die Societas Privata Europaea

Mit dem am 25.06.2008 veröffentlichten Verordnungsentwurf über eine Societas Privata Europaea (SPE-VO)[359] legte die Europäische Kommission ein Modell für ein Statut über eine supranationale Gesellschaftsform vor, die als europäische Alternative für die GmbH und ihre mitgliedsstaatlichen Pendant-Gesellschaftsformen dienen soll. Sie wird daher auch als „Europa-GmbH" tituliert.[360] Ihr Inkrafttreten

---

358 So auch *Lorenz*, Neues Leistungsstörungs- und Kaufrecht, S. 6.

359 KOM(2008) 396 endg.; zu deutsch „Europäische Privatgesellschaft".

360 *Hommelhoff / Teichmann*, DStR 2008, 925; *Peters / Wüllrich*, NZG 2008, 807; *dies.*, DB 2008, 2179; *Wedemann*, EuZW 2010, 534.

war ursprünglich für den 01.07.2010 geplant.[361] Bis heute ist es aber für Unternehmer noch nicht möglich, die Rechtsform der SPE zu wählen. Vielmehr befindet sich die SPE in einer legislatorischen Krise.[362]

1. Entstehung, wesentlicher Inhalt und Bedeutung

Die Geschichte der „Europa-GmbH" reicht bedeutend weiter zurück als zum Zeitpunkt der Veröffentlichung des Entwurfs über die SPE-VO. Die Grundidee einer einheitlichen europäischen Rechtsform für Unternehmen besteht im Prinzip schon seit der Gründung der europäischen Gemeinschaften, also seit knapp 60 Jahren.[363] Im Mittelpunkt der Tätigkeiten der Gemeinschaft auf dem Gebiet des Gesellschaftsrechts stand zunächst die Schaffung einer europäischen Aktiengesellschaft.[364] Einen anderen Forschungsansatz verfolgte erstmals die Industrie- und Handelskammer Paris (CREDA), die in ihrer 1973 veröffentlichten Studie „Pour une S.A.R.L. Européenne" die Schaffung einer Organisationsform für Gesellschaften mit geschlossenem Gesellschafterkreis vorschlug. Die Studie war also GmbH-rechtlich inspiriert. Nennenswerte Reaktionen erntete sie damit aber erst, als das Projekt 20 Jahre später wieder aufgegriffen und zur 1997 publizierten Studie „Propositions pour une société fermée européenne" weiterentwickelt wurde, in der die Eckpunkte und Leitlinien für eine Europäische Privatgesellschaft erarbeitet wurden.[365] Im Zuge dessen setzte sich auch die Wissenschaft wieder verstärkt mit der Idee einer SPE auseinander.[366] In der Folge rückte das Projekt ab Beginn des vergangenen Jahrzehnts auf die Agenda der Europäischen Kommission, die eine Expertengruppe einsetzte, die SPE im Rahmen des Aktionsplans zur Modernisierung des Gesellschaftsrechts und Verbesserung der Corporate Governance in der EU[367] als Möglichkeit vorstellte, eine Machbarkeitsstudie

---

361 Vgl. Art. 48 SPE-VO.

362 So *Culmann*, Die Societas Privata Europaea in der Krise, S. 16 ff.

363 Eine Übersicht über sehr frühe Ansätze bei *Steiner*, Societas Privata Europaea, S. 45.

364 Tatsächlich wurde diese aber auch erst am 08.10.2004 mit Inkrafttreten der Verordnung über das Statut der Societas Europaea (SE-VO) verwirklicht, VO 2157/2001; zu deren Entstehung siehe *Oechsler* in MüKo-AktG, Vorbemerkung vor Art. 1 SE-VO, Rn. 1 ff.

365 *Boucourechliev / Hommelhoff*, Vorschläge für eine Europäische Privatgesellschaft, S. VII f.

366 Allen voran *Helms*, Die Europäische Privatgesellschaft.

367 KOM(2003) 284 endg.

durchführte, ein Statut für die SPE entwickelte und dieses letztlich in Form des Verordnungsentwurfs am 27.06.2008 veröffentlichte.[368]

Motivation hierfür war die insbesondere für die KMU unbefriedigende Situation auf dem Binnenmarkt: KMU machen mehr als 99% der Unternehmen in der EU aus und stellen 70% der Arbeitsplätze in der Privatwirtschaft zur Verfügung. Gleichzeitig sind aber lediglich 8% dieser KMU grenzüberschreitend tätig und nur 5% haben Tochtergesellschaften oder Gemeinschaftsunternehmen im Ausland. Hieraus wird geschlossen, dass die Hindernisse, die sich aus der Unterschiedlichkeit der mitgliedsstaatlichen Rechtsordnungen ergeben, KMU in größerer Intensität treffen als Großunternehmen. Die SPE-VO ist daher Bestandteil des „Small Business Act“[369], dessen Ziel es ist, den KMU die Geschäftstätigkeit auf dem Binnenmarkt zu erleichtern und somit ihre Marktleistung zu verbessern.[370] Ein SPE-Statut wird für diese Zielsetzung als erforderlich angesehen, da die übrigen supranationalen Rechtsformen zur Förderung der KMU ungeeignet sind: Die Europäische wirtschaftliche Interessenvereinigung (EWIV)[371], die es seit 1985 gibt, ist im Außenverhältnis nicht haftungsbeschränkt, mindestens zwei ihrer Mitglieder müssen aus unterschiedlichen Mitgliedsstaaten kommen und sie darf insbesondere nicht auf Gewinnerzielungsabsicht – und damit dem unternehmerischen Hauptzweck fast aller KMU – ausgelegt sein.[372] Die Societas Europaea (SE), als Pendant zur deutschen AG, hingegen beinhaltet zahlreiche Verweise in das nationale Aktienrecht und bietet im Innenverhältnis nur eine geringe Gestaltungsfreiheit.[373] Damit läuft sie den Bedürfnissen der KMU gerade zuwider und ist primär auf Großunternehmen ausgerichtet.[374] Zuletzt hat auch des „Centros-Urteil“[375] des EuGH nichts an der Situation geändert: Hierdurch wurde zwar ermöglicht, ein Unternehmen in der Gesellschaftsform eines anderen Mitgliedsstaats zu gründen und zu führen, vorausgesetzt, es ist eine Zweigniederlassung eines anderen Unternehmens, das zumindest als „Briefkastenunternehmen“ in dem Mitgliedsstaat

---

368 Eine detaillierte Übersicht über das Vorgehen der Kommission bei *Steiner*, Societas Privata Europaea, S. 46 ff.

369 KOM(2008) 394 endg.

370 KOM(2008) 396 endg., S. 2.

371 VO 1985/2137.

372 *Salomon*, Regelungsaufträge in der Societas Privata Europaea, S. 18 f.; *Hommelhoff / Teichmann*, DStR 2008, 925, 926.

373 *Hommelhoff / Teichmann*, DStR 2008, 925, 926.

374 *Kuck / Weiss*, Der Konzern 2007, 498, 499.

375 EuGH, Urteil vom 09.03.1999, Rs. C-212/97 = NJW 1999, 2027.

ansässig ist, dessen Rechtsform man nutzen will.[376] Allerdings hatte dies nicht zur Folge, dass sich eine der mitgliedsstaatlichen Gesellschaftsformen auf dem Binnenmarkt als Standard durchzusetzen vermochte. Insbesondere der englischen Limited blieb dieser Erfolg verwehrt. Somit kann man auch nicht davon sprechen, dass es durch die allgemeine Akzeptanz eines mitgliedsstaatlichen Gesellschaftsstatuts bereits eine „faktische SPE" gäbe.[377]

Aus diesen äußeren Umständen heraus erklärt sich die Zielsetzung der SPE-VO: Durch die Schaffung einer neuen und einheitlichen europäischen Rechtsform soll die Wettbewerbsfähigkeit der KMU durch Erleichterung von Niederlassung und Tätigkeit im Binnenmarkt erhöht werden, indem diese gerade auf die spezifischen Bedürfnisse der KMU zugeschnitten ist.[378] Die grundsätzliche Eignung des Mittels, der Schaffung einer supranationalen Gesellschaftsform zum Erreichen dieses Ziels, findet, ungeachtet der Kritik an der konkreten Ausgestaltung, auch größtenteils Zustimmung.[379] Inhaltlich wird der Zielsetzung durch einheitliche Gründungsvoraussetzungen und eine flexible inhaltliche Ausgestaltung der SPE Rechnung getragen, wodurch Kosten, die durch den Umgang mit unterschiedlichen nationalen Rechtsordnungen entstehen, eingespart werden sollen.[380] Wie diese im finalen Verordnungstext ausgestaltet sein sollen, ist seit Veröffentlichung der SPE-VO Gegenstand der wissenschaftlichen Diskussion.[381] Darüber hinaus soll die Unternehmensorganisation in Form der SPE als eine Art „Gütesiegel" bzw. Vertrauensmerkmal für den mitgliedsstaatlichen Rechtsverkehr dienen.[382]

Festzuhalten ist, dass das Statut einer SPE ein bedeutender Schritt auf dem Weg zur Vollendung des Binnenmarkts wäre. Durch die Möglichkeit der Wahl

---

376 Kritisch hierzu *Kindler*, NJW 1999, 1993 ff.; *Freitag*, EuZW 1999, 267 ff.

377 Vgl. *Hadding / Kießling*, WM 2009, 145.

378 KOM(2008) 396 endg., S. 2.

379 *Hommelhoff / Teichmann*, DStR 2008, 925, 933; *Jung*, DStR 2009, 1700, 1709; *Wedemann*, EuZW 2010 534, 535; *Krause*, EuZW 2003, 747, 750 f.; *Maul / Röhricht*, BB 2008, 1574, 1579; *Anzinger*, BB 2009, 2606, 2611; *Salomon*, Regelungsaufträge in der Societas Privata Europaea, S. 23; a. A. *Ulrich*, jurisPR-HaGesR 10/2011, Anm. 1.

380 KOM(2008) 396 endg., S. 2; für einen Überblick über den Inhalt der SPE-VO siehe z. B. *Salomon*, Regelungsaufträge in der Societas Privata Europaea, S. 24 ff.

381 Beispielhaft ist hier das fehlende Erfordernis eines verbindlichen Mehrstaatlichkeitsbezugs zur Gründung zu nennen; für ein solches Erfordernis u. a. *Martinek* in FS Kreutz, S. 747 ff.; dagegen u. a. *Hügel*, ZHR 173 (2009), 309, 316.

382 KOM(2008) 396 endg., S. 6; zur national unterschiedlichen Betrachtung dieser Rolle der SPE vgl. *Wedemann*, EuZW 2010, 534, 538; diesen Vorteil gerade für die neueren EU-Mitglieder aufzeigend *Steiner*, Societas Privata Europaea, S. 28 f.; kritisch *Culmann*, Die Societas Privata Europaea in der Krise, S. 20.

einer SPE als Alternative zu der einer nationalen Gesellschaftsform könnte insbesondere KMU der Einstieg und die Teilnahme am grenzüberschreitenden Handel wesentlich erleichtert werden, wenn die SPE primär an deren Bedürfnissen ausgerichtet ist.[383]

2. *Entwicklung des Projekts seit Veröffentlichung des Entwurfs und seine Bewertung durch Rechtswissenschaft und Politik*

a) Entwicklung auf EU-Ebene

Seit der Veröffentlichung des Verordnungsentwurfs vor über fünf Jahren ist die SPE-VO Gegenstand der wissenschaftlichen Diskussion und der rechtsgestaltenden Instanzen auf Ebene der EU. Der ursprünglich anvisierte Termin für ihr Inkrafttreten ist bereits weit überschritten.[384] Zunächst ist demnach der Frage nachzugehen, was in Hinsicht auf die SPE-VO seither geschehen ist. Das Europäische Parlament nahm am 10.03.2009 einen modifizierten Vorschlag[385] an, kurz darauf, am 27.04.2009, legte auch der Rat unter tschechischer Präsidentschaft eine überarbeitete Fassung[386] vor, es folgte ein „Kompromissvorschlag“[387] zur Abstimmung unter der schwedischen Präsidentschaft am 27.11.2009.[388] Trotz weiterer Diskussionen gab der Rat für Wettbewerbsfähigkeit in seiner Pressemitteilung vom 03./04.12.2009 bekannt, dass mangels Erreichen des erforderlichen Einstimmigkeitserfordernisses der Verordnungsvorschlag weiter zu überarbeiten sei.[389] Keine Einigkeit konnte insbesondere in Hinblick auf die unterschiedlichen Positionen zu Arbeitnehmermitbestimmung, Sitz der SPE und Mindestkapital erzielt werden.[390] Ursächlich für das Scheitern im Rat war vor allem die Tatsache, dass die einzelnen Mitgliedsstaaten jeweils versuchten, ihre eigenen Vorstellungen im Sinne ihrer

---

383 So i. E. auch *Schröder*, Perspektiven der Europäisierung des GmbH-Rechts, S. 204.

384 Geplant war der 01.07.2010, vgl. Art. 48 SPE-VO.

385 KOM(2008)0396 – C6-0283/2008 – 2008/0130(CNS).

386 Proposal for a Council Regulation on the Statute for a European private company (SPE) – Revised Presidency compromise proposal 2009, 9065/09, DRS 34, SOC 277.

387 Vorschlag für eine Verordnung des Rates über die Europäische Privatgesellschaft – Politische Einigung 2009, 2008/0130 (CNS), 16115/09 ADD 1, DRS 71, SOC 711.

388 Ein Vergleich zwischen den Vorschlägen von Kommission und Parlament und dem tschechischen Ratsentwurf findet sich bei *Jung*, DStR 2009, 1700 ff.; für einen Vergleich zum schwedischen Ratsentwurf siehe *dies.*, BB 2010, 1233 ff.

389 Council of the European Union, 17076/09 (Presse 365), S. 24; die Notwendigkeit der Einstimmigkeit im Rat ergibt sich aus der einschlägigen Ermächtigungsgrundlage Art. 352 AEUV (zunächst Art. 308 EGV).

390 *Jung*, BB 2010, 1233, 1234.

jeweiligen Gesellschaftsrechtstradition einzubringen.[391] Hiernach wurde es, auch bedingt durch mangelndes Interesse der nachfolgenden Ratspräsidentschaften, zunächst ruhig um das Projekt, eine Realisierung innerhalb des Zeitplans war nicht mehr abzusehen.[392] Neue Lebenszeichen seitens der EU zeigte die SPE erst wieder zu Beginn des Jahres 2011: Zunächst mahnte die Kommission in ihrer Mitteilung zur Überprüfung des „Small Business Act“ vom 23.02.2011 die Mitgliedsstaaten an, die SPE-VO als dessen letzte noch nicht umgesetzte Rechtsetzungsinitiative unverzüglich anzunehmen.[393] Diese Aufforderung formulierte kurz darauf auch das Parlament in seiner Entschließung zum Fortschrittsbericht zum „Small Business Act“ vom 12.05.2011.[394] Ein erneuter Kompromissvorschlag, diesmal unter ungarischer Ratspräsidentschaft[395], scheiterte jedoch abermals an der erforderlichen Einstimmigkeit im Rat.[396] Insbesondere Deutschland und Schweden legten ihr Veto ein.[397] Die letzte Tätigkeit seitens der EU, die Aufschluss über den Stand des Projekts über die SPE gibt, ist eine öffentliche Konsultation der Kommission über die Zukunft des europäischen Gesellschaftsrechts aus der ersten Jahreshälfte 2012, deren Ergebnisse im Juli desselben Jahres veröffentlicht wurden.[398] Aus den Ergebnissen der Befragung lässt sich schließen, dass eine Fortsetzung der Arbeit an der SPE-VO zwar nicht die favorisierte, aber keine ausgeschlossene Möglichkeit des weiteren Vorgehens sei – auch wenn nicht ersichtlich ist, welcher Entwurfsstand Grundlage der Umfrage war.[399] So ist zwar im Allgemeinen Stillstand eingetreten, ein endgültiges Einstellen der Bemühungen der EU ist jedoch noch nicht ersichtlich[400], auch wenn sich die Kommission mittlerweile mit „Single Member Company“ (SMC)[401] scheinbar auf die Suche nach Alternativen begeben hat.

---

391 *Neye* in FS Hüffer, S. 717, 719 f.; eine Kompromisslösung unter angemessener Berücksichtigung der nationalen Rechtstraditionen anmahnend *Freudenberg*, NZG 2010, 527.

392 Vgl. *Wedemann*, EuZW 2010, 534, 535.

393 KOM(2011) 78 endg., S. 3.

394 P7_TA(2011)0235, S. 2.

395 2008/0130 (CNS) – 10611/11.

396 Rat der Europäischen Union, 10547/11 (Presse 146), S. 9.

397 Vgl. *Schumacher / Stadtnüller*, GmbHR 2012, 682.

398 European Commission, Feedback Statement, abrufbar unter: http://ec.europa.eu/internal_market/consultations/docs/2012/companylaw/feedback_statement_en.pdf (zuletzt abgerufen am 10.09.2013).

399 Feedback Statement, S. 8.

400 *Roesener*, NZG 2013, 241, 244.

401 Vgl. *Teichmann*, ZRP 2013, 169 ff.

b) Behandlung durch Rechtswissenschaft und -politik

Die zentralen Problemfelder, die im Zuge der Diskussion um die SPE-VO in den Mittelpunkt gerückt wurden, waren vor allem die Fragen der Notwendigkeit und der Ausgestaltung eines Mehrstaatlichkeitsbezugs, eines gesetzlichen Mindestkapitals und die der sachgerechten Abgrenzung zwischen dem unmittelbar geltenden Recht der Verordnung und des subsidiären mitgliedsstaatlichen Rechts.[402] Unabhängig hiervon wurde und wird aber auch die Frage diskutiert, ob in Hinblick auf den Binnenmarkt und die KMU überhaupt der Bedarf nach einer supranationalen Rechtsform im Sinne der SPE besteht: Gegen das Bedürfnis einer SPE wurde argumentiert, dass dieses mit der Möglichkeit der Sitzverlegung nationaler Kapitalgesellschaftsformen ins mitgliedsstaatliche Ausland[403] praktisch entfallen sei.[404] Auch die Eignung der SPE, den KMU die Geschäftstätigkeit im europäischen Ausland zu erleichtern, wurde mit der Begründung bestritten, dass der Vereinheitlichungsdruck gerade nicht die KMU treffe, sondern es primär den internationalen Konzernen zu Gute käme, wenn sie ihre europäischen Tochtergesellschaften einheitlich organisieren könnten.[405] Überhaupt spiele das Gesellschaftsrecht für die Erleichterung grenzüberschreitender Aktivitäten der KMU und die Kostensenkung bei Gründung ausländischer Tochtergesellschaften nur eine untergeordnete Rolle. Die maßgeblichen Faktoren diesbezüglich, die auch durch ein SPE-Statut nicht beseitigt oder gesenkt würden, seien vielmehr die unterschiedlichen Steuersysteme, Rechnungslegungsstandards, Bilanzierungsregeln, verwaltungsrechtlichen Genehmigungsverfahren und Regeln des Arbeitnehmerschutzes. Daher führe auch die Gründung einer SPE zu einem erhöhten Beratungsbedarf, aufgrund dessen die Kosten zur Errichtung einer SPE nicht geringer als die eines Unternehmens nach einer nationalen Rechtsform im Ausland seien.[406] Die Folgenabschätzung der Kommission[407] sei somit im Ergebnis nicht aussagekräftig.[408]

Dieser Argumentation des mangelnden Bedarfs einer SPE wurde seitens der Literatur aber größtenteils widersprochen: Im Gegenteil, die KMU würden auf die

---

402 *Neye* in FS Hüffer, S. 717, 718.

403 Vgl. EuGH, Urteil vom 09.03.1999, Rs. C-212/97 = NJW 1999, 2027.

404 *Vossius*, Stellungnahme des deutschen Notarvereins, S. 1, der damit allerdings seine wenige Monate zuvor dargelegte konträre Haltung hierzu ohne Begründung revidiert, vgl. *ders.*, EWS 2007, 438, 440; a. A. anhand des Beispiels einer „Briefkasten-GmbH" *Teichmann*, RIW 2010, 120, 121 f.

405 *Ulrich*, jurisPR-HaGesR 10/2011, Anm. 1.

406 Vgl. Stellungnahme des Bundesrates, BR-Drs. 497/08(B), S. 3.

407 KOM(2008) 396 endg., S. 5 f.

408 *Bormann / König*, RIW 2010, 111, 112.

Einführung einer einheitlichen supranationalen Gesellschaftsform auf dem Binnenmarkt wie der SPE geradezu sehnlichst warten.[409] Eine solche würde, unabhängig von der Klärung bestimmter Detailfragen, deren Bedürfnissen entsprechen, da durch die Möglichkeit im Binnenmarkt ein Netz von Tochtergesellschaften zu etablieren, die alle einheitlich nach den gleichen rechtlichen Regeln aufgebaut und in dieser supranationalen Rechtsform in jedem Mitgliedsstaat inhaltlich identisch ausgestaltet werden können, die Hürden für die Aufnahme grenzüberschreitender Tätigkeiten gesenkt werden. Einerseits, weil eine Auseinandersetzung mit einer fremden Gesellschaftsrechtsordnung nicht mehr oder nur noch in deutlich geringerem Maße stattfinden muss und andererseits, weil sich hierdurch auch Kosteneinsparungen erzielen lassen und mit der Akzeptanz dieser Tochterunternehmen durch die Wahl der einheitlichen Rechtsform der SPE auf dem Binnenmarkt zu rechnen ist.[410] Gerade vor diesem Hintergrund, dass in Wissenschaft und Praxis – anders als noch beim SModG – ein weitestgehender Konsens hinsichtlich eines *akuten* Bedarfs nach einer SPE besteht, ist herauszustellen, dass das bisherige Scheitern ihrer Einführung auf den in dieser Hinsicht erfolglosen politischen Prozess zurückzuführen ist: Die Rechtsgrundlage Art. 352 AEUV erfordert für die Gesetzgebung Einstimmigkeit im Rat.[411] Das bedeutet, dass es für eine Zustimmung des Rates zum SPE-Statut hinsichtlich seines Inhalts eines Kompromisses bedarf, auf den sich alle der derzeit 28 Mitgliedsstaaten einigen können. Skeptisch standen in der Vergangenheit insbesondere Großbritannien, Irland, Spanien, Deutschland, Österreich und die skandinavischen Länder der SPE gegenüber.[412] Besonders ambivalent wirkt hierbei die Haltung Deutschlands: Während einerseits

---

409 Vgl. allein die Stellungnahmen der DIHK, http://www.europeanprivatecompany.eu/working_papers/download/DIHK-SPE-VO.pdf und von BDI und BDA, http://www.europeanprivatecompany.eu/working_papers/download/BDI-BDA%20StN%20KOM%20SPE-VO.pdf (zuletzt abgerufen am 10.09.2013).

410 *Hommelhoff / Teichmann*, GmbHR 2009, 36; *dies.*, GmbHR 2008, 897 f.; *dies.*, DStR 2008, 925 ff.; *Schumacher / Stadtmüller*, GmbHR 2012 682, 686; *Teichmann*, RIW 2010, 120 ff.; *Wicke*, GmbHR 2011, 566, 574; *Hadding / Kießling*, WM 2009, 145; *Drury* in Hirte / Teichmann, The European Private Company, S. 33, 46; *Arbeitskreis Europäisches Unternehmensrecht*, NZG 2008, 897 f.; *Fleischer*, ZHR 174 (2010), 385, 394 f.; *Wedemann*, EuZW 2010, 534, 535; *Peters / Wüllrich*, NZG 2008, 807, 812; *Culmann*, Die Societas Privata Europaea in der Krise, S. 20 f.; *Salomon*, Regelungsaufträge in der Societas Privata Europaea, S. 23; *Vossius*, EWS 2007, 438, 439.

411 Nach § 8 IntVG bedarf die Zustimmung des deutschen Ratsmitglieds eines entsprechenden Bundesgesetzes, vgl. Kap. 3, § 1, A.

412 Vgl. *Kneisel*, Die Europäische Privatgesellschaft (SPE) im Konzern, S. 6.

nach dem Koalitionsvertrag der letzten Bundesregierung[413] und den Aussagen der damaligen Bundesjustizministerin[414] die SPE als förderungswürdiges Projekt bezeichnet wurde und ihre Realisierung forciert werden sollte, stand der Bundesrat dem Projekt von Beginn an ablehnend gegenüber[415] und gerade von Deutschland wurde bis dato jede zur Abstimmung gestellte Variante des Verordnungsentwurfs im Rat abgelehnt. Voraussetzung für die Einführung eines SPE-Statuts ist also ein gewisser Grad an Kompromissbereitschaft der Mitgliedsstaaten.[416] Es ist zwar lobenswert, wenn die Errungenschaften, insbesondere auch die rechtstheoretischen, des nationalen Gesellschaftsrechts bewahrt werden sollen; will man jedoch ernsthaft auf eine europäische Gesellschaftsform hinarbeiten, darf man sie nicht als zu erreichenden Standard definieren, sondern muss sie als gleichrangig und -wertig zu denen der anderen Mitgliedsstaaten anerkennen, die mitunter über ein nicht weniger tradiertes Gesellschaftsrecht als Deutschland verfügen. Durch diese ablehnende Haltung, insbesondere auch Deutschlands, ist ein positiver Ausgang der Fortentwicklung des Projekts SPE ungewiss.[417] Der These, dass die Verabschiedung der Verordnung jederzeit kurzfristig möglich scheint[418], ist jedenfalls zu widersprechen. Den EU-Organen können hierbei mangelnde Bemühungen, einen Kompromiss herbeizuführen, nicht vorgeworfen werden: Mit den verschiedenen Evolutionsstufen des Verordnungsentwurfs wurde sich bemüht, den Vorbehalten der ablehnenden Mitgliedsstaaten Rechnung zu tragen und sich deren Vorstellungen anzunähern bzw. an streitigen Punkten von einer verbindlichen Regelung in der Verordnung abzusehen und die Ausgestaltung hier den Mitgliedsstaaten selbst zu überlassen.[419]

Zweifelhaft erscheint, wie diese noch andauernde Fortentwicklung des SPE-Statuts zu bewerten ist. Im ursprünglichen Kommissionsentwurf noch weitestgehend als Vollstatut angedacht, entwickelte sich die SPE-VO im Zuge der diversen folgenden Entwürfe zu einem Statut mit teilweise weitreichenden Verweisungen in das mitgliedsstaatliche Recht, was zur Folge hat, dass man sich nach den späteren

---

413 „Wachstum. Bildung. Zusammenhalt." – Koalitionsvertrag zwischen CDU, CSU und FDP, S. 109, abrufbar unter http://www.cdu.de/doc/pdfc/091026-koalitionsvertrag-cducsu-fdp.pdf (zuletzt abgerufen am 10.09.2013).

414 Vgl. *Freudenberg*, NZG 2010, 527.

415 Stellungnahme des Bundesrates, BR-Drs. 497/08(B).

416 *Wedemann*, NZG 2010, 534, 538.

417 Vgl. *Roesener*, NZG 2013, 241, 243 f.

418 So *Wicke*, GmbHR 2011, 566.

419 Beispielhaft für diese Entwicklung die synoptische Gegenüberstellung des Kommissions- mit dem schwedischen Ratsentwurfs bei *Jung*, BB 2010, 1233, 1239.

Entwürfen, bei der Gründung einer Tochtergesellschaft in Form einer SPE in einem anderen Mitgliedsstaat, nun doch vermehrt mit dem dortigen nationalen Gesellschaftsrecht auseinandersetzen muss, obwohl man doch genau dies als Kosten- und Hemmnisfaktor ausgemacht hat und deshalb diesen Umstand durch das SPE-Statut so weit wie möglich beseitigen wollte. Man kann diese Entwicklung zwar als diejenige „vom Vollstatut zum tragfähigen Kompromiss“[420] betrachten. Hierbei muss aber zunächst festgestellt werden, dass, wie soeben erläutert, die endgültige Kompromissfindung bislang erfolglos verlief und aktuell auch nicht abzusehen ist, wann sie zu einem Ende kommt. Darüber hinaus stellt sich die Frage, inwieweit das SPE-Statut in Folge dieser Entwicklung seinem eigentlichen Anliegen überhaupt noch gerecht werden kann. Denn wenn in so wesentlichen Punkten wie z. B. denen der Organpflichten und -haftung, des Mindestkapitals, der Wertprüfung von Sacheinlagen oder der Sitzspaltung nunmehr nationale Regeln gelten sollen, entsteht durch den Erlass der SPE-VO letztlich nicht *eine* europäische Gesellschaftsform, sondern es gelangen faktisch 28 „nationale SPEs“ zu Geltungskraft. Genau hierdurch werden die angestrebten Effekte der einheitlichen Ausgestaltung der verschiedenen europäischen Tochterunternehmen, die damit einhergehenden Kostensenkungen durch einen geringeren Bedarf an Rechtsberatung, der Abbau der psychologischen Hemmnisse für den Eintritt in den Binnenmarkt, insbesondere für KMU, und nicht zuletzt die Etablierung der SPE als „europäisches Qualitätslabel“ minimiert – der Vertrauensfaktor hinsichtlich einer „europäischen Rechtsform“ muss im Ergebnis nämlich äußerst gering ausfallen, wenn diese Rechtsform in Wirklichkeit nur bedingt europäischer Natur ist. Letztlich wird also durch die Bemühungen, einen Kompromiss zu finden, dem alle Ratsmitglieder zustimmen können, das eigentliche Ziel, dass mit der SPE-VO verfolgt werden soll, aus den Augen verloren. Der tatsächliche Wert der SPE für deren potentiellen Nutzer schwindet, je mehr die Einheitlichkeit ihrer Ausgestaltung aufgegeben wird.[421]

Hierin zeigt sich das Paradoxon des politischen Handelns: Einerseits wird ein europäisches Projekt auf legislativer Ebene, hier die SPE-VO, als nützlich und unterstützenswert deklariert, andererseits soll dessen Realisierung aber nur unter der Prämisse der Verwirklichung der eigenen nationalen Vorstellungen erfolgen. Dass ein Mitgliedsstaat hierbei nicht seine Vorstellung einer SPE gegenüber den 27 anderen durchsetzen kann, liegt in Anbetracht des Einstimmigkeitserfordernisses in der Natur der Sache. In der Folge werden für strittige Fragen keine

420 *Anzinger*, BB 2009, 2606.
421 So auch *Schumacher / Stadtmüller*, GmbHR 2012, 682, 686.

Kompromisslösungen mehr gesucht, sondern der europäische Charakter des Projekts mehr und mehr aufgeweicht bis alle strittigen Regelungsmaterien dem nationalen Recht der Mitgliedsstaaten zugeschrieben werden und von diesem autonom gelöst werden können. Die eigentlichen Ziele, die mit dem Projekt erreicht werden sollen, treten also zu Gunsten einer „Kompromissfindung" in den Hintergrund. Dass diese „Kompromissfindung" in Wirklichkeit gar keine ist, wird dabei aber größtenteils verkannt. Denn die Verschiebung einer Regelung aus dem Verordnungstext in das nationale Recht stellt gerade keine Kompromisslösung dar. Sie repräsentiert vielmehr die Aufgabe des Bemühens nach einem Kompromiss. Für die Fortentwicklung der SPE-VO und, falls sie noch erlassen wird, ihren tatsächlichen Nutzen für die Praxis, ist es demnach maßgeblich, ob es den verantwortlichen EU-Organen sowie den Mitgliedsstaaten gelingt, sich auf das eigentliche Anliegen, das mit der SPE verfolgt werden soll, zurück zu besinnen. Wenn dies nicht gelingt, gibt es nur zwei realistische Szenarien: Entweder wird es die SPE-VO nie geben oder nur eine SPE-VO, die niemand braucht, weil sie keinen fühlbaren Mehrwert zum Handeln auf dem Binnenmarkt mittels einer nationalen Gesellschaftsform bietet.

III. Schlussfolgerungen

Die Beispiele des SModG und der SPE-VO zeigen, dass der Diskurs in der Rechtswissenschaft und in der Rechtspolitik der positiven Rechtsetzung nicht immer zuträglich ist. Anhand des SModG ist – insbesondere auf privatrechtlicher Ebene – zu sehen, dass auch ein erheblicher Gegenwind aus der Rechtswissenschaft nicht zwangsläufig zur Verhinderung eines legislatorischen Projekts führen muss. Entscheidend ist, dass der Gestaltungswille und die Gestaltungsmöglichkeiten des Gesetzgebers ausreichend stark ausgeprägt sind und dass zugleich, wie geschehen, auch nicht unerhebliche Teile der juristischen Zunft sich produktiv am Rechtsetzungsverfahren beteiligen. Das Beispiel der SPE-VO zeigt hingegen, dass – insbesondere auf europäischer Ebene – die Unfähigkeit der an der Rechtsetzung beteiligten Parteien einen Kompromiss zu finden, der einerseits der eigentlichen Zielsetzung des Vorhabens entspricht und mit dem andererseits zugleich alle beteiligten Partner leben können, dazu führen kann, dass das an sich lobenswerte Vorhaben im Sande zu verlaufen droht, vor allem, wenn seitens der wissenschaftlichen Veröffentlichungen mit ihren Vorschlägen dieser Prozess teilweise sogar unterstützt wird. Hierdurch wird deutlich, dass der rechtswissenschaftliche und -politische Diskurs – so enorm wichtig er auch für Entwicklung, Handhabung, Gestaltung, Rezeption, Verständnis und Systematisierung unseres

Rechts ist – in der Lage ist, legislative Evolutionen und Revolutionen aufzuhalten. Dies geschieht teilweise gar durch das Hervorrufen nur irrational begründbarer Gefühlswirrungen: Im Falle des SModG die Angst, das „Kulturgut BGB“ in unangemessener Weise zu verschandeln, im Falle der SPE-VO die Befürchtung, die Bedeutung der eigenen nationalen Gesellschaftrechtsform, die der SPE entspricht, zu schädigen und hierdurch an Einfluss im europäischen Raum zu verlieren.

Schlussfolgerung ist, dass der rechtswissenschaftliche und -politische Diskurs grundsätzlich in der Lage ist, legislatorische Projekte auszubremsen. Ob dieses Ausbremsen letztlich zu einem vollständigen Stillstand führt ist abhängig von der Gestaltungsmacht des Gesetzgebers. Größere Chancen hierfür bestehen daher bei Projekten auf EU-Ebene, insbesondere je mehr Einfluss die Mitgliedsstaaten auf das Gesetzgebungsverfahren haben, was wiederum abhängig von der Ermächtigungsgrundlage des jeweiligen Vorhabens ist. Voraussetzung für den erfolgreichen Erlass eines solchen Gesetzeswerkes ist somit neben dem Bedarf nach ihm, der beim SModG bestand und bei der SPE-VO besteht, der lange Atem des Gesetzgebers und seine Fähigkeit im angemessenen zeitlichen Rahmen das Projekt in einer Form durchzusetzen, mit der einerseits möglichst große Teile der Adressaten leben können und die andererseits den Zielen, aufgrund derer das Vorhaben überhaupt realisiert wurde, gerecht werden kann.

B. Die Situation beim Verordnungsentwurf über ein Gemeinsames Europäisches Kaufrecht – ein Déjà-vu?

Nun drängt sich die Frage auf, wie die soeben gefundenen Ergebnisse auf das GEKR, als europäisches Projekt auf Ebene des Vertragsrechts, zu übertragen sind. Insbesondere in Hinblick darauf, dass es seit Veröffentlichung des ersten Verordnungsentwurfs hochumstritten wie vieldiskutiert zugleich ist. Hierzu ist eine umfassende Darstellung der Diskussion in Hinsicht auf die inhaltliche Ausgestaltung des GEKR nicht angezeigt, sie würde den Rahmen dieser Arbeit sprengen. Stattdessen werden im Folgenden wieder beispielhaft der Diskurs über die korrekte Rechtsgrundlage für das GEKR sowie derjenige über Sinn, Zweck und Nutzen des Projekts GEKR als solches aufgegriffen, um hierdurch die stilistischen wie argumentativen Parallelen zu den Diskussionen um SModG und SPE-VO aufzuzeigen. Hieraus werden sodann Rückschlüsse auf das weitere Fortschreiten des GEKR gezogen.

I. Exemplarisch: Der Diskurs über die Rechtsgrundlage sowie Sinn und Zweck des GEKR

Zunächst ist exemplarisch der Diskurs über die geeignete Rechtsgrundlage sowie Sinn und Zweck des GEKR als solches zu betrachten. Hierzu wird erneut kurz die tatsächliche Rechtslage wiedergegeben, um danach die Behandlung der Frage durch die Rechtswissenschaft darzustellen.

1. Die tatsächliche Rechtslage

Wie bereits ausführlich dargestellt, stützt die Europäische Kommission in ihrem Verordnungsvorschlag das GEKR auf Art. 114 AEUV, der tatsächlich auch als korrekte Rechtsgrundlage heranzuziehen ist. Sowohl der Ansicht, dass Art. 352 AEUV die korrekte Rechtsgrundlage sei als auch diejenige, dass der AEUV überhaupt keine einschlägige Rechtsgrundlage bereit halte, sind abzulehnen. Der wesentliche verfahrensrechtliche Unterschied zwischen Art. 114 AEUV und Art. 352 AEUV besteht darin, dass letzterer einen einstimmigen Beschluss im Rat erfordert. Der deutsche Ratsvertreter kann hierbei seine Zustimmung gemäß des in der Folge des „Lissabon-Urteils" des BVerfG erlassenen § 8 IntVG nur auf Grundlage eines entsprechenden vom Bundestag beschlossenen Parlamentsgesetzes erteilen, womit der Erlass des GEKR im Ergebnis vom deutschen Gesetzgeber abhängig wäre.[422]

2. Die Behandlung durch die Rechtswissenschaft

Diese Debatte nach der richtigen Rechtsgrundlage war und ist, wie bereits dargestellt, ein heftig umstrittener Gegenstand in der wissenschaftlichen Diskussion und ist eng verknüpft mit derjenigen über Sinn und Zweck des GEKR als solches. Im Folgenden wird dargestellt, wie diese in Deutschland, aber auch in den übrigen Mitgliedsstaaten, ausgetragen wird.

a) Situation in Deutschland[423]

Aus den Reihen der deutschen Rechtswissenschaftler wird Art. 114 AEUV mehrheitlich als Rechtsgrundlage abgelehnt und stattdessen eine Heranziehung von Art. 352 AEUV befürwortet.[424] Dieses mehrheitliche Meinungsbild vermag dem

---

422 Ausführlich dargestellt in Kap. 3, § 1.

423 Vgl. hierzu auch *Konecny*, jM 2014, 46, 47 ff.

424 U. a. *Basedow*, EuZW 2012, 1 f.; *Riesenhuber*, EWS 2012, 7, 8 ff.; *Müller-Graff* in Schulte-Nölke / Zoll / Jansen / Schulze, Der Entwurf für ein optionales europäisches

geneigten Verfolger der Diskussion um das GEKR mitunter so erdrückend erscheinen, dass auch renommierte Gegenstimmen[425], die die Anwendbarkeit von Art. 114 AEUV bejahen, zunehmend an die Wand gestellt wirken. Es ist hierbei allerdings zu bedenken, dass, wie schon beim SModG aufgezeigt, negative Detailkritik immer in dem Kontext, was ihre Verfasser im Allgemeinen zu Gunsten oder zu Lasten des Gesamtprojekts erreichen wollen, zu betrachten und zu verstehen ist. Vor diesem Hintergrund ist es bemerkenswert, feststellen zu müssen, dass eine beträchtliche Zahl der Vertreter aus der Rechtswissenschaft, die sich gegen Art. 114 AEUV aussprechen, mehr oder weniger offen das GEKR generell ablehnen. Betrachtet man manche Publikationen näher, so fällt sogar auf, dass oftmals zwar Art. 114 AEUV abgelehnt wird, allerdings ohne dass sich die Autoren tatsächlich einer vertieften juristischen Prüfung diesbezüglich bemüht hätten.[426] In diesen Beiträgen erscheint die Absage an Art. 114 AEUV vielmehr in einem Kanon der Fundamentalkritik an dem gesamten Projekt. Die hierdurch zur eigenen Meinungsbildung notwendige Differenzierung zwischen negativen sachlichen Stellungnahmen[427] zur Rechtsgrundlage und solchen ablehnenden Beiträgen, die sich bei näherer Betrachtung mehr als Mittel zum Zweck, denn als juristische Beurteilung offenbaren, kann schon in Anbetracht der schieren Masse an entsprechenden Publikationen seit Veröffentlichung des Verordnungsentwurfs von jemandem, der sich nicht schon Berufs wegen beständig vertieft mit dem GEKR auseinandersetzt, kaum geleistet werden.

Daher ist die Diskussion um die richtige Rechtsgrundlage in Deutschland letztlich differenziert zu betrachten: Vorherrschend ist – auch bei einer Konzentration auf die rein sachlichen Stellungnahmen – die Ansicht, die Art. 114 AEUV als Stellungnahme verneint. Bei genauerer Betrachtung wird dieses Bild jedoch leicht dadurch verzerrt, dass auch das „Rechtsgrundlagen-Argument" zum „Kampf" gegen das GEKR instrumentalisiert wird. Einerseits wird dies mitunter schon, wie soeben dargelegt, durch die Tiefe der Argumentation offensichtlich, andererseits

Kaufrecht, S. 21, 35; *ders.* in Schmidt-Kessel, Ein einheitliches europäisches Kaufrecht?, S. 51, 57 ff.; *Perner* in Wendehorst / Zöchling-Jud, Am Vorabend eines Gemeinsamen Europäischen Kaufrechts, S. 21, 33 ff.; *Wagner*, Stellungnahme RA, S. 3 ff.; *Huttenlocher*, Stellungnahme RA, S. 3 ff.; *Eidenmüller / Jansen / Kieninger / Wagner / Zimmermann*, JZ 2012, 269, 274; *Kroll-Ludwigs*, GPR 2012, 181, 183.

425 U. a. *Schulze*, Stellungnahme RA, S. 8 f.; *DAV*, Stellungnahme zu Art. 114 AEUV, S. 1 ff.

426 So auch – speziell für die Stellungnahmen für den Rechtsausschuss des Bundestags – *Suhr* in FS Rüßmann, S. 1053, 1060.

427 Beispielhaft *Ludwigs*, EuZW 2012, 608, 609 ff.

verdeutlichen dies teilweise auch Sprache und Stil, mit denen Art. 114 AEUV abgelehnt wird: Es wird von einer „List der Kommission“[428] gesprochen, die diese „aus dem Hut gezaubert“ habe, um „Art. 114 AEUV passend zu machen“, wobei jedoch den EuGH „derartige Taschenspielertricks kaum beeindrucken dürften“[429]. Die Argumentationen zu Gunsten der Angleichungswirkung des GEKR seien „rein formaler“[430] Natur und „schon auf den ersten Blick juristisch unscharf“[431]. Diese Aussagen suggerieren dem Leser, dass die Kommission eine sich in Wirklichkeit nicht ändernde materielle Rechtslage herbeizureden versucht. Auch habe sich die Kommission mit bestimmten Problematiken im Rahmen der Begründung der Rechtsrundlage schlicht nicht auseinander gesetzt.[432]

Diese Terminologien weisen durchaus gewisse Ähnlichkeiten zu der Art und Weise auf, mit der in Deutschland die Debatte über das SModG geführt wurde. Wenn sich nun zwangsläufig die Frage auftut, wieso ausgerechnet der Streit um die richtige Rechtsgrundlage für das GEKR von dessen Gegnern mit einer solchen Vehemenz und Emotionalität ausgeführt wird, so muss man sich veranschaulichen, welche Folge es hätte, wenn sie sich mit ihrer Ansicht beim europäischen Gesetzgeber durchsetzten: Würde dieser einlenken und das GEKR anstatt auf Art. 114 AEUV nunmehr auf Art. 352 AEUV stützen, wäre die vordergründige Konsequenz, dass es zu seinem Erlass einer Einstimmigkeit im Rat der Europäischen Union bedürfte. In Anbetracht der faktischen Folgen aber, die dieses Einstimmigkeitserfordernis mit sich brächte, wird deutlich, weshalb die Gegner des GEKR als solches so sehr auf diesen Kompetenzstreit pochen: Ein Umschwenken auf Art. 352 AEUV als Rechtsgrundlage würde realistisch betrachtet unweigerlich zu einem Scheitern des Projekts GEKR führen. Die Subsidiaritätsrügen aus Deutschland, Österreich, Großbritannien und Belgien haben sich bereits inhaltlich nicht auf die vermeintlich mangelnde Subsidiarität des GEKR beschränkt, sondern auch Zweifel an dessen Rechts- und Zweckmäßigkeit dargelegt.[433] Auch das deutsche Justizministerium vertritt den Standpunkt, dass es in einem GEKR

428 *Basedow*, EuZW 2012, 1.

429 *Eidenmüller / Jansen / Kieninger / Wagner / Zimmermann*, JZ 2012, 269, 274; sich dieser Terminologie anschließend *Stadler*, AcP 212 (2012), 473, 478.

430 *Rüfner*, ZJS 2012, 476, 480.

431 *Müller-Graff* in Schmidt-Kessel, Ein einheitliches europäisches Kaufrecht?, S. 51, 60.

432 *Tamm*, VuR 2012, 3, 9.

433 Zur Verbindung von Subsidiaritätsrüge und dieser Kritik *Suhr* in FS Rüßmann, S. 1053, 1064 f.; *Ludwigs*, EuZW 2012, 608, 612 f.

keinen Mehrwert sehe.[434] Wozu es aber führt, wenn ein Gesetzesvorhaben zwar der Einstimmigkeit der Mitgliedsstaaten bedarf, ein gewichtiger Teil hiervon ihm aber kritisch bis ablehnend gegenübersteht, haben uns bereits die Geschehnisse um die SPE-VO[435] gezeigt: Der Fortschritt des Projekts kommt zum Erliegen und die Chancen der Realisierung des Projekts dergestalt, dass es seinen eigenen Zielen gerecht werden kann, schwinden zusehends. Genau dies würde aber auch dem GEKR blühen, würde es nunmehr auf Art. 352 AEUV gestützt. Denn dass sich sämtliche Mitgliedsstaaten auf das GEKR – unabhängig von der genauen inhaltlichen Ausgestaltung – einigen können, erscheint mehr als nur zweifelhaft: Es ist unvorstellbar.[436]

Somit wird auch hier das taktische Element eines gewissen Teils der GEKR-kritischen Literatur in der Diskussion um die Rechtsgrundlage offensichtlich: Es wird versucht sie dazu zu nutzen, das unliebsame Projekt GEKR als Ganzes aufzuhalten, da es höchstwahrscheinlich ist, dass das Heranziehen von Art. 352 AEUV als Rechtsgrundlage gleichbedeutend mit dem Scheitern des Erlasses des GEKR wäre. Zusammenfassend ist daher zu sagen, dass Art. 114 AEUV als Rechtsgrundlage für das GEKR in der deutschen Literatur zwar überwiegend abgelehnt wird, diese Ablehnung aber differenziert zu betrachten ist, zwischen sachlicher Auseinandersetzung auf der einen Seite und vordergründig taktischen Erwägungen zur Verhinderung des GEKR auf der anderen Seite. Letzteres hinterlässt die Diskussion hierbei in einer etwas zwielichtigen Erinnerung.

b) Situation in den übrigen Mitgliedsstaaten[437]

Auch wenn die Darstellung des Diskurses um die Rechtsgrundlage und Bewertung des GEKR als solches in den anderen Mitgliedsstaaten nur beispielhaft erfolgen kann, so sind doch gewisse Gemeinsamkeiten wie Unterschiede zur Situation in Deutschland auszumachen.

Am ähnlichsten zu Deutschland stellt sich die Situation in Österreich dar. Neben der Tatsache, dass auch von österreichischer Seite aus eine Subsidiaritätsrüge erhoben wurde, ist auch die Stimmungslage in der österreichischen Literatur größtenteils kritisch gegenüber dem GEKR im Allgemeinen, sowie seiner

434 *Leutheusser-Schnarrenberger* in Hahn, Gemeinsames Europäisches Kaufrecht – Moderner Ansatz oder praxisferne Vision?, S. 187, 188.

435 Vgl. Kap. 3, § 2, A., II., 2.

436 So auch *Faust*, BRJ 2012, 123, 125.

437 Vgl. hierzu auch *Konecny*, jM 2014, 46, 49 f.

Rechtsgrundlage im Besonderen eingestellt.[438] Auch hier gibt es Publikationen, die Art. 114 AEUV als ungeeignete Rechtsgrundlage für das GEKR darstellen, eine ernsthafte juristische Erörterung diesbezüglich jedoch auslassen und stattdessen auf eine „Ansicht des EuGH“[439] abstellen ohne auf die Unterschiede, die zwischen dem GEKR und den gesellschaftsrechtlichen Materien bestehen, die die angesprochene Rechtsprechung des EuGH tatsächlich behandelt, einzugehen.[440] Zwischen Deutschland und Österreich gibt es also in diesem Punkt keine nennenswerten Unterschiede. Beim Vergleich zu anderen Mitgliedsstaaten zeigt sich jedoch mitunter ein anderes Bild. Betrachtet man insbesondere mit Frankreich und Großbritannien zwei andere „Schwergewichte“ in der EU, so muss man feststellen, dass allein die Masse an Publikationen, die das GEKR betreffen, hier deutlich geringer ist als in Deutschland bzw. im deutschsprachigen Raum. Dies mag mit der dort vorherrschenden zivilrechtswissenschaftlichen Kultur zusammenhängen, wonach sich mit juristischen Problemen oft erst dann beschäftigt wird, wenn sie sich in der Praxis stellen und noch nicht solange sie innerhalb erst noch zu erlassenden Gesetzesvorhaben lediglich in theoretischer Natur auftreten können.[441] Die französischen Rechtswissenschaftler sind in der Frage nach dem Nutzen eines GEKR auch gespalten: Mitunter wird das Vorgehen der Europäischen Kommission kritisiert, die mit dem optionalen Instrument ein „trojanisches Pferd der Rechtsquellen“[442] geschaffen habe. Insgesamt stehen sie dem Projekt aber offener gegenüber als die Deutschen.[443] In der niederländischen Literatur wird das GEKR als solches als innovativ und überwiegend überzeugend sowie Art. 114 AEUV größtenteils als zutreffende Rechtsgrundlage betrachtet.[444] Auch in Publikationen italienischer Vertreter wird die Wahl von Art. 114 AEUV unter der Klarstellung der politischen Bedeutung der Wahl der Rechtsgrundlage und des Einflusses der

---

438 Vgl. im Allgemeinen zur Situation in Österreich den Tagungsband von *Wendehorst / Zöchling-Jud*, Am Vorabend eines Gemeinsamen Europäischen Kaufrechts.

439 Gemeint ist die Rechtsprechung zur SCE, vgl. Kap. 3, § 1, I., 2.

440 *Zimmermann*, JBl. 2012, 2, 19; in diese Richtung auch *Stabentheiner*, WBL 2012, 61, 65.

441 Vgl. *Martinek* im Diskussionsbericht in Remien / Herrler / Limmer, Gemeinsames Europäisches Kaufrecht für die EU?, S. 207 f.

442 So *Puig*, RTDciv 2012, 493, 501.

443 So *Annie Bottiau* bei einem Vortrag am 26.11.2012 an der Universität des Saarlandes, dem der Autor beiwohnte.

444 *Hesselink*, CSECL Working Paper No. 2011-15, S. 2, 12; auch eher zustimmend *Kornet*, M-EPLI Working Paper No. 2012 / 4, S. 10; ebenso *Low*, M-EPLI Working Paper No. 2012 / 2.

Ausgestaltung des GEKR als „zweites nationales Regime“ statt als „29. Regime“ auf die einschlägige Rechtsgrundlage unterstützt.[445] In Großbritannien zeigt sich wiederum ein differenziertes Bild: Während sich Regierung und Abgeordnete klar gegen GEKR und Art. 114 AEUV positioniert haben[446], wird die Tatsache, dass nur vier der 28 Mitgliedsstaaten eine Subsidiaritätsrüge aus diesem Grunde erhoben haben, mitunter als „Meistern der ersten Hürde“ interpretiert[447]. Die in der Summe doch eher ablehnende britische Haltung[448] liegt gewiss aber auch zum Teil in der traditionell eher EU- und europakritischen Haltung Großbritanniens begründet. Aus skandinavischer Sicht wird das GEKR als Zwischenschritt auf dem Weg zu einem europäischen Vertragsrecht betrachtet.[449] Sehr offen stehen dem GEKR hingegen die osteuropäischen Mitgliedsstaaten gegenüber. Begründet wird dies mit der Auffassung, dass ein einheitliches Kaufrechtsmodell ihre tatsächlichen Möglichkeiten zur Teilhabe am Binnenmarkt wesentlich verbessern könne. Hinzu seien es oftmals die kleineren neuen Mitgliedsstaaten, die von der EU-Rechtsetzung profitierten. Ihr politisches Interesse am GEKR liege hinzu darin begründet, dass es gerade die KMU aus diesen Staaten seien, die das anzuwendende Recht von marktmächtigeren Vertragspartnern aus den größeren, älteren EU-Staaten faktisch diktiert bekämen. Diese Offenheit resultiert teilweise auch daraus, dass sich in diesen Staaten seit dem Zerfall des Ostblocks noch keine derart groß gewachsene Zivilrechtstradition herausgebildet hat, wie dies in den westeuropäischen Staaten der Fall ist. Art. 114 AEUV wird als Rechtsgrundlage hierbei praktisch nicht in Frage gestellt. Durchdringend ist das Argument, dass man in der dortigen Rechtswissenschaft gewichtigere Probleme zu bewältigen habe als die Frage, welche von zwei in Betracht kommenden Rechtsgrundlagen für ein Projekt, das man ohnehin realisiert sehen möchte, nun vorzugswürdiger sei.[450] Es wird eher

445 *Conte* in Alpa / Conte / Perfetti / Graf von Westphalen, The Proposed Common European Sales Law – the Lawyers‘ View, S. 61, 65 ff.

446 Vgl. Nachrichtenmeldung, abrufbar unter http://www.out-law.com/en/articles/2013/january/mps-back-government-over-common-european-sales-law-stance-and-question-legal-basis-for-proposed-regime (zulet abgerufen am 10.09.2013).

447 *Clive*, „Common European Sales Law easily survives first subsidiarity challenge“, Nachrichtenmeldung, abrufbar unter http://www.law.ed.ac.uk/epln/blogentry.aspx?blogentryref=8844 (zuletzt abgerufen am 10.09.2013).

448 Zumindest verhalten positiv hingegen *Anderson*, ZEuP 2012, 834, 858.

449 *Lando* in Remien / Herrler / Limmer, Gemeinsames Europäisches Kaufrecht für die EU?, S. 15, 20.

450 Diese Stimmung der osteuropäischen Rechtswissenschaftler konnte der Autor durch die Teilnahme an der internationalen Tagung „Gemeinsames Kaufrecht im Vereinten

pragmatisch gedacht. Ob unsere tiefgehende deutsche Diskussionskultur, die dabei offensichtlich wird, vor diesem Hintergrund als „Luxusproblem" einzustufen ist, kann dahingestellt bleiben. Jedenfalls nehmen die osteuropäischen Staaten im Kontrast insbesondere zu Deutschland, parallel zur Debatte um die SPE-VO, eine progressive Haltung ein.

Festzuhalten ist, dass das Bild, das die Einstellungen zum GEKR und seiner Rechtsgrundlage der unterschiedlichen Mitgliedsstaaten zeichnen, mitnichten ein homogenes ist. Während es gespaltene Meinungsbilder mit der Tendenz zur Ablehnung z. B. in Deutschland und Großbritannien gibt, zeigt sich das Meinungsbild z. B. in Frankreich, Skandinavien und den Niederlanden offener, während nach der Meinung mancher osteuropäischer Staaten das GEKR möglichst rasch erlassen werden sollte.

3. Folgen des Diskurses

Die unmittelbarste Folge des Diskurses ist die Tatsache, dass das Ziel eines schnellen Verabschiedens des GEKR, wie von der Kommission ursprünglich ins Auge gefasst, zunächst einmal gescheitert ist.[451] Mit einer Einführung vor 2014 kann ernsthaft nicht mehr gerechnet werden. Ob auch dies in Anbetracht der soeben beschriebenen Rezeption durch die Rechtswissenschaft und die Mitgliedsstaaten realisierbar sein wird, bleibt abzuwarten. 2014 ist jedenfalls das Datum, mit dem die Verwirklichung des GEKR stehen und fallen könnte: 2014 endet die Legislaturperiode der aktuellen Europäischen Kommission. Die treibende Kraft hinter dem GEKR ist vor allem die derzeitige luxemburgische Justizkommissarin *Viviane Reding*.[452] Ob die nächste Kommission das Projekt gleichermaßen verfolgen

---

Europa" vom 19./20.10.2012 an der University of National and World Economy in Sofia, Bulgarien erfahren; neben Referenten aus Deutschland (u. a. der Autor selbst), Luxemburg, Frankreich, Belgien und England haben vor allem auch Referenten aus Rumänien und Bulgarien vorgetragen, wobei das Gesagte in diversen Einzelgesprächen bestätigt und bekräftigt wurde; diese Eindrücke wurden vertieft durch einen Vortrag von *Paul Varul* bei der Tagung „Common European Sales Law meets Reality" vom 14./15.06.2013 in Halle (Saale), bei der der Autor zugegen war, vgl. *Konecny*, ZVertriebsR 2013, 257.

451 Auch wenn im Gegensatz zum Entwurf zur SPE-VO, wohl aus Erfahrung, kein Termin für das geplante Inkrafttreten in der GEKR-VO zu finden ist, wurde aus diversen Stellungnahmen seitens der Kommission deutlich, dass eine schnelle Umsetzung des Entwurfs angedacht war.

452 „Ich habe noch keinen Text vorgelegt, der nicht kritisiert wurde; allerdings auch noch keinen, der später nicht zum Gesetz wurde.", so *Reding* bei der Anhörung der

wird, ist noch nicht abzusehen. Hierauf spekulieren mutmaßlich auch die Kritiker des GEKR, die dessen Erlass durch Diskussionen, z. B. über die Rechtsgrundlage, hinauszuzögern versuchen: Sie erkennen in der Möglichkeit, die Verwirklichung des GEKR innerhalb dieser Legislaturperiode zu verhindern, die Chance, dass das Projekt gänzlich ad acta gelegt wird. Somit zeigt sich also wieder, wie bereits beim SModG und seiner Verbindung zur Verbrauchsgüterkaufrichtlinie dargelegt, dass zur tatsächlichen Verwirklichung eines legislatorischen Projekts nicht nur sein Nutzen und der Bedarf nach diesem ausschlaggebend sind, sondern auch die politischen Gestaltungsmöglichkeiten. Befürwortern wie Kritikern des GEKR ist daher klar, dass sich das „window of opportunity"[453] mit Amtsantritt der nächsten Kommission schließen könnte. Die langfristige Folge des oben dargestellten Diskurses könnte also sein, dass die Kritiker, wenn sie es mit ihrem Entgegenwirken schaffen, die Verabschiedung bis zu diesem Zeitpunkt zu verhindern, sie hierdurch möglicherweise nicht nur den Satzball, sondern gar den Matchball verwandelt haben und derartige Projekte auf längere Zeit wieder begraben werden. In diesem Fall müsste man für das GEKR dasselbe feststellen wie für die SPE[454]: Es befindet sich in einer legislatorischen Krise.

4. *Nachtrag: Aktuelle Entwicklungen*

Am 26.02.2014 hat das Europäische Parlament nunmehr eine fortentwickelte Fassung des GEKR in erster Lesung angenommen, die größtenteils auf dem Berichtsentwurf aus Februar 2013 beruht.[455] Hierauf gab es aus der Praxis umgehend positive[456] wie negative[457] Stellungnahmen. Da an Art. 114 AEUV als Rechtsgrundlage festgehalten wurde, wird diese Fassung nunmehr im Zuge des ordentlichen Gesetzgebungsverfahrens[458] gemäß Art. 294 AEUV dem Rat der Europäischen Union zur Entscheidung vorgelegt. Ob sich im Rat jedoch nach dem

---

Konferenz der Justizministerinnen und Justizminister am 24.05.2012 in Frankfurt am Main, bei der der Autor zugegen war.

453 *Wagner / Zimmermann*, AcP 212 (2012), 467, 471.

454 Vgl. *Culmann*, Die Societas Privata Europaea in der Krise, S. 16 ff.

455 ORAL P7_TA-PROV (2014)0159, abrufbar unter http://gesetzgebung.beck.de/news/gemeinsames-europaeisches-kaufrecht (zuletzt aufgerufen am 11.03.2014).

456 Stellungnahme der BRAK, abrufbar unter http://www.brak.de/fuer-journalisten/pressemitteilungen-archiv/2014/presseerklaerung-4-2014/ (zuletzt aufgerufen am 11.03.2014).

457 Stellungnahme des Bundesverbandes der Verbraucherzentrale, abrufbar unter http://www.vzbv.de/12948.htm (zuletzt aufgerufen am 11.03.2014).

458 Vgl. hierzu z. B. *Kluth* in Calliess / Ruffert, Art. 294 AEUV, Rn. 1 ff.

bisher Dargelegten eine notwendige qualifizierte Mehrheit finden wird, ist äußerst fraglich und bleibt mit Spannung zu erwarten. Auch ist abzuwarten, ob er sich noch in dieser Legislaturperiode damit befassen wird oder erst in der kommenden und in welchem Umfang er, im Falle der Ablehnung, dem Parlament Vorschläge zur Überarbeitung zukommen lassen wird, die ggf. erneut zu Kontroversen führen können. Prognostizierende Stimmen in der Literatur gehen mittlerweile davon aus, dass eine abschließende Ratsentscheidung kaum vor der luxemburgischen Ratspräsidentschaft im Jahr 2015 zu erwarten sein wird.[459] Durch den Beschluss des Parlaments vom 26.02.2014 hat dieses es aber zumindest geschafft, das Projekt GEKR nicht im Zuge des Wechsels der Legislaturperiode untergehen zu lassen.

II. Art und Weise des inhaltlichen Diskurses

Im Folgenden sollen die inhaltlichen Parallelen des Diskurses um das GEKR zu dem um das SModG sowie um die SPE-VO aufgezeigt werden, um hieraus Rückschlüsse auf die Bedeutung der wissenschaftlichen Diskussion für das GEKR und für die zivilrechtliche Rechtsetzung insgesamt ziehen zu können.

1. Parallelen zur Schuldrechtsmodernisierung

Wie bereits dargestellt, soll beim GEKR, ähnlich wie es beim SModG der Fall war, eine politische Chance zur Rechtsetzung fruchtbar gemacht werden. Während diese Chance beim SModG durch die Umsetzungsfrist für die Verbrauchsgüterkaufrichtlinie zum Teil auch faktischer Natur war, ist das Bestreben der Realisierung des GEKR vor Ablauf der Legislaturperiode der Kommission rein politischer Natur. Nichtsdestotrotz verlaufen die Argumentationsstränge, die gegen das SModG vorgebracht wurden und gegen das GEKR vorgebracht werden, in einem erstaunlichen Maße parallel.

a) Argumentationsstrang 1: „Kein Bedarf"

Ein wesentliches Argument gegen das SModG lautete, es gebe hierfür bereits überhaupt keinen Bedarf.[460] Dabei ist noch zwischen den Standpunkten zu differenzieren, die eine umfassende Modernisierung des Schuldrechts generell ablehnten und denen, die die Umsetzung der Verbrauchsgüterkaufrichtlinie ohne Berührung der von ihr nicht betroffenen Regelungen des Schuldrechts als vorzugswürdig

---

459 *Mayer / Lindemann*, ZEuP 2014, 1, 6.
460 Vgl. Kap. 3, § 2, A., I., 2., a).

ansahen. Auch gegen das GEKR wird, mit unterschiedlichen Begründungen, vor allem der Einwand entgegengebracht, man bräuchte es schlichtweg nicht.

Beim GEKR ist diese Behauptung im Kontext seiner Zielsetzung zu sehen: Die Förderung des Binnenmarkts durch Senkung von Transaktionskosten aufgrund der Wahlmöglichkeit eines einheitlichen optionalen Kaufrechtsregimes für grenzüberschreitende Verträge. Hauptsächlich wird daher gegen den Bedarf eines GEKR angeführt, dass es sich bereits überhaupt nicht förderlich auf den Binnenmarkt auswirken könne. Die Argumentation hierfür lautet, dass die Einführung des GEKR keinen Einfluss auf die erwähnten Transaktionskosten haben werde bzw. wenn, dann nur einen kaum messbaren.[461] Dies wird damit begründet, dass die Ursache für diese Transaktionskosten primär nicht in der Unterschiedlichkeit der nationalen Vertragsrechte läge, sondern in anderen rechtlichen Faktoren, die vom GEKR gerade nicht berührt werden und zu großen Teilen auch mit dem nicht flächendeckenden Anwendungsbereich des GEKR.[462] Aber selbst wenn es im konkreten Fall zu einer Wahl des GEKR kommen sollte, würden dessen externe Lücken dazu führen, dass trotz der Rechtswahl zu Gunsten des GEKR Beratungsbedarf hinsichtlich des mitgliedsstaatlichen Rechts entstehe, der weiterhin mit den entsprechenden Kosten verbunden wäre.[463] Auch gäbe es mit dem CISG bereits ein alternatives Rechtsregime für den grenzüberschreitenden Handel, was die Bedeutung des GEKR schmälern und seine Verbreitung behindern würde.[464] Hinzu zeige die geringe Bedeutung des CISG im alltäglichen Rechtsverkehr aufgrund der vielfachen Ausschlüsse seiner Anwendung[465], dass im Allgemeinen nur ein kaum messbarer Markt für grenzüberschreitende Vertragsrechtsregime bestehe.[466] Darüber hinaus würden gerade die Umfragen, die die Kommission zur

461 *Kroll-Ludwigs*, GPR 2012, 181, 186; *Wagner*, ZEuP 2012, 455, 458 f.; a. A. *Roth*, EWS 2012, 12, 20.

462 *Stürner*, GPR 2011, 236, 241; *Wagner*, ZEuP 2012, 455, 458 f.; *Palige* in Hahn, Gemeinsames Europäisches Kaufrecht – Moderner Ansatz oder praxisferne Vision?, S. 149, 153 f.; a. A. *Budde* / *Eckhoff* in Hahn, Gemeinsames Europäisches Kaufrecht – Moderner Ansatz oder praxisferne Vision?, S. 113, 119.

463 *Balthasar*, RIW 2012, 361, 366.

464 Zu Abgrenzung und Schnittmengen der Anwendungsbereiche von CISG und GEKR siehe *Hellwege*, IHR 2012, 180 ff.

465 Diese „nahezu notorische" Praxis kritisierend *Graf von Westphalen* in Gebauer, Gemeinsames Europäisches Kaufrecht – Anwendungsbereich und kollisionsrechtliche Einbettung, S. 189.

466 So von diversen Anwälten vertreten in der Diskussionsrunde bei der Anhörung der Konferenz der Justizministerinnen und Justizminister am 24.05.2012 in Frankfurt am Main, bei der der Autor zugegen war; vgl. auch *Ayad* / *Schell*, BB 2012, 1487, 1495.

Begründung des GEKR heranzieht, in Wirklichkeit zeigen, dass ein GEKR von maßgeblichen Anwendern, den KMU, mehrheitlich nicht gewollt bzw. nicht gefragt ist.[467] Plakativ wird formuliert: Die Kommission wolle mit dem GEKR kein tatsächlich bestehendes Problem lösen, sondern sie habe mit der Idee eines GEKR eine Lösung angeboten und sich in der Folge auf die Suche nach dem dazugehörigen Problem begeben.[468]

Obwohl der Nutzen des GEKR und das Ausmaß, in der von seiner Wahlmöglichkeit später einmal Gebrauch gemacht werden wird, zwar durchaus mit vertretbaren Argumenten in Zweifel gezogen werden können, verkennt die soeben dargestellte Argumentationslinie die Tatsache, dass über den wirklichen Erfolg oder Misserfolg eines Rechtsetzungsprojekts vor seiner Einführung letztlich lediglich Prognosen getroffen werden können. Den vorgebrachten Gründen dafür, dass kein Bedarf für das GEKR besteht, lässt sich entgegnen, dass die Verringerung der vertragsrechtlichen Unterschiede zwischen den Mitgliedsstaaten durch die Einführung eines optionalen Instruments jedenfalls zu einer gewissen Transaktionskostenreduzierung führen wird, die lediglich in der Höhe nicht bezifferbar ist, bis belastbare Vergleichswerte aus der wirtschaftlichen Praxis vorliegen. Hinzu kommt, dass das GEKR im Gegensatz zum CISG auch für b2c-Verträge wählbar sein soll. Somit ist dessen Anwendungsbereich breiter angelegt. Damit einhergehend erweitern sich dessen Vereinheitlichungseffekte und sein Nutzen in der Praxis im Vergleich zum CISG. Zuletzt geben es die Umfragen, die zur Begründung des Verordnungsentwurfs herangezogen werden, sehr wohl her, dass ein gewichtiger Teil der KMU die Unterschiede im Vertragsrecht als Hemmnis für ihre binnenmarktweiten Tätigkeiten betrachtet und somit diejenigen, die die Belastbarkeit der Studien für das GEKR anzweifeln, diese fehlinterpretieren.

Augenscheinlich wird hierdurch vor allem, dass man in Hinblick auf Sinn, Zweck und Nutzen sowohl allgemein *eines* GEKR und auch spezifisch *dieses* GEKR genügend Pro- als auch Contra-Argumente schon dadurch finden kann, dass man gewisse Fakten und Gegebenheiten entweder als Pro- oder Contra-Argumente auslegt. Beim SModG war dies letztlich nicht anders: Wenn man nur wollte, konnte man als objektiver Betrachter selbstredend genügend Argumente sowohl für

467 *Ackermann* in Remien / Herrler / Limmer, Gemeinsames Europäisches Kaufrecht für die EU?, S. 49, 53 f.

468 So *Cornelia Prüfer-Storcks*, Senatorin für Gesundheit und Verbraucherschutz in Hamburg, zugleich Vorsitzende der Verbraucherschutzministerkonferenz 2012, in einer Diskussionsrunde bei der Anhörung der Konferenz der Justizministerinnen und Justizminister am 24.05.2012 in Frankfurt am Main, bei der der Autor zugegen war.

als auch gegen dessen Einführung finden. Gerade vor dem Hintergrund, dass das GEKR als optionales Instrument ausgestaltet ist, es also von denjenigen gewählt werden wird, die einen persönlichen Nutzen hierin sehen, muss die Frage nach dem Bedarf letztlich positiv beantwortet werden. Jedenfalls solange die Möglichkeit nicht völlig abwegig erscheint, dass das GEKR in der Praxis Anwendung findet, weil es für potentielle Anwender Vorteile mit sich bringt. Hiervon kann allerdings keine Rede sein. Es ist zu erwarten, dass ein auf Grundlage des Verordnungsentwurfs weiterentwickeltes GEKR durchaus Anklang und Verbreitung in seiner Zielgruppe der KMU finden kann.[469] Somit ist die Frage des Bedarfs nach einem GEKR letztlich zu bejahen.

b) Argumentationsstrang 2: „Zu hohes Tempo"

Die zweite wesentliche Argumentationslinie, die gegen das SModG vorgebracht wurde, bestand darin, dass der vorgegebene Zeitrahmen zwischen Veröffentlichung des ersten Entwurfs und dem festgelegten Termin zur Verwirklichung als viel zu kurz, mithin die Einführung als übereilt betrachtet wurde.[470] In Bezug auf das GEKR wird auch der Kommission vorgeworfen, dass sie das Projekt unnötigerweise mit einem viel zu hohen Tempo voranzutreiben und zu verwirklichen versuche. Die Rahmenbedingungen hierbei sind, wie bereits dargestellt, zwar nicht identisch, aber doch recht ähnlich: Beim SModG war das „window of opportunity" durch die Umsetzungspflicht in Bezug auf die Verbrauchsgüterkaufrichtlinie bis zum 01.01.2002 vorgegeben. Beim GEKR ist hingegen abzusehen, dass der politische Gestaltungswille nach Ablauf der aktuellen Legislaturperiode der Kommission nicht mehr im gleichen Maße vorhanden sein wird, daher der gegebene Spielraum bis 2014 zur Realisierung genutzt werden muss und von Seiten der Kommission die Fortentwicklung und der Erlass des GEKR auch entscheidend vorangetrieben werden soll.[471]

In Richtung des GEKR wird seit Veröffentlichung des Verordnungsentwurfs kritisiert, dass bereits bei dessen Erstellung die inhaltliche Qualität unter dem von der Kommission vorgegebenen erheblichen Zeitdruck gelitten habe, was sich auch

469 So z. B. auch *Wernicke / Groß* in Hahn, Gemeinsames Europäisches Kaufrecht – Moderner Ansatz oder praxisferne Vision?, S. 157, 165 f., die dem Entwurf selbst größtenteils kritisch gegenüberstehen.

470 Vgl. Kap. 3, § 2, A., I., 2., a).

471 Vgl. *Reding* in Hahn, Gemeinsames Europäisches Kaufrecht – Moderner Ansatz oder praxisferne Vision?, S. 1, 7; ihr Ziel der Verwirklichung „in den kommenden Monaten" (die Aussage stammt aus dem Mai 2012) ist mittlerweile bereits verfehlt.

dadurch zeige, dass eine ausführliche Textstufenanalyse der PECL, der PICC und des DCFR nicht vorgenommen wurde und hinzu die externen Lücken des GEKR in Wirklichkeit nur diesem Zeitdruck geschuldet seien und nicht der Konzeption des GEKR in Anbetracht der Bedeutung der nicht darin geregelten Materien.[472] Die angezeigte Reflexion des europäisch-privatrechtlichen Status quo zur notwendig gewordenen Revision des Verbraucher-Acquis sei der Expertengruppe, welche die feasibility study und das GEKR ausgearbeitet hat, aufgrund der engen Zeitvorgaben schon gar nicht möglich gewesen.[473] Auch lasse sich aus der Geschwindigkeit der Entwicklung von DCFR zur feasibility study zum GEKR schließen, dass der Wille der Kommission, auf dem Gebiet des europäischen Vertragsrechts einen politischen Erfolg zu erzielen, größer sei als derjenige, einen inhaltlich gereiften Entwurf zur Abstimmung zu stellen.[474] Ein weit verbreiteter Tenor lautet jedenfalls, dass der Verordnungsentwurf noch eingehender Diskussion und Überarbeitung bedürfe, für die man sich die entsprechende Zeit lassen müsse.[475]

Allerdings lässt sich auch dieser Argumentationsstrang entkräften: Jede, auch die berechtigte, inhaltliche Detailkritik kann mitnichten darüber hinwegtäuschen, dass das GEKR gerade kein über das Knie gebrochenes Produkt einer aktuellen politischen Stimmung der Kommission ist. Vielmehr ist es als der vorläufige Höhepunkt einer schon länger andauernden Entwicklung des europäischen Vertragsrechts, die mit der Mitteilung der Kommission aus dem Jahr 2001 ihren Anfang nahm[476], anzusehen. Inhaltlich ist nicht zu verkennen, dass das GEKR auf dem CISG, den PECL und dem DCFR basiert, womit dessen Entwicklung nicht nur in der tatsächlich relativ kurzen Zeitspanne zwischen feasibility study und GEKR bzw. DCFR und GEKR bestand, sondern hierhinter vielmehr mehrere Jahre unterschiedlicher Arbeiten zur Kauf- und Vertragsrechtsvereinheitlichung im Allgemeinen stehen.[477] Aus diesem Grund ist das GEKR auch kein gänzlich unbefangenes Regelungswerk. Im Gegenteil können und werden die Erfahrungswerte mit dem CISG, dem DCFR und der Rechtsprechung des EuGH die Auslegung des GEKR zumindest bis zu einem gewissen Grad determinieren.[478] In Anbetracht dessen

---

472 *Eidenmüller / Jansen / Kieninger / Wagner / Zimmermann*, JZ 2012, 269, 271 f.

473 *Jansen*, ZEuP 2012, 741, 746; *Riesenhuber*, EWS 2012, 7 f.

474 *Mansel*, WM 2012, 1253, 1255; *Faust*, BRJ 2012, 123, 134; kritisch zu den zeitlichen Vorgaben bereits vor Veröffentlichung des Verordnungsentwurfs *Riesenhuber*, JZ 2011, 537, 539 ff. und *Doralt*, RabelsZ 75 (2011), 260, 275 ff.

475 U. a. *Eidenmüller / Jansen / Kieninger / Wagner / Zimmermann*, JZ 2012, 269, 289.

476 KOM(2001) 398 endg.

477 *Zoll*, ZEuP 2012, 859, 861, m. w. N.

478 *Maurer*, ZVertriebsR 2012, 88, 103.

entlarvt sich das „Zeit-Argument“ zu Lasten der Kommission als Trugschluss: Natürlich ist der Kommission mit der Einführung des GEKR an einem politischen Erfolg gelegen; politische Erfolge werden nun einmal von jeder politischen Instanz angestrebt. Allerdings ist nicht zu erwarten, dass sie Interesse daran hat, ein inhaltlich unausgegorenes GEKR einzuführen, das aufgrund seiner Defizite als optionales Instrument nicht erfolgreich sein wird. Hiermit würde sich der zunächst erzielte politische Erfolg nämlich in sein Gegenteil umkehren. In einem solchen Fall wäre, entgegen anders lautender Befürchtungen[479], auch kaum damit zu rechnen, dass der europäische Gesetzgeber versuchen würde, das GEKR gerade aufgrund seiner Erfolglosigkeit in ein zwingendes Regime umzuwandeln oder künftig als Referenztext für weitere Maßnahmen auf dem Gebiet des Privatrechts heranzuziehen.

Hier wird nun die Ähnlichkeit zum Diskurs um das SModG seinerzeit offensichtlich: Wie beim SModG wird dem GEKR attestiert, dass die Realisierung des Projekts zu schnell erfolge. Die Entwicklung sei viel zu schnell vorangetrieben worden, was jeweils zu unausgegorenen Ergebnissen geführt habe. Dabei basieren beide Vorhaben auf umfangreichen Vorarbeiten, auf die zur Ausarbeitung des jeweiligen ersten Entwurfs zurückgegriffen wurde. Wie es beim SModG der Fall war, wird beim GEKR eine weitere ausführliche Diskussion ohne zeitlichen Druck zur Verbesserung des Entwurfstextes gefordert, damit dieser Verwirklichungsreife erlangen kann. Hierbei muss man sich nun vor Augen halten, was beim SModG aus dieser Kritik wurde: Es war abzusehen, dass der politische Gestaltungswille derart stark war, dass zum 01.01.2002 auf jeden Fall ein entsprechendes Gesetz Realität würde. Daher setzte sich neben der Fundamentalopposition gegen das Projekt eine zweite Art seiner Behandlung in Gang, die dazu führte, dass dessen erster Entwurf, der – wie unstreitig auch der erste Entwurf des GEKR – in der Tat einige inhaltliche Schwächen enthielt, mit einem großen Kraftakt unter Beteiligung der Rechtswissenschaft innerhalb relativ kurzer Zeit in wesentlichen Zügen überarbeitet wurde, was in einem Gesetz mündete, das zum größten Teil heute noch so in Kraft und von Rechtswissenschaft und -praxis akzeptiert ist. Mit diesem Ergebnis hat sich das „Zeit-Argument“ beim SModG nun aber selbst widerlegt und so seine primär taktische Prägung zur Verhinderung des Projekts offenbart. Somit muss sich die Frage auftun, wieso das, was beim SModG funktioniert hat, nicht auch

479 So z. B. *Ackermann* in Remien / Herrler / Limmer, Gemeinsames Europäisches Kaufrecht für die EU?, S. 49, 66; *Lorenz*, AcP 212 (2012), 702, 847; *Wernicke / Groß* in Hahn, Gemeinsames Europäisches Kaufrecht – Moderner Ansatz oder praxisferne Vision?, S. 157, 158 f.

beim GEKR zu bewerkstelligen sein soll. Obgleich es mittlerweile auch zahlreiche Beiträge zum GEKR gibt, die sich mit seinem Inhalt oder mit bestimmten Punkten hiervon auseinandersetzen[480], so ist der Grundtenor doch größtenteils ein negativer geblieben. Aus dieser Betrachtung zeigt sich, dass auch beim GEKR diese Argumentationslinie zum größten Teil ein taktisches Element beinhaltet. Bei genauerer Betrachtung wird klar, dass viele derer, die die Übereilung des Projekts anprangern und dessen Entschleunigung fordern, hierdurch in Wirklichkeit versuchen, ihr Spiel gegen das GEKR über die Zeit zu bringen.

Der maßgebliche Unterschied zwischen SModG und GEKR in Hinblick auf die zeitliche Kritik besteht demnach in dem politischen Gestaltungsdruck und der politischen Gestaltungsmacht: Diese waren beim SModG so groß, dass sich die Wissenschaft zur produktiven Mitarbeit veranlasst sah und das Projekt zur Zufriedenheit der meisten gestemmt wurde. Beim GEKR sind diese beiden Faktoren geringer bemessen, weshalb der Anlass zur produktiven Fortentwicklung hier geringer scheint als einst beim SModG. Dabei hat letzteres aber gerade gezeigt, dass im Rahmen eines vertragsrechtlichen Gesetzgebungsvorhabens die Weiterentwicklung eines noch defizitären Erstentwurfs zu einem tragfähigen Endprodukt innerhalb einer angemessenen Zeitspanne möglich ist; sie muss nur gewollt sein.

c) Argumentationsstrang 3: „Rechtsunsicherheit“

Die dritte große und im Wesentlichen parallel zwischen SModG[481] und GEKR verlaufende Argumentationslinie ist die, dass mit der Umsetzung des Vorschlags ein nicht tragbarer Zustand der Rechtsunsicherheit eintreten werde. Diese ist im Kontext an der soeben dargestellten Kritik an der Geschwindigkeit der Umsetzung der Projekte zu sehen. Gegen das SModG wurde argumentiert, dass die kurze Zeit, die der Rechtspraxis zur Einarbeitung zugestanden wurde, massive Kosten für öffentliche Hand, Wirtschaft und Anwaltschaft verursachen werde, für letztere insbesondere auch hohe Haftungsrisiken, die letztlich auf die Bürger bzw. Mandanten umgelegt würden. Der gesamte Rechtsverkehr, einschließlich der Justiz, würde durch die notwendige rasche Einarbeitung in das neue Schuldrecht überfordert, weshalb diese Rechtsunsicherheit für einen längeren Zeitraum entstehen würde. Mit ursächlich dafür seien fehlende Materialien und Rechtsprechung für die neuen Regelungen. Diese Befürchtungen haben sich im Nachhinein aber nicht bestätigt. Innerhalb des Zeitraums etwa eines halben Jahrzehnts wurden die gewichtigsten

480 Beispielhaft hierfür *Looschelders*, AcP 212 (2012), 581 ff.; *Lorenz*, AcP 212 (2012), 702 ff.; *Schulze* (Hrsg.), Common European Sales Law (CESL) – Commentary.

481 Vgl. hierzu Kap. 3, § 2, A., I., 2., a).

Fragen, die sich durch die Änderung des Schuldrechts ergaben, einer höchstrichterlichen Rechtsprechung zugeführt.[482] Begünstigt wurde die rasche Bewältigung der novellierten schuldrechtlichen Systematik auch durch Rückgriffe auf Rechtsprechung und Literatur zum alten Schuldrecht in angemessenem Umfang.[483]

Auch das GEKR trifft die Kritik, durch seine Einführung werde ein nicht tolerabler, schon weil wirtschaftlich nicht vertretbarer Zustand der Rechtsunsicherheit generiert. Es werde ein „Jahrzehnt der Rechtsunsicherheit"[484] geschaffen, weshalb man aus anwaltlicher Perspektive seinen Mandanten von der Wahl des GEKR abraten müsse.[485] Diese Rechtsunsicherheit entstehe mit Einführung des GEKR dadurch, dass der Eintritt der Geltung einer neuen Kodifikation bzw. eines kodifikationsähnlichen Gesetzestextes zugleich die richterrechtlichen Konkretisierungen für die bestehenden Rechtsordnungen vernichte. Die Erarbeitung neuer Konkretisierungen für das GEKR sei daher sogar mit steigenden Transaktionskosten verbunden.[486] Es schaffe Rechtsunsicherheit vor allem durch die vielfache Verwendung unbestimmter Rechtsbegriffe und Generalklauseln, die erst im Zuge von Vorlageverfahren Stück für Stück vom EuGH ausgefüllt werden müssen. Das Primat der autonomen Auslegung in Art. 4 GEKR verstärke die hierdurch entstehende Unsicherheit mangels Planbarkeit der richterrechtlichen Ausgestaltung in einem insbesondere für die Unternehmer unverhältnismäßigem Ausmaß.[487] Darüber hinaus sei schon zu bezweifeln, ob der EuGH im Rahmen des Vorlageverfahrens nach Art. 267 AEUV überhaupt in der Lage ist, eine einheitliche Auslegung zu gewährleisten und eine gefestigte Rechtsprechung zum GEKR herauszubilden.[488] Auch die externen Regelungslücken, obwohl sie zu einem gewissen Teil unvermeidbar sind[489], sowie die inhaltlichen Mängel würden die Anwendung des GEKR

---

482 Vgl. *Graf von Westphalen*, BB 2008, 2 ff.; *Lorenz*, NJW 2007, 1, 8.

483 *Schmidt-Räntsch*, ZJS 2012, 301.

484 *Herresthal* in Hahn, Gemeinsames Europäisches Kaufrecht – Moderner Ansatz oder praxisferne Vision?, S. 83, 109.

485 *Palige* in Hahn, Gemeinsames Europäisches Kaufrecht – Moderner Ansatz oder praxisferne Vision?, S. 149 ff.

486 *Grigoleit* in Remien / Herrler / Limmer, Gemeinsames Europäisches Kaufrecht für die EU?, S. 67, 70.

487 *Mansel*, WM 2012, 1309, 1321.

488 *Müller-Graff* in Schmidt-Kessel, Ein einheitliches europäisches Kaufrecht?, S. 51, 67 f.; *Grigoleit* in Remien / Herrler / Limmer, Gemeinsames Europäisches Kaufrecht für die EU?, S. 67, 70 ff.; *Balthasar*, RIW 2012, 361, 366 f.

489 *Gsell* in Remien / Herrler / Limmer, Gemeinsames Europäisches Kaufrecht für die EU?, S. 145, 158.

weit weniger planbar machen, als dies sonst bei neuen Rechtstexten der Fall sei.[490] Wie zuvor beim SModG sollte demnach in den Augen vieler Kritiker schon aus Gründen der Rechtssicherheit vom Erlass des GEKR abgesehen werden.

Allerdings lässt sich auch dieser Argumentationsstrang gegen die Einführung des GEKR inhaltlich entkräften. Selbstverständlich müsste sich die Rechtspraxis durch die Arbeit mit dem GEKR an dessen neue Regelungen anpassen und dessen Inhalt sich durch die Auslegung der nationalen Gerichte und des EuGH entwickeln. Dies dauert, wie man auch aus den Erfahrungen mit dem SModG sehen kann, eine gewisse Zeit und ein so genanntes „Jahrzehnt der Rechtsunsicherheit" ist durchaus absehbar. Allerdings ist ein gewisses Ausmaß von Rechtsunsicherheit bei Einführung eines neuen Regelungsregimes zwangsläufig mit diesem verbunden. Bei der Einführung neuer Regeln liegt es in der Natur der Sache, dass die Rechtspraxis sich auf diese einstellen muss und sie schrittweise einer Auslegung durch die verschiedenen gerichtlichen Instanzen, mitunter beeinflusst durch rechtswissenschaftliche Publikationen, zugeführt werden. Das Argument der Rechtsunsicherheit kann somit keineswegs als „Totschlagargument" gegen das GEKR angeführt werden. Vielmehr ist zu ermitteln, ob das Maß an Rechtsunsicherheit, das die Einführung des GEKR mit sich brächte, in einem angemessenen Verhältnis zu den Vorteilen steht, die sie bieten würde. Hierbei ist zunächst festzuhalten, dass die Rechtsunsicherheit im Rahmen der Vertragsrechtsharmonisierung durch ein optionales Instrument wie dem GEKR weit weniger beeinträchtigt würde als bei einer Vollharmonisierung. Als ein solches löst es nämlich innerhalb seines Anwendungsbereichs unmittelbar keinen weiteren Rechtsetzungsbedarf aus, während bei einer Vollharmonisierung stets zu hinterfragen ist, ob die vorhandenen bzw. verbleibenden nationalen Regelungen nicht im Widerspruch zu den Ergebnissen stehen, die durch die Rechtsetzungsmaßnahme erreicht werden sollen.[491] Hinzu kommt, dass auch wenn Art. 4 GEKR eine autonome Auslegung gebietet, keineswegs zu erwarten ist, dass die nationalen Gerichte oder der EuGH in Anbetracht ihrer bisherigen Rechtsprechung auf dem Gebiet des bis dato mindestharmonisierten Privatrechts das Rad neu erfinden werden. Es ist im Gegenteil abzusehen, dass sie auf die vorhandenen Forschungsergebnisse und Rechtsprechung, insbesondere des EuGH, zu DCFR, CISG und den verbraucherrechtlichen Richtlinien zurückgreifen und diese hierdurch die Auslegung des GEKR zu

490 *Eidenmüller / Jansen / Kieninger / Wagner / Zimmermann*, JZ 2012, 269, 288.

491 *Herresthal* in Hahn, Gemeinsames Europäisches Kaufrecht – Moderner Ansatz oder praxisferne Vision?, S. 83, 108 f.

einem nicht unwesentlichen Teil determinieren werden.[492] Auch ist das Problem der Rechtsunsicherheit der Kommission durchaus bewusst, weshalb sie sich um flankierende Maßnahmen bemüht, insbesondere auf dem Gebiet der außergerichtlichen Streitbeilegung.[493] Hinzu kommt, dass auch wenn prozessrechtliche Reformen der europäischen Zivilgerichtsbarkeit im Rahmen der Einführung des GEKR mit Sicherheit notwendig sind, um eine kohärente Auslegung des GEKR sowie einen angemessenen Rechtsschutz für dessen Nutzer zu gewährleisten[494], nicht ersichtlich ist, inwiefern die letztlich entscheidende Auslegung des GEKR durch den EuGH im Zuge des Vorabentscheidungsverfahrens nach Art. 267 AEUV – oder besser durch ein neu zu schaffendes Verfahren, bei dem der EuGH zur echten Revisionsinstanz wird – die nationalgerichtliche Rechtsprechung „destabilisieren" soll.[495] Es liegt hingegen gerade in der Natur der Sache, dass ein höherrangiges Gericht die Entscheidung eines unterrangigeren Gerichts revidieren kann. In Bezug auf das verbraucherrechtliche Richtlinienrecht ist dies in der Vergangenheit auch schon oft durch den EuGH geschehen.[496] Wenn der EuGH nun aber die Auslegung des umgesetzten Richtlinienrechts in den Mitgliedsstaaten im Zuge des Vorabentscheidungsverfahrens bestimmt, spricht nichts dagegen, wenn er ebenfalls die Auslegung des GEKR durch die mitgliedsstaatlichen Gerichte im Streitfall determiniert. Treten vor diesem Hintergrund, wie von den Kritikern befürchtet, Kapazitätsprobleme beim EuGH auf, sind diese selbstredend zu beheben. Es ist somit zu konstatieren, dass mit Einführung des GEKR tatsächlich ein gewisses Maß an Rechtsunsicherheit eintreten wird. Dieses unterscheidet sich jedoch nicht wesentlich von dem anderer legislativer Maßnahmen auf dem Gebiet des Privatrechts, es ist einer solchen vielmehr inhärent. Gerade die Erfahrung mit dem SModG hat gezeigt, dass sich die entstehenden Rechtsunsicherheiten in einem für alle Beteiligten vertretbaren Zeitrahmen durch Zusammenwirken von Rechtsprechung und

492 *Maurer*, ZVertriebsR 2012, 88, 89 ff.

493 Vgl. *Reding* in Hahn, Gemeinsames Europäisches Kaufrecht – Moderner Ansatz oder praxisferne Vision?, S. 1, 6 f.

494 Hierauf, sowie auf die Frage nach der Geeignetheit des Vorabentscheidungsverfahren für das GEKR und Alternativen wird im Rahmen der materiellrechtlichen Hindernisse noch vertieft eingegangen.

495 So jedoch *Grigoleit* in Remien / Herrler / Limmer, Gemeinsames Europäisches Kaufrecht für die EU?, S. 67, 72 f.

496 Das letzte prominente Bsp. ist das Urteil zum Ersatz der Ein- und Ausbaukosten im Rahmen der Nacherfüllung bei Lieferung einer mangelhaften Sache, EuGH, Urt. vom 16.06.2011, C-65/09 und C-87/09 = NJW 2011, 2269 ff.; sehr kritisch hierzu *Lorenz*, NJW 2011, 2241 ff.

Rechtswissenschaft auflösen. Jedenfalls ist zu erwarten, dass die Vorteile durch die administrativen Harmonisierungsmöglichkeiten, die sich für die Unternehmen aus dem GEKR ergeben und ihnen den grenzüberschreitenden Handel erleichtern können, die Gefahren, die sich aus etwaigen Auslegungsdivergenzen zwischen Vetragsgestaltern, mitgliedsstaatlichen Gerichten und EuGH ergeben, überwiegen werden.[497]

Es ist festzuhalten, dass die Befürchtungen, die Rechtspraxis könne die Einführung des GEKR nicht angemessen stemmen, weitgehend identisch zu denen sind, die im Rahmen des SModG vorgebracht wurden. Auch wenn der Praxis ohne Zweifel Anstrengungen bevorstehen, so zeigen doch gerade die Erfahrungen mit dem SModG, dass sie in der Lage ist, diese zu meistern. Das Argument der Rechtsunsicherheit gegen das GEKR sollte daher nicht überbewertet werden und ist somit letztlich nicht tragfähig.[498] Auch hier gilt: Sieht man das Setzen neuen Rechts als zu belastend für dessen Anwender an, so dürfte als logische Schlussfolgerung auf diesem Gebiet gar kein neues Recht mehr gesetzt werden – auch wenn Bedarf hierfür besteht.

d) Zusammenfassung

Zusammenfassend ist festzustellen, dass die drei wesentlichen Argumente, dic gegen das GEKR vorgebracht werden, weitestgehend parallel schon gegen das SModG eingewandt wurden. Hierdurch lässt sich die These aufstellen, dass die drei Argumentationslinien „kein Bedarf", „zu schnell" und „Rechtsunsicherheit" letztlich eine Art Standardargumente darstellen, die sich im Prinzip auf jedes kodifikatorische und kodifikationsähnliche Gesetzgebungsvorhaben übertragen lassen und daher für sich genommen nicht in der Lage sind, entscheidend gegen ein solches zu sprechen. Veranschaulichen lässt sich dies, indem man diese Argumentationen auf den Entstehungsprozess des BGB überträgt: Einen wirklichen Bedarf hat es für ein BGB nicht gegeben, als die Arbeiten hieran begannen. Die reichsweit zersplitterte Rechtsetzung und Rechtsprechung funktionierte, die damaligen Juristen kamen gut damit zurecht. Das BGB war seinerzeit vor allem von überragender politischer Bedeutung mit dem Zweck, die erlangte Reichseinheit auch im Privatrecht zu manifestieren.[499] Auch die Zeitspanne, in der das BGB

497 In diesem Sinne auch *Budde / Eckhoff* in Hahn, Gemeinsames Europäisches Kaufrecht – Moderner Ansatz oder praxisferne Vision?, S. 113, 131.

498 In diesem Sinne auch *Herresthal* in Hahn, Gemeinsames Europäisches Kaufrecht – Moderner Ansatz oder praxisferne Vision?, S. 83, 109.

499 Vgl. zur Entstehung *Schulte-Nölke*, NJW 1996, 1705 ff.

letztlich entstanden ist, stellt sich im Kontext der Dauer, die beim SModG und beim GEKR zwischen Beginn der jeweiligen frühen Vorarbeiten und der jeweils ersten Entwurfsfassung vergangen sind, in Relation zu deren deutlich geringerem Umfang im Vergleich zum BGB, als äußerst gering dar. In Anbetracht der Regelungsweite des BGB und der Tatsache, dass es keine umfassenden vorhergehenden Projekte oder Arbeiten gab, fand dessen Entwicklung letztlich recht zügig statt. Betrachtet man nun die richterrechtlichen Korrekturen bzw. Ergänzungen schon kurz nach Inkrafttreten, man nehme nur die culpa in contrahendo und die positive Vertragsverletzung, könnte man auch den Schluss ziehen, die Entwicklung des BGB muss übereilt vonstatten gegangen sein. Ebenfalls konnte man die durch die Einführung des BGB zu erwartende Rechtsunsicherheit anprangern. Zwischen Verkündung und Inkrafttreten vergingen hier zwar knapp dreieinhalb Jahre, womit Wissenschaftler und Praktiker eine gewisse Zeit zur Einarbeitung in die neue Materie hatten. Dies ändert jedoch nichts daran, dass die Auslegung durch die Rechtsprechung naturgemäß erst nach Inkrafttreten des BGB begann, insbesondere durch die Herausbildung richterrechtlicher Rechtsinstitute. Auch kann in Anbetracht von SModG und GEKR eine fehlende oder zu geringe Einarbeitungszeit kein Argument sein: Während sie beim SModG ersichtlich nicht zu schwerwiegenden Problemen geführt hat, besteht beim GEKR aufgrund seiner optionalen Natur schon kein faktischer Umsetzungsdruck für die Praxis, womit die Anwender den ihrer Meinung nach notwendigen Einarbeitungszeitraum selbst bestimmen können.

Die Übertragung dieser Argumentationsstränge auf das historische BGB ist demnach unproblematisch möglich. Heutzutage herrscht aber größtenteils Einigkeit darüber, dass gerade das BGB das große kodifikatorische Werk der jüngeren kontinentalen Rechtsgeschichte darstellt. Deswegen wird heute kaum ein deutscher Jurist seine Einführung bedauern, obwohl man dem BGB ankreiden konnte, es gäbe dafür keinen Bedarf, es komme zu schnell und führe zu Rechtsunsicherheit. Dieses Beispiel belegt daher die These, dass sich diese Standardargumente gegen jedes kodifikatorische Gesetzgebungsvorhaben vorbringen lassen, was sie aufgrund der bisherigen Erfahrungen mit den vollzogenen Gesetzgebungen als an sich nicht geeignet zeigt, entscheidend gegen künftig zu realisierende Projekte wie dem GEKR zu sprechen. Im Gegenteil entlarven sie sich als natürlicher Reflex derer, die den Status quo erhalten wollen, gleich aus welcher Motivation heraus. Die Konsequenz dieser Feststellung ist, dass ein gewichtiger Anteil der Gestalter des rechtswissenschaftlichen Diskurses die Art und Weise ihrer Einflussnahme hinterfragen und sodann überdenken sollten: Der wissenschaftliche Diskurs über zivilrechtliche Rechtsetzungsprojekte muss in ehrlicherer Weise geführt werden.

Er muss näher am jeweiligen Projekt selbst stattfinden. In den Mittelpunkt dürfen nicht an das konkrete Projekt angepasste Standardargumente zu dessen präventiver Verhinderung gerückt werden. Stattdessen muss der Diskurs primär auf zwei Aspekte gerichtet sein: Die Abwägung der realen potentiellen Vor- und Nachteile, die eine Verwirklichung des Projekts mit sich bringen kann und die produktive spezifische Arbeit an inhaltlichen Defiziten, um das Potential, dass dem Gesetzeswerk innewohnt, möglichst im vollen Umfang auszuschöpfen. Das GEKR in seiner Ausgestaltung als optionales Instrument könnte hierfür Vorreiter sein: Es könnte zeigen, dass die positiv gesinnte ehrliche Arbeit an einem solchen Vorhaben Früchte tragen und innerhalb eines angemessenen Zeitrahmens ein brauchbares Instrument geschaffen werden kann, das von der Praxis angenommen wird. Wird es dies letztlich doch nicht, ist hierdurch kein weiterer Schaden bereitet – es wird schlicht nicht gewählt.

2. *Parallelen zur SPE*

a) Ähnlichkeiten des Diskurses

Nicht nur der Diskurs im Rahmen des SModG, sondern auch derjenige um die SPE-VO weist erhebliche Parallelen zu dem um das GEKR auf. Zwar fällt der Tenor aus der Wissenschaft in Bezug auf die SPE-VO in der Summe positiver aus als hinsichtlich des GEKR. Allerdings wird, wie bereits dargelegt, auch bei diesem mitunter die soeben als „Standardargument“ entlarvte Kritik des nicht vorhandenen Bedarfs entgegengestellt.[500] Auch sind sich die Mitgliedsstaaten bewusst, dass sie durch das Einstimmigkeitserfordernis dazu in der Lage sind, das Projekt dauerhaft verhindern zu können. Ist dies der Wunsch, reicht es also aus, auf Standpunkten zu beharren, die mit den gesellschaftsrechtlichen Vorstellungen anderer Mitgliedsstaaten unvereinbar sind. Daher gibt es auch in diesem Diskurs ein primär taktisch geprägtes Element.

Es sind aber auch spezifische Parallelen bei der Kritik sowohl an der SPE-VO als auch am GEKR vorhanden. So wie die angedachte Eignung der SPE als eine Art „Gütesiegel“ für potentielle Vertragspartner künftiger in dieser Rechtsform organisierter Unternehmen angezweifelt wird[501], werden beim GEKR die Idee und der Nutzen des „blue button“ als Einwahlmöglichkeit des Verbrauchers in ein vertrauenswürdiges und für ihn vorteilhaftes Kaufrechtsregime in Frage

500 Vgl. Kap. 3, § 2, II., 2., b).
501 Vgl. *Culmann*, Die Societas Privata Europaea in der Krise, S. 20.

gestellt[502]. Weiter entspricht die Unfähigkeit der Kompromissfindung der Mitgliedsstaaten in der Frage der Ausgestaltung der SPE-VO der Erhebung der Subsidiaritätsrügen gegen den Verordnungsentwurfs zum GEKR, da beides die Uneinigkeit der maßgeblichen politischen mitgliedsstaatlichen Instanzen in Bezug auf das jeweilige Projekt und den mangelnden Gestaltungswillen zur Fortschreibung der Privatrechtsvereinheitlichung auf Unionsebene repräsentiert.

Der auffallende Unterschied zwischen den juristischen Debatten besteht darin, dass bei näherer Betrachtung die Rollen zwischen Wissenschaft und Politik vertauscht sind. Die SPE-VO ist von Seiten der Rechtswissenschaft größtenteils gewünscht und der Diskurs dreht sich dort hauptsächlich um die inhaltliche Ausgestaltung, also um das „Wie" der SPE. Die ausbleibenden Kompromissbestrebungen seitens der Mitgliedsstaaten manifestieren hingegen, dass es seitens der Rechtspolitik weiterhin um das „Ob" einer SPE geht. Beim Diskurs um das GEKR sieht dies anders aus. Hier ist es gerade die Wissenschaft, die z. T. emotional über den Bedarf, also über das „Ob" des GEKR streitet, während seitens der Politik, insbesondere der europäischen Instanzen, der Wille zum Erlass erkennbar ist und an Revisionen des Verordnungsentwurfs gearbeitet wird, hier also das „Wie" im Mittelpunkt steht. Diese Tatsache begründet sich z. T. auch durch die unterschiedlichen Verfahrensvoraussetzungen, die Art. 114 AEUV für das GEKR und Art. 352 AEUV für die SPE-VO mit sich bringen. Vor diesem Hintergrund ist es insbesondere interessant zu betrachten, wie statistische Erhebungen, die die Kommission zur Begründung ihrer Verordnungsentwürfe anführt[503], durch die wissenschaftliche Mehrheitsmeinung bewertet werden: Ist ein Gesetzesvorhaben seitens der Literatur mehrheitlich gewünscht, wie dies bei der SPE der Fall ist, werden die ihm zu Grunde liegenden Umfragen in der Regel unkommentiert zur Untermauerung der eigenen positiven Stellungnahme übernommen.[504] Ist die Literatur größtenteils negativ eingestellt, wie dies beim GEKR der Fall ist, so wird weit

502 Schon *Doralt*, AcP 211 (2011), 1, 13 ff.; *Gerd Billen*, Vorstand des Verbraucherzentrale Bundesverbandes bei der Anhörung der Konferenz der Justizministerinnen und Justizminister am 24.05.2012 in Frankfurt am Main, bei der der Autor zugegen war;

503 Für die SPE KOM(2008) 394 endg.; für das GEKR Flash Eurobarometer Nr. 320 und Nr. 321.

504 Beispielhaft *Hadding / Kießling*, WM 2009, 145; *Arbeitskreis Europäisches Unternehmensrecht*, NZG 2008, 897; *Fleischer*, ZHR 174 (2010), 385, 394 f.; *Peters / Wüllrich*, NZG 2008, 807; *Salomon*, Regelungsaufträge in der Societas Privata Europaea, S. 15 f.

verbreitet schon die Belastbarkeit dieser Studien angezweifelt.[505] Ein qualitativer Unterschied zwischen den Erhebungen, die der SPE-VO zu Grunde liegen und denen, auf denen der Vorschlag des GEKR fußt, ist dabei schlichtweg nicht feststellbar. Dieser Vergleich untermauert erneut die Interpretationsfreiheit, die empirische Studien sowohl Befürwortern als auch Kritikern eines solchen Projekts bieten und mithin, dass negativ intonierte Interpretationen jener Erhebungen nicht ausreichend sein können, um dem Gesetzesvorhaben seinen Nutzen abzusprechen, solange man aus ihnen herauslesen kann, dass vielleicht ein mehrheitlicher Bedarf noch nicht erkannt ist, ein gewisser Bedarf bei einem Teil der potentiell Betroffenen jedoch besteht und sich somit ein Nutzen mit weiterer Ausstrahlungswirkung bei Verwirklichung des Projekts entfalten kann, so wie dies sowohl bei der SPE-VO als auch beim GEKR der Fall ist.

Der SPE-VO und dem GEKR ist jedenfalls gleich, dass beide ambitionierte Vorhaben äußerst progressiver Natur auf dem Gebiet der europäischen Privatrechtsangleichung sind, deren Realisierung durch ihre Rezeption und Behandlung auf Ebene von Rechtswissenschaft und -politik allerdings in erheblichem Maße beeinträchtigt wird.

b) Bedeutung für die Fortentwicklung des GEKR

Es drängt sich die Frage auf, in welchem Maße die Behandlung und die daraus resultierende Fortentwicklung, die die SPE-VO seit der Veröffentlichung ihres ersten Entwurfs erfahren hat, Auswirkungen auf die des GEKR hat und welche Lehren hieraus gezogen werden können. Wie schon aufgezeigt[506], zielt die bis dato vollzogene Evolution der SPE-VO darauf ab, die Kompromissbereitschaft zwischen den Mitgliedsstaaten herzustellen, um die zur Verabschiedung notwendige Einstimmigkeit im Rat herbeizuführen. Allerdings führte dies dazu, dass inhaltliche Bestimmungen aus dem Verordnungstext ausgegliedert und dem einschlägigen mitgliedsstaatlichen Recht unterstellt wurden. Hierdurch können Einigungen zwischen den Mitgliedsstaaten zwar wahrscheinlicher werden, durch seine Entwicklung, die sich vom Vollstatut entfernt, läuft die SPE-VO allerdings Gefahr,

505 *Riesenhuber*, EWS 2012, 7, 12; *Ackermann* in Remien / Herrler / Limmer, Gemeinsames Europäisches Kaufrecht für die EU?, S. 49, 53 f.; *Dirk Palige*, Geschäftsführer des Zentralverbands des Deutschen Handwerks bei der Anhörung der Konferenz der Justizministerinnen und Justizminister am 24.05.2012 in Frankfurt am Main, bei der der Autor zugegen war; *Eidenmüller / Jansen / Kieninger / Wagner / Zimmermann*, JZ 2012, 269, 286.

506 Vgl. Kap. 3, § 2, A., II., 2., b).

an Nutzen einzubüßen und ihr Ziel zu verfehlen, eine einheitliche europäische Gesellschaftsform zur Verfügung zu stellen, die insbesondere für KMU attraktiv ist.[507] Dadurch hat man sich mit dem Ziel „Kompromissbereitschaft zu erlangen" von einem wahren Kompromiss entfernt und muss hinterfragen, ob eine SPE in dieser Form für den europäischen Rechtsverkehr noch einen tatsächlichen Mehrwert bringt.

Beim GEKR droht nun in ähnlicher Weise, dass die Fortentwicklung, die primär der tatsächlichen Realisierung des Projekts dienen soll, die Gefahr mit sich bringt, seinen tatsächlichen Nutzen zu Gunsten einer besseren politischen Durchsetzbarkeit zu schmälern. Der erste Entwurf einer inhaltlichen Revision des Verordnungsentwurfs seitens des europäischen Gesetzgebers wurde mit dem am 18.02.2013 veröffentlichten und 117 Seiten[508] umfassenden Berichtsentwurf des Rechtsausschusses des Europäischen Parlaments präsentiert.[509] Neben vielen kleineren Änderungen zur Erreichung einer stringenteren Formulierung des Gesetzes bestehen die augenscheinlichsten Modifikationen u. a. in einer Beschränkung des sachlichen Anwendungsbereichs auf Fernabsatzverträge[510] bei gleichzeitiger Ausdehnung auf typengemischte Verträge, sofern der nicht kaufrechtliche Teil sachlich und preislich abgrenzbar ist und auf solche Kaufverträge, die mit einer Kaufpreisfinanzierung verbunden werden, in der expliziten Ausdehnung des Verbraucherbegriffs auf solche gemischten Geschäfte, bei denen der unternehmerische Anteil nicht überwiegt sowie der ausdrücklichen Einbeziehung des Cloud Computing. Die Aufhebung der Aufteilung in „Chapeau-Verordnung" und eigentlichen Gesetzestext in deren Anhang – d. h. die Verschmelzung von GEKR-VO und GEKR –, die Klarstellung im Gesetzestext, welche Rechtsmaterien vom GEKR inhaltlich umfasst werden und welche nicht im neuen Art. 11a GEKR, und klärende Regelungen zur kollisionsrechtlichen Einordnung der Wahl des GEKR bezwecken hauptsächlich eine bessere Übersicht und eine einfachere Handhabbarkeit des Gesetzes. Wesentliche kaufrechtlich-inhaltliche Veränderungen liegen in der Möglichkeit der Vereinbarung eines Eigentumsvorbehalts in Art. 91a GEKR, der Besserstellung des Verkäufers bei b2c-Geschäften, indem die sofortige Rücktrittsmöglichkeit des Verbraucherkäufers bei Lieferung einer mangelhaften Sache

---

507 So auch *Schumacher / Stadtmüller*, GmbHR 2012, 682, 686.

508 Die deutsche Übersetzung wurde am 06.03.2013 veröffentlicht und umfasst 127 Seiten.

509 COM(2011)0635 – C7-0329/2011 – 2011/0284(COD); Berichterstatter waren *Klaus-Heiner Lehne* (D/EVP) und *Luigi Berlinguer* (I/S&D).

510 Vgl. *Lörcher / Petersen*, NJW-aktuell 11/2013, S. 16.

abgeschwächt wird – jedoch nicht durch die Festschreibung eines Rechts zur zweiten Andienung, sondern durch drei alternative Regelungsvorschläge: die Beschränkung des sofortigen Rücktrittsrechts des Käufers auf einen Zeitraum von sechs Monaten ab Gefahrübergang, die Beschränkung auf eine angemessene Frist ab Erkennen des Mangels und eine Beibehaltung des sofortigen Rücktrittsrechts, jedoch mit der Verpflichtung zum Nutzungsersatz[511] – und in der gesonderten Normierung der Rückabwicklung bei Verträgen über digitale Inhalte. In der Begründung des Berichtsentwurfs wird betont, dass dieser keine vollständige Revision des ursprünglichen Verordnungsentwurfs darstellt, sondern vielmehr die Diskussion über die wesentlichen Punkte, die vom Europäischen Parlament als verbesserungswürdig angesehen werden, vorantreiben soll.[512]

Bemerkenswert ist, dass mit dieser ersten Evolutionsstufe an essentiellen Kritikpunkten, die in der Literatur gegen das GEKR vorgebracht wurden, vorbei gearbeitet wurde und stattdessen z. T. Änderungen vorgenommen wurden, die sich in der Praxis kaum auswirken werden. Am evidentesten zeigt sich dies in Hinsicht auf den Anwendungsbereich des GEKR: Während in der Literatur nahezu durchgehend kritisiert wird, dass der persönliche Anwendungsbereich ohne tieferen Sinn und in nicht praktikabler Weise bei b2b-Geschäften auf „b2KMU"-Geschäfte beschränkt wird, Art. 7 GEKR-VO,[513] wird hieran nichts geändert und stattdessen der sachliche Anwendungsbereich auf Fernabsatzverträge beschränkt, Art. 5 Abs. 1 GEKR-VO n. F. Diese Änderung wird allerdings kaum praktische Auswirkungen haben, da das GEKR ohnehin hauptsächlich auf E-Commerce ausgelegt ist und hier sowieso den allergrößten Teil seiner Anwendungsfälle gefunden hätte.[514] Hinzu kommt, dass durch diese Einschränkung, wenn auch nur geringfügig, letztlich wieder die Einsparungsmöglichkeiten bei den Transaktionskosten für die Unternehmer reduziert werden, da sie nunmehr nicht mehr alle Kaufverträge mit grenzüberschreitendem Bezug dem GEKR unterwerfen können. Die Begründung, dass das GEKR ein ideales Instrument für den Fernabsatz darstelle

---

511 Vgl. *Lörcher / Petersen*, NJW-aktuell 11/2013, S. 16.

512 COM(2011)0635 – C7-0329/2011 – 2011/0284(COD), S. 122 (dt. Fassung) / S. 113 (engl. Fassung).

513 U. a. *Wendehorst* in Schulze, Common European Sales Law (CESL) – Commentary, Art. 7 CESLR, Rn. 19 ff.; *Stadler*, AcP 212 (2012), 473, 489 f.; *Budde / Eckhoff* in Hahn, Gemeinsames Europäisches Kaufrecht – Moderner Ansatz oder praxisferne Vision, S. 113, 116 f.; *Pfeiffer* in Remien / Herrler / Limmer, Gemeinsames Europäisches Kaufrecht für die EU?, S. 35, 38; *Eidenmüller / Jansen / Kieninger / Wagner / Zimmermann*, JZ 2012, 269, 275; *Mansel*, WM 2012, 1253, 1260.

514 So auch *DAV*, Stellungnahme zum Berichtsentwurf, S. 5.

und dieser somit gleichsam als ein Versuchsfeld für das GEKR dienen solle, auf dessen Basis man künftig eine Ausweitung des Anwendungsbereichs diskutieren könne[515], erscheint vor diesem Hintergrund als nicht tragfähig.[516] Andere Problemfelder, insbesondere das Ausmaß des Verbraucherschutzes, wurden kaum merklich tangiert: Die überbordenden vorvertraglichen Informationspflichten blieben identisch, das sofortige Rücktrittsrecht des Verbraucherkäufers wurde nur in einer Weise abgeschwächt, die wahrscheinlich nur eine unwesentliche Besserstellung der Unternehmer bewirken wird.

Die Betrachtung des Berichtsentwurfs des Parlaments zeigt, dass die Entwicklung des GEKR Gefahr läuft, für dieses dieselbe Bedeutung anzunehmen, wie sie die diversen Evolutionsstufen der SPE-VO hatten: Es erscheint durchaus denkbar, dass sich auch das GEKR, wie es bereits mit der SPE-VO geschehen ist, von seinem angedachten Zweck und Nutzen weg entwickelt und somit an tatsächlichem Wert für die Praxis einbüßt. Mit dem ersten Revisionsentwurf des GEKR wurden die wesentlichen Kritikpunkte, welche die Wissenschaft gegenüber dem Verordnungsentwurf vorgebracht hat, allenfalls gestreift. Stattdessen wurden ohne politische Not neue potentielle Konfliktherde entfacht: Z.B. kann die Beschränkung auf Fernabsatzverträge, wie soeben gezeigt, den Nutzen des GEKR durch Verringerung der Möglichkeiten zur Transaktionskostenersparnis senken. Als weiteres Beispiel dient die explizite Einbeziehung von Cloud-Computing-Diensten in den Anwendungsbereich des GEKR, die erfolgt ist, obwohl die rechtsdogmatische Einordnung dieser Services unter einen bestimmten Vertragstyp nicht möglich ist: Innerhalb der Nutzung eines Cloud-Dienstes kommen immer sehr unterschiedliche Leistungsbestandteile zur Entstehung. Bspw. ist die Zurverfügungstellung von Speicherplatz als Mietvertrag zu qualifizieren, während das Bereitstellen einer bestimmten Bandbreite als Dienstleistung einzuordnen ist und andere Elemente auch werkvertraglichen Charakter haben können.[517] Die Anwendbarkeit des GEKR auf kaufvertragliche Leistungsbestandteile der Cloud erscheint daher kontraproduktiv: Dieses Rechtsgebiet ist noch hochgradig umstritten und sehr komplex, die meisten Elemente darin aus vertragstypologischer Sicht gemischter Natur. Wenn man nun das GEKR für einen gewissen Teilbereich

---

515 COM(2011)0635 – C7-0329/2011 – 2011/0284(COD), S. 123 (dt. Fassung) / S. 114 (engl. Fassung).

516 Allenfalls wenn zugleich die räumliche Beschränkung auf grenzüberschreitende Transaktionen, Art. 4 GEKR-VO, entfiele könnte dies messbare praktische Auswirkungen zeigen.

517 *Niemann / Paul*, KuR 2009, 444, 446 f.

hiervon explizit öffnet, verkompliziert man im Ergebnis damit seine Handhabung. Wenn von vornherein klar ist, dass strittig sein wird, auf welche Leistungsbestandteile der Cloud das GEKR aufgrund seiner materiellen Beschränkung auf das Kaufrecht, überhaupt und in welchem Ausmaß angewendet werden darf, dann ist diese Ausweitung seines Anwendungsbereichs nicht zielführend. Hinzu kommt, dass abzusehen ist, dass die Anwendbarkeit des GEKR auf bestimmte Cloud-Dienste wohl theoretischer Natur bleiben wird: Es ist nicht davon auszugehen, dass sich die vertragsgestaltende Praxis für eine Einwahl in das GEKR entscheiden wird, wenn sie dieses Rechtsregime ohnehin nur für einen Teil der Dienste, deren Handhabung sie vertraglich ausgestalten müssen, anwenden kann und sich dieser Anwendung aufgrund der schwierigen Qualifikation der einzelnen Cloud-Leistungen noch nicht einmal vollends sicher sein kann. Sie wird also trotz des GEKR die vertragliche Ausgestaltung der Cloud-Dienste weiter innerhalb eines einzelnen Rechtsregimes vornehmen. Eine Anwendbarkeit auf das Cloud Computing macht für ein optionales europäisches Instrument daher nur dann Sinn, wenn es das gesamte Vertragsrecht abdeckt. Solange es auf einen bestimmten Vertragstypus beschränkt ist, macht es dessen Handhabung wie nun beim GEKR in der Theorie nur unnötig kompliziert und ist in der Praxis zugleich schon gar nicht relevant, weshalb bei einem reinen Kaufrechtsinstrument wie dem GEKR im Gegenteil ein expliziter Ausschluss der Anwendbarkeit auf das Cloud Computing viel mehr Sinn machen würde. Aber gerade wegen dieser praktischen Irrelevanz ist die rechtliche Verkomplizierung dazu geeignet, das öffentliche Meinungsbild zum GEKR ins Negative zu beeinflussen. Hingegen wurden bereits bestehende Problemfelder wie bspw. das Ausmaß des Verbraucherschutzes oder die Regelungen zur Rückabwicklung[518] durch den Berichtsentwurf kaum berührt. Auch die Verschmelzung von GEKR-VO und GEKR zu einem einheitlichen Normtext ist zwar zu begrüßen, jedoch hätten Wissenschaft und Praxis diesen Schachtelaufbau durchaus handhaben können und würden ihn wohl auch gerne in Kauf nehmen, wenn dafür dringendere Korrekturen vorgenommen würden.

Die Gesamtbetrachtung dieser Beispiele illustriert, dass das GEKR sich in ähnlicher Weise zur SPE-VO fortzuentwickeln droht: Von den Bedürfnissen der Praxis, d. h. den potentiellen Anwendern weg, hin zur Konzentration auf vorher nicht vorhandene oder kaum relevante Probleme. Eine solche Entwicklung ist politisch besser zu verkaufen und somit dazu imstande, den tatsächlichen Erlass des

518 Sehr kritisch zu deren Ausgestaltung *Wendehorst* in Remien / Herrler / Limmer, Gemeinsames Europäisches Kaufrecht für die EU?, S. 189, 195 ff.; differenzierter hingegen *Looschelders*, AcP 212 (2012), 581, 671 ff.

GEKR zu fördern. Das zeigt sich gerade dadurch, dass sie vom Europäischen Parlament als demokratisch legitimiertem Legislativorgan ausgeht. Aber durch das Ignorieren der tatsächlichen Probleme für die Praxis, die sich durch den ersten Entwurf aufgetan haben, entpuppt sich diese Entwicklung letztlich als hinderlich für einen Erfolg des GEKR am Markt. Denn ein GEKR, das bis zu seinem Erlass an den Bedürfnissen der Praxis vorbei fortentwickelt wurde, wird von den Marktteilnehmern nicht durch Einwahl zur Anwendung gebracht werden. Auch wenn, wie aufgezeigt, große Teile der veröffentlichten Beiträge das GEKR nicht unvoreingenommen negativ beurteilt haben, so hat sich aus der Vielzahl der Veröffentlichungen herauskristallisiert, wo die schwerwiegendsten inhaltlichen Probleme des Verordnungsentwurfs liegen – zu Gunsten eines tatsächlichen Erfolgs des Projekts muss sich aber die Fortentwicklung des GEKR gerade auf deren Lösung konzentrieren.

III. Schlussfolgerungen

Der rechtswissenschaftliche Diskurs um das GEKR und seine rechtspolitische Fortentwicklung zeigen erhebliche Parallelen zu dem auf, was im Rahmen sowohl des SModG als auch der SPE-VO geschehen ist und, zumindest bei letzterer, weiter geschieht. Aufgrund dessen sind dem GEKR aus verfahrensrechtlicher Perspektive nur schwache Erfolgsaussichten zu bescheinigen. Diese beziehen sich weniger auf die Frage, ob das GEKR tatsächlich noch erlassen wird. Diesbezüglich ist damit zu rechnen, dass an Art. 114 AEUV als Rechtsgrundlage festgehalten und seitens der Kommission die Realisierung des Projekts vorangetrieben wird. Die mangelnden Erfolgsaussichten sind vielmehr in Hinblick auf die tatsächliche Nutzung des GEKR durch Einwahl nach dessen Erlass zu sehen. Die größtenteils vorherrschende negative Grundsatzbewertung des Projekts wird zweifelsfrei einen gewichtigen Einfluss auf dessen Annahme in der Praxis haben. Beim SModG war dessen negative Konnotation durch die Wissenschaft nach seinem Erlass letztlich ohne Bedeutung, da es seither verbindliches Recht ist und die Praxis zwangsläufig mit ihm arbeiten musste. Beim GEKR als optionales Instrument verhält es sich anders. Durch sein opt-in-Prinzip wird es nur dann ein Erfolg, wenn sich die potentiellen Anwender bewusst für seine Wahl als Rechtsregime entscheiden. An dieser Stelle wird sich aber das negative Bild, das die Wissenschaft zeichnet, auf die Rechtspraxis auswirken. Wird dieser zum Erlass ein solch nachteiliges Bild vermittelt, fällt es schwer, zu erwarten, dass ihre Motivation groß sein wird, sich der Einarbeitung in das GEKR anzunehmen, um zu versuchen die Vorteile zu genießen, deren Erreichbarkeit durch das GEKR zuvor auf breiter Fläche bestritten wurde. Aber auch die politische Fortentwicklung droht die Erfolgsaussichten des GEKR in Hinblick auf dessen tatsächliche Nutzung zu schmälern. Anstatt der Behandlung der dringendsten Probleme des ersten Verordnungsentwurfs befasst sie sich bis dato größtenteils mit Schönheitskorrekturen. Hinzu treten an einigen Stellen gar Verkomplizierungen ein und ohne Notwendigkeit wird der sachliche Anwendungsbereich in Hinblick auf die Art des Vertragsschlusses verringert. Wie bei der SPE-VO geht die Entwicklung daher aktuell an den tatsächlichen Bedürfnissen der Praxis vorbei und richtet sich hingegen primär danach aus, das GEKR an womöglich politisch brisanten Diskussionen vorbei zu schleusen – man nehme nur die Grundsatzfrage nach dem richtigen Maß des Verbraucherschutzes – um den politischen Erfolg des Erlasses zu erzielen. Hierbei wird jedoch verkannt, dass der Erlass des GEKR nur vordergründig einen politischen Erfolg darstellt: Der wahre politische Erfolg wird erst mit einem tatsächlichen Erfolg des GEKR auf dem Markt der Vertragsrechte eintreten – geht die Entwicklung jedoch in dieser Richtung weiter, so ist ein solcher unwahrscheinlich.

Es ist somit festzuhalten, dass der rechtswissenschaftliche und -politische Diskurs ein wesentliches verfahrensrechtliches Hindernis für den Erfolg des GEKR und mithin für die europäische Integration mittels Angleichung des Privatrechts darstellt. Zu Gunsten der Bedürfnisse der Rechtspraxis muss die Art und Weise, wie der Diskurs geführt wird, überdacht werden. Ein Diskurs, der primär auf die hauptsächlich emotional gewollte Erhaltung des Status quo oder die Herbeiführung politischer Minimalkompromisse gerichtet ist, geht an den Bedürfnissen der Rechtsanwender vorbei und ist daher nicht zielführend. Diese müssen aber in seinen Mittelpunkt gerückt werden. Nur auf diese Weise ist es möglich, neue Gesetzeswerke zu erschaffen, die zugleich rechtsdogmatisch tragbar sind, die mitgliedsstaatlichen Rechtstraditionen in angemessenem Maße berücksichtigen, einen wirklichen Nutzen für die potentiellen Anwender entfalten und sich durch deren Akzeptanz zu einem Erfolg entwickeln können. Ob dies geschieht, ist letztlich aber vor allem eine Frage des integrativen Willens aller Teilnehmer des wissenschaftlichen und politischen Diskurses, die auf diesen Einfluss nehmen können und wollen. Findet hier ein weitestgehender Konsens darüber Einzug, dass die Vertiefung der europäischen Integration auch auf privatrechtlicher Ebene ein Ziel ist, das zu verwirklichen es einiges an Anstrengung wert ist, besteht auch die Chance, dass sich der Diskurs zu Gunsten des GEKR wandelt. Diese grundlegende Frage scheint jedoch heute intern in den Mitgliedsstaaten sowie auf grenzüberschreitender Ebene nicht recht geklärt. Bevor dies nicht geschehen ist, ist die Realisierung von Projekten wie dem GEKR, dass durch seine rechtsangleichende und binnenmarktförderende Wirkung zugleich die europäische Integration auf dieser Ebene in nicht unwesentlichem Maße vorantreiben würde, signifikant erschwert. Will man also die Chancen nutzen, die sich den Mitgliedsstaaten und den Marktteilnehmern durch eine weitergehende Europäisierung böten, sollte die viel grundsätzlichere Frage geklärt werden, wie viel mehr Europa im (Privat-)Recht von den Europäern gewollt ist. Ist dies einmal geschehen, kann die Vertiefung der europäischen Integration hier entschiedener und auf sichererer Grundlage vorangetrieben werden, da die Mehrheitsmeinung nicht mehr bei jeder Einzelmaßnahme erneut von ihrem Nutzen überzeugt werden müsste. Oder aber man wäre sich einig, dass man schon gar keine weiteren integrativen Maßnahmen braucht und alle Beteiligten könnten sich jede Menge Zeit und Ressourcen sparen, auch wenn dieses Szenario ein trauriges – wenn auch vielleicht nur zwischenzeitliches – Ende dieses Aspekts der europäischen Einigung darstellen würde.

§ 3: Zusammenfassung in Thesen

1. Anhand des Beispiels des Verordnungsentwurfs für ein Gemeinsames Europäisches Kaufrecht lässt sich illustrieren, dass auf verfahrensrechtlicher Ebene zwei wesentliche Hindernisse für die europäische Integration mittels Angleichung des Privatrechts bestehen: Die Frage nach der zu Grunde zu legenden rechtlichen Ermächtigung für eine fortschreitende Integrationsmaßnahme in Form eines präkodifikatorischen optionalen Instruments einerseits und der rechtswissenschaftliche und -politische Diskurs über entsprechende Rechtsetzungsprojekte als solcher andererseits.

2. Die Bedeutung der Wahl der *richtigen* Kompetenzgrundlage für den Erlass des GEKR ergibt sich aus dem Grundsatz der begrenzten Einzelermächtigung, der dem AEUV innewohnt, und den unterschiedlichen Verfahrensvorschriften, die für die in Betracht kommenden Rechtsgrundlagen bestehen. Die zwei wesentlichen Rechtsgrundlagen, die im Raum stehen, sind Art. 114 AEUV, auf den die Kommission die Verordnung stützen will, und Art. 352 AEUV, der von großen Teilen der Literatur als korrekte Rechtsgrundlage betrachtet wird. Knackpunkt ist, dass Art. 114 AEUV lediglich eine qualifizierte Mehrheit im Rat verlangt, während Art. 352 AEUV eine Einstimmigkeit erfordert. Mit einer Zustimmung des Rats innerhalb eines überschaubaren Zeitrahmens ist daher realistisch betrachtet nur auf Grundlage von Art. 114 AEUV zu rechnen.

3. Der Kommission ist in ihrer Ansicht, Art. 114 AEUV als einschlägig zu betrachten, zuzustimmen. Dessen Voraussetzungen werden durch das GEKR

erfüllt. Art. 352 AEUV, der tatbestandlich ebenfalls einschlägig ist, tritt daher subsidiär zurück. Der ebenfalls vertreten Ansicht, der AEUV enthalte überhaupt keine Rechtsgrundlage, auf der das GEKR erlassen werden könnte, ist nicht zuzustimmen.

4. Das GEKR stellt eine Maßnahme der Rechtsangleichung dar. Der Begriff der Rechtsangleichung ist hierbei nicht in Abgrenzung zur Rechtsvereinheitlichung zu verstehen. Letztere stellt im Gegenteil gerade die intensivste Form der Rechtsangleichung dar. Die Argumentation des EuGH in dessen „SCE-Urteil" kann auf das GEKR nicht übertragen werden, da mit diesem, im Gegensatz zur europäischen Genossenschaft, keine eigenständige Rechtsform geschaffen wird, die ohne den entsprechenden Rechtsakt nicht zur Entstehung gelangen kann, sondern ein alternatives Angebot an kaufvertragsrechtlichen Regelungen entsteht, die durch Einwahl in das GEKR auf Kaufverträge angewandt werden können. Kaufverträge können jedoch unabhängig von der Existenz eines GEKR geschlossen werden. Durch die Einführung des GEKR per Verordnung finden dessen Regeln Einzug in die nationalen Rechtsordnungen. Dadurch gleichen sich diese an. Das tatsächliche Ausmaß der Angleichungswirkung bestimmt sich zwar erst durch die Häufigkeit der späteren Nutzung des GEKR, Art. 114 AEUV stellt jedoch kein quantitatives Erfordernis hieran.

5. Entsprechend der Anforderungen, die der EuGH in seiner „Tabak-Rechtsprechung" an Rechtsakte auf Grundlage von Art. 114 AEUV aufgestellt hat, dient das GEKR der Verbesserung der Errichtung und des Funktionierens des Binnenmarkts. Es verfügt über einen tatsächlichen objektiven Binnenmarktbezug, da es dem Abbau von Hemmnissen für den Waren- und Dienstleistungsverkehr dienlich ist. Diese Hemmnisse bestehen, da die Existenz 28 unterschiedlicher Kaufrechtsordnungen innerhalb der EU tatsächlich handelsbeschränkend wirkt. Ein gegen diesen Beleg sprechender, in der Literatur vertretener Ansatz, der hierfür einen Gleichlauf mit der *Keck*-Rechtsprechung des EuGH heranzieht, ist abzulehnen. Entscheidend ist einzig, ob spezifische Binnenmarkthemmnisse vorliegen, die über diejenigen hinausgehen, die der mitgliedsstaatlichen Rechtsvielfalt naturgemäß innewohnen. Diese sind im vorliegenden Fall empirisch belegt. Der Kritik, empirische Studien könnten hier nur gefühlte Hemmnisse verursachen, die nicht ausreichend seien, ist nicht zu folgen. Das GEKR ist geeignet zur Beseitigung dieser Hemmnisse beizutragen, indem es den mitgliedsstaatlichen Warenvertrieb unter einem einheitlichen Rechtsregime und somit die Senkung von Transaktionskosten ermöglicht.

6. Art. 81 AEUV ist als Rechtsgrundlage abzulehnen, da er nach Wortlaut und systematischer Stellung nur für eine Angleichung des Zivilverfahrens- und Kollisionsrechts herangezogen werden kann, aber nicht auf dem Gebiet des materiellen Zivilrechts. Auch Art. 169 Abs. 2 lit. b AEUV ist nicht einschlägig, er ermächtigt lediglich zu ergänzenden Maßnahmen zur Politik der Mitgliedsstaaten.

7. Lehnt man – entgegen der hier vertretenen Ansicht – Art. 114 AEUV als Rechtsgrundlage ab, kann auf die Abrundungskompetenz des Art. 352 AEUV zurückgegriffen werden, da dessen Voraussetzungen ebenfalls erfüllt sind.

8. Das GEKR genügt den Grundsätzen der Subsidiarität und der Verhältnismäßigkeit aus Art. 5 EUV. Das Subsidiaritätsprinzip ist gewahrt, da keine Maßnahme auf mitgliedsstaatlicher Ebene denkbar ist, die mit derselben Verbindlichkeit und Breite wie die Verordnung über das GEKR wirken würde. Der Grundsatz der Verhältnismäßigkeit ist ebenfalls gewahrt. Durch die Ausgestaltung des GEKR als optionales Instrument ist ein milderes Mittel, also ein geringerer Eingriff in die mitgliedsstaatliche Rechtsetzungskompetenz mit gleicher Effektivität, nicht ersichtlich.

9. Auch wenn die Kommission mit Art. 114 AEUV die korrekte Rechtsgrundlage gewählt hat, wäre es aufgrund der immensen Gegenpositionen zu dieser Frage an sich wünschenswert, im Wege des Vertragsänderungsverfahrens nach Art. 48 EUV zunächst eine zweifelsfreie und eindeutige neue Rechtsgrundlage für das GEKR zu schaffen und im Zuge dessen die Kompetenzen der EU zur Rechtsetzung auf dem Gebiet des Privatrechts klar zu definieren. Aufgrund der Langwierigkeit eines solchen Verfahrens bestünde hierbei aber die Gefahr, dass bis zu seinem Abschluss die Chancen zur politischen Durchsetzbarkeit des Projekts vertan sind. Deshalb sollte die Realisierung weiter auf Grundlage von Art. 114 AEUV verfolgt werden. Dieser Weg stellt die geringstmögliche verfahrensrechtliche Hürde in Hinblick auf die Rechtsetzungskompetenz dar.

10. Aufgrund der Parallelen zwischen dem rechtswissenschaftlichen und -politischen Diskurs im Rahmen des GEKR und denen in Hinblick auf das SModG und die SPE-VO lassen sich aus der Behandlung und Rezeption dieser beiden Gesetzgebungsprojekte durch Wissenschaft und Politik Rückschlüsse auf die Bedeutung dieses Diskurses für das GEKR und dessen Einfluss auf seine weitere Entwicklung ziehen.

11. Das SModG, mit dem die Verbrauchsgüterkaufrichtlinie der EU umgesetzt wurde, wurde von den größten Teilen der Literatur regelrecht verrissen. Im Rahmen der Fundamentalkritik haben sich vor allem drei maßgebliche Argumentationsstränge herausgebildet: Es gäbe bereits keinen Bedarf für das Gesetz, seine Einführung erfolge zu schnell bzw. übereilt und mit ihr trete ein nicht tragbarer Zustand der Rechtsunsicherheit ein. Die schlimmen Befürchtungen, die vor seiner Einführung geäußert wurden, haben sich aber letztlich nicht bewahrheitet. Betrachtet man den wissenschaftlichen Diskurs um das GEKR, der ähnlich grundnegativ konnotiert ist, so wiederholen sich genau diese Argumentationslinien. Es zeigt sich, dass sie „Standardargumente" sind, die in gewisser Weise gegen jedes legislative Rechtsetzungsprojekt auf dem Gebiet des Privatrechts vorgebracht werden können und daher nicht geeignet sind, das entscheidende Gewicht gegen deren Realisierung in die Waagschale zu legen.

12. Insbesondere das Argument, dass die Einführung des SModG bzw. des GEKR zu schnell bzw. übereilt erfolge, enthält ein signifikant taktisches Element. Die Realisierung kodifikatorischer Rechtsetzungsmaßnahmen ist zu erheblichen Teilen von den Möglichkeiten abhängig, welche die politischen Rahmenbedingungen vorgeben. Diese gebieten für solche Projekte immer nur ein begrenzt geöffnetes „window of opportunity", das vor allem durch Umsetzungsfristen und / oder Wahlperioden seine Einschränkung findet. Die Kritik an der Geschwindigkeit der Umsetzung eines solchen Projekts verfolgt somit oftmals mehr oder weniger offensichtlich das tatsächliche Ziel, seine Realisierung letztlich zu verhindern, in der Hoffnung, dass es mit einem gewissen Zeitablauf von der politischen Agenda verschwunden ist.

13. Das Argument des Eintritts einer nicht aushaltbaren Rechtsunsicherheit gegen SModG bzw. GEKR ist gegen deren Einführung nicht tragbar. Ein gewisses Maß an Rechtsunsicherheit wohnt jeglicher Gesetzgebung naturgemäß inne, da sämtliche geschriebenen Gesetze ihrer Ausfüllung durch vertragsgestaltende, anwaltliche und gerichtliche Praxis mit Unterstützung der Rechtswissenschaft bedürfen. Die Unwägbarkeiten, welche die Einführung des SModG mit sich brachte, sind heute als durch die Rechtspraxis gemeistert anzusehen. Es ist nicht ersichtlich, wieso dieselbe am GEKR scheitern sollte.

14. GEKR und SPE-VO verfolgen ausweislich ihrer jeweiligen Begründungen das Ziel, den Binnenmarkt zu fördern, indem insbesondere zu Gunsten der KMU einheitliche rechtliche Rahmenbedingungen für den grenzüberschreitenden Rechts- und

Geschäftsverkehr geschaffen werden sollen, die im Ergebnis die Einsparung von Transaktionskosten bewirken. Auch im Rahmen des Diskurses um die SPE-VO wird schon der Bedarf nach ihrer Einführung mitunter bestritten, wenn auch in weit geringerem Maße. Die überwiegende Ansicht stützt sich zur Begründung ihres Bedarfs auf die von der Kommission angestellten empirischen Erhebungen. Bemerkenswert hierbei ist, dass die empirischen Erhebungen im Rahmen der SPE-VO in der Wissenschaft größtenteils zur Begründung des Wunsches nach einer SPE-VO übernommen werden, ohne sie in Frage zu stellen, während im Rahmen des GEKR zu weiten Teilen schon die Belastbarkeit der empirischen Studien, die zu seiner Begründung angestellt wurden, in Frage gestellt wird. Ein qualitativer Unterschied zwischen den Studien zur SPE-VO und zu denen zum GEKR ist dabei nicht feststellbar. Dies zeigt, dass die Interpretation empirischer Belege vor allem davon abhängig ist, ob das jeweilige Projekt von der Mehrheitsmeinung in der rechtswissenschaftlichen Literatur grundsätzlich begrüßt wird oder nicht.

15. Die politische Fortentwicklung der SPE-VO, die bis dato mehrere Evolutionsstufen durchlaufen und ihr anvisiertes Inkrafttreten mittlerweile schon um drei Jahre überschritten hat, hat einen Weg eingeschlagen, der im Widerspruch zu den erklärten Zielen steht, die mit der SPE-VO eigentlich erreicht werden sollen. Im ersten Entwurf noch weitestgehend dem Konzept des Vollstatuts folgend, wurden zahlreiche Punkte, auf die sich die Mitgliedsstaaten nicht einigen konnten, Verweisungen in das nationale Recht unterworfen. Hiermit büßt die SPE-VO insbesondere an Nutzen für die KMU ein, da das Ausmaß an Transaktionskostenersparnis umso kleiner ausfällt, je mehr sich doch mit fremdem nationalem Recht befasst werden muss. Zudem wird die „Marke SPE" als europäische Privatgesellschaft entwertet, je geringer ihr europäischer Charakter letztlich ausfällt. Diese Entwicklung hat ihre Ursache in dem Einstimmigkeitserfordernis im Rat, das sich aus der hier korrekten Ermächtigungslage des Art. 352 AEUV ergibt und darauf abzielt einen Kompromiss zu schaffen, auf den sich die Mitgliedsstaaten einigen können. Die Entwicklung vom Vollstatut weg, hin zu weitgehenden Verweisungen ins nationale Recht stellt dabei tatsächlich gerade das Gegenteil zu einer echten Kompromisslösung dar.

16. Das GEKR läuft, ganz ähnlich der SPE-VO, Gefahr, durch die rechtspolitische Fortentwicklung an Nutzen einzubüßen. Im Entwurf seiner ersten Evolutionsstufe durch den Rechtsausschuss des Europäischen Parlaments wurde sich nicht auf die dringenden Probleme, die sich durch die Diskussion über den ursprünglichen Verordnungsentwurf herauskristallisiert haben, fokussiert, sondern es wurden ohne

Not neue Fässer geöffnet, die neue Probleme aufwerfen, die einerseits die Handhabung des GEKR verkomplizieren und andererseits eine Lösung der bisherigen Probleme nicht vorantreiben. Hierdurch droht der rechtswissenschaftliche und -politische Diskurs an den wesentlichen Dingen vorbeizulaufen und die Fortentwicklung des GEKR in eine Richtung zu forcieren, die seiner Akzeptanz durch die Praxis und somit seinem Erfolg nicht förderlich ist. Die wesentliche Parallele zur SPE-VO besteht demnach darin, dass das GEKR bis zu seinem Erlass sich zum Zweck des Erzielens einer politischen Einigung von den Bedürfnissen der Praxis weg zu entwickeln droht.

17. Eine Gesamtbetrachtung der Parallelen des rechtswissenschaftlichen und -politischen Diskurses im Rahmen des SModG bzw. der SPE-VO mit dem des GEKR zeigt, dass die Art und Weise, wie die Debatte geführt wird, geeignet ist, die europäische Integration mittels Angleichung des Privatrechts in einem wesentlichen Maße auszubremsen. Ob dies letztlich zu einem vollständigen Stillstand führt, ist abhängig von der Gestaltungsmacht des Gesetzgebers bzgl. des jeweiligen Projekts. Rechtsetzungsprojekte auf EU-Ebene bieten daher eine größere Angriffsfläche, insbesondere je mehr Einfluss die Mitgliedsstaaten auf das Gesetzgebungsverfahren haben. Ist der Diskurs hauptsächlich auf die aus emotionalen Gründen gewollte Erhaltung des Status quo oder die Herbeiführung politischer Minimalkompromisse gerichtet, geht er an den Bedürfnissen der Praxis vorbei und ist somit nicht zielführend. Wird der Fokus daher nicht zu Gunsten der Praxis verschoben und Eigen- bzw. nationale Interessen hinten angestellt, droht das Fortschreiten einer weiteren Europäisierung auf dieser Ebene vollends in Stillstand zu geraten. Chancen, die sich für die Mitgliedsstaaten und ihre Marktteilnehmer bieten, würden hierdurch auf lange Sicht vertan.

18. Maßgeblich ist also letztlich eine viel grundlegendere Frage: Will man die europäische Integration, insbesondere auf privatrechtlicher Ebene, weiter vertiefen? Bevor diesbezüglich – egal ob pro oder contra – kein weitestgehender Konsens erzielt wurde, ist jeder Diskurs über entsprechende Maßnahmen müßig.

Kapitel 4: Materiellrechtliche Hindernisse

Neben den nunmehr dargestellten verfahrensrechtlichen Hindernissen stehen dem Erfolg des GEKR als Ausdruck der europäischen Integration mittels Angleichung des Privatrechts auch wesentliche materiellrechtliche Hindernisse im Weg, die es zu überwinden gilt. Beim GEKR ist eine nicht optimale inhaltliche Ausgestaltung jedoch in anderer Art und Weise problematisch, als dies bei bisherigen Rechtsetzungsakten der EU auf dem Gebiet des Privatrechts der Fall war. Die bisherige Rechtsetzung in diesem Bereich wurde in Gestalt von Richtlinien und Verordnungen realisiert. Ein immer wiederkehrendes Problem hierbei war, dass es durch deren Umsetzung in die mitgliedsstaatlichen Rechtsordnungen innerhalb derer zu Kohärenzdefiziten kommen konnte.[1] Dies führte zwar oftmals zur Ablehnung dieser Akte bzw. deren Umsetzung seitens Wissenschaft und Praxis, aufgrund der zwingenden Natur dieser Regeln stellte dies jedoch letztlich kein Hindernis für die Einbettung in den Rechtsalltag dar. Das GEKR aber stellt als optionales Instrument eine neue Form der Rechtsetzung auf dem Gebiet des Privatrechts durch die EU dar. Seine Verwendung kommt nur durch eine positive Vereinbarung gemäß Art. 8 Abs. 1 S. 1 GEKR-VO zustande, sog. opt-in-Verfahren. Damit das GEKR Erfolg hat, muss der Fokus seiner inhaltlichen Ausgestaltung auf dessen Akzeptanz am Markt verschoben werden. Denn nur wenn das GEKR von den Marktteilnehmern in einem nennenswerten Umfang genutzt wird, wird man es als Erfolg bezeichnen können und nur dann wird es letztlich auch zur europäischen Integration mittels Angleichung des Privatrechts beitragen. Ein GEKR, das am Markt keine Anwendung findet, wirkt hingegen diesbezüglich sogar kontraproduktiv, da von einem in der Praxis nicht genutzten optionalen Instrument nicht nur keine integrative Wirkung ausgeht, sondern es darüber hinaus als Bremse für weitere Rechtsetzungsinitiativen auf diesem Gebiet wirken kann. Die Kommission ist zweifelsfrei gewillt, den Erlass des GEKR entscheidend voranzutreiben.[2] Über Erfolg oder Misserfolg wird aber letztlich die inhaltliche Ausgestaltung entscheiden.

---

1 Zum Begriff der Kohärenz *Metzger*, ZEuP 2012, 918, 919 f.

2 *Reding* in Hahn, Gemeinsames Europäisches Kaufrecht – Moderner Ansatz oder praxisferne Vision?, S. 1, 7.

Aus diesem Grund werden im folgenden Kapitel die wesentlichen materiellrechtlichen Hindernisse aufgezeigt, die dem Erfolg des GEKR und somit der fortschreitenden europäischen Integration mittels Angleichung des Privatrechts entgegenstehen, ausgehend vom Verordnungsentwurf der Kommission und dem Berichtsentwurf des Rechtsausschusses des Europäischen Parlaments. Es werden deren Schwachstellen analysiert und sodann eigene Lösungsansätze aufgezeigt, die dem GEKR zu mehr Akzeptanz auf dem Markt der Vertragsrechte bei Unternehmern und Verbrauchern verhelfen können, um somit einen Weg zu zeichnen, wie es einen sinnvollen Beitrag zur fortschreitenden Privatrechtsangleichung und der mit ihr einhergehenden europäischen Integration leisten kann. Eine umfassende Analyse des gesamten Entwurfstexts soll mit der vorliegenden Arbeit nicht geleistet werden. Diese ist vielmehr die Aufgabe von Kommentar- und Sammelwerken[3] sowie groß angelegter Studien[4]. Stattdessen konzentriert sich diese Arbeit auf die wesentlichen inhaltlichen Gesichtspunkte, die dem Erfolg des „Projekts GEKR“ hinderlich sein können, die über sein Wohl und Wehe entscheiden werden. Eine besondere Rolle bei dieser Betrachtung nehmen die verbraucherschutzrechtlichen Regelungen des GEKR ein. Ausweislich Erw.gr. 11 GEKR-VO soll das GEKR entsprechend der Maßgabe des Art. 114 Abs. 3 AEUV ein hohes Verbraucherschutzniveau garantieren. Wie jedoch zu zeigen sein wird, ist es gerade das Maß des Verbraucherschutzes, das über Wohl und Wehe des GEKR entscheiden wird. Die inhaltliche Ausgestaltung des GEKR steht in der Tradition der Entwicklung des europäischen Verbraucherschutzrechts in den vergangenen Jahrzehnten. Hierdurch läuft es Gefahr, geradezu hypertrophe Ausmaße anzunehmen.[5] Gerade dies birgt aber die Gefahr in sich, zum Misserfolg des optionalen Instruments beizutragen. Der zweite wesentliche Punkt, der in der Lage ist, entscheidend den Erfolg des Verordnungsentwurfs zu beeinflussen, ist seine Reichweite. Hierunter sind sowohl seine Anwendungs- als auch seine inhaltliche Reichweite zu verstehen. Ob das GEKR ein Erfolg werden wird, wird maßgeblich davon abhängen, welche Marktteilnehmer es wo und unter welchen Umständen wählen dürfen, was

---

3 Vgl. nur *Schmidt-Kessel* (Hrsg.), Ein einheitliches europäisches Kaufrecht?; *Schulze* (Hrsg.), Common European Sales Law (CESL) – Commentary; *Dannemann / Vogenauer* (Hrsg.), The Common European Sales Law in Context.

4 Vgl. nur *ELI*, Statement on the CESL, abrufbar unter http://www.europeanlawinstitute.eu/fileadmin/user_upload/p_eli/Publications/S-2-2012_Statement_on_the_Proposal_for_a_Regulation_on__a_Common_European_Sales_Law.pdf (zuletzt abgerufen am 10.09.2013).

5 Begriff in Anlehnung an *Martinek* in Grundmann, Systembildung und Systemlücken in Kerngebieten des Europäischen Privatrechts, S. 511 ff.

in ihm überhaupt geregelt ist und wie mit solchen Dingen umzugehen ist, die nicht in ihm geregelt sind. Dieser Themenkomplex stellt eine weitere mögliche Integrationsbremse dar. Denn auch hier gilt: Nur ein GEKR, das für seine potentiellen Nutzer inhaltlich attraktiv gestaltet ist, hat das Potential, ein Erfolg auf dem Markt der Vertragsrechte zu werden. Ein GEKR hingegen, das diesem Anspruch nicht genügt, läuft Gefahr, für die fortschreitende europäische Integration auf diesem Gebiet sogar kontraintentionale Auswirkungen zu entfalten.

§ 1: Hypertropher Verbraucherschutz als Integrationsbremse

Die auf das GEKR überzugreifen drohende Hypertrophie des Verbraucherschutzrechts spiegelt sich, neben kleineren Punkten, insbesondere in der Gleichrangigkeit der Rechtsbehelfe des Verbrauchers bei Lieferung einer mangelhaften Sache nach Art. 106 Abs. 1 GEKR und den ausbordenden vorvertraglichen Informationspflichten, die dem Verkäufer nach dem GEKR auferlegt werden, wider. Doch bevor auf diese Punkte detailliert eingegangen wird, ist zu klären, wieso überhaupt dieses hohe Maß an Verbraucherschutz beim GEKR im Gegensatz zu bisherigen Rechtsetzungsakten in einem besonderen Maße integrationshemmend wirken kann und sich dadurch die besondere Bedeutung für das richtige Maß an Verbraucherschutz für die Endfassung des GEKR ergibt.

A. Die fehlgehende „Konsenshypothese“ hinsichtlich der Wahl des GEKR und ihre Folgen

Im Mittelpunkt der Bedeutung des Ausmaßes des Verbraucherschutzes für den Erfolg des GEKR stehen die Modalitäten seiner Wahl. Nach Art. 8 Abs. 1 S. 1 GEKR-VO muss die Verwendung des GEKR von den Parteien vereinbart werden. Welche tatsächlichen, äußeren Faktoren für das Zustandekommen dieser Wahl, noch unabhängig von ihren rechtlichen Voraussetzungen, maßgeblich sind, lässt sich aus dieser Norm selbst nicht ableiten. Im Folgenden wird daher zunächst herausgearbeitet, welche Vorstellung über die Einwahl in das GEKR dessen Konzeption zu Grunde liegt, was die tatsächlich relevanten Umstände sind und welche Schlüsse hieraus für die Ausgestaltung des Verbraucherschutzes innerhalb des GEKR zu ziehen sind.

I. Die dem Verordnungsentwurf zu Grunde liegende Vorstellung seiner Wahl – Konsens zwischen Käufer und Verkäufer

In Art. 8 Abs. 1 S. 1 GEKR-VO heißt es schlicht „Die Verwendung des Gemeinsamen Europäischen Kaufrechts muss von den Parteien vereinbart werden". Diese Formulierung sagt noch nichts über die Umstände aus, unter denen diese Einigung zustande kommt bzw. zustande kommen soll, suggeriert aber, dass Käufer und Verkäufer sich über die Wahl des dem zu schließenden Kaufvertrags zu Grunde zu legenden Rechtsregimes verständigen und dann bewusst die Verwendung des GEKR vereinbaren werden. Bei b2c-Verträgen ist überdies vonnöten, dass der Verbraucher die Verwendung gesondert vom eigentlichen Kaufvertragsschluss bestätigt gemäß Art. 8 Abs. 2 S. 1 GEKR-VO und dass der Verkäufer ihm gemäß Art. 9 Abs. 1 GEKR-VO das Standard-Informationsblatt aus dem Anhang II zum Verordnungsentwurf übermittelt. Nach Erw.gr. 23 GEKR-VO soll der Verbraucher „der Verwendung des Gemeinsamen Europäischen Kaufrechts nicht nur bewusst, sondern auch in voller Sachkenntnis zustimmen"[6], da laut Erw.gr. 22 GEKR-VO in der Regel der Unternehmer die Verwendung des GEKR vorschlagen wird. Insbesondere ist hiernach bei b2c-Verträgen eine Vereinbarung des GEKR nicht innerhalb von AGB möglich.[7]

Dadurch wird deutlich, welche Vorstellung über die Vereinbarung der Verwendung des GEKR dem Verordnungsentwurf, insbesondere auch im Rahmen von b2c-Geschäften, zu Grunde liegt: Er basiert auf der Vorstellung, dass der Verbraucher gegenüber dem Unternehmer eine tatsächliche Einfluss- bzw. Wahlmöglichkeit in Hinblick auf die Frage hat, ob das GEKR oder ein mitgliedsstaatliches Recht auf den Kaufvertrag Anwendung finden soll. In diese Richtung kann man durchaus das Erfordernis einer vom Kaufvertrag separaten Vereinbarung des GEKR interpretieren, da diese Aufteilung die Vorstellung weckt, der Verbraucher könne grundsätzlich dem Kaufvertragsschluss zustimmen, die hiervon gesonderte Erklärung zur Nutzung des GEKR aber unterlassen.[8] Der Verordnungsentwurf ist demnach von dem Gedanken getragen, dass – unabhängig von der Unternehmer- oder Verbrauchereigenschaft und der Marktmächtigkeit der Vertragspartner – die Einwahl in das GEKR vollzogen wird, indem zwischen Käufer und Verkäufer

---

6 Vgl. auch *Staudenmayer*, NJW 2011, 3491, 3494.

7 Vgl. auch *Schmidt-Kessel* in Schmidt-Kessel, Ein einheitliches europäisches Kaufrecht, S. 29, 41; dies ablehnend z.B. *Herresthal*, WiVerw 2012, 140, 152.

8 So *Wagner*, ZEuP 2012, 455, 459.

hierüber nach Abwägung der Vor- und Nachteile dieser Option für ihr jeweiliges Geschäft ein Konsens gefunden wird.

II. Die tatsächlichen Bedingungen seiner Wahl

Diese Vorstellung deckt sich allerdings nicht mit der Realität. Die Kommission weist in Erw.gr. 22 GEKR-VO völlig zu Recht darauf hin, dass bei b2c-Geschäften in aller Regel immer – sofern die Verwendung des GEKR für ihn überhaupt in Betracht kommt – der Verkäufer die Anwendung des GEKR vorschlagen wird, so wie dies nicht nur hier, sondern generell bei allen Rechtswahlen in b2c-Verhältnissen der Fall ist.[9] Der Begriff des Vorschlags darf in diesem Zusammenhang jedoch nicht dahingehend fehlinterpretiert werden, dass dem Verbraucher vom Unternehmer die Verwendung des GEKR zur Diskussion gestellt wird und beide sich dann auf selbiges oder ein anderes Rechtsregime einigen. Diese Vorstellung steht schon dem Ziel der Kommission[10] diametral entgegen, mittels des GEKR die Transaktionskosten für die Unternehmer bei grenzüberschreitenden Geschäften zu senken. Einen tatsächlichen Nutzen in Form von Transaktionskostensenkungen wird das GEKR für die Unternehmer indes nur dann aufweisen, wenn sie dadurch künftig sämtliche grenzüberschreitenden Kaufverträge auf derselben Grundlage abwickeln können. Würde die Entscheidung, ob das GEKR oder ein nationales Recht Anwendung findet, jedoch bei jedem einzelnen Kaufvertrag neu gefällt werden, würde gar ein gegensätzlicher Effekt eintreten, da die Unternehmer jeden Vertragsschluss faktisch nach zwei Regelungsregimes vorbereiten müssten. Gerade vor dem Hintergrund, dass das GEKR insbesondere für KMU Anreize setzen soll, Waren in Mitgliedsstaaten zu verkaufen, die sie bislang außen vor gelassen haben, u. a. gerade wegen den Problemen, die sich aus den unterschiedlichen mitgliedsstaatlichen Rechtsordnungen ergeben, ist es vollkommen abwegig, zu erwarten, die Unternehmer werden den Verbrauchern tatsächlich die Wahlmöglichkeit zwischen dem GEKR und ihrer nationalen Rechtsordnung zugestehen. Es ist somit vielmehr davon auszugehen, dass wenn die Unternehmer die Wahl des GEKR überhaupt vorschlagen werden, sie die Verbraucher vor die Wahl stellen, den Kaufvertrag entweder auf Grundlage des GEKR oder überhaupt nicht abzuschließen. Dies ist unzweifelhaft rechtlich möglich.[11]

---

9 *Wendehorst* in Schulze, Common European Sales Law (CESL) – Commentary, Art. 8 CESLR, Rn. 9.

10 Vgl. Erw.gr. 8 GEKR-VO.

11 *Stadler*, AcP 212 (2012), 473, 495; a. A. wohl *Wagner*, ZEuP 2012, 455, 459.

Die Realität des Marktes wird also zu anderen Umständen der Wahl des GEKR führen, als es der Verordnungsentwurf selbst suggeriert. Je größer dabei die Marktmächtigkeit des Unternehmers, desto weniger wird sich der Verbraucher hierdurch von einem Kauf abhalten lassen.[12] Anders lassen sich schließlich die potentiellen Vorteile, die das GEKR den Unternehmern bringen kann, nicht realisieren. Die „Konsenshypothese", die dem Verordnungsentwurf des GEKR hinsichtlich seiner Wahl zu Grunde liegt, ist somit nicht haltbar. Tatsächlich wird bei b2c-Verträgen die Verwendung des GEKR einzig in der Hand der Unternehmer liegen.[13]

III. Schlussfolgerungen

Vor dem Hintergrund dieser Divergenz zwischen der Vorstellung, auf der die Ausgestaltung der Wahl des GEKR basiert und den tatsächlichen Modalitäten, auf denen sie beruhen wird, ist es notwendig, die Bedeutung des Verbraucherschutzes und insbesondere die seines Ausmaßes für die Erfolgsaussichten des GEKR auf dem „Markt der Vertragsrechte"[14] zu definieren.

Erfolg wird dem GEKR dann beschienen sein, wenn es nach seinem Erlass tatsächlich in größerem Umfang zur Anwendung gelangt, also wenn die potentiellen Nutzer sich für eine Vielzahl von Verträgen per Einwahl für das GEKR als zu Grunde zu legendes Rechtsregime entscheiden. Wie soeben erläutert, wird diese Entscheidung bei b2c-Verträgen faktisch dem Unternehmer als Verkäufer obliegen, da die Verwendung des GEKR für grenzüberschreitende Geschäfte, insbesondere wenn er auf dessen Grundlage in Märkte eintreten will, auf denen er bislang noch nicht vertreten war, nur dann Sinn macht, wenn er es für alle diese Geschäfte verwenden kann, da nur in diesem Fall die gewünschten Effekte, insbesondere in Form von Transaktionskostensenkungen, tatsächlich eintreten können. Dies bedeutet, dass die Unternehmer in der Praxis, falls sie sich dafür entscheiden, ihre Verträge auf Basis des GEKR abzuwickeln, ihre grenzüberschreitenden Geschäfte

---

12 Ein Beispiel hierfür ist Amazon Deutschland, das in Art. 10 seiner Verkaufsbedingungen luxemburgisches Recht für gültig erklärt; ein Hemmnis deutscher Kunden aus diesem Grund nicht bei Amazon zu kaufen, ist dabei nicht erkennbar.

13 Bei b2b-Geschäften stellt sich die Situation ähnlich dar, da sich bei diesen im Zweifelsfall das marktmächtigere Unternehmen bei Vertragsverhandlungen durchsetzen wird; die „Konsenshypothese" der Kommission kann daher allenfalls bei solchen b2b-Geschäften Geltung beanspruchen, bei der die Vertragspartner über eine annähernd gleiche Marktmacht verfügen und die keine Massengeschäfte zum Gegenstand haben.

14 Eingehend zu diesem Begriff *Eidenmüller*, JZ 2009, 641 ff.

nur noch auf dessen Grundlage anbieten werden. Sie werden ihre potentiellen Kunden im Ausland also vor die Wahl stellen, das Produkt nach den Regeln des GEKR zu erstehen oder hiervon Abstand zu nehmen. Eine solche Entscheidung zu Gunsten des GEKR werden die Unternehmer aber nur dann fällen, wenn sie sich hiervon einen Vorteil zu den Alternativen versprechen, die Produkte nach mitgliedsstaatlichem Recht anzubieten oder gewissen Märkten fern zu bleiben.

Im Mittelpunkt der Frage, ob sich die Unternehmer, die das GEKR nutzen sollen, einen Vorteil von dessen Wahl versprechen, steht das Maß des ihm innewohnenden Verbraucherschutzes. Jedes Mehr an Verbraucherschutz ist für den Unternehmer mit Kosten bzw. Kostenrisiken verbunden.[15] Je höher sich demnach das im GEKR angelegte Verbraucherschutzniveau darstellt, desto geringer ist seine Attraktivität für die Unternehmer, die es potentiell zur Verfügung stellen sollen.[16] Die Wahl des GEKR erscheint für sie nicht sinnvoll, wenn die Kosten(-risiken), die das ihm innewohnende Verbraucherschutzniveau mit sich bringt, mit einer gewissen Wahrscheinlichkeit die durch die Verwendung des GEKR einsparbaren Transaktionskosten egalisieren oder gar übersteigen. Ein zu hohes Maß an Verbraucherschutz wirkt daher potentiell erfolgsschädigend zu Lasten des GEKR, da es die Unternehmer von seiner Wahl abschrecken wird. Für seine Durchsetzbarkeit auf dem Markt der Vertragsrechte im Bereich der b2c-Verträge ist das Ausmaß des Verbraucherschutzes demnach ein überragend wichtiger Faktor: Ein zu hohes Verbraucherschutzniveau wird einen Misserfolg des GEKR zur Folge haben, da es für die Unternehmer hierdurch unattraktiv wird und sie von dieser Wahlmöglichkeit, die faktisch nur ihnen obliegen wird, deswegen keinen Gebrauch machen werden.[17]

Allerdings kann die Entfernung verbraucherschutzrechtlicher Elemente zu Gunsten einer raschen Verbreitung des GEKR bei den Unternehmern nicht die logische Konsequenz sein, da zum Erfolg des GEKR auch die politische Ebene betrachtet werden muss. Die Rechtsgrundlage des GEKR verpflichtet den europäischen Gesetzgeber in Art. 114 Abs. 3 AEUV zur Erzielung eines „hohen Schutzniveaus“, auch auf dem Gebiet des Verbraucherschutzes. Hierunter ist weder das theoretisch höchstmögliche Schutzniveau, noch das höchste existierende Schutzniveau in einem der Mitgliedsstaaten oder gar das arithmetische Mittel ihrer

15 Die i. Ü. durch höhere Endpreise i. E. auch die Verbraucher belasten, vgl. *Grundmann*, JZ 2013, 53, 63.

16 In diese Richtung bereits vor Veröffentlichung des konkreten Entwurfs *Reich / Micklitz*, EWS 2011, 113, 116.

17 So i. E. auch *Faust*, BRJ 2012, 123, 134.

vorhandenen Schutzniveaus zu verstehen. Vielmehr liegt dieser Verpflichtung das sog. „Vorsorgeprinzip" zu Grunde, demzufolge der europäische Gesetzgeber im Rahmen seines ihm eingeräumten Beurteilungsspielraums, insbesondere auf der Basis wissenschaftlicher Erkenntnisse zu Risikobewertung und -management der konkreten Sachverhalte, die Schutzbedürftigkeit der Verbraucher bestimmt um anhand objektiver und normativer Bewertungsmaßstäbe das für das jeweilige Gesetzesvorhaben angemessene Schutzniveau zu ermitteln.[18] Daher ist ein gewisses Verbraucherschutzniveau zugleich eine Grundvoraussetzung für die politische Durchsetzbarkeit des GEKR und somit ebenfalls ein unabdingbarer Faktor für seinen Erfolg, da sein Erfolg am Markt seinen Erlass durch den europäischen Gesetzgeber als notwendigen vorhergehenden Schritt bedarf. Diese politische Durchsetzbarkeit ist demnach nur dann gegeben, wenn das GEKR im Ergebnis nicht zu einer merklichen Absenkung des gegenwärtigen Verbraucherschutzniveaus führt.[19] Darüber hinaus ist zu bedenken, dass ein zu hohes Verbraucherschutzniveau i. E. auch Nachteile für die Verbraucher mit sich bringen kann. Denn: Die Kosten, die den Unternehmern durch einen hohen Verbraucherschutz entstehen, werden im Regelfall auf die Endpreise für die Verbraucher umgelegt. Werden demnach aufgrund eines zu hohen Verbraucherschutzniveaus im GEKR die Produktpreise in die Höhe getrieben, wirkt das GEKR für Unternehmer wie Verbraucher letztlich gleichermaßen unattraktiv. Das ideale Verbraucherschutzniveau ist daher – auch für den Verbraucher – nicht das höchste, sondern dasjenige, das für den Verbraucher das beste Preis-Leistungs-Verhältnis zwischen den Vorteilen des Schutzes und seinen Kosten aufweist.[20]

Aus der Wechselwirkung dieser drei Aspekte des Verbraucherschutzniveaus für den Erfolg des GEKR ergibt sich der Schluss, dass zu seiner Realisierung ein angemessener Ausgleich zwischen diesen Positionen gefunden werden muss. Die zentrale Frage hinsichtlich des Verbraucherschutzes im GEKR ist demnach die nach seinem richtigen Ausmaß. Es muss eine angemessene Höhe aufweisen, um das GEKR politisch durchsetzen zu können, darf dieses Maß aber auch nicht übersteigen, um einen Erfolg auf dem Rechtsmarkt nicht zu gefährden. Die folgenden Ausführungen werden daher aufzeigen, an welchen Stellen das Maß an Verbraucherschutz im GEKR das notwendige übersteigt, die Gründe dafür erläutern und

18 *Tietje* in Grabitz / Hilf / Nettesheim, Art. 114 AEUV, Rn. 141 ff.; *Schroeder*, DVBl. 2002, 213, 215 ff.

19 Vgl. *Limmer / Huttenlocher / Simon*, EuZW 2013, 86, 89.

20 *Grundmann*, JZ 2013, 53, 63, m. w. N.

Lösungsansätze darstellen, die das „richtige" Maß gewährleisten und somit zu einem Erfolg des GEKR beitragen würden.

B. Die vorvertraglichen Informationspflichten bei b2c-Verträgen – zu viel des Guten

Der erste wesentliche verbraucherschutzrechtliche Gesichtspunkt, der aus den soeben erläuterten Gründen den Erfolg des GEKR verhindern könnte, ist der der vorvertraglichen Informationspflichten bei b2c-Verträgen. Der Verordnungsentwurf bürdet dem Unternehmer bei solchen Geschäften eine Vielzahl solcher Informationspflichten auf, sowohl hinsichtlich der Wahl des GEKR, als auch bezüglich des Vertragsschlusses als solchem. Im Folgenden wird dargestellt, wie die Informationspflichten im GEKR geregelt sind und der Frage nachgegangen, ob sie dem Sinn und Zweck, mit dem die Kommission sie in das GEKR eingebracht hat, überhaupt dienlich sein können. Anschließend werden Alternativen aufgezeigt, die die entsprechenden Regelungen ersetzen könnten und sogleich die Verbreitung des GEKR durch die Unternehmer fördern würden, ohne das im europäischen Privatrecht bestehende Verbraucherschutzniveau spürbar abzusenken.

I. Übersicht über die Informationspflichten im Verordnungsentwurf

1. Abgrenzung der Arten von Informationspflichten im GEKR

Hinsichtlich der Ausgestaltung der vorvertraglichen Informationspflichten nach dem Verordnungsentwurf sind diese nach deren Zielrichtung und Ebene abzugrenzen. Insbesondere sind die Informationspflichten des GEKR auf sachlicher Ebene voneinander zu unterscheiden. Sachlich bestehen Informationspflichten hinsichtlich der Wahl des GEKR als dem Kaufvertrag zu Grunde zu legendes Rechtsregime einerseits und solche bzgl. des Vertragsschlusses selbst, der nach erfolgreicher Einwahl in das GEKR auf dessen Grundlage erfolgt. Diese beiden Arten von Informationspflichten unterscheiden sich in der Art und Weise, in der sie erfüllt werden müssen sowie in der Rechtsfolge Ihrer Nichtbeachtung. Zur Erfüllung der Informationspflichten bzgl. der Wahl des GEKR sieht der Verordnungsentwurf ein Standard-Informationsblatt vor, dass der verkaufende Unternehmer dem kaufenden Verbraucher übermitteln muss. Tut er dies nicht, so ist die Wahl des GEKR unwirksam. Wie die zahlreichen Informationspflichten in Hinblick auf den Vertragsschluss selbst, die das GEKR statuiert, erfüllt werden, steht dem Unternehmer hingegen frei. Kommt er diesen Pflichten nicht nach, hat das grundsätzlich nicht die Unwirksamkeit des Vertrags zur Folge, allerdings können für den Unternehmer Schadensersatzpflichten und weitere informationsspezifische Sanktionen entstehen, z. B. ein Andauern des Widerrufsrechts des Verbrauchers. Auch wenn beide Arten von Informationspflichten z. T. inhaltliche Überschneidungen aufweisen, sind sie in Hinblick auf Wirkmechanismus, angestrebtem Effekt, tatsächlichen Auswirkungen auf die Attraktivität des GEKR und Rechtsfolgen streng voneinander abzugrenzen.

Auf persönlicher Ebene ist danach zu differenzieren, ob als Vertragspartner auf Käuferseite ein Unternehmer oder ein Verbraucher handelt, d. h. ob es sich um ein b2b- oder ein b2c-Geschäft handelt. c2c-Geschäfte bleiben bei dieser Betrachtung außen vor, da diese vom Anwendungsbereich des GEKR generell nicht umfasst sind.[21] Hieraus ergeben sich demnach vier denkbare Konstellationen, bei denen vorvertragliche Informationspflichten Bedeutung erlangen können.

2. *Die Informationspflichten hinsichtlich der Vereinbarung zur Verwendung des GEKR*

Damit das GEKR zur Anwendung auf ein Kaufvertragsverhältnis gelangt, muss seine Verwendung gemäß Art. 8 Abs. 1 S. 1 GEKR-VO vereinbart werden. Dies stellt die sog. opt-in-Lösung dar, die vom opt-out-Modell des CISG abzugrenzen ist.[22] Während es hierfür im Rahmen von b2b-Geschäften keine besonderen Bestimmungen gibt, die Wahl des GEKR also insbesondere auch formfrei und durch AGB[23] möglich ist, richtet sich die Vereinbarung des GEKR bei b2c-Verträgen nach den besonderen Regeln der Art. 8 Abs. 2, 3, Art. 9 GEKR-VO. Nach Art. 8 Abs. 2 GEKR-VO muss die Wahl des GEKR als Rechtsregime für den beabsichtigten Kaufvertrag explizit und in einem vom Kaufvertrag separaten Vereinbarung, welche der Unternehmer dem Verbraucher zu übermitteln hat, getroffen werden. Damit diese Vereinbarung wirksam ist, muss der Unternehmer dem Verbraucher gemäß Art. 9 Abs. 1 GEKR-VO das Standard-Informationsblatt, das im Anhang II zum Verordnungsentwurf abgedruckt ist, übermitteln. Dass diese Übermittlung eine echte Wirksamkeitsvoraussetzung für die Verwendungsvereinbarung

---

21 Vgl. Kap. 2, § 2, B., I.

22 Das CISG gelangt innerhalb seines Anwendungsbereichs automatisch zur Geltung, solange es nicht abgewählt wird, vgl. hierzu *Magnus* in Staudinger, Art. 6 CISG, Rn. 1 ff; die Wahl des GEKR soll hierbei ggf. zugleich die Abwahl des CISG bedeuten, vgl. Erw.gr. 25 GEKR-VO.

23 Umkehrschluss daraus, dass eine explizite und vom eigentlichen Kaufvertrag separate Erklärung nur bei b2c-Geschäften verlangt wird.

des GEKR ist und nicht nur eine bloße Obliegenheit darstellt, ergibt sich aus einem Umkehrschluss von Art. 9 Abs. 1 S. 2 GEKR-VO: Bei Versäumnis der Übermittlung oder einem Vertragsschluss, der die tatsächliche Übermittlung vor Vertragsschluss nicht zulässt, wie z. B. der Vertragsschluss per Telefon, ist der Verbraucher an die Verwendungsvereinbarung erst gebunden, wenn er das Informationsblatt sowie sein Exemplar der Verwendungsvereinbarung tatsächlich erhalten und bestätigt hat. Beim Hauptanwendungsbereich des GEKR, dem E-Commerce, kommt dies in Betracht, wenn z. B. die Verlinkung auf das Informationsblatt fehlerhaft ist oder dessen Kenntnisnahme nicht separat, sei es nur durch das Setzen eines Häkchens[24], bestätigt werden musste. Hieraus ist zu schließen, dass bei b2c-Verträgen eine Vereinbarung über die Verwendung des GEKR bis zur tatsächlichen Übermittlung des Informationsblatts und dessen Bestätigung durch den Verbraucher schwebend unwirksam ist. Ob in einem solchen Fall der eigentliche Kaufvertrag bis zur Bestätigung durch den Verbraucher ebenfalls schwebend unwirksam oder aber im Zweifel nach der kollisionsrechtlich einschlägigen Rechtsordnung zustande gekommen ist, wird im Rahmen der Ausführungen zu dem Standard-Informationsblatt näher erörtert.

Missverständlich ist hierbei in der deutschen Sprachfassung Art. 9 Abs. 2 GEKR-VO[25]: Natürlich muss das Informationsblatt, wenn es – im Regelfall – in elektronischer Form übermittelt wird, nicht per Link auf sich selbst verweisen, sondern auf den Gesamttext des GEKR. Die Übersetzung aus dem Englischen[26] ist hier schlicht missraten und bedarf der Korrektur.[27]

3. Die Informationspflichten zum Vertragsschluss innerhalb des GEKR

Die vorvertraglichen Informationspflichten hinsichtlich eines Vertragsschlusses nach dem GEKR, die keinesfalls mit den soeben dargelegten Informationspflichten

24 Unter einer solchen Ausgestaltung ist das Konzept des sog. „blue buttons" zu verstehen, vgl. zu dieser Begrifflichkeit u. a. *Doralt*, AcP 211 (2011), 1 ff.; *Maurer*, ZVertriebsR 2012, 31 ff.; *Wagner* ZEuP 2012, 455 ff.

25 *„Das in Absatz 1 genannte Informationsblatt wird, wenn es in elektronischer Form geliefert wird, über einen Hyperlink zugänglich gemacht oder enthält ansonsten die Adresse einer Website, über die der Text des Gemeinsamen Europäischen Kaufrechts kostenlos abgerufen werden kann."*

26 *„The information notice referred to in paragraph 1 shall, if given in electronic form, contain a hyperlink or, in all other circumstances, include the indication of a website through which the text oft the Common European Sales Law can be obtained free of charge."*

27 Vgl. auch *Riesenhuber*, GPR 2012, 2, 3.

bzgl. der Wahl des GEKR als anwendbares Rechtsregime verwechselt werden dürfen, sind sehr umfassend in dessen Kapitel 2 in den Art. 13–29 GEKR geregelt. Sowohl der bloße Umfang als auch die systematische Stellung am Anfang des Gesetzestextes sowie als Bestandteil der Regelungen über das Zustandekommen eines bindenden Vertrags[28] – Teil II des GEKR – lassen die immense Bedeutung erkennen, die der europäische Gesetzgeber den vorvertraglichen Informationspflichten beimisst.

Der Inhalt der vorvertraglichen Informationspflichten zum Kaufvertragsschluss wird hier in der gebotenen Kürze dargestellt. Aufgrund der Zielsetzung dieser Arbeit ist eine breite und umfassende Betrachtung entbehrlich und es kann insoweit auf andere Aufarbeitungen verwiesen werden.[29] Art. 13–17 GEKR listen Inhalt und Art und Weise derjenigen Informationen auf, die von einem Unternehmer vor Vertragsschluss bei b2c-Geschäften, die im Wege des Fernabsatzes oder außerhalb von Geschäftsräumen geschlossen werden, zu leisten sind.[30] Hervorgehoben sind hier die Informationen über die Vertragskosten, die Identität des Unternehmers, die Vertragsbestimmungen sowie Widerrufsrechte. Art. 18–20 GEKR beinhalten besondere Informationspflichten und sonstige Erfordernisse für die jeweils möglichen Arten des Vertragsschlusses. Art. 21, 22 GEKR regeln die Beweislastumkehr und den halbzwingenden Charakter der Informationspflichten zu Gunsten des Verbrauchers. In Art. 23 GEKR werden, weitaus weniger explizit, die Informationspflichten bei b2b-Verträgen geregelt. Diese Regeln gehen inhaltlich allerdings nicht über das hinaus, was sich aus dem Grundsatz von Treu und Glauben ohnehin ergibt. Art. 24–27 GEKR beinhalten zusätzliche Informationspflichten und weitere Erfordernisse für den Vertragsschluss im Rahmen des E-Commerce, also dem voraussichtlichen Hauptanwendungsbereich des GEKR. Insbesondere statuiert Art. 25 Abs. 2 GEKR die sog. „Button-Lösung“[31], durch die der Verbraucher dazu verpflichtet wird, separat zu bestätigen, dass er sich bewusst ist, eine „Bestellung mit Zahlungspflicht“ zu tätigen; dieses Erfordernis wurde zum Zwecke des Verbraucherschutzes neuerdings auch in das BGB integriert.[32] Art. 28, 29 GEKR

---

28 Siehe auch *Benninghoff* in Schmidt-Kessel, Ein einheitliches europäisches Kaufrecht?, S. 87, 90.

29 Z.B. *Benninghoff* in Schmidt-Kessel, Ein einheitliches europäisches Kaufrecht?, S. 87, 95 ff.

30 Die Definitionen, was unter einem Fernabsatzvertrag und unter einem außerhalb von Geschäftsräumen geschlossenen Vertrag zu verstehen ist, finden sich in Art. 2 lit. p, q GEKR-VO.

31 Vgl. *Maurer*, ZVertriebsR 2012, 31, 34.

32 § 312g Abs. 3 BGB.

regeln letztlich die Sorgfaltspflicht des Unternehmers zur Gewährleistung der Richtigkeit der erteilten Informationen sowie dessen Schadensersatzpflichten bei Verletzung dieser Sorgfaltspflicht oder der Informationspflichten als solche.

Die Informationspflichten des GEKR gehen somit in der Summe über diejenigen, die das BGB vorsieht[33], hinaus.[34]

4. Die Unterschiede der Informationspflichten zwischen b2c- und b2b-Verträgen

Die Unterschiede hinsichtlich der Informationspflichten zwischen b2b- und b2c-Verträgen liegen im Wesentlichen darin, dass für erstere eine Reglementierung praktisch nicht vorgesehen ist. Besondere Erfordernisse hinsichtlich der Vereinbarung des GEKR gibt es nur für b2c-Verträge. Zu beachten ist im Rahmen dieser formfrei möglichen Wahl des GEKR bei b2b-Verträgen, dass im Falle eines erfolgreichen Bestreitens der Wahl des GEKR als Folge nicht etwa das kollisionsrechtlich einschlägige nationale Recht Anwendung findet, sondern, sofern sein Anwendungsbereich eröffnet ist, das CISG, da in einem solchen Fall dessen konkludente Abwahl[35] ebenfalls nicht besteht. Hinsichtlich des Vertragsschlusses verpflichtet Art. 23 Abs. 1 GEKR den verkaufenden Unternehmer lediglich dazu *„dem anderen Unternehmer gegenüber auf jeden nach den Umständen geeignete Weise alle Informationen in Bezug auf die wesentlichen Merkmale der zu liefernden Waren ... offen zu legen, über die er verfügt oder verfügen müsste und deren Nichtoffenlegung gegenüber der anderen Partei gegen das Gebot von Treu und Glauben und den Grundsatz des redlichen Geschäftsverkehrs verstoßen würde."* Art. 23 Abs. 2 GEKR beschreibt hierbei die Faktoren, die zur Bestimmung, welche Informationen im Einzelfall offengelegt werden müssen, zu berücksichtigen sind. Jedoch stellt sich durch die explizite Beschränkung der Informationsverpflichtung am Ende von Art. 23 Abs. 1 GEKR die Frage, inwieweit es dieser Norm überhaupt bedarf, da in Art. 2 GEKR die Gebote von Treu und Glauben und des redlichen Geschäftsverkehrs im Allgemeinen verankert sind. In Anbetracht dessen erfüllt Art. 23 GEKR lediglich eine Klarstellungsfunktion. Diese geht allerdings, allein schon aufgrund des Umfangs der Norm und ihrer systematischen Stellung inmitten der Regelungen für b2c-Verträge, zu Lasten der Übersichtlichkeit des Gesetzes.

Durch Art. 23 GEKR wird allerdings der besondere Stellenwert der vorvertraglichen Informationspflichten bei b2b-Geschäften gegenüber dem deutschen

---

33 Hierzu bereits *Hoffmann*, ZIP 2005, 829 ff.

34 *Grunewald* in Augenhofer, Verbraucherrecht im Umbruch, S. 31, 39.

35 Vgl. Erw.gr. 25 GEKR-VO; s. auch *Staudenmayer*, NJW 2011, 3491, 3495.

Recht in zweierlei Weise verdeutlicht: Zum einen gibt es im deutschen Recht keine vergleichbare explizite Regelung. Derartige Informationspflichten werden im Allgemeinen auch nicht aus § 346 HGB hergeleitet[36], sodass sie sich nur aus dem generellen Gebot von Treu und Glauben aus § 242 BGB ergeben können. Zum anderen sieht das GEKR für Unternehmer auf Käuferseite zwar in Art. 121, 122 GEKR dem § 377 HGB vergleichbaren Untersuchungs- und Rügeobliegenheiten vor[37]; während die Frist zur Untersuchung in § 377 HGB allerdings „unverzüglich" ist, ist sie in Art. 121 Abs. 1 GEKR mit „so kurz, wie es die Umstände erlauben, maximal 14 Tage" aber lockerer zu Gunsten des Unternehmerkäufers geregelt. Durch die Zusammenschau dieser beiden Faktoren ergibt sich im Vergleich zum deutschen Recht eine generelle Verschiebung des Verantwortungsgefüges im Handelsgeschäft zu Lasten des verkaufenden Unternehmers.

II. Der – zweifelhafte – Nutzen von Informationsmodellen

Es ist nunmehr fraglich, welchem Nutzen Informationsmodelle dienen können und ob die Kritik an ihnen auf die Informationspflichten des GEKR, insbesondere auf diejenigen bzgl. seiner Wahl, übertragen werden kann. Hierzu ist zunächst festzuhalten, dass Informationspflichten kein Selbstzweck sind. Sie dienen primär dem Verbraucherschutz und sind als dessen Instrument hierfür im Rahmen der Gemeinschaftsgesetzgebung seit langem gang und gäbe.[38] Der Kommission zufolge sollen explizit die Informationspflichten hinsichtlich der Vereinbarung des GEKR bei b2c-Geschäften dazu dienen, dass die *„Verbraucher ... der Verwendung des Gemeinsamen Europäischen Kaufrechts nicht nur bewusst, sondern auch in voller Sachkenntnis zustimmen."*[39] Hierbei ist zu hinterfragen, ob durch die Ausgestaltung der Informationspflichten in der GEKR-VO dieses hehre Ziel erreicht werden kann, aber auch, ob dies überhaupt notwendig oder nicht doch ein anderer Weg gangbarer ist, um einerseits den Verbrauchern Vertrauen in das Instrument GEKR zu vermitteln und andererseits ihm eine vermehrte Anwendung

---

36 Vgl. nur die beispielhaften Aufzählungen von *Schmidt* in MüKo-HGB, § 346, Rn. 29 ff., sowie *Pamp* in Oetker, § 346, Rn. 30 ff.

37 Ausführlich hierzu *Wiese* in Schmidt-Kessel, Ein einheitliches europäisches Kaufrecht, S. 401 ff.

38 Ausführlich zu den vorvertraglichen Informationspflichten im Rahmen vollharmonisierender Maßnahmen *Mittwoch*, Vollharmonisierung und Europäisches Privatrecht, S. 260 ff.

39 Erw.gr. 23 GEKR-VO.

dadurch zu bescheren, dass die Unternehmer ihre Geschäfte auf dessen Grundlage anbieten wollen.

Fraglich ist dabei zunächst, was die Kommission unter „voller Sachkenntnis" in Erw.gr. 23 GEKR-VO versteht und ob diese für den Verbraucher überhaupt zu erreichen ist. Näher umrissen wird dieser Begriff im Verordnungsentwurf nicht. „Volle Sachkenntnis" im Sinne eines systematischen Verständnisses der rechtlichen Zusammenhänge der gewährleistungsrechtlichen Regelungen des GEKR gleich einem juristisch vorgebildeten Vertragspartner kann begriffslogisch schon nicht gemeint sein. Eine solche ist für den durchschnittlichen Verbraucher nicht erreichbar, womit diese von ihm ebenso wenig verlangt werden kann, wie vom Unternehmer gefordert werden kann, den Verbraucher gerade in diese Situation zu versetzen. Der Begriff „volle Sachkenntnis" als solcher ist daher bereits missverständlich. Gemeint muss sein, dass der Verbraucher sich bei der Vereinbarung des GEKR über die wesentlichen Unterschiede zu seiner nationalen Rechtsordnung bzw. über die Besonderheiten des GEKR im Klaren sein soll.[40] Ziel ist es somit, den Verbraucher hinsichtlich der Wahl des GEKR in eine dem Unternehmer möglichst ebenbürtige Verhandlungssituation zu versetzen, damit er das GEKR im Zweifelsfall nicht aufoktroyiert bekommt, sondern selbst die Vor- und Nachteile der Wahl des GEKR abwägen und diese Wahl zu seinen Gunsten nutzen kann. Diesem Verständnis entspricht auch der Wortlaut der englischen Sprachfassung, der nicht von „voller Sachkenntnis", sondern lediglich von „informed choice" spricht. Denn auch wenn der Verbraucher in der Praxis – wie bereits dargestellt[41] – bei dem Abschluss eines spezifischen Kaufvertrags kaum je die Wahl haben wird zwischen der Anwendung seines heimatstaatlichen Rechts oder des GEKR, so verbleibt ihm die Wahl des Kaufs beim ausländischen Unternehmer nach dem GEKR oder der Suche nach einem alternativem Angebot auf dem mitgliedsstaatlichen Markt nach dem mitgliedsstaatlichen Recht. Die Informationsverpflichtung stellt demnach ein Instrument des marktkomplementären Verbraucherschutzes dar.[42]

Vor diesem Hintergrund wird im Folgenden untersucht, in welchem Umfang Informationspflichten generell als Verbraucherschutzinstrument geeignet sind, inwiefern man diese Eignung auf die Informationspflichten hinsichtlich der Wahl

40 Dies ergibt sich des Weiteren auch aus Erw.gr. 23 GEKR-VO, womit dessen weiterer Inhalt im Gegensatz zum verwendeten Begriff „volle Sachkenntnis" steht.

41 Kap. 4, § 1, A., II.

42 Zur dogmatischen Abgrenzung von marktkomplementären und marktkorrigierenden Verbraucherschutzmodellen siehe *Kind*, Die Grenzen des Verbraucherschutzes durch Information, S. 41 ff.

des GEKR übertragen kann und welche Alternativen es zu dem von der Kommission vorgeschlagenen Modell gibt.

1. Anwendungsfelder von Informationsmodellen

Informationsmodelle bzw. -pflichten haben – nicht immer unumstritten – Tradition in der europäischen Rechtsetzungsgeschichte. Der Begriff des „Informationsmodells“ kam bereits in der juristischen Diskussion um das Verbraucherschutzrecht in Deutschland in den 1970er Jahren vermehrt zum Vorschein, also lange vor einer umfassenden Verbraucherrechtsetzung durch die Europäische Gemeinschaft.[43] Diese setzte sodann in den 1980er Jahren ein. Informationsmodelle bzw. -pflichten sind seitdem in einer Vielzahl europäischer Rechtsetzungsakte vorzufinden, so z. B. in der Verbraucherkreditrichtlinie[44], der Pauschalreiserichtlinie[45], der Time-Sharing-Richtlinie[46], der Dienstleistungsrichtlinie[47], der E-Commerce-Richtlinie[48], der Fernabsatzrichtlinie[49] und nunmehr auf einem neuen Weg mit dem Verordnungsentwurf. Vorvertragliche Informationspflichten sind in der juristischen Praxis somit nicht auf ein bestimmtes sachliches Teilgebiet des Privatrechts beschränkt, Anwendungsvoraussetzung ist bis dato jedoch immer ein Vertragsverhältnis zwischen einem Unternehmer und einem Verbraucher.

2. Zielsetzung von Informationsmodellen

Die Zielsetzung von Informationsmodellen in Unionsrechtsakten ist primär, das als marktschädigend erachtete Informationsgefälle zwischen Unternehmern und Verbrauchern zu reduzieren.[50] Dieses Informationsgefälle rührt daher, dass in aller Regel der Unternehmer bessere Kenntnisse hat, sowohl hinsichtlich des Produkts, mit dem gehandelt wird, als auch der rechtlichen Möglichkeiten, die dem

---

43 *Kind*, Die Grenzen des Verbraucherschutzes durch Information, S. 38.

44 Zunächst RL 87/102/EWG vom 22.12.1986, nunmehr RL 2008/48/EG vom 23.04.2008.

45 RL 90/314/EWG vom 13.06.1990.

46 RL 94/47/EG vom 16.10.1994; insbesondere hier wurde der Umfang der Informationspflichten teils sehr kritisch aufgefasst, vgl. *Martinek*, NJW 1997, 1393; *ders.* in Grundmann, Systembildung und Systemlücken in Kerngebieten des Europäischen Privatrechts, S. 511 ff.

47 RL 2006/123/EG vom 12.12.2006.

48 RL 2000/31/EG vom 08.06.2000.

49 RL 97/7/EG vom 20.05.1997; vgl. hierzu *Martinek*, NJW 1998, 207.

50 *Heiderhoff*, Grundstrukturen des nationalen und europäischen Verbrauchervertragsrechts, S. 266.

Verbraucher zustehen. Grundgedanke ist also, dass der Verbraucher, je besser er über diese Punkte informiert ist, desto mehr als emanzipierter und selbstverantwortlicher Teilnehmer den Markt bereichern kann, der fähig ist, (Kauf-) Entscheidungen selbstbestimmt und im Bewusstsein der Tragweite seiner Handlungen zu treffen. Die Vorstellung, dass man dem Verbraucher solche Entscheidungen durch vermehrte Information ermöglichen kann, also dass er nur aufgrund seines Informationsdefizits nicht in der Lage ist, vernünftige und wohlüberlegte Entscheidungen zu treffen, beruht auf einem normativen[51] Verbraucherleitbild[52], das den Verbraucher nicht als strukturell unterlegen ansieht, sondern ihm die Möglichkeit zuspricht, Bestandteil des im Kern liberalen Prinzips des Vertragsrechts werden zu können.[53] Dieses Verständnis, das der materiellen Sekundärrechtsetzung zu Grunde lag und liegt, überträgt die Kommission ausweislich Erw.gr. 23 GEKR-VO auch auf die Wahl des GEKR. Dieser fußt offenkundig auf der Idee, dass der Verbraucher selbst in der Lage ist, die Vor- und Nachteile, welche die Wahl des GEKR für ihn bedeutet, in ihrer vollen Tragweite zu erfassen und abzuwägen.

3. Grenzen des Nutzens von Informationsmodellen

Die relativ simple und auf den ersten Blick auch logisch erscheinende These beruht auf der Vorstellung, dass der Verbraucher für sich sinnvollere Entscheidungen treffen kann, je umfangreicher er nur über alle Aspekte informiert wird, die im Dunstkreis eines Vertragsschlusses mit einem Unternehmer und dessen Rechtsfolgen umher schweben. Die unreflektierte Umsetzung dieses Prinzips läuft jedoch Gefahr, den Verbraucher zu einem mit Informationen zu füllenden Fass ohne Boden mutieren zu lassen. Man muss in diesem Kontext daher immer die Frage stellen: Was geschieht, wenn dem Verbraucher zu viele oder gar überflüssige Informationen übermittelt werden?

Mit dieser Frage setzte sich monographisch mittels einer umfassenden empirischen Studie aus dem Bereich der Konsumentenverhaltensforschung bereits

---

51 Zur Abgrenzung zwischen normativem und empirischem Verbraucherleitbild s. *Sedlmeier*, Rechtsgeschäftliche Selbstbestimmung im Verbrauchervertrag, S. 45 ff.; eine vermittelnde Methode als Leitmodell befürwortend *Tacou*, Das Verbot von Umgehungsgeschäften, S. 63 f.

52 Vgl. *Denkinger*, Der Verbraucherbegriff, S. 110 f.

53 Ob dieses Verbraucherleitbild im Allgemeinen Grundlage der unionalen Verbraucherschutzrechtsetzung ist, ist streitig; dafür: *Meller-Hannich*, Verbraucherschutz im Schuldvertragsrecht, S. 74; dagegen: *Heiderhoff*, Grundstrukturen des nationalen und europäischen Verbrauchervertragsrechts, S. 288 f.

1998 *Sandra Kind*[54] in ihrer Dissertation angesichts des damaligen Teilzeitwohnrechtegesetzes[55], das auf der Time-Sharing-Richtlinie[56] der EG beruhte, auseinander. Sie stellte fest, dass Informationserteilung grundsätzlich in der Lage ist, die Entscheidungsfindung des durchschnittlich verständigen Verbrauchers durch Verarbeitung der erhaltenen Informationen zu dessen Gunsten zu beeinflussen. Mit zunehmendem Umfang der Informationen setzt allerdings der sog. „information-overload" ein, der bewirkt, dass ab einem bestimmten Informationsausmaß der Verbraucher diese nicht mehr positiv verarbeiten kann, sondern die Qualität seiner Entscheidungen zunächst stagniert und mit weiterem Anwachsen des Informationsumfangs sogar abzusinken beginnt. Der Grund hierfür ist, dass jeder Verbraucher nur bis zu seiner Belastungsgrenze Informationen sinnvoll aufnehmen und auch verarbeiten kann. Ein Informationsausmaß oberhalb dieser Grenze hat also einen dysfunktionalen[57] Effekt.[58] *Kinds* Ergebnisse fanden Zustimmung in der Literatur[59] und wurden in diversen späteren Arbeiten anderer Autoren ohne Anzweiflung aufgegriffen.[60]

Festzuhalten ist somit, dass Informationsmodelle zwar grundsätzlich nützlich für den Verbraucher und dessen Schutz sein können, ihnen dieser Nutzen aber nicht generell zugesprochen werden kann. Vielmehr kommt es auf die jeweilige Ausarbeitung des Informationsmodells an. Es muss einerseits Informationen enthalten, die dem Verbraucher nützlich sind und die er auch verarbeiten kann, andererseits muss das richtige Maß getroffen werden. Denn wenn es hier „zu viel des Guten gibt", gilt der althergebrachte Grundsatz „das Gegenteil von gut ist gut gemeint", da es sich negativ auf den Verbraucher auswirkt, wenn er mit zu vielen Informationen überlastet wird, was dem eigentlichen Sinn und Zweck eines Informationsmodells zuwider läuft.

---

54 *Kind*, Die Grenzen des Verbraucherschutzes durch Information, S. 442 ff.

55 Bgbl. 1996 I Nr. 70, S. 2154 ff.; seit dem 01.01.2002 ist das Recht der Teilzeit-Wohnrechteverträge in den §§ 481 – 487 in das BGB integriert.

56 RL 94/47/EG vom 16.10.1994.

57 *Martinek* spricht hierbei sogar von einem kontraintentionalen Effekt, vgl. *Martinek* in Staudinger, Vorb. Zu §§ 481 – 487, Rn. 57.

58 *Kind*, Die Grenzen des Verbraucherschutzes durch Information, S. 467 f.

59 *Martinek* in Grundmann, Systembildung und Systemlücken in Kerngebieten des Europäischen Privatrechts, S. 511, 523 ff.

60 U. a. *Sedlmeier*, Rechtsgeschäftliche Selbstbestimmung im Verbrauchervertrag, S. 141 f.; *Meller-Hannich*, Verbraucherschutz im Schuldvertragsrecht, S. 197.

4. *Übertragbarkeit der Forschungsergebnisse auf die Informationspflichten hinsichtlich der Verwendungsvereinbarung des GEKR*

Es stellt sich nun die Frage, ob und inwiefern diese Erkenntnisse auf die Informationspflichten hinsichtlich der Wahl des GEKR bei b2c-Verträgen übertragen werden können. Die bisher bekannten Informationsmodelle waren immer auf eine besondere Situation[61] oder einen besonderen Gegenstand des Vertragsschlusses[62] bezogen. Ein Informationsmodell hinsichtlich der Wahl eines Rechtsregimes, ähnlich der Art. 8 ff. GEKR-VO, hat es hingegen bisher noch nicht gegeben. Allerdings erscheint eine Übertragbarkeit der Forschungsergebnisse zu den produktbezogenen Informationsmodellen im vorliegenden Fall dann naheliegend, wenn die Wahl des GEKR mit der Entscheidung für ein Produkt verglichen wird, das GEKR mithin als „Produkt" im weiteren Sinne betrachtet werden kann. Zunächst einmal stellt das GEKR als optionales, alternatives Rechtsregime natürlich kein Produkt gleich einer Ware dar. Es darf jedoch nicht verkannt werden, dass durch die Ausgestaltung als optionales Instrument die potentiellen Anwender, Unternehmer wie Verbraucher, vor die Wahl gestellt werden sollen, ob sie das GEKR, das kollisionsrechtlich anwendbare nationale Recht, ein alternatives nationales Recht oder bei b2b-Geschäften das CISG zur Anwendung bringen wollen. Es ist also gerade das Anliegen der Kommission, das GEKR in den „Wettbewerb der Vertragsrechte" einzuführen.[63] Die Informationspflichten hinsichtlich der Wahl des GEKR bei b2c-Verträgen sollen dem Verbraucher daher die Vorzüge einer solchen Wahl aufzeigen und ihn in der bereits erörterten „vollen Sachkenntnis"[64] zur Wahl des GEKR bewegen. Vor diesem Hintergrund kann man aber in Bezug auf die Informationsmodelle nur schwerlich einen wesentlichen Unterschied zwischen dem Wettbewerb auf dem freien Warenmarkt und dem „Wettbewerb der Vertragsrechte" feststellen.

Es besteht folglich eine Wesensgleichheit zwischen den produktbezogenen Informationsmodellen, für die der Effekt des „information overload" durch die Konsumentenverhaltensforschung anerkannt ist, und dem Informationsmodell hinsichtlich der Wahl des GEKR. Die oben dargestellten Forschungsergebnisse, die einer zu ausschweifenden bzw. nicht zielführenden Informationsversorgung

61 So die E-Commerce- und die Fernabsatzrichtlinie.

62 So die Verbraucherkredit-, die Pauschalreise- und die Time-sharing-Richtlinie.

63 Zu den Perspektiven der Akzeptanz des GEKR in der Praxis im Vergleich zum CISG *Graf von Westphalen* in Gebauer, Gemeinsames Europäisches Kaufrecht – Anwendungsbereich und kollisionsrechtliche Einbettung, S. 189 ff.

64 Vgl. Erw.gr. 23 GEKR-VO; hierzu Kap. 4, § 1, B.

des Verbrauchers negative Effekte für diesen bescheinigt, sind daher auf die Informationspflichten für die Wahl des GEKR übertragbar.

III. Die vorvertraglichen Informationspflichten hinsichtlich der Wahl des GEKR

Dreh- und Angelpunkt der Informationsverpflichtung des Unternehmers gegenüber dem Verbraucher hinsichtlich der Wahl des GEKR ist das Standard-Informationsblatt in Anhang II zur GEKR-VO, das zur Wirksamkeit der Wahl zu übermitteln ist. Daher werden im Folgenden seine Umsetzung dargestellt und der tatsächliche Nutzen für den Verbraucher analysiert, um im Anschluss die Sinnhaftigkeit dieser Ausgestaltung kritisch zu hinterfragen und Gegenkonzepte aufzuzeigen.

1. Zielführung, Konzeption und Ausgestaltung

Wie bereits erläutert, ist die in Art. 9 Abs. 1 S. 1 GEKR-VO geforderte Übermittlung des Standard-Informationsblatts eine echte Wirksamkeitsvoraussetzung für die Wahl des GEKR.[65] Sinn und Zweck des Ganzen ist es, ausweislich des Erw. gr. 23 GEKR-VO, dem Unternehmer zu erleichtern, den Verbraucher durch die Information über die Besonderheiten und die wesentlichen Merkmale des GEKR in die „volle Sachkenntnis" zu versetzen.[66]

a) Informationen über die Verwendungsvereinbarung

Inhaltlich wird im Standard-Informationsblatt zunächst der Charakter des GEKR als optionales Instrument beschrieben. Hierauf folgt die Erläuterung, dass wenn man einem Vertrag zugestimmt hat, bei dem man aufgrund der Natur der Art und Weise des Vertragsschlusses – „telefonisch oder auf andere Weise" – von dem Informationsblatt keine Kenntnis nehmen konnte, der Vertrag erst gültig wird, wenn man das Informationsblatt erhalten und die Einwilligung zur Verwendung des GEKR bestätigt hat. Diese Formulierung erscheint für den Verbraucher

65 Kap. 4, § 1, B., I., 1.

66 Dadurch, dass das Standard-Informationsblatt in den Amtssprachen der EU von dieser zur Verfügung gestellt wird, kann der Argumentation, dass die Informationspflichten dem Ziel des GEKR, die Transaktionskosten der Unternehmer zu senken, zuwider läuft hinsichtlich der Informationsverpflichtung bzgl. der Vereinbarung des GEKR nur bedingt gefolgt werden, vgl. *Hesselink*, CSECL Working Paper No. 2011-15, S. 10.

zunächst klar verständlich, ist jedoch aus zwei Gründen äußerst problematisch: Zum einen fehlt hier der Hinweis auf die in Art. 9 Abs. 1 S. 2 GEKR-VO ebenfalls genannte und wesentlich praxisrelevantere Variante, dass der Unternehmer es versäumt hat, das Informationsblatt zu übermitteln, z. B. durch fehlerhafte Verlinkung oder Implementierung in den Webshop. Zum anderen, und hier liegt das schwerwiegendere Problem, steht der Wortlaut des Informationsblatts an dieser Stelle im Gegensatz zu dem des Art. 9 Abs. 1 S. 2 GEKR-VO, dessen Inhalt es an dieser Stelle dem Verbraucher gerade veranschaulichen will. Während nämlich das Standard-Informationsblatt dem Verbraucher erläutert, dass es der eigentliche Kaufvertrag ist, der erst mit der Übermittlung dieses Informationsblatts und anschließender Zustimmung wirksam wird, spricht Art. 9 Abs. 1 S. 2 GEKR-VO ausschließlich von der Vereinbarung über die Verwendung des GEKR.[67] Während also nach dem Wortlaut des Art. 9 Abs. 1 S. 2 GEKR-VO nur die Wahl des GEKR schwebend unwirksam ist, der Kaufvertrag als solcher aber im Zweifel als nach dem kollisionsrechtlich anwendbaren Recht als zustande gekommen angesehen werden muss, fußt der Wortlaut des Standard-Informationsblatts auf einem Normverständnis, das besagt, dass gerade auch der Kaufvertrag selbst bis zur Übermittlung des Informationsblatts und dessen Bestätigung schwebend unwirksam und sein Wirksamwerden vom Handeln des Unternehmers abhängig sein soll.

Fraglich ist demnach, ob der Wortlaut des Art. 9 Abs. 1 S. 2 GEKR-VO lediglich unglücklich gewählt wurde und das Verständnis, das dem Standard-Informationsblatt zu Grunde liegt, von der Kommission gewollt ist oder ob das Informationsblatt in diesem Punkt fehlerhaft ist und der Korrektur bedarf[68], also wie die Norm auszulegen ist. Nach der Vorstellung der Kommission soll die Wahl des GEKR durch den Verbraucher eine bewusste sein, auch bewusst hinsichtlich der Tatsache, dass er sein vertrautes, nationales Recht zu Gunsten eines optionalen Instruments verlässt.[69] Hinzu kommt, dass das GEKR dem Leitbild eines hohen Verbraucherschutzniveaus folgt und gerade auch ein solches gewährleisten soll, damit es auch für den Verbraucher attraktiv erscheint.[70] Diesem Ziel liefe es aber zuwider, wenn der Verbraucher sich zwar auf die Verwendung des GEKR mit dem

---

67 Dies ist kein lediglich die deutsche Fassung berührender Übersetzungsfehler; auch in der englischen Fassung spricht das Standard Information Notice vom „contract“, während in Art. 9 Abs. 1 S. 2 CESLR vom „agreement to use the Common European Sales Law“ die Rede ist.

68 So i. E. *Stadler*, AcP 212 (2012), 473, 496.

69 Erw.gr. 22 GEKR-VO.

70 Erw.gr. 11, 24, 30 GEKR-VO.

Unternehmer geeinigt hat – sei es nur, wie im wohl praktischsten Fall, durch das Anklicken eines Häkchens – dann aber lediglich diese Regimewahl schwebend unwirksam ist, so wie es der Wortlaut von Art. 9 Abs. 1 S. 2 GEKR-VO vorgibt. Denn in einer solchen Situation hätte er nach diesem Normverständnis lediglich noch die Wahl, ob er der Verwendung des GEKR zustimmt, obwohl er über dessen Inhalt erst nachträglich informiert wurde oder ob er einen Kaufvertrag annehmen muss, der auf einem Rechtsregime beruht, das er gerade nicht gewählt hat und dies, obwohl der Fehler hinsichtlich der Aufklärung beim Unternehmer liegt. Vor diesem Hintergrund ist eine am Wortlaut orientierte Auslegung der Norm nur schwer vertretbar. Sie ist daher nach Sinn und Zweck und dem Willen des Gesetzgebers so auszulegen, dass gerade auch der eigentliche Kaufvertrag schwebend unwirksam und von der Bestätigung der Wahl des GEKR durch den Verbraucher abhängig ist.[71] Das Risiko, durch fehlerhafte Aufklärung den Vertragsschluss zu verlieren, sollte beim Unternehmer liegen. Dieses Ergebnis entspricht der sich im Vordringen befindlichen These, dass verbraucherprivatrechtliche Normen, die auf EU-Gesetzgebung fußen, *in dubio pro consumente* auszulegen sind.[72] Daher hat der Verbraucher in einem solchen Fall die Wahl, sich auf die Unwirksamkeit des Vertrags zu berufen und hinsichtlich ggf. schon erbrachter Leistung eine kondiktionsrechtliche Rückabwicklung zu veranlassen oder aber durch nachträgliche Zustimmung den Vertrag unter dem Regime des GEKR wirksam werden zu lassen und sich so seine Gewährleistungsrechte zu erhalten. Für die Vertragswirksamkeit unter einem mitgliedsstaatlichen Recht bedarf es jedoch einer neuen Einigung zwischen den beiden Parteien.[73] Dies ist auch interessengerecht, da somit keine von ihnen gezwungen wird, sich einem Rechtsregime zu unterwerfen, das nach ihrem Willen eigentlich ausgeschlossen werden sollte.

Insoweit sollte bis zum Erlass des GEKR – sofern diese Wirksamkeitsvoraussetzungen hinsichtlich der Wahl beibehalten werden – der Wortlaut des Art. 9 Abs. 1 S. 2 GEKR-VO in klarstellender Weise abgeändert werden.[74]

---

71 A. A. *Hesselink*, CSECL Working Paper No. 2011-15, S. 11; *Stadler*, AcP 212 (2012), 473, 496.

72 *Riesenhuber* in Riesenhuber, Europäische Methodenlehre, § 11, Rn. 54 ff., m. w. N.; ablehnend hingegen *Tacou*, Das Verbot von Umgehungsgeschäften, S. 64 ff.

73 A. A. *Harvey / Schillig*, ERCL 2013, 143, 157 ff.

74 Hier würde bereits eine Abänderung des Passus' *„...so ist der Verbraucher erst dann an die Vereinbarung gebunden..."* zu *„...so ist der Verbraucher erst dann an die Vereinbarung sowie an den Vertrag gebunden..."* genügen.

b) Informationen über die Rechte aus dem GEKR

Unter der Überschrift „Kurzdarstellung der wichtigsten Verbraucherrechte" teilt das Standard-Informationsblatt die Information über die Rechte, die sich aus dem GEKR selbst ergeben, in solche vor und nach Unterzeichnung des Vertrags ein. Hierbei ist der Begriff „Unterzeichnung"[75] für den Verbraucher missverständlich gewählt: Hauptanwendungsbereich des GEKR wird der E-Commerce sein. Hier findet eine tatsächliche Vertragsunterzeichnung dank des elektronischen Verkehrs aber gerade nicht statt. Der Begriff „Unterzeichnung des Vertrags" sollte daher der Klarheit halber durch den Begriff „Vertragsschluss" ersetzt werden. An dieser Stelle sei nochmals darauf hingewiesen, dass das Informationsblatt zwar inhaltlich Rechte bzgl. des Vertragsschlusses darstellt, dieser Abschnitt der Arbeit mit dem Informationsblatt aber die Informationspflichten ausschließlich bzgl. der Wahl des GEKR behandelt, die mit den Informationspflichten der Art. 13 ff. GEKR nicht verwechselt werden dürfen.

Inhaltlich wird erläutert, dass der Unternehmer den Verbraucher vor Vertragsschluss über die wesentlichen Vertragsdetails, die im Anschluss beispielhaft aufgezählt werden, zu informieren hat und bei einer Verletzung dieser Pflicht ein Schadensersatzanspruch besteht. Zu den Rechten nach Vertragsschluss wird zunächst knapp das Widerrufsrecht mit der Pflicht zur Übergabe des Standard-Widerrufsformulars[76] angesprochen. Es folgt eine Übersicht über die Abhilfen des Verbrauchers, wenn der Unternehmer die Ware fehlerhaft oder nicht wie vereinbart geliefert hat, die im Wesentlichen Art. 106 GEKR entspricht. Im Folgenden werden die Verjährungsfristen dargestellt, danach wird erklärt, dass unfaire Standardvertragsbestimmungen rechtlich nicht verbindlich sind. Zum Abschluss wird darauf hingewiesen, dass es sich lediglich um eine verkürzte Darstellung der Rechte handelt, es gibt einen Link auf den vollständigen Text des GEKR sowie die Empfehlungen, den Vertrag sorgfältig durchzulesen und im Streitfall rechtliche Beratung zu suchen.

Im Ergebnis findet hier eine sehr allgemeine Darstellung statt, die dem Verbraucher eine ungefähre Vorstellung von seinen Gewährleistungsrechten gegenüber dem Vertragspartner geben soll. Ohne diese Informationserteilung darüber, welche Rechte der Verbraucher hat, wenn der Unternehmer nicht vertragsgemäß handelt,

75 In der englischen Fassung „signing a contract".

76 Anlage 2 zum GEKR.

in Form der Übermittlung des Standard-Informationsblatts, gelangt der Kaufvertrag aber nicht zu Wirksamkeit.[77]

2. *Tatsächlicher Nutzen*

Es erscheint jedoch fraglich, ob das Ziel, den Verbraucher vor der Wahl des GEKR und somit auch vor Kaufvertragsschluss in „volle Sachkenntnis" zu versetzen, mit dem Standard-Informationsblatt in dieser Form erreicht werden kann oder aber ob das Informationsblatt oder bestimmte Teile davon entbehrlich oder gar kontraproduktiv in Anbetracht seiner Zielsetzung erscheinen. In letzterem Fall besteht die Gefahr, dass es sowohl den Verbrauchern als auch den Unternehmern im Endeffekt sogar schadet: Den Verbrauchern dadurch, dass es sie überfordert und vom Schluss eines Kaufvertrags auf Grundlage des GEKR abschreckt, den Unternehmern dadurch, dass es sie durch den Umfang der ihnen aufgebürdeten Pflichten und den damit einhergehenden Haftungsrisiken sowie durch die erkennbar abschreckende Wirkung für ihre potentiellen Kunden vom Anbieten des GEKR abhält.

a) Informationen über die Verwendungsvereinbarung

Die kurze Erklärung zu Beginn, was der Verbraucher sich unter dem GEKR vorzustellen hat und wieso er jetzt einen Vertrag abschließt, der nicht auf seinem nationalen, sondern einem optionalen europäischen Recht beruht, ist durchaus angebracht. Es erscheint jedoch zweifelhaft, ob es hierfür eines gesonderten Informationsblatts bedarf, von dessen Erhalt die Wirksamkeit des Vertragsschlusses abhängig ist. Unabhängig von der Frage, ob der Verbraucher das Informationsblatt überhaupt wahrnehmen wird[78], wäre es in diesem Punkt jedenfalls ausreichend, dem Verbraucher in dem Moment, in dem er der Wahl des GEKR zustimmen, d. h. er den sog. „Blue Button" drücken muss, auf derselben Seite diese Informationen zukommen zu lassen. Die Aufklärung darüber, dass der Kaufvertrag erst wirksam wird, wenn der Verbraucher das Standard-Informationsblatt erhält und danach die Wahl des GEKR bestätigt, erscheint hingegen sinnvoll, sofern an dem Modell,

---

77 Vgl. Kap. 4, § 1, B., III., 1., a); a. A. *Hesselink*, CSECL Working Paper No. 2011-15, S. 11; *Stadler*, AcP 212 (2012), 473, 496.

78 *Riesenhuber* geht davon aus, von dem Informationsblatt werde in der Praxis wahrscheinlich ebenso wenig Kenntnis genommen wie von AGB, GPR 2012, 2, 3; allerdings ist m. E. nach eine zumindest flüchtige Durchsicht von AGB dem durchschnittlichen Verbraucher selbstredend zumutbar und bei einem erstmaligen Vertragsschluss mit einem bestimmten Unternehmen auch der Regelfall.

dass die Wirksamkeit des Vertragsschlusses vom Erhalt des Informationsblatts abhängen lässt, festgehalten wird.

b) Informationen über die Rechte vor Vertragsschluss

Wenn dem Verbraucher auf dem Standard-Informationsblatt erklärt wird, dass der Verkäufer ihn über Ware, Preis und seine Kontaktinformation in Kenntnis setzen muss[79], ist ein Mehrwert für den Verbraucher nicht offenkundig. Ware und Preis sind gerade die *essentialia negotii* eines Kaufvertrags.[80] Die Wahl des GEKR als dem Kaufvertrag zu Grunde liegendes Rechtsregime findet in aller Regel erst nach der Auswahl der Ware statt.[81] Wenn zur Entstehung eines Kaufvertrags aber gerade eine Einigung über Kaufgegenstand und Kaufpreis notwendig ist, ist nicht ersichtlich, worin der Mehrwert für den Verbraucher liegt, wenn er nach dem Zustandekommen dieser Einigung per Informationsblatt darüber aufgeklärt wird, dass der Verkäufer ihn über Ware und Preis informieren muss. Auch der verkaufende Unternehmer wird vom Verbraucher bewusst ausgesucht.[82] Darauf, welche weiteren Informationen ggf. zu erteilen sind, geht das Informationsblatt gerade nicht ein. Durch die Information, dass er darüber informiert werden musste, worüber er sich mit dem Verkäufer zum Vertragsschluss zwingend einigen musste, besteht für den Verbraucher eher die Gefahr der Verwirrung, da nicht erkenntlich ist, was das Informationsblatt ihm in diesem Punkt überhaupt mitteilen will. Man muss sich vor Augen halten, was an dieser Stelle i. E. der Inhalt des Informationsblatts ist: Der Unternehmer ist mit dieser Passage dazu verpflichtet, den Verbraucher darüber zu informieren, dass er verpflichtet ist, ihn vor Vertragsschluss über die aufgelisteten Punkte zu informieren. Worin für den Verbraucher der Vorteil bestehen soll, dass der Unternehmer ihn per Informationsblatt darüber informieren muss, worüber er ihn vor Vertragsschluss informieren muss, ist nicht ersichtlich, da die Wahl des GEKR und der Vertragsschluss in der Praxis im Regelfall zeitlich zusammenfallen werden und auch ein Verbraucher, ohne dass er Informationen

---

79 Vgl. *Kramer*, ZEuP 2012, 898, 903: „Pflicht zur Information über die Pflicht zur Information".

80 Vgl. zum dt. Recht *Pammler* in jurisPK-BGB, § 433, Rn. 19; *Westermann* in MüKo-BGB, § 433, Rn. 9; *Beckmann* in Staudinger, § 433, Rn. 13.

81 Das übliche Prozedere dürfte sein, dass sich der Verbraucher die Ware im Webshop des Unternehmers aussucht und im Anschluss bei der Abwicklung die Wahl des GEKR bestätigen muss.

82 *Riesenhuber* spricht hier zutreffend von der „Katze im Sack", die der Verbraucher nicht kauft, GPR 2012, 2, 3.

über die *essentiala negotii* des Kaufvertrags und seinen Vertragspartner besitzt, keinen Kaufvertrag mit dem Unternehmer abschließen kann. Dieser Passus bringt somit keinen Mehrwert für den Verbraucher, sondern ist vielmehr geeignet, ihn zu verwirren und sollte daher ersatzlos gestrichen werden.

c) Informationen über die Rechte nach Vertragsschluss

Wie bereits erörtert, umfasst das Standard-Informationsblatt hinsichtlich der Rechte des Verbrauchers nach Vertragsschluss nur recht allgemeine und oberflächliche Aussagen. Mit den Erläuterungen über das Widerrufsrecht und die Gewährleistungsrechte, die dem Verbraucher zustehen, wird er über solche Rechte informiert, die seit der Umsetzung der Verbrauchsgüterkauf-[83] und der Fernabsatzrichtlinie[84] Eingang in die nationalen europäischen Privatrechtsordnungen gefunden haben. Auf diesem Gebiet besteht demnach zwar kein einheitliches, aber wenigstens (mindest-)harmonisiertes Recht. Wenn der Verbraucher durch das Informationsblatt nun aber über solche Rechte belehrt wird, die ihm auch in seiner heimatlichen Rechtsordnung zustehen, erscheint es zweifelhaft, ob das Informationsblatt der ihm zugedachten Aufgabe, dem Verbraucher die Besonderheiten des GEKR zu veranschaulichen[85], gerecht werden kann. Dies muss i. E. verneint werden.[86] Zwar bestehen Unterschiede im Detail zum Richtlinienrecht und dessen mitgliedsstaatlicher Umsetzung; beispielhaft ist hier der im GEKR nicht vorhandene Vorrang der Nacherfüllung bei Lieferung einer mangelhaften Sache[87] zu nennen, der in Art. 3 Vbrgk-RL[88] geregelt ist. Es sind aber gerade diese Unterschiede, die das Standard-Informationsblatt außen vor lässt und stattdessen über die Inhalte aufklärt, die der Verbraucher aus seinem nationalen Recht kennt oder von denen er im Regelfall zumindest eine grobe Vorstellung hat. Da es aber gerade Sinn und Zweck des Informationsblatts sein soll, dem Verbraucher die Besonderheiten des GEKR aufzuzeigen, damit dieser eine informierte Entscheidung treffen kann, birgt das Informationsblatt in dieser Ausgestaltung auch an dieser Stelle keinerlei Mehrwert für den Verbraucher.

---

83 RL 99/44/EG vom 25.05.1999.

84 RL 97/7/EG vom 20.05.1997.

85 Erw.gr. 23 GEKR-VO.

86 Zustimmend *Riesenhuber*, GPR 2012, 2, 3.

87 Vgl. Art. 106 GEKR.

88 Zur Umsetzung ins deutsche Recht vgl. *Westermann* in MüKo-BGB, § 437, Rn. 4; *Matusche-Beckmann* in Staudinger, § 437, Rn. 6; *Huber*, NJW 2002, 1004, 1005; *Pammler* in jurisPK-BGB, § 437, Rn. 17 ff.; *Lorenz*, NJW 2005, 1889, 1895.

Weitergehend lautet die einzige Erläuterung des Informationsblatts in Hinblick auf AGB-Regelungen: *„Unfaire Standardvertragsbestimmungen sind für Sie rechtlich nicht verbindlich."* Dieser sehr kurze und allgemein gehaltene Hinweis steht im Gegensatz zur umfassenden und ausführlichen Regelung, die das AGB-Recht in den Art. 82–85 GEKR erfahren hat.[89] Dem Verbraucher wird hier in keinerlei Weise nahe gebracht, was er unter dem Begriff „unfaire Standardvertragsbestimmungen" verstehen darf und daher auch nicht, was Standardvertragsbestimmungen überhaupt sind und welche Voraussetzungen gegeben sein müssen, damit diese für ihn nicht gelten. Hinzu kommt, dass der Begriff der „Fairness" im deutschen Sprachverständnis missverständlich wirken kann: Ein Vertrag oder eine sonstige Rechtstatsache wird vom Individuum im Allgemeinen als „fair" angesehen, wenn sie ein gerechtes, anständiges Ergebnis darstellt.[90] Nun ist es aber durchaus möglich, dass solche Dinge, die vom durchschnittlichen Verbraucher nicht als „fair" empfunden werden, einer rechtlichen Überprüfung in jeglicher Hinsicht standhalten. Vor diesem Hintergrund ist zu konstatieren, dass dieser Abschnitt des Standard-Informationsblatts für den Verbraucher nicht nur keinen Nutzen hat, sondern vielmehr noch dazu geeignet ist, ihn zu verwirren und somit hinsichtlich der Wahl des GEKR zu verunsichern. Wenn die Kommission den Verbraucher in dem Standard-Informationsblatt tatsächlich über „unfaire Standardvertragsbestimmungen" informieren will, müsste sie das an dieser Stelle viel ausführlicher tun und zwar mit einigen einfachen Beispielen, damit der Verbraucher versteht, was „unfaire Standardvertragsbestimmungen" sind und inwiefern die Schutzsystematik zu seinen Gunsten ausgestaltet ist und funktioniert. Das Problem dabei ist, dass Ausführungen, die hier ein Mindestmaß an Nutzen für den Verbraucher herbeiführen, bereits drohen, den Rahmen eines Standard-Informationsblatts zu sprengen. Daher ist die sinnvollere Lösung auch diesen Absatz ersatzlos zu streichen, weil auch hier gilt, dass mit Informationen zu Standard-Vertragsbestimmungen gerade keine Besonderheiten des GEKR herausgestellt werden, da auch dieser Bereich in den Mitgliedsstaaten – jedenfalls für b2c-Verträge – seit der Richtlinie über missbräuchliche Klauseln in Verbraucherverträgen[91] (mindest-)harmonisiert ist und

---

89 Vgl. Kap. 2, § 2, B., II., 3.; ausführlich zu den Standardvertragsbestimmungen im GEKR *Graf von Westphalen*, ZIP 2011, 1985 ff.

90 Vgl. http://www.duden.de/rechtschreibung/fair (zuletzt abgerufen am 10.09.2013).

91 RL 93/13/EWG vom 05.04.1993; zur Geschichte der RL *Schlosser* in Staudinger, § 310, Rn. 18 ff.; zur Umsetzung ins deutsche Recht *ders.* in Staudinger, Vorb. §§ 307–309, Rn. 7.

darüber hinaus deren Schutzstandard durch die Regelungen im GEKR mindestens gewahrt wird[92].

d) Abschließende Hinweise und Ratschläge des Informationsblatts

Das Standard-Informationsblatt endet mit dem Hinweis für den Verbraucher, dass die vorstehende Aufzählung seiner Rechte weder erschöpfend noch detailreich ist, samt eines Links auf den vollständigen Text des GEKR und den Ratschlägen, den Vertrag sorgfältig durchzulesen und im Streitfall rechtliche Beratung zu suchen.

Die Oberflächlichkeit der rechtlichen Darstellungen im Informationsblatt ist für den durchschnittlich gebildeten Verbraucher erkennbar. Der Verweis auf den Gesamttext des GEKR mag für den geneigten Käufer zwar interessant sein, der durchschnittlich rechtsunkundige Verbraucher, der nicht geübt ist in der Handhabung von Gesetztestexten, kann aus der Lektüre eines 186 Artikel umfassenden Regelwerks nur schwerlich zusätzliche verwertbare Erkenntnisse erzielen. Hinzu kommt, dass nach einigen Jahren die Rechtsprechung dafür sorgen wird, dass die Rechtslage im Einzelfall nicht durch eine isolierte Betrachtung des Gesetzestextes zu beurteilen sein wird.[93] Die Ratschläge zur sorgfältigen Vertragslektüre sowie zur rechtlichen Beratung im Streitfall stellen hingegen Ratschläge zu Selbstverständlichkeiten dar: Auch wenn er es vielleicht nicht immer tut, so weiß der durchschnittliche Verbraucher doch sehr gut, dass er Verträge, die er abschließt, auch lesen sollte. Ebenso verhält es sich mit der rechtlichen Beratung im Streitfall – was sollte der juristisch nicht vorgebildete Verbraucher denn im Streitfall auch anderes tun, als rechtliche Beratung heranzuziehen? Somit wird der Verbraucher auch hier nicht über Besonderheiten des GEKR informiert. Hinzu kommt, dass der Hinweis zur sorgfältigen Vertragslektüre ihm suggerieren könnte, dass diese bei Verträgen nach dem GEKR ganz besonders notwendig und der Rat zur rechtlichen Beratung im Streitfall, dass diese beim GEKR in besonderem Maße bzw. besonders häufig vonnöten sei, da er bei Verträgen auf Grundlage seines Heimatrechts oder eines sonstigen nationalen Rechts hierauf gerade nicht gesondert hingewiesen wird. Diese abschließenden Bemerkungen können somit – wenn überhaupt – kontraintentionale Wirkung entfalten und sollten daher ebenfalls aus dem Standard-Informationsblatt gestrichen werden.

---

92 Vgl. *Graf von Westphalen*, ZIP 2011, 1985, 1987 ff.

93 *Riesenhuber*, GPR 2012, 2, 4.

3. Bewertung des Informationsblatts-Konzepts

Die soeben durchgeführte Analyse zeigt auf, dass der Nutzen des Standard-Informationsblatts in dieser Ausgestaltung in einem mehr als nur zweifelhaften Licht erscheint: Der Widerspruch zwischen seiner Intention und seinen tatsächlichen Auswirkungen erstrahlt dermaßen, dass sich Bedenken gegen das Informationsblatt-Konzept des Verordnungsentwurf geradezu aufdrängen. Die Informationen, die es enthält, sind nicht in der Lage, dem Verbraucher die Besonderheiten des GEKR aufzuzeigen und ihn somit in die angestrebte „volle Sachkenntnis" zu versetzen. Vielmehr ist der Inhalt des Informationsblatts so ausgestaltet, dass er zu großen Teilen dem Verbraucher nicht nur keinen Mehrwehrt beschert, sondern darüber hinaus in der Lage ist, ihn zu verwirren oder hinsichtlich der Wahl des GEKR gar zu verunsichern. Dies nicht nur durch den vom Informationsblatt angetriebenen Effekt des „information overload" im konkreten Fall[94], sondern auch gerade durch die wenig schlüssige Auswahl der dargestellten Informationen und die Art und Weise ihrer Präsentation. Da die Übermittlung des Informationsblatts und die erst anschließende separate Zustimmung durch den Verbraucher nach dem Verordnungsentwurf aber eine echte Wirksamkeitsvoraussetzung für die Verwendungsvereinbarung des GEKR sowie für den Kaufvertragsschluss sein soll, ist es wahrscheinlich, dass dies einen von der Kommission gerade nicht angestrebten Effekt haben wird: Der Verbraucher wird durch das Standard-Informationsblatt in seiner jetzigen Form nicht ermutigt, sondern davon abgeschreckt werden, sich auf einen Kaufvertragsschluss auf Grundlage des GEKR einzulassen und sich im Zweifelsfall einen Verkäufer suchen, bei dem er sich nicht auf dieses vermeintlich gefährliche Recht einlassen muss. Im Gegenzug werden die Unternehmer diesen Effekt erkennen und ihrerseits wiederum vom Angebot ihrer Waren auf Grundlage des GEKR absehen – ein Teufelskreis.

Mit dieser inhaltlichen Ausgestaltung und rechtlichen Einbettung ist das Standard-Informationsblatt demgemäß nicht imstande, den Erfolg des GEKR zu fördern.[95] Die Gründe dafür, dass die Kommission mit ihrem Modell gerade das Gegenteil der von ihr angestrebten Effekte begünstigen wird, liegen sowohl auf Unternehmer- als auch auf Verbraucherseite: Den Unternehmern werden umfangreiche Pflichten aufgebürdet, verbunden mit dem wirtschaftlichen Risiko, dass im Falle technischer Probleme bei der Verkaufsplattform der gesamte Vertragsschluss

---

94 So auch *Wendehorst* in Schulze, Common European Sales Law (CESL) – Commentary, Art. 9 CESLR, Rn. 10.

95 Ebenfalls in diese Richtung gehend *Hesselink*, CSECL Working Paper No. 2011-15, S. 12; *Riesenhuber*, GPR 2012, 2, 4 f.

im Zweifel unwirksam ist, wenn die Übermittlung des Informationsblatts hierdurch fehlgeschlagen ist. Für die Verbraucher hat das verwirrende und vom GEKR abschreckende Informationsblatt den Effekt, dass ihr Verbraucherschutzniveau zwar nicht auf materieller, aber auf faktischer Ebene sogar niedriger anzusiedeln ist als nach der jetzigen Rechtslage, wenn sie paradoxerweise durch ein fehlgehendes Informationsmodell von der Wahl eines Rechtsregimes abgehalten werden, das ihnen eigentlich zu Gute kommen soll. Dies ist im Umkehrschluss gerade auch wieder den Unternehmern bewusst, weshalb mangelnde Akzeptanz der potentiellen Kunden in der Folge zu mangelnder Akzeptanz ihrerseits führen wird. Sie wollen schließlich verkaufen.

4. Gegenkonzeptionen

Aufgrund dieses Ergebnisses ist der Frage nachzugehen, ob mit einer Neukonzipierung der inhaltlichen Ausgestaltung des Standard-Informationsblatts der von der Kommission gewünschte Effekt erreichbar ist, die rechtliche Einbettung und Bedeutung des Informationsblatts für die Wahl des GEKR abgeändert oder von der Idee, dem Verbraucher verpflichtend vorvertragliche Informationen in dieser Art und Weise zukommen zu lassen, gänzlich Abstand genommen werden sollte.

a) Konzept 1: Inhaltliche Abänderung des Informationsblatts

Möchte man das grundlegende Konzept der Übermittlung eines Standard-Informationsblatts an den Verbraucher zur Stärkung seiner Position gegenüber dem Unternehmer beibehalten, so ist herauszustellen, welche möglichen Angaben auf einem solchen Informationsblatt sinnvoll erscheinen, nachdem diejenigen Passagen, die dem Verbraucher-Käufer keinen Mehrwert bringen, gestrichen worden sind. Maßgeblich bleibt hier die Zielsetzung der Kommission, den Verbraucher in „volle Sachkenntnis“ zu versetzen, indem er über die „Besonderheiten und wichtigsten Merkmale“ des GEKR informiert wird.[96]

Es ist also herauszuarbeiten, was die „Besonderheiten und wichtigsten Merkmale“ des GEKR sind. Allerdings erscheint es zweifelhaft, ob dies mit dem Ansatz des Verordnungsentwurfs, ein europaweit einheitliches Informationsblatt in den verschiedenen Amtssprachen zur Verfügung zu stellen, realisierbar ist. Wie vorhergehend dargestellt, ist das europäische Recht im Regelungsbereich des GEKR bereits größtenteils harmonisiert. Hierbei handelt es sich aber jeweils um eine

96 Erw.gr. 23 GEKR-VO.

Mindestharmonisierung; der mit der Verbraucherrechte-Richtlinie[97] zunächst verfolgte Ansatz einer nunmehrigen Vollharmonisierung gewisser Bereiche wurde in deren Endfassung mittlerweile aufgegeben.[98] Daher sind die nationalen Vertragsrechte der Mitgliedsstaaten oberhalb der Schwelle der Mindestharmonisierung noch immer unterschiedlich ausgestaltet. Wenn der durchschnittliche Verbraucher aber überhaupt Vorstellungen von einer Privatrechtsordnung hat, dann von seiner eigenen. Die Besonderheiten des GEKR können ihm daher ernsthaft einzig im Vergleich mit seiner eigenen anvertrauten Rechtsordnung veranschaulicht werden. Das Konzept eines einheitlichen Standard-Informationsblatts erscheint daher unzweckmäßig. Somit ist denjenigen Stimmen zu folgen, die vorschlagen, dass den Verbrauchern in einem Informationsblatt – wenn überhaupt – die wesentlichen Unterschiede zu ihrer jeweiligen nationalen Rechtsordnung veranschaulicht werden sollten.[99] Daher ist das Konzept eines einheitlichen Informationsblatts, wie es der Verordnungsentwurf vorsieht, aufzugeben. Stattdessen ist es angebracht, ein Informationsblatt in Bezug auf jedes mitgliedsstaatliche Kaufrecht zu entwickeln, da der Verbraucher nur auf diese Weise erkennen kann, worauf er sich bei der Wahl des GEKR wirklich einstellen muss und wie schwer die Vor- und Nachteile gegenüber seinem Heimatrecht wiegen. Wie eine solche Aufzählung sinnvoll inhaltlich ausgestaltet werden kann, soll im Folgenden exemplarisch mittels eines Vergleichs zum deutschen Recht dargestellt werden. Die Darstellung erfolgt anhand der ursprünglichen Entwurfsfassung des GEKR; auf eventuelle Veränderungen durch den Berichtsentwurf des Rechtsausschusses des Europäischen Parlaments wird ggf. hingewiesen.

aa) Kein Vorrang der Nacherfüllung

Erster augenfälliger Unterschied des GEKR zum BGB zu Gunsten des Verbrauchers ist der Wegfall des sog. Vorrangs der Nacherfüllung, der sich im deutschen Recht aus §§ 437, 439 BGB ergibt. Hiernach darf der Käufer im Falle der Lieferung einer mangelhaften Sache erst dann vom Kaufvertrag zurücktreten, wenn der Verkäufer den Mangel nicht innerhalb einer angemessenen Frist beseitigt hat oder

97 RL 2011/83/EU vom 25.10.2011.
98 Vgl. z. B. *Pfeiffer*, NJW 2012, 2609, 2610.
99 *Schulte-Nölke* in Hahn, Gemeinsames Europäisches Kaufrecht – Moderner Ansatz oder praxisferne Vision, S. 25, 31; *Busch* in Gebauer, Gemeinsames Europäisches Kaufrecht – Anwendungsbereich und kollisionsrechtliche Einbettung, S. 89, 96.

die Nacherfüllung verweigert.[100] Durch die Lieferung der mangelhaften Sache wandelt sich der ursprüngliche Erfüllungsanspruch in den Anspruch auf Nacherfüllung um, womit dieser konsequenterweise zum „modifizierten Erfüllungsanspruch" wird.[101] Die Regeln der §§ 434 ff. BGB sind zwar abdingbar[102], jedoch bei b2c-Verträgen gemäß § 475 Abs. 1 S. 1 BGB nicht zu Lasten des Verbrauchers.[103] Vom Vorrang der Nacherfüllung könnte somit zwar einzelvertraglich abgewichen werden, da dies dem Verbraucher zu Gute käme. In der Praxis verzichtet der Unternehmer aber nicht auf sein „Recht zur zweiten Andienung"[104].

Im GEKR hingegen steht bei Lieferung einer mangelhaften Sache das Recht des Verbrauchers auf Beendigung des Vertrags nach Art. 106 Abs. 1, 3 GEKR gleichberechtigt neben dessen Anspruch auf (Nach-)Erfüllung. Sofern die Voraussetzungen vorliegen und sie miteinander vereinbar sind, können die Rechtsbehelfe demnach nebeneinander geltend gemacht werden.[105] Ein Vorrang der Nacherfüllung besteht hier also nicht.[106] Andere Rechtsbehelfe sind lediglich im Falle eines tatsächlichen Nacherfüllungsverlangens des Verbrauchers für die Dauer einer angemessenen Frist gemäß Art. 111 Abs. 2 S. 1 GEKR gesperrt.[107] Dies bewirkt eine erhebliche Besserstellung des Verbrauchers im Vergleich zum BGB.[108] Ausweislich Art. 106 Abs. 2 GEKR wurde das Vorrangverhältnis aber im Rahmen von b2b-Verträgen beibehalten.[109]

---

100 Vgl. hierzu *Matusche-Beckmann* in Staudinger, § 437, Rn. 6; *Looschelders*, Schuldrecht BT, Rn. 99 ff.; *Westermann*, NJW 2002, 241, 249.

101 *Jaensch*, NJW 2012, 1025.

102 *Westermann* in MüKo-BGB, § 437, Rn. 5.

103 *Lorenz* in MüKo-BGB, § 475, Rn. 3; *Matusche-Beckmann* in Staudinger, § 475, Rn. 15 ff.

104 Vgl. zum Begriff *Ebert*, NJW 2004, 1761 ff.; *Lorenz*, NJW 2006, 1175, 1176 ff.; *Huber*, NJW 2002, 1004, 1005; zu den Regressmöglichkeiten des Letztverkäufers im Falle der Wahrnehmung seines Rechts zur zweiten Andienung nach dem BGB vgl. *Matusche-Beckmann*, BB 2002, 2561 ff.

105 *Faust* in Schulte-Nölke / Zoll / Jansen / Schulze, Der Entwurf für ein optionales europäisches Kaufrecht, S. 251, 257.

106 *Zöchling-Jud* in Schmidt-Kessel, Ein einheitliches europäisches Kaufrecht?, S. 327, 345.

107 *Schopper* in Wendehorst / Zöchling-Jud, Am Vorabend eines Gemeinsamen Europäischen Kaufrechts, S. 107, 129.

108 *Pfeiffer* spricht hierbei von einem „verbraucherrechtlichen Bonbon", NJW 2012, 2609, 2611.

109 *Eidenmüller / Jansen / Kieninger / Wagner / Zimmermann*, JZ 2012, 269, 281.

Ein entsprechender Passus in einem Standard-Informationsblatt könnte demnach lauten: „*Die Wahl des Gemeinsamen Europäischen Kaufrechts stärkt Ihre Rechte als Verbraucher. Während Sie nach deutschem Recht dem Verkäufer, wenn er Ihnen eine mangelhafte Sache liefert, zunächst die Möglichkeit geben müssen, die Sache zu reparieren oder eine neue zu liefern, können Sie auf Grundlage des Gemeinsamen Europäischen Kaufrechts den Vertrag in einem solchen Fall sofort beenden.*“[110]

In diesem Duktus wäre auch die Information über die Alternativen des Berichtsentwurfs darzustellen, da auch nach diesen i. E. eine wesentliche Besserstellung des Verbrauchers im Vergleich zum BGB hinsichtlich des Vorrangs der Nacherfüllung erfolgt.

bb) Bestimmung des anwendbaren Rechts

Ein weiterer wichtiger Punkt für den Verbraucher bei der Wahl des GEKR ist die Bestimmung des anwendbaren Rechts. Wird die Verwendung des GEKR vereinbart[111], so gelangt dieses – ausschließlich der Materien, die vom Regelungsgehalt des GEKR nicht umfasst sind – in seiner Gesamtheit zur Geltung, eine Teilrechtswahl ist bei b2c-Verträgen nach Art. 8 Abs. 3 GEKR-VO nicht möglich. Wird das GEKR nicht gewählt, so findet bei grenzüberschreitenden Kaufverträgen innerhalb der EU das nach der Rom-I-VO[112] kollisionsrechtlich einschlägige Recht Anwendung. Hiernach ist eine Rechtswahl gemäß Art. 3, 6 Abs. 2 S. 1 Rom-I-VO zwar auch bei b2c-Verträgen möglich, der Verbraucher darf aber nach Art. 6 Abs. 2 S. 2 Rom-I-VO hierdurch nicht schlechter gestellt werden, als dies die zwingenden Verbraucherschutznormen seines Heimatrechts vorgeben. Das tatsächlich anwendbare Recht ist in solchen Fällen demnach durch einen Günstigkeitsvergleich zwischen dem gewählten Recht und dem Heimatrecht des Verbrauchers zu bestimmen.[113] Dadurch ist das Heimatrecht des Verbrauchers zwar zu dessen Gunsten als Mindeststandard definiert, will sich der durchschnittliche Verbraucher jedoch über das anwendbare Recht informieren, bringt diese Konstruktion für ihn kaum überwindbare Hürden mit sich. Solche Rechtswahlklauseln

---

110 Orientiert an der Terminologie „Beendigung des Vertrags“ im Verordnungsentwurf.

111 Zum Streit über die kollisionsrechtliche Einbettung des GEKR u. a. *Lehmann* in Gebauer, Gemeinsames Europäisches Kaufrecht – Anwendungsbereich und kollisionsrechtliche Einbettung, S. 67 ff.

112 VO 593/2008/EG vom 17.06.2008.

113 *Staudinger* in Ferrari / Kieninger / Mankowski u. a., Internationales Vertragsrecht, Art. 6 Rom-I-VO, Rn. 72 f.; *Magnus* in Staudinger, Art. 6 Rom-I-VO, Rn. 137 ff.

sind gerade auch im Bereich von b2c-Verträgen häufig[114], werden aber in aller Regel vom Verbraucher nicht zur Kenntnis genommen.

Da sich der Verbraucher in der Regel über das anwendbare Recht keine Gedanken macht und eventuelle Komplikationen daher erst im Streitfall feststellt, erscheint es hilfreich, ihn in diesem Zusammenhang zu informieren. Die entsprechende Passage im Standard-Informationsblatt könnte lauten: *„Bei Vertragsschlüssen außerhalb des Gemeinsamen Europäischen Kaufrechts kann es Ihnen passieren, dass ausländisches Recht, mit dem Sie nicht vertraut sind, Vertragsgrundlage wird. Bei der Wahl des Gemeinsamen Europäischen Kaufrechts ist hingegen in dessen Regelungsbereich ausschließlich dieses anwendbar und gewährt Ihnen einen hohen Verbraucherschutz. Sie können sich in diesem Fall sicher sein, welche Regeln für die Vertragsabwicklung gelten.“*[115]

cc) Last der Rücksendekosten bei Widerruf

Ein weiterer für Verbraucher relevanter Unterschied zwischen dem GEKR und dem deutschen Recht zeigt sich in der Frage, wer im Falle eines ausgeübten Widerrufsrechts bei einem Fernabsatzvertrag die Kosten für die Rücksendung der Ware zu tragen hat. Nach deutschem Recht[116] ist dies gemäß § 357 Abs. 2 S. 2 BGB der Unternehmer. Dem Verbraucher dürfen diese Kosten gemäß § 357 Abs. 2 S. 3 BGB nur dann vertraglich auferlegt werden, wenn der Kaufpreis der Ware 40 Euro nicht übersteigt.[117] Die deutsche Regelung geht somit über das Schutzniveau der dieser Norm zu Grunde liegenden Fernabsatzrichtlinie[118] hinaus, die eine vollständige vertragliche Abwälzung auf den Verbraucher zuließ.[119] Auch die

114 Vgl. z. B. Art. 10 der Verkaufsbedingungen von Amazon.de, der luxemburgisches Recht, Art. 24 der AGB von Zara.com/de, der irisches Recht, die AGB von de.tommy.com und Art. 14 der AGB von de-eu.abercrombie.com, die niederländisches Recht oder die AGB von Gucci.com/de und Art. 13 der AGB von store.prada.com/de, die italienisches Recht für anwendbar erklären.

115 Dieser Passus könnte so in allen mitgliedsstaatlichen Informationsblättern stehen.

116 Diese Rechtslage wird sich aber durch Inkrafttreten des Umsetzungsgesetzes zur Verbraucherrechter-Richtlinie, BR-Drs. 498/13, zum 13.06.2014 ändern, indem das deutsche Recht der Richtlinie angepasst wird; der § 357 Abs. 6 BGB n. F. entspricht in Hinblick der Rücksendekosten dann auch Art. 45 Abs. 2 GEKR.

117 Vgl. hierzu *Masuch* in MüKo-BGB, § 357, Rn. 23 ff.; *Kaiser* in Staudinger, § 357, 12 ff.

118 RL 97/7/EG vom 20.05.1997.

119 Siehe hierzu EuGH, Urt. vom 15.04.2010, C-511/08 = NJW 2010, 1941.

Verbraucherrechte-Richtlinie[120], in der die Fernabsatzrichtlinie mittlerweile aufgegangen ist, bleibt vom Verbraucherschutzniveau hinter dieser deutschen Regelung zurück, indem sie in ihrem Art. 14 Abs. 1 Uabs. 2 dem Verbraucher generell die Rücksendekosten unabhängig vom Warenwert auferlegt und lediglich dem Unternehmer die Möglichkeit zur Kostenübernahme aus Opportunitätsgründen einräumt. Der Unternehmer hat hiernach die Rücksendekosten nur dann zu tragen, wenn er seine diesbezügliche Informationspflicht gegenüber dem Verbraucher versäumt hat.[121] Der Wortlaut dieser Regelung in der Verbraucherrechte-Richtlinie ist identisch zu dem des Art. 45 Abs. 2 GEKR.[122] Somit liegt in diesem Einzelpunkt das Verbraucherschutzniveau des BGB auch über demjenigen des GEKR. Zwar liegt die Intention der Kommission hinter dem Informationsblatt auch darin, den Verbrauchern die Verwendung des GEKR schmackhaft zu machen, wenn es aber über für sie relevante Unterschiede zwischen dem nationalen Recht und dem GEKR informieren soll, dann muss es auch solche Hinweise enthalten, die das GEKR in Detailfragen als für den Verbraucher nachteilhaft erscheinen lassen. Die Ausübung solcher Widerrufsrechte kommt in der Praxis häufig vor, was in der Natur der Fernabsatzverträge begründet liegt, die eine Begutachtung der Ware vor Ort wie in einem Ladengeschäft – man denke beispielhaft nur an das Anprobieren von Kleidungsstücken zur Wahl der richtigen Größe – nicht ermöglichen kann. Somit ist dieser Punkt für deutsche Verbraucher von einer solchen Bedeutung, dass seine Berücksichtigung innerhalb des Informationsblatts angemessen wäre.

Der entsprechende Absatz könnte bspw. so formuliert werden: *„Das Gemeinsame Europäische Kaufrecht bietet Ihnen in der Summe einen hohen Verbraucherschutz. Es kann im Einzelfall aber auch für Sie negativ vom deutschen Recht abweichen. Dies ist der Fall, wenn Sie nach Erhalt der Ware von Ihrem gesetzlichen Widerrufsrecht Gebrauch machen und die Ware an den Unternehmer zurück senden. Während nach deutschem Recht im Regelfall der Unternehmer verpflichtet ist, die Kosten hierfür zu tragen, müssen nach dem GEKR Sie für die Rücksendekosten aufkommen, soweit Ihr Vertragspartner sie nicht aus Kulanz übernimmt und Sie von diesem hierüber unterrichtet wurden.“*[123]

---

120 RL 2011/83/EU vom 25.10.2011.

121 Ausführlich zur Verbraucherrechte-RL *Unger*, ZEuP 2012, 270 ff.

122 Dies ist an mehreren Stellen des GEKR der Fall, vgl. *Grundmann*, JZ 2013, 53, 62.

123 Dieser Passus ist ein Bsp. dafür, wie sich die jeweiligen nationalen Informationsblätter inhaltlich unterscheiden können, abhängig davon, ob die Verbraucherrechte-Richtlinie unverändert oder überschießend in den Mitgliedsstaaten umgesetzt wurde.

dd) Kein Rechtsausschluss bei Mangelkenntnis

Eine weitere erhebliche Besserstellung durch das GEKR erfährt der deutsche Verbraucher durch Art. 104 GEKR: Während § 442 BGB mangels abweichender Sonderregelungen in den §§ 474 ff. BGB die Mängelgewährleistungsrechte im Falle der Kenntnis oder der grob fahrlässigen Unkenntnis des Sachmangels bei Vertragsschluss für alle Käufer ausschließt, beschränkt Art. 104 GEKR diesen Ausschluss auf Unternehmerkäufer.[124] Eine Korrektur dieses Ergebnisses über den in Art. 2 GEKR normierten Grundsatz von Treu und Glauben ist angesichts des eindeutig formulierten Wortlauts der Norm nicht möglich.[125] Art. 104 GEKR steht damit im Gegensatz zu der § 442 BGB sowie Art. 2 Abs. 3 Vbrgk-RL zu Grunde liegenden Wertung, dass derjenige Käufer – unabhängig von seiner Stellung als Verbraucher oder Unternehmer – der sich dem Vorwurf eines *venire contra factum proprium* ausgesetzt sieht, indem er durch sein Schweigen den Eindruck erweckt, dass er auf die Mangelfreiheit der Kaufsache keinen Wert legt, in Hinsicht auf seine Mängelrechte nicht als schutzwürdig erscheint.[126] Der durchschnittliche Verbraucher wird mit einer derart vorteilhaften Stellung kaum rechnen. Er wird, im Einklang mit der aktuellen Rechtslage, in dem Fall, in dem er eine Sache trotz erkanntem Mangel kauft, vielmehr davon ausgehen, dass er die Ware im vorgefundenen Zustand erworben und dies zu verantworten hat. Zu seinen Gunsten wäre in einem Informationsblatt daher auf diesen bemerkenswerten Unterschied zum deutschen Recht hinzuweisen.

Dies könnte mit den folgenden Worten geschehen: *„Wenn Sie eine Sache auf Grundlage des GEKR erwerben, können Sie – im Gegensatz zum deutschen Recht – Ihre Rechte wegen eines Sachmangels auch dann geltend machen, wenn Sie den Mangel bereits beim Kauf der Ware erkannt haben oder erkennen mussten und den Verkäufer hierauf nicht hingewiesen haben.“*

ee) Zusammenfassung

Will man an dem Konzept eines verpflichtenden Informationsblatts für den Verbraucher festhalten, ist das Standard-Informationsblatt der Entwurfsfassung nicht zielführend. Es enthält nur ganz allgemeine Sätze, welche die Unterschiede des GEKR zum jeweiligen nationalen Recht gerade nicht aufzeigen und trägt mit

124 Vgl. *Faust* in Remien / Herrler / Limmer, Gemeinsames Europäisches Kaufrecht für die EU?, S. 161, 181.

125 *Lorenz*, AcP 212 (2012), 702, 739.

126 *Westermann* in MüKo-BGB, § 442, Rn. 1 f.; *Matusche-Beckmann* in Staudinger, Rn. 1 f.

seinen teils trivialen Ausführungen zum Effekt des „information overload" bei. Damit das Informationsblatt tatsächlich einen Nutzen für den Verbraucher haben kann, muss es kurz und prägnant die für ihn wichtigsten Unterschiede zu seiner nationalen Rechtsordnung aufzeigen, sowohl die vorteilhaften als auch ggf. die nachteiligen. Folgt man diesem Modell, sollte das deutsche Informationsblatt anhand der soeben dargestellten Punkte aufgebaut werden, da dem Verbraucher nur so anhand eines Informationsblatts anschaulich gemacht werden kann, welche Unterschiede das dem Kaufvertrag zu Grunde liegende Rechtsregime für ihn persönlich bedeuten würde.

b) Konzept 2: Übermittlung nicht als Wirksamkeitsvoraussetzung

Eine weitere denkbare Option, durch eine Abänderung des Standard-Informationsblatts das GEKR insbesondere für die Unternehmer, die es potentiell nutzen sollen, attraktiver zu gestalten, wäre es, von der Konzeption abzurücken, die Übermittlung des Informationsblatts an den Verbraucher als Wirksamkeitsvoraussetzung sowohl für die Rechtswahl als auch für den zu schließenden Kaufvertrag vorauszusetzen.[127] Stattdessen könnte die Übermittlung des Informationsblatts an den Verbraucher – selbstredend in einer wie soeben dargelegten revidierten Fassung – als bloße Obliegenheit ausgestaltet werden, deren Verletzung ggf. zu rechtlichen Nachteilen für den Unternehmer führen kann, aber nicht zu einer Nichtigkeit der Rechtswahl und des Vertrags. Bspw. läge hier in der Nichtübermittlung des Informationsblatts eine fehlende Information über die Pflicht des Verbrauchers, im Falle des Widerrufs die Rücksendekosten tragen zu müssen, womit der Unternehmer hierzu gemäß Art. 45 Abs. 2 GEKR verpflichtet wäre. Weiterhin wäre es zu überlegen, in einer solchen Konstruktion dem Unternehmer seinerseits die Geltendmachung von etwaigen Gestaltungsrechten bis zur erfolgreichen Übermittlung zu versagen.

Der wesentliche Vorteil der Umwandlung der Übermittlungspflicht von einer echten Wirksamkeitsvoraussetzung zu einer bloßen Obliegenheit liegt darin, dass der Vertragsschluss im Zweifelsfall nicht von technischen Problemen der Verkaufsplattform abhängig wäre. Hauptsächlicher[128] – bzw. nach dem Berichtsentwurf des Rechtsausschusses des Europäischen Parlaments einziger[129] – Anwendungsbereich des GEKR wird der E-Commerce sein. Hierbei ist es jedoch leicht denkbar,

127 Kap. 4, § 1, B., III., 1., a).

128 So auch *DAV*, Stellungnahme zum Berichtsentwurf, S. 5.

129 COM(2011)0635 – C7-0329/2011 – 2011/0284(COD), S. 39 f. (dt. Fassung) / S. 35 f. (engl. Fassung).

dass die Übermittlung in Einzelfällen an kleineren technischen Störungen scheitern kann, sei es, dass die dem Vertragsschluss vorangehende Seite, welche die Informationen enthält, nicht richtig geladen wird, sei es, dass ein Pop-up-Fenster, welches das Informationsblatt enthält, beim Verbraucher versehentlich blockiert wird, sei es, dass eine entsprechende E-Mail fehlerhaft als Spam erkannt wird etc. In solchen Fällen erscheint es ungebührlich, die Rechtswahl wie den Vertragsschluss scheitern zu lassen, da dies im Regelfall weder im Interesse des Unternehmers, noch in dem des Verbrauchers liegt, vom dem ähnlich zu den AGB ohnehin nicht zu erwarten ist, dass er sich vor jedem Kauf ausführlich mit dem für und wider des GEKR auseinandersetzt, sondern in den meisten Fällen das Informationsblatt höchstens flüchtig überfliegen wird. Eine Abkehr vom Konzept der Übermittlung des Informationsblatts als echte Wirksamkeitsvoraussetzung ist demnach zweckmäßig. Für den Unternehmer werden hierdurch finanzielle Risiken durch die Gefahr der fehlerhaften Übertragung des Informationsblatts, die sie in ihre Preiskalkulation mit einbeziehen müssten, beseitigt und dem ohnehin nur geringen Einfluss des Informationsblatts auf die Kaufentscheidung des Verbrauchers schadet diese Ausgestaltung ebenfalls nicht. Nochmal: In der Praxis wird der Verbraucher im Regelfall nicht die Wahl zwischen Abschluss des Kaufvertrags nach nationalem Recht oder GEKR, sondern nur die Wahl zwischen Kaufvertragsschluss nach GEKR oder gar keinem Vertragsschluss haben.[130] Im Mittelpunkt der Verbraucherentscheidung stehen aber ohnehin das Produkt, das erworben werden soll, dessen Preis und die Seriosität des Verkäufers. Demnach würde durch die Ausgestaltung als Wirksamkeitsvoraussetzung dem Informationsblatt künstlich mehr Bedeutung beigemessen, als es tatsächlich für die Frage hat, ob ein Kaufvertrag nach dem GEKR geschlossen wird. Deswegen ist eine solche Ausgestaltung nicht angemessen. Sollte man also am Konzept des Informationsblatts festhalten, so sollte man seine tatsächliche Bedeutung für den Verbraucher nicht überbewerten und seine Übermittlung durch den Unternehmer als bloße Obliegenheit ausgestalten.

c) Konzept 3: Vollständige Abschaffung des Informationsblatts

Die am weitesten von der Konzeption des Verordnungsentwurfs abweichende Alternative, die ernsthaft in Betracht gezogen werden muss, ist der gänzliche Verzicht auf ein Standard-Informationsblatt, das der Unternehmer dem Verbraucher zu übermitteln hat, weder verpflichtend, noch als bloße Obliegenheit.

130 Kap. 4, § 1, A., III.

Hierfür spricht zunächst einmal, dass das Informationsblatt in seiner aktuellen Ausgestaltung kontraintentionale Auswirkungen haben wird: Die allgemein gehaltenen Informationen werden dazu führen, dass die Verbraucher durch das Informationsblatt vom GEKR eher abgeschreckt als davon überzeugt werden. Der geneigte Verbraucher wird sich die Frage stellen, wieso er vor einem Vertragsschluss über die Rechte, die das optionale Recht ihm gewähren wird, ausdrücklich informiert werden muss. Es wird ihm daher eher wie eine „Warnung" vorkommen, als dass es ihm ein überzeugendes Argument für den Vertragsschluss auf Grundlage des GEKR liefern wird.[131] Dies erscheint umso fragwürdiger vor dem Hintergrund, dass das GEKR nach dem Verordnungsentwurf ja gerade ein sehr hohes Verbraucherschutzniveau aufweisen soll und auch tatsächlich aufweist. Wenn der Verbraucher über das bisher gewohnte Ausmaß geschützt wird, ist es fraglich, weshalb er, einer Warnung gleich, verpflichtend über die Eigenheiten, die ihm ja nur zu Gute kommen, informiert werden muss. Ein hoher Verbraucherschutz muss im Gegenteil denklogisch dazu führen, dass sich der Verbraucher, ohne sich Gedanken darüber machen zu müssen, aus seiner Sicht gefahrlos in das GEKR einwählen kann.[132] Etwas anderes gilt letztlich auch nicht, wenn das Standard-Informationsblatt, statt wie von der Kommission mit allgemeinen Erläuterungen, mit spezifischen Unterschieden zum jeweiligen nationalen Recht[133] gefüllt wird. Zwar würden hierdurch, im Gegensatz zum Entwurf der Kommission, dem Verbraucher für ihn nützliche Informationen zugetragen, die ihm die Konsequenzen des Vertragsschlusses auf Grundlage des GEKR aufzeigen und nicht nur Dinge vermittelt, bei denen kein wesentlicher Unterschied zum nationalen Recht besteht. Allerdings erscheint auch die Notwendigkeit solcher Informationen als Voraussetzung für eine wirksame Wahl des GEKR und einen wirksamen Kaufvertragsschluss höchst fragwürdig. Der Grund ist auch hier der Abschreckungseffekt gegenüber dem Verbraucher, der einer dem Vertragsschluss verpflichtend vorhergehenden Information innewohnt: Der durchschnittliche Verbraucher macht sich über seine Rechte im Fall der Mangelhaftigkeit bzw. Vertragswidrigkeit der Kaufsache im Regelfall erst dann Gedanken, wenn eine solche tatsächlich auftritt, was er aber erst nach Gefahrübergang und somit regelmäßig erst nach Vertragsschluss bemerken kann. Wird er nun entgegen seiner Gewohnheit nach dem nationalen Recht, zwingend über seine Rechte in einem solchen Fall informiert, so muss

131 So auch *Eidenmüller / Jansen / Kieninger / Wagner / Zimmermann*, JZ 2012, 269, 276.
132 *Busch* in Gebauer, Gemeinsames Europäisches Kaufrecht – Anwendungsbereich und kollisionsrechtliche Einbettung, S. 89, 96.
133 Dargelegt als „Konzept 1" in Kap. 4, § 1, B., III., 4., a).

dies für ihn den Eindruck erwecken, als könne der Gewährleistungsfall bei einem Vertrag nach dem GEKR besonders häufig auftreten, da es ansonsten ja keinen Anlass gäbe, ihn vorab darüber zu informieren. Dies stellt eine Ausprägung des sog. „information overload" dar, der sich hier nicht nur aus der reinen Masse an Informationen ergibt, sondern auch daraus, dass es für den Verbraucher fehlleitende Informationen sind.

Maßgeblich sind für den Verbraucher daher nicht die Informationen über die Rechte, die sich für ihn aus dem Verbraucherschutz ergeben, sondern die materiellen Schutzrechte, die ihm im Ernstfall tatsächlich zustehen. Wichtig ist, dass sich der Verbraucher dann ohne Schwierigkeiten über seine Rechte informieren kann, wenn sie für ihn relevant werden, d. h. sobald ihm Ansprüche wegen einer mangelhaften Leistung des Unternehmers erwachsen. Hierdurch zeigt sich, dass die Information über seine Rechte den Verbraucher nicht zwangsläufig in eine bessere Position bringt. Besonders lässt sich dies durch einen Vergleich zu den Widerrufsrechten des Verbrauchers veranschaulichen: Das Recht zum Widerruf gewährt dem Verbraucher sowohl nach dem harmonisierten mitgliedsstaatlichen Recht als auch nach den Art. 40 ff. GEKR, ein auf 14 Tage ab Übermittlung der Widerrufsbelehrung nach § 355 Abs. 2, 3 BGB bzw. Inempfangnahme der Kaufsache nach Art. 42 Abs. 1 lit. a GEKR zeitlich begrenztes Recht zur Rückabwicklung des wirksam geschlossenen Kaufvertrags, das an keine materiellen Voraussetzungen gebunden ist – er kann es somit insbesondere auch bei bloßem Nichtgefallen der v. a. im Fernabsatz erworbenen Ware geltend machen, da er zum Widerruf des Vertrags keine Begründung angeben muss. Als Ausnahme zum Grundsatz *pacta sunt servanda* ermöglicht das Widerrufsrecht dem Verbraucher die Revidierung eines möglicherweise übereilt geschlossenen Vertrags, wobei sich die Schutzwürdigkeit, mit der sich das Widerrufsrecht begründet, entweder aus der besonderen Situation des Vertragsschlusses oder der Komplexität des Vertragsgegenstandes ergibt.[134] Bzgl. seiner Widerrufsrechte ist die Information hierüber für den Verbraucher aber bereits vor bzw. bei Vertragsschluss zwingend notwendig, damit er sie nutzen kann, da diese bereits mit Vertragsschluss entstehen. Hieraus ergeben sich auch die Verlängerungen der Widerrufsfristen auf ein Jahr bzw. deren Andauern im Falle des Unterbleibens der Information durch den Unternehmer, bis dieser sie nachholt, vgl. Art. 42 Abs. 2 GEKR bzw. § 355 Abs. 4 S. 3 BGB. Es zeigt sich also, dass Informationen über die möglichen Gestaltungsrechte für den Verbraucher dann relevant werden, wenn seine entsprechenden Ansprüche für ihn erkennbar zur Entstehung gelangen.

---

134 *Medicus / Lorenz*, Schuldrecht I AT, Rn. 585.

Somit kommt man zu dem Ergebnis, dass das Standard-Informationsblatt zum GEKR entbehrlich ist. Bis heute wird es als zumutbar angesehen, dass der Verbraucher im Falle einer mangelhaften Lieferung seine Rechte selbst in Erfahrung bringen muss. Wie gezeigt, bringt eine Information hierüber vor Vertragsschluss keinen Mehrwert für ihn. Es sollte daher auf sie verzichtet werden.

d) Zu befürwortendes Gesamtkonzept

Nach den soeben dargestellten Erwägungen ist die Lösung, das verpflichtende Standard-Informationsblatt gänzlich abzuschaffen, zu befürworten, da es weder für die Verbraucher noch für die Unternehmer einen wirklichen Mehrwert bietet. Auch in einer nach Konzept 1 dargelegten Ausgestaltung überwiegt beim Verbraucher der kontraintentionale Abschreckungseffekt, während für den Unternehmer die Nutzung des GEKR unattraktiv gestaltende Haftungsrisiken bestehen. Zu Gunsten der tatsächlichen Akzeptanz auf dem Rechtsmarkt ist daher auf verpflichtende standardisierte Informationen über das anzuwendende Recht zu verzichten. Das Verbraucherschutzniveau würde hierdurch nicht sinken. Einen großen Einfluss auf das „Ob" der Wahl des GEKR hat der Verbraucher, wie aufgezeigt, ohnehin nicht. Durch die Wirkung dieser Informationen würde er aber eher zu Händlern getrieben, die ihre Waren gerade noch nicht auf Grundlage des GEKR veräußern wollen. Maßgeblich für das tatsächliche Verbraucherschutzniveau bleibt die inhaltliche Ausgestaltung des GEKR. An dieser ändert die Voraussetzung bzw. das Vorhandensein eines Informationsblatts nichts. Solange das GEKR also nicht wesentlich hinter dem Schutzniveau des mindestharmonisierten mitgliedsstaatlichen Rechts zurückbleibt, entsteht für den Verbraucher kein bedeutsamer Nachteil, unabhängig von seinem Informationsstand. Für die Unternehmer wäre es hingegen von Vorteil, wenn Haftungsrisiken, die auf nicht zielführenden und daher überflüssigen Informationspflichten basieren, beseitigt würden. Hierdurch würde die angestrebte Transaktionskostenersparnis intensiviert und die Unternehmer infolgedessen stärker zur Nutzung des GEKR motiviert. Soll das GEKR ein tatsächlicher Erfolg werden, wäre diese Weiterentwicklung konsequent.

Sofern bei einer solchen Abschaffung des Informationsblatts Zweifel an der politischen Durchsetzbarkeit des GEKR beim europäischen Gesetzgeber bestehen, weil hier die Vorstellung und Position des umfassend informierten Verbrauchers einen zu hohen Stellenwert einnehmen können, ist noch eine Kompromisslösung in Betracht zu ziehen: Die Unternehmer könnten in die Pflicht genommen werden, standardisierte Informationen über die Gewährleistungsrechte der Verbraucher im Falle eines Sachmangels auf ihren Websites bzw. Verkaufsplattformen zugänglich zu machen, in einer eigenen Darstellung oder per Verlinkung auf eine zu schaffende Website der EU. So wären die Verbraucher einerseits in der Lage, im tatsächlichen Bedarfsfall die für sie in dieser Situation relevanten Informationen an ihrer logischen ersten Anlaufstelle zu finden, während für die Unternehmer durch das simple Kopieren und Platzieren eines Textes oder das Setzen eines Hyperlinks nur ein äußerst geringer Aufwand entstünde, frei von der Gefahr, sich z.B. durch mögliche technische Störungen zusätzlichen Haftungsrisiken ausgesetzt zu sehen.

Zu Gunsten des Erfolgs des GEKR sollte es sich in der weiteren Entwicklung daher dieses vermeintlichen Auswuchses des Verbraucherschutzes entledigen und das Standard-Informationsblatt ohne jeglichen Ausgleich abgeschafft oder die soeben aufgezeigte Kompromisslösung verwirklicht werden.

IV. Die vorvertraglichen Informationspflichten innerhalb des GEKR

Streng abzugrenzen von den Informationspflichten hinsichtlich der Wahl des GEKR, die, wie soeben dargestellt, durch das Standard-Informationsblatt erfüllt werden müssen, sind diejenigen, die innerhalb des GEKR in dessen Art. 13–29[135] geregelt sind und sich auf den Vertragsschluss nach dem GEKR als solchen beziehen[136], der nach erfolgreicher Einwahl in das GEKR vollzogen wird. Auch diese sind geeignet, sich negativ auf die Attraktivität und somit auch auf den Erfolg des GEKR auszuwirken. Der Grund hierfür ist der große Umfang der Informationspflichten, die dem Unternehmer gegenüber dem Verbraucher auferlegt werden: Dies geht einerseits zu Lasten der Verbraucher, da sie den Effekt des „information-overload" hervorrufen. Die zahlreichen Einzelinformationen werden vom durchschnittlichen Verbraucher kaum zur Kenntnis genommen und wenn doch, kann dieser sie kaum im gewünschten Maße verarbeiten. Andererseits werden hierdurch auch die Unternehmer immens belastet, da die Informationserteilung Kosten verursacht, wo doch das GEKR den Unternehmern gerade der Kostenersparnis dienen soll. Zu diesen fixen Kosten kommen aufgrund der Haftungsregeln in Art. 28, 29 GEKR weitere Kostenrisiken; insbesondere die explizite Schadensersatzregelung für den Fall der Verletzung der vorvertraglichen Informationspflichten in Art. 29 Abs. 1 GEKR betont die Bedeutung, die

135 Hierbei ist zu beachten, dass der Berichtsentwurf des Rechtsausschusses des Europäischen Parlaments eine Verengung des sachlichen Anwendungsbereichs auf Verträge, die im E-Commerce geschlossen werden, vorsieht; sollte dies verwirklicht werden, gelten die hierfür vorgesehenen speziellen Regeln der Art. 24–27 GEKR für alle Verträge, die auf Grundlage des GEKR geschlossen werden können.

136 Vgl. Kap. 4, § 1, B., I., 2.

diesen Informationspflichten zugedacht ist, im Gegensatz zum deutschen Recht, in dem eine solche Haftung nur über die Regeln der *culpa in contrahendo* nach §§ 311a Abs. 2, 280 I, 241 Abs. 2 BGB oder über § 823 Abs. 2 BGB konstruiert werden kann.[137] In der Folge ist zu erwarten, dass diese Kosten und die einzukalkulierenden Haftungsrisiken – soweit wie für die Unternehmer möglich – wieder auf die Verbraucher umgelegt werden.[138] Wenn aber die Gefahr besteht, dass die Unternehmer durch diese Informationspflichten nun davon abgehalten werden, ihre Waren auf Grundlage des GEKR anzubieten, weil sie die Kosten der Informationserteilung oder den Marktnachteil der evtl. höheren Preise durch die Umlegung dieser Kosten fürchten, so müssen die Regelungen über die vorvertraglichen Informationspflichten im GEKR vor dessen Einführung weitgehend reformiert werden. Daher soll im Folgenden aufgezeigt werden, auf welche verpflichtenden Informationen gänzlich verzichtet und inwieweit die Gesamtkonzeption umgestaltet werden kann, unter der Prämisse, den angemessenen und somit erfolgsversprechenden Ausgleich zwischen Attraktivität für die Unternehmer und Verbraucherschutz zu finden.

1. Streichbare Informationspflichten

Hierzu soll zunächst dargestellt werden, auf welche Informationspflichten innerhalb der Art. 13–29 GEKR gänzlich zu verzichten ist.

In Art. 13 Abs. 1 lit. a - c, 14, 15 GEKR wird der Unternehmer verpflichtet, den Verbraucher bei Fernabsatzverträgen – dem Haupt- bzw. nach dem Berichtsentwurf einzigen Anwendungsbereich des GEKR – über die wesentlichen Merkmale der vertragsgegenständlichen Ware, deren Preis und seine Identität zu unterrichten.[139] Diese Konzeption stimmt überein mit Art. 6 Abs. 1 VR-RL und § 312c Abs. 1 BGB i. V. m. Art. 246 § 1 EGBGB.[140] Bemerkenswert ist jedoch, dass der genaue Vertragsgegenstand und der Kaufpreis die *essentialia negotii* eines Kaufvertrags darstellen.[141] Ohne eine Einigung über diese mit dem konkreten Vertragspartner, den man naturgemäß also kennen muss, kommt ein

137 *Hoffmann*, ZIP 2005, 829, 836 f.; *Martinek* in Martinek / Semler / Habermeier / Flohr, Handbuch des Vertriebsrechts, § 9, Rn. 27.

138 So auch *Grunewald* in Augenhofer, Verbraucherrecht im Umbruch, S. 31, 39 f.

139 Dies ist nicht zu verwechseln mit der Pflicht des Unternehmers, den Verbraucher mittels des Informationsblatts darüber informieren zu müssen, dass er ihn über diese Punkte informieren muss, vgl. Kap. 4, § 1, B., III., 2., b).

140 Vgl. auch *Howells / Watson* in Schulze, Common European Sales Law (CESL) – Commentary, Art. 13 GEKR, Rn. 3.

141 *Beckmann* in Staudinger, § 433, Rn. 13.

Kaufvertragsschluss, aus dem sich Rechte und Pflichten der Parteien ergeben, erst gar nicht zustande.[142] Eine nach deutschem Recht ausreichende Einigung hinsichtlich des Preises, sofern dieser lediglich bestimmbar ist[143], scheidet bei Verträgen nach dem GEKR außerhalb von Online-Auktionen aus, gemäß dem Auslegungsgrundsatz *in dubio pro consumente*[144]. Wenn aber eine vertragliche Bindung ohne eine Einigung mit dem spezifischen Vertragspartner über den genauen Vertragsgegenstand und den Kaufpreis ohnehin schon nicht zustande kommt, also für keine der Parteien Rechte oder Pflichten entstehen, stellt sich zwangsläufig die Frage, worin das Bedürfnis einer verpflichtenden Information über diese Punkte besteht. Ganz im Gegenteil erscheint eine solche gesetzlich niedergeschriebene Verpflichtung des Unternehmers widersprüchlich, da ohne Kenntnis von dessen Identität und die Einigung über die *essentialia negotii* – und somit auch deren Kenntnis beider Parteien – schon gar kein Vertrag zustande kommt. Diese Informationsverpflichtungen gegenüber dem Unternehmer stellen somit eine nicht zielführende Überregulierung dar.

Eine Entfernung genau dieser Informationspflichten brächte mehrere Vorteile mit sich: Zunächst einmal würde der Gesetzestext des GEKR „entschlackt". Der Les- und Handhabbarkeit des Gesetzestextes ist es dienlich, wenn in ihm keine überflüssigen Regelungen enthalten sind. Durch die Streichung dieser Pflichten würde nicht nur Art. 13 GEKR kürzer, auch könnten infolgedessen Art. 14 und 24 GEKR gekürzt und Art. 15 GEKR ganz entfernt werden. Ist man als Gesetzgeber der Ansicht, dass an gegebener Stelle darauf hinzuweisen ist, was innerhalb des Vertrags geregelt sein muss, so wäre eine entsprechende und knapp gehaltene Einarbeitung der *essentialia negotii* in Art. 30 GEKR sowohl angemessen als auch ausreichend. Diese Lösung wäre zudem dogmatisch sauberer: Wenn ein Vertragsschluss ohne Kenntnis über die wesentlichsten Vertragsinhalte nicht möglich ist, sind vorvertragliche Informationspflichten diesbezüglich sinnwidrig. Es ist hierbei zu beachten, dass für den Verbraucher beim Warenkauf vom Unternehmer im Regelfall drei wesentliche Dinge im Mittelpunkt stehen: Das fragliche Produkt als solches, die Vertrauenswürdigkeit des potentiellen Vertragspartners sowie der Preis, den er zu zahlen hat. Der durchschnittliche Verbraucher stellt insbesondere im Fernabsatz bzgl. dieser Punkte ohnehin vor einem Kauf entsprechende Informationserhebungen an; diese ist ihm insoweit auch zumutbar. Somit ist festzuhalten, dass mangels Sinnhaftigkeit und praktischen Bedarfs die

142 *Westermann* in MüKo-BGB, § 433, Rn. 9.

143 *Westermann* in MüKo-BGB, § 433, Rn. 19.

144 *Riesenhuber* in Riesenhuber, Europäische Methodenlehre, § 11, Rn. 54 ff., m. w. N.

vorvertraglichen Informationspflichten hinsichtlich Ware, Preis und Person des Unternehmers ersatzlos gestrichen werden sollten.

2. Streitbare Informationspflichten

Weitere Informationspflichten, die bei näherer Betrachtung als nicht unbedingt notwendig erscheinen, bürdet Art. 16 GEKR dem Unternehmer auf. Unter dem Oberbegriff „Vertragsbestimmungen" werden hier Informationen über Zahlungsbedingungen, Warenlieferung, Liefertermin sowie ggf. Vertragslaufzeit, automatische Vertragsverlängerung, forderbare Kautionen oder andere finanzielle Sicherheiten und dem Bestehen einschlägiger Verhaltenskodizes zusammengefasst. Das GEKR dehnt diesbezüglich die vorvertraglichen Informationspflichten des Unternehmers gegenüber Art. 6 Abs. 1 VR-RL[145] und der aktuellen Fassung des Art. 246 § 1 EGBGB noch deutlich weiter aus. Es drängt sich allerdings die Frage auf, ob es einer solchen Verpflichtung zu Lasten des Unternehmers bedarf. Hierbei ist wiederum zu beachten, dass gerade die Seriosität des anbietenden Unternehmers ein ausschlaggebender Faktor für den Verbraucher ist, ob er seine gewünschte Ware von diesem bezieht oder nicht. Dies gilt im grenzüberschreitenden Geschäftsverkehr, für den das GEKR gerade einzig anwendbar ist, umso mehr, da man davon ausgehen kann, dass der durchschnittliche Verbraucher zu identischen Konditionen im Zweifelsfall eher in vertrauten Gefilden einkaufen wird. Schweigt ein Unternehmer, der auf dem Binnenmarkt Waren anbietet, über die in Art. 16 GEKR genannten Punkte in seiner Außendarstellung, d. h. in seiner Webpräsenz, wirkt er nicht vertrauenswürdig genug, um dem durchschnittlich gebildeten Verbraucher als attraktiver Vertragspartner zu erscheinen. Somit liegt es im Eigeninteresse des Unternehmers, die in Art. 16 GEKR aufgelisteten Inhalte von sich preis zu geben, um seine Waren erfolgreich auf dem Binnenmarkt an Endkunden vertreiben zu können.

Aus diesem Grund ist die Regelung des Art. 13 Abs. 1 lit. d i. v. M. Art. 16 GEKR entbehrlich. Durch ihre Entfernung könnte abermals ein schlankeres und somit anwenderfreundlicheres Gesetz geschaffen und der Effekt des „information-overload" für den Verbraucher und Haftungsrisiken für den Unternehmer abgebaut werden. Die relevanten Informationen, um als seriöser Anbieter Kunden akquirieren zu können, werden die Unternehmer von selbst zu den potentiellen Vertragspartnern tragen. Dies wird insbesondere vor dem Hintergrund geschehen, dass sie zu Gunsten einer reellen Wettbewerbschance in anderen Mitgliedsstaaten im Rahmen des räumlichen Anwendungsbereichs des GEKR umso mehr darauf achten

145 Zum Informationskonzept der VR-RL vgl. *Grundmann*, JZ 2013, 53, 57 ff.

müssen. Daher sollten die in Art. 16 GEKR vorgesehenen Informationspflichten gestrichen und die darin geregelten Punkte zu Gunsten der Unternehmer sowie der Verbraucher den Selbstheilungskräften des Marktes[146] überlassen werden.

3. *Auswirkungen des Berichtsentwurfs*

Nach dem Berichtsentwurf des Rechtsausschusses des Europäischen Parlaments soll der sachliche Anwendungsbereich des GEKR auf Fernabsatzverträge beschränkt und die Regelungen des GEKR dabei speziell an den E-Commerce angepasst werden.[147] Dies muss zugleich zwangsläufig Auswirkungen auf die Ausgestaltung der vorvertraglichen Informationspflichten haben, die in dieser Form allerdings noch nicht in den Berichtsentwurf einbezogen wurden. Die Art. 18 und 20 GEKR, die besondere Informationspflichten für Vertragsschlüsse außerhalb von Geschäftsräumen und sonstigen anderen als im Fernabsatz geschlossenen Verträgen normieren, können nach einer solchen Verengung des Anwendungsbereichs ersatzlos gestrichen werden. Die Art. 19 und 24 GEKR hingegen, die zusätzliche Informationspflichten für Fernabsatz- und E-Commerce-Verträge beinhalten, können entsprechend weit weniger umfangreich ausgestaltet und in die übrigen Normen dieses Abschnitts integriert werden. Auch müsste als Schlussfolgerung dessen die Doppelung der Regeln über die Beweislastverteilung zu Lasten des Unternehmers in Art. 21, 26 GEKR und des halbzwingenden Charakters der Regeln zu Gunsten des Verbrauchers in Art. 22, 27 GEKR entfallen. Sollte eine solche Beschränkung des sachlichen Anwendungsbereichs tatsächlich in die finale Fassung Einzug finden[148], müssen in Hinblick auf die vorvertraglichen Informationspflichten die soeben erläuterten logischen Konsequenzen gezogen werden.

4. *Neukonzipierung der vorvertraglichen Informationspflichten: Wirklicher Bedarf und Verständlichkeit statt „information-overload"*

Wie soeben aufgezeigt, sind große Teile der vorvertraglichen Informationspflichten, die das GEKR dem Unternehmer gegenüber dem Verbraucher aufbürdet, entbehrlich, teils schon aus Sinnwidrigkeit, teils mangels wirklichen Nutzens für Unternehmer wie Verbraucher. Eine wünschenswerte Neukonzipierung sollte sich demnach an zwei Maximen ausrichten: Einerseits sind jene Informationspflichten

---

146 Zur Bedeutung dieses Begriffs im Kontext des Verbraucherschutzes im E-Commerce siehe *Rothfuchs*, Staatlicher und privater Verbraucherschutz im elektronischen Geschäftsverkehr, S. 27 ff.

147 Kritisch *DAV*, Stellungnahme zum Berichtsentwurf, S. 4 f.

148 Argumente hiergegen in Kap. 3, § 2, B., II., 2., b).

zu bewahren, die für den Verbraucher als wirklich notwendig und sinnvoll erscheinen, andererseits sind die Besonderheiten des GEKR in seiner Ausformung als optionales Instrument zu beachten.

a) Informationen über das Widerrufsrecht

In der Tat tritt durch die Vielzahl an Informationspflichten im GEKR für den Verbraucher der nachteilige Effekt des „information-overload" ein. Eine besondere Stellung zu seinen Gunsten nehmen jedoch die Informationspflichten in Hinsicht auf sein Widerrufsrecht ein, die in Art. 17 GEKR geregelt sind; das Widerrufsrecht selbst ist in Art. 40–47 GEKR normiert. Es stellt nach seiner Rechtsnatur ein modifiziertes gesetzliches Rücktrittsrecht dar[149] und gewährt dem Verbraucher ein zeitlich befristetes Loslösungsrecht vom im Fernabsatz geschlossenen Vertrag, das an keine weiteren Voraussetzungen gebunden ist und insbesondere gemäß Art. 40 Abs. 1 GEKR[150] keiner Begründung bedarf.[151] Es steht somit in einem Spannungsverhältnis zu dem allgemeinen vertragsrechtlichen Grundsatz *pacta sunt servanda*.[152] Zweck des Widerrufrechts ist es, für den Verbraucher die Nachteile eines Warenkaufs im Fernabsatz auszugleichen, die sich daraus ergeben, dass er den Kaufgegenstand nicht persönlich in einem Ladengeschäft begutachten kann, sondern sich auf die Angaben des veräußernden Unternehmers und sonstiger dritter Quellen verlassen muss.[153] Hinzu soll ihm eine gewisse Bedenkzeit eingeräumt werden, in welcher er entscheiden kann, ob er sich wirklich durch den geschlossenen Vertrag binden lassen will, da aus Sicht des Gesetzgebers bei Fernabsatzverträgen, insbesondere im E-Commerce, ein erhöhtes Risiko übereilter bzw. vorschneller Käufe besteht. Dies hat zur Folge, dass es keiner wie auch immer gearteten Fehlerhaftigkeit der gelieferten Ware bedarf, sondern vielmehr der bereits geschlossene Vertrag bei bloßem Nichtgefallen des Vertragsgegenstands durch den Verbraucher rückabgewickelt werden kann. Die Ausübung des Widerrufrechts obliegt somit der Willkür des Verbrauchers.[154] Ungeachtet der teilweise vorhandenen, grundsätzlichen rechtspolitischen Bedenken gegen dieses

149 *Kaiser* in Staudinger, § 355, Rn. 24; *Thüsing* in Staudinger, § 312d, Rn. 5.

150 Im deutschen Recht § 355 Abs. 1 S. 2 BGB.

151 *Schulze* in Schulze, Common European Sales Law (CESL) – Commentary, Art. 40, Rn. 21.

152 Eingehend hierzu *Weller*, Die Vertragstreue, S. 291 ff., m. w. N.

153 *Wendehorst* in MüKo-BGB, § 312d, Rn. 1; *Härting*, Internetrecht, Rn. 753.

154 *Martinek* in Martinek / Semler / Habermeier / Flohr, Handbuch des Vertriebsrechts, § 9, Rn. 41.

Opportunitätsrechts zu Gunsten des Verbrauchers[155] ist das Widerrufsrecht heute ein weitestgehend anerkanntes und effektives Verbraucherschutzinstrument, das den Käufer vor einer Pflicht zum Behalten einer Ware, die nicht seinen Vorstellungen entspricht, bewahrt.[156] Insbesondere hat sich in den Köpfen der europäischen Verbraucher mittlerweile ein Bewusstsein vom Bestehen dieses Rechts bei Käufen im Fernabsatz verfestigt.[157] Mit einer Abkehr des europäischen Gesetzgebers von dieser Systematik ist daher auch langfristig nicht zu rechnen. Sie wäre in Anbetracht der Tatsache, dass durch ein Streichen des Widerrufsrechts der Verbraucherschutzstandard des GEKR gegenüber dem mindestharmonisierten mitgliedsstaatlichen Recht erheblich gesenkt würde, in Hinblick auf Art. 114 Abs. 3 AEUV auch kompetenzrechtlich höchst problematisch.

Aus diesen Gründen nimmt das Widerrufsrecht im Rahmen der vorvertraglichen Informationspflichten eine besondere Rolle ein. Es gewährt dem Verbraucher eine starke Verbesserung seiner Position gegenüber dem Verkäufer, während sich dieser wiederum über den Bestand des Vertrags nicht sicher sein kann, bis die Widerrufsfrist abgelaufen ist. Dieses Recht ist dem Verbraucher allerdings nur dann von tatsächlichem Nutzen, wenn er auch Kenntnis vom Inhalt und der Ausübung seines Widerrufrechts hat.[158] Rechtsfolge des Unterlassens dieser Information ist die Verlängerung der Widerrufsfrist von 14 Tagen ab Inempfangnahme gemäß Art. 42 Abs. 1 lit. a GEKR auf 14 Tage ab Nachlieferung der Information bis maximal ein Jahr nach Ablauf der ursprünglichen Widerrufsfrist gemäß Art. 42 Abs. 2 GEKR.[159] Das GEKR liefert hierbei in seiner Anlage 1 eine Muster-Widerrufsbelehrung mit. Grund dafür, dass die Nichtinformation nur zur Fristverlängerung, nicht aber zur Unwirksamkeit des Kaufvertrags führt, ist die Annahme, dass der Verbraucher, der über 12 Monate keine Anstalten macht, den Vertrag rückabzuwickeln, sowohl mit der Ware zufrieden als auch sich seines Vertragsschlusses sicher ist.[160] Der essentielle Unterschied zwischen der Information

---

155 Hierzu bereits *Arnold*, CR 1997, 526 ff.; *Zöchling-Jud*, AcP 212 (2012), 550, 564, m. w. N.

156 *Thüsing* in Staudinger, § 312d, Rn. 2.

157 *Zöchling-Jud*, AcP 212 (2012), 550, 564 f.

158 *Howells / Watson* in Schulze, Common European Sales Law (CESL) – Commentary, Art. 17 GEKR, Rn. 1.

159 Nach deutschem Recht beginnt die Widerrufsfrist bei ordnungsgemäßer Belehrung hingegen bereits bei Vertragsschluss zu laufen, § 355 Abs. 2, 3 BGB.

160 Das GEKR ist in diesem Punkt verbraucherunfreundlicher als das BGB: Nach § 355 Abs. 4 S. 3 BGB besteht solange die Information ausbleibt ein unbefristetes Widerrufsrecht; diese Regelung wurde eingeführt, nachdem der EuGH eine zuvor

über das Widerrufsrecht und den übrigen vorvertraglichen Informationspflichten, die wie oben erläutert entbehrlich erscheinen, liegt darin, dass sich der durchschnittliche Verbraucher der oben gestellten Punkte ohnehin bewusst ist bzw. sich ohnehin mit diesen vor Vertragsschluss auseinandersetzt, während das Widerrufsrecht für ihn hingegen einen „Bonus“ zu den sich üblicherweise gegenüberstehenden vertraglichen Rechten und Pflichten darstellt. Von einem solchen kann er aber weder ohne weiteres ausgehen noch, ist ihm deshalb eine Nachforschungspflicht hinsichtlich des Bestehens eines solchen Rechts zuzumuten. Aus diesem Grund ist die Informationspflicht hinsichtlich des Widerrufsrechts für den Verbraucher von besonderer Bedeutung und wird im GEKR daher auch zu Recht beibehalten. Hierbei wird auf das bewährte Mittel[161] einer Muster-Widerrufsbelehrung zurückgegriffen. Allerdings sollte sich aus der Kombination von Widerrufsrecht zu Gunsten des Verbrauchers und entsprechender vorvertraglicher Informationsverpflichtung des Unternehmers eine logische Konsequenz ergeben: Durch das dem Widerrufsrecht innewohnende willkürliche und einseitige Vertragsloslösungsrecht des Verbrauchers wird dessen Position gegenüber dem Unternehmer massiv verstärkt. Wenn er aber ohnehin in der Lage ist, bereits geschlossene Verträge ohne Begründung wieder rückabzuwickeln, wird umso deutlicher, dass die übrigen Informationspflichten größtenteils entbehrlich sind. Wenn der Unternehmer sich eines geschlossenen Vertrags bis Ablauf der Widerrufsfrist nicht sicher sein kann und hinzu noch allumfassenden Informationsverpflichtungen nachkommen muss, so wird er über Maß belastet. Das Widerrufsrecht stärkt hingegen dem Verbraucher dermaßen den Rücken, dass er sonstiger allumfassender Informationen, die ihn aufgrund des „information-overload“ ohnehin schon teilweise mehr belasten, als dass sie ihm dienen, nicht bedarf. Dies gilt umso mehr für das GEKR im Vergleich zur deutschen Regelung, da die Widerrufsfrist hier erst mit Lieferung der Ware zu laufen beginnt und daher noch stärker den Gedanken ausdrückt, dass das Widerrufsrecht den Nachteil ausgleicht, die Ware nicht vorher persönlich begutachten und probeweise in Betrieb nehmen zu können.

Zusammenfassend ist demnach festzustellen, dass die Informationsverpflichtung in Bezug auf das Widerrufsrecht für den Verbraucher von überragender Bedeutung und daher beizubehalten ist. Gerade in diesem Kontext erscheinen die ohnehin fragwürdigen sonstigen Informationspflichten aber umso entbehrlicher.

---

bestehende sechsmonatige absolute Höchstfrist für unvereinbar mit der Haustürgeschäfte-Richtlinie erklärte, vgl. EuGH, Urt. vom 13.12.2001, RS C-481/99 = NJW 2002, 281 ff.

161 Vgl. Anl. 1 zu Art. 246 § 2 Abs. 3 S. 1 EGBGB.

Eine Neukonzipierung der Informationssystematik des GEKR sollte sich hieran ausrichten.

b) Die besondere Bedeutung der Optionalität des GEKR

Bei der Neukonzipierung der vorvertraglichen Informationspflichten des GEKR muss aber auch die besondere Bedeutung seiner Ausgestaltung als optionales Instrument neben den weiter bestehenden nationalen Kaufrechten richtig verstanden und berücksichtigt werden. Die Wahl bzw. das Angebot des GEKR wird faktisch den Unternehmern vorbehalten sein, die ihre grenzüberschreitenden Verträge nur dann auf das GEKR stützen werden, wenn dieses für sie vorteilhaft erscheint, d. h. attraktiver wirkt als die Anwendung eines mitgliedsstaatlichen Rechts. Aus diesem Grund darf das GEKR keinen zu hohen Grad an Verbraucherschutz aufweisen, sondern dieser muss vielmehr mit dem Bedürfnis der Unternehmer nach einem für sie attraktiven Kaufrechtsinstrument in Einklang gebracht werden.[162]

Der hier dargestellten Kritik an den vorvertraglichen Informationspflichten im GEKR könnte man nun entgegenhalten, dass diese keine merklichen qualitativen oder quantitativen Unterschiede zum bestehenden Richtlinien- und damit auch zum nationalen Recht aufweisen.[163] Aufgrund der Tatsache, dass die Unternehmer erst einmal davon überzeugt werden müssen, dass es für sie vorteilhaft sein wird, das GEKR anzubieten, wird die Ebenbürtigkeit des Informations- und somit auch des Kostenaufwands für sie gerade kein Argument dafür darstellen, das GEKR anzuwenden. Zwar soll der wesentlichste Vorteil für die Unternehmer in der potentiellen Transaktionskostenersparnis durch die Verwendung des GEKR liegen, wie hoch diese letztlich ausfällt, ist jedoch vom Einzelfall und dem Umfang der Expansionsbestrebungen des jeweiligen Unternehmers abhängig. Ob diese Möglichkeit ausreicht, um die Unternehmer zu überzeugen, bleibt fraglich und kann am Ende nur vom Markt beantwortet werden. Will man das GEKR aber zum Erfolg werden lassen, muss man es für die Unternehmer im Rahmen des rechtspolitisch Vertretbaren so schmackhaft wie möglich gestalten. Um für die Unternehmer einen Anreiz zu setzen, das GEKR zu wählen, muss man ihnen daher im Vergleich zu den bereits bestehenden Regelungen auch inhaltlich *mehr* bieten als bloß einen erweiterten räumlichen Anwendungsbereichs des einzelnen Rechtstextes. Aus diesem Grund ist eine grundsätzliche Reform des europäischen Rechts der vorvertraglichen Informationspflichten im Rahmen des GEKR ein ideales Mittel,

---

162 Vgl. Kap. 4, § 1, A., III.

163 So auch *Benninghoff* in Schmidt-Kessel, Ein einheitliches europäisches Kaufrecht?, S. 87, 119.

zu dessen Erfolg beizutragen: Einerseits wären die Kosten- und Kostenrisikenersparnisse durch einen Wegfall der ohnehin entbehrlichen Informationspflichten für die Unternehmer ein wesentlicher Anreiz, das GEKR zu verwenden. Andererseits würde hierdurch auch keine Schlechterstellung der Verbraucher eintreten, da, wie aufgezeigt, die bestehenden Informationspflichten teils sinnwidrig sind, teils den Effekt des „information-overload“ bewirken und sie durch ihr Widerrufsrecht, für das auch die Informationspflicht beibehalten werden sollte, ohnehin eine wesentlich stärkere Position gegenüber dem Unternehmer inne haben als bei einem Warenkauf im Ladengeschäft.

Somit ist es auch gerade die Optionalität des GEKR, die es gestattet, scheinbar bereits verfestigte Überzeugungen der europäischen Privatrechtsetzung auf den Prüfstand zu stellen.[164] Sollte sich im Falle des Misserfolgs eines erlassenen GEKR nämlich wider Erwarten herausstellen, dass gerade die Abkehr vom bisherigen Informationsmodell die Ursache ist, wäre hierdurch kaum etwas verloren, da es unter Orientierung an der bisherigen Ausgestaltung wieder leicht reformierbar wäre. Als optionales Instrument bietet das GEKR daher gerade auch dem europäischen Gesetzgeber die Chance, Neukonzipierungen privatrechtlicher Systematiken unter realen Marktbedingungen ohne großes Risiko zu prüfen. Diese sollte er nutzen.

5. Ergebnis

Es spricht somit vieles dafür, auch die Konzeption der vorvertraglichen Informationspflichten innerhalb des GEKR grundlegend zu überdenken. Auf die Informationspflichten hinsichtlich der *essentialia negotii* des zu schließenden Vertrags sollte verzichtet werden, da sie eine dogmatisch sinnwidrige Überregulierung darstellen. Auch große Teile der weiteren Informationspflichten sind entbehrlich, da ihre Preisgabe sinnvollerweise den Gesetzmäßigkeiten des Marktes überlassen werden sollte, ausgehend von den zwei miteinander verflochtenen Fragen „Was interessiert den Verbraucher?“ und „Worüber will der Unternehmer ohnehin zur Kundenakquise informieren?“. Insgesamt sollte eine Komprimierung dieser Regeln vorgenommen werden. Eine Ausnahme stellen hier die Informationspflichten hinsichtlich des Widerrufrechts des Verbrauchers dar: Diese sind von besonderer Bedeutung zur Wahrnehmung dieses Rechts, wodurch der Verbraucher aber wiederum eine starke Gegenstellung zum Unternehmer einnimmt. Die vorvertraglichen Informationspflichten sollten sich letztlich also auf den Bereich des Widerrufrechts konzentrieren.

164 Ebenfalls in diese Richtung deutend bereits *Herresthal*, EuZW 2011, 7, 11.

V. Fazit

Der Nutzen von Informationsmodellen zum Ausgleich der strukturellen Unterlegenheit des Verbrauchers gegenüber dem Unternehmer ist höchst zweifelhaft, da der durchschnittliche Verbraucher Informationen durch den Unternehmer nur bis zu einem gewissen Grad sinnvoll in seine Entscheidung einfließen lassen kann. Ein Zuviel an Informationen bewirkt den kontraintentionalen Effekt des „information-overload". Diese Erkenntnisse sind auch auf das GEKR zu übertragen, sowohl hinsichtlich der Informationspflichten in Bezug auf die Vereinbarung des GEKR als auch auf diejenigen bezüglich des Vertragsschlusses auf dessen Grundlage. Zu Gunsten des Erfolgs des GEKR ist eine Neukonzipierung zu befürworten, die sowohl eine Abschaffung der verpflichtenden Übermittlung eines Standard-Informationsblatts als auch eine Beseitigung aller entbehrlichen Informationspflichten in Bezug auf den Vertragsschluss vorsieht; die verpflichtende vorvertragliche Information über das Widerrufsrecht des Verbrauchers muss aber gerade beibehalten werden. Eine hieran orientierte Revision des GEKR würde überdies der besonderen Bedeutung seiner Ausgestaltung als optionales Instrument gerecht und die sich durch diese neue Art der Rechtsetzung bietenden Chancen zur Überarbeitung der europäischen Verbraucherschutzsystematik ausnutzen.

C. Die Gleichrangigkeit der Rechtsbehelfe des Verbrauchers

Der Bereich der vorvertraglichen Informationspflichten ist jedoch nicht der einzige Aspekt des Verbraucherschutzes im GEKR, der aufgrund seiner inhaltlichen Ausgestaltung dessen Erfolg verhindern könnte, weil er auf die Unternehmer, die das GEKR potentiell anbieten sollen, unattraktiv wirkt und sich somit negativ auf die Häufigkeit der Wahl nach Einführung des GEKR auswirken kann. Ein weiterer wesentlicher Punkt in dieser Hinsicht, der zugleich eine Abkehr von der bisherigen EU-Rechtsetzung darstellt, ist das Rangverhältnis der Rechtsbehelfe des Verbrauchers gegen den Unternehmer im Falle einer Schlechtleistung. Dieses Rangverhältnis betrifft vor allem das sog. „Recht zur zweiten Andienung" zu Gunsten des Verkäufers.[165] Dieses ist eine Ausprägung des allgemeinen vertragsrechtlichen Grundsatzes *pacta sunt servanda*, der darauf abzielt, einen einmal

165 Zu dessen Rechtsnatur s. *Weller*, Die Vertragstreue, S. 498 ff.

wirksam geschlossenen Vertrag möglichst am Leben zu erhalten.[166] Nach dem ursprünglichen Verordnungsentwurf ist es nicht mehr vorgesehen, nach dem Berichtsentwurf soll es zumindest deutlich abgeschwächt werden.

I. Derzeitige Situation im europäischen Privatrecht

Das Recht zur zweiten Andienung des Unternehmer-Verkäufers ist begründet in der Verbrauchsgüterkaufrichtlinie[167]. Der Grundsatz ergibt sich aus Art. 3 Abs. 3, 5 Vbrgk-RL, seinerseits an Art. 48 CISG orientiert[168], nach dem im Falle einer vertragswidrigen Leistung der Verbraucher zunächst Abhilfe in Form von Ersatzlieferung oder Nachbesserung verlangen kann und nur im Falle ihres Fehlschlags, ihrer Unmöglichkeit oder ihrer Unverhältnismäßigkeit einen Anspruch auf Minderung des Kaufpreises oder Vertragsauflösung hat. Die Formulierung „zunächst" wird hierbei im Allgemeinen als „zunächst nur" verstanden und drückt den grundsätzlichen Vorrang der Nacherfüllung vor den anderen Mängelrechten des Verbrauchers aus.[169] Dieser wurde im Zuge der Schuldrechtsmodernisierung zum 01.01.2002 auch in Deutschland umgesetzt und findet sich seitdem in § 437 BGB durch seine Verweise in das allgemeine Schuldrecht[170] wieder, allerdings gültig für alle Kaufverträge, nicht nur für b2c-Geschäfte.[171] Nach diesem ist das Begehren nach Minderung, Rücktritt, Schadens- und Aufwendungsersatz erst zulässig, wenn eine Frist zur Nacherfüllung fruchtlos verstrichen, die Nacherfüllung gescheitert oder dem Verkäufer unzumutbar ist.[172] Eine Abweichung hiervon zu Lasten des Verbrauchers ist gemäß § 475 Abs. 1 S. 1 BGB nicht möglich.[173] Der Umsetzung in das BGB entsprechende Ausgestaltungen dieses Prinzips finden sich aufgrund der Richtlinienumsetzung auch in den übrigen Mitgliedsstaaten, teils nur für b2c-Geschäfte und in separaten Verbrauchergesetzen, teils wie in Deutschland

---

166 Zur rechtsgeschichtlichen Entwicklung des Rechts zur zweiten Andienung siehe *Wagner*, ZEuP 2012, 797, 798 ff.

167 RL 1999/44/EG vom 25.05.1999.

168 *Wagner*, ZEuP 2012, 797, 800.

169 *Magnus* in Grabitz / Hilf / Nettesheim, Art. 3 Vbrgk-RL, Rn. 20.

170 *Beckmann* in Staudinger, Eckpfeiler des Zivilrechts, Kap. N, Rn. 76; *Zerres*, Die Bedeutung der Verbrauchsgüterkaufrichtlinie für die Europäisierung des Vertragsrechts, S. 297 f.

171 Zur Umsetzung siehe *Dauner-Lieb*, JZ 2001, 8, 13; *Westermann* in FS Canaris, S. 1261 ff.; zur Behandlung des Nacherfüllungsanspruchs durch die Rechtsprechung vgl. *Jaensch*, NJW 2012, 1025 ff.

172 *Huber*, NJW 2002, 1004, 1005.

173 *Lorenz* in MüKo-BGB, § 475, Rn. 3.

für alle Kaufverträge. Nur eine Handvoll Mitgliedsstaaten hat sich hingegen für eine überschießende Richtlinienumsetzung zu Gunsten des Verbrauchers entschieden, die ihm ein sofortiges Wahlrecht zwischen Nacherfüllung und Rücktritt einräumt und daher keinen Vorrang der Nacherfüllung vorsieht.[174]

II. Lösung nach dem GEKR

Betrachtet man die Frage nach dem Rangverhältnis der Rechtsbehelfe des Verbrauchers bei Lieferung einer mangelhaften Ware nach dem GEKR, so ist aktuell zwischen dem originären Verordnungsentwurf von Oktober 2011 und den Alternativen des Berichtsentwurfs des Rechtsausschusses des Europäischen Parlaments von Februar 2013[175] zu unterscheiden.

1. Modell des Verordnungsentwurfs

Der Verordnungsentwurf listet die Abhilfen des Käufers in Art. 106 Abs. 1 GEKR enumerativ auf und differenziert in der Folge zwischen b2b- und b2c-Verträgen: Während für Unternehmer-Käufer gemäß Abs. 2 die übrigen Abhilfen nur vorbehaltlich einer „Heilung“ durch den Verkäufer nach Art. 109 GEKR bestehen[176], darf der Verbraucher-Käufer nach Abs. 3 seine Rechte ungeachtet dieser Heilung geltend machen.[177] Ein Vorrang der Nacherfüllung besteht demnach nur bei b2b-, aber gerade nicht bei b2c-Verträgen.[178] Auch eine vertragliche Vereinbarung eines Rechts zur zweiten Andienung zu Gunsten des Verkäufers ist nach Art. 108 GEKR ausgeschlossen.[179] Mit dieser Entscheidung ist die Kommission stark von der Konzeption der Verbrauchsgüterkaufrichtlinie zu Lasten des Unternehmers und zu Gunsten des Verbrauchers abgewichen[180] und hat sich damit gegen die derzeitige allgemeine Tendenz in der Rechtsetzung, die sofortige Vertragsaufhebungsmöglichkeit bei Schlechtleistung zurückzudrängen, gewandt.[181]

Der Verordnungsentwurf spricht hierbei nicht explizit von „Nacherfüllung“, sondern in Art. 106, 110 GEKR von der „Erfüllung“, die gemäß Art. 110 Abs. 2 GEKR

---

174 *Kroll-Ludwigs*, GPR 2012, 181, 185, m. w. N.

175 COM(2011)0635 – C7-0329/2011 – 2011/0284(COD).

176 Kritisch zur Terminologie *Lorenz*, AcP 212 (2012), 702, 750.

177 *Stempel*, EuZW 2013, 174, 175.

178 *Zoll* in Schulze, Common European Sales Law (CESL) – Commentary, Art. 106, Rn. 3.

179 *Weller / Harms*, GPR 2012, 298, 302.

180 Vgl. auch *Zöchling-Jud* in Schmidt-Kessel, Ein einheitliches europäisches Kaufrecht?, S. 327, 343 ff.; *Wilhelm*, IHR 2011, 225, 229.

181 *Weller / Harms*, GPR 2012, 298, 303.

die kostenlose Abhilfe im Falle einer nicht vertragsgemäßen Leistung umfasst. Außerhalb der Regelungen über die Abhilfen des Käufers findet sich im GEKR keine Manifestation eines Erfüllungsanspruchs, der unabhängig vom Vorliegen einer Vertragsstörung besteht.[182] Es entspricht insoweit nicht der BGB-Anspruchsdogmatik, sondern folgt dem Modell des CISG, des Common Law[183] und des DCFR, indem es den ursprünglichen Erfüllungsanspruch als Rechtsbehelf einstuft.[184] Aus deutscher Sicht wäre eine stringente Abgrenzung zwischen Erfüllungs- und Nacherfüllungsanspruch wünschenswert, doch aufgrund der Erfahrungen des Common Law und des CISG führt die Ausgestaltung des GEKR keinesfalls zu Rechtsunsicherheit.

2. Regelungsalternativen des Berichtsentwurfs

Der Berichtsentwurf des Rechtsausschusses des Europäischen Parlaments hat diese Entscheidung allerdings wieder ansatzweise revidiert. Man hat die komplette Verbannung des Vorrangs der Nacherfüllung als zu weitgehend angesehen und bietet für die anstehende Überarbeitung des Verordnungsentwurfs drei Alternativen an: Zunächst wird eine Frist von sechs Monaten ab Gefahrübergang vorgeschlagen, innerhalb derer kein Rangverhältnis zwischen den Abhilfen des Verbrauchers besteht. Erst nach Ablauf dieser Frist soll ein Vorrang der Nacherfüllung durch den Unternehmer, hier „Heilung" genannt, eintreten. Als zweite Möglichkeit wird ein sofortiges Rücktrittsrecht (hier „Beendigung") des Verbrauchers angedacht, das dieser innerhalb einer „angemessenen Frist" ab Kenntnis der Schlechtleistung geltend machen kann. Nach Ablauf dieser Frist soll dann auch hier ein Vorrangverhältnis zu Gunsten der Nacherfüllung eintreten.[185] Zuletzt wird vorgeschlagen, die Gleichrangigkeit der Rechtsbehelfe zu Gunsten des Verbrauchers beizubehalten, diesem aber im Falle des Rücktritts eine Verpflichtung zur Zahlung eines Nutzungsentgelts aufzubürden, falls er sich nicht vorher auf das weniger weitgehende

182 *Albers*, ZEuP 2012, 687, 694.

183 *Zerres*, Die Bedeutung der Verbrauchsgüterkaufrichtlinie für die Europäisierung des Vertragsrechts, S. 300 ff.

184 *Mansel*, WM 2012, 1309, 1319; *Wilhelm*, IHR 2011, 225, 226 f.; rechtsvergleichend *Weller*, GPR 2012, 173 ff.; kritisch zum CISG *ders.*, Die Vertragstreue, S. 398 f.

185 Diese Alternative wird vom *DAV* in seiner Stellungnahme als vorzugswürdig angesehen, jedoch wohl unter der Maßgabe, dass anstatt einer „angemessenen Frist" ein fester Zeitraum ab Kenntnis des Käufers einzuführen ist, vgl. *DAV*, Stellungnahme zum Berichtsentwurf, S. 8.

Recht der Nacherfüllung beruft.[186] Ob und wenn ja, welcher dieser Alternativen der Verordnungsgeber bei der Revision des Verordnungsentwurfs folgen wird, ist noch offen. Unabhängig davon wäre der Verbraucher nach allen drei Varianten besser gestellt als nach dem derzeit gültigen Richtlinienrecht, da auch nach dem Berichtsentwurf jedenfalls der grundsätzliche Vorrang der Nacherfüllung nicht wieder hergestellt wird, sondern lediglich das Ausmaß der Schlechterstellung des Unternehmers diesbezüglich leicht korrigiert wird.

3. Nachtrag: Aktuelle Entwicklung

In der nunmehr am 26.02.2014 vom Europäischen Parlament angenommenen Fassung des GEKR[187] wurde von den Konzepten des Berichtsentwurfs wieder Abstand genommen und hinsichtlich des Nichtvohandenseins eines Vorrangs der Nacherfüllung zum Konzept des ursprünglichen Verordnungsentwurfs zurückgekehrt. Ausweislich des Art. 106 Abs. 3 lit. a GEKR bestehen die Rechte des Verbraucher-Käufers „ungeachtet der Heilung und Nichterfüllung durch den Verkäufer“, ganz so wie in der Ursprungsfassung. Eine Einschränkung wird allerdings für den Fall vorgenommen, dass es sich beim Kaufgegenstand um eine Ware handelt, „die nach den Spezifikationen des Verbrauchers hergestellt, produziert oder modifiziert“ wurde oder die „eindeutig auf die persönlichen Bedürfnisse zugeschnitten“ ist. Diese Regelung entspricht im Wesentlichen dem bereits bekannten Ausschlusstatbestand des Widerpsruchsrechts bei Fernabsatzverträgen wie in § 312d Abs. 4 Nr. 1 BGB oder Art. 40 Abs. 2 lit. d GEKR. Dies bietet dem Verkäufer den Vorteil, im Falle eines Kaufvertrags eine vom Verbraucher-Käufer spezifizierten Ware vor der Verpflichtung zur Rückabwicklung des Vetrags die Gelegenheit erhält, durch Nacherfüllung seine Leistungsverpflichtung zu erfüllen, anstatt mit der Rückabwicklung des Vertrags hinsichtlich eines Gegenstands, den er kaum anderweitig veräußern können wird, leben zu müssen. Im Übrigen bleibt es jedoch bei einer Regelung, die im Vergleich zur gegenwärtigen europäischen Rechtslage vor allem die Verbraucher bevorzugt.

III. Bewertung und Auswirkungen auf die Akzeptanz des GEKR

Es erscheint jedoch fragwürdig, ob die Konzeptionen des Verordnungs- und des Berichtsentwurfs zielführend sind oder ob die hierdurch bewirkte Besserstellung

186 COM(2011)0635 – C7-0329/2011 – 2011/0284(COD), S. 124 ff. (dt. Fassung) / S. 115 f. (engl. Fassung).

187 ORAL P7_TA-PROV (2014)0159, abrufbar unter http://gesetzgebung.beck.de/news/gemeinsames-europaeisches-kaufrecht (zuletzt aufgerufen am 11.03.2014).

des Verbrauchers unverhältnismäßig ist bzw. sich negativ auf die Zielsetzung des Projekts GEKR auswirkt.

1. Bewertung des Konzepts des Verordnungsentwurfs

Die Motivation der Kommission, weshalb sie von dem bisherigen Konzept des Vorrangs der Nacherfüllung gerade auch bei b2c-Geschäften zu Gunsten des Verbrauchers abgewichen ist, ist nicht ohne Weiteres erkennbar. Auch das allgemeine Ziel, dass das GEKR ein „hohes Verbraucherschutzniveau" gewährleisten soll[188], trägt zur Aufklärung dieser Frage nur bedingt bei. Was die nicht vorhandene Rangfolge der Rechtsbehelfe angeht, ist dieses Ziel jedenfalls erreicht, insbesondere wenn man die korrelierenden Regelungen in Art. 105, 121 f. GEKR betrachtet: Hiernach bestehen für Verbraucher im Gegensatz zu Unternehmern keine Untersuchungs- und Rügeobliegenheiten, die als Voraussetzung zur Geltendmachung ihrer Rechtsbehelfe zu erfüllen sind. Hinzu gilt nach Art. 105 Abs. 2 GEKR für die ersten sechs Monate nach Gefahrübergang eine Beweislastumkehr zu Gunsten des Verbrauchers[189], wonach für Mängel, die innerhalb dieses Zeitraums auftreten, die durch den Unternehmer widerlegbare Vermutung gilt, dass sie bereits zur Zeit des Gefahrübergangs vorgelegen haben. Die Kumulierung dieser den Verbraucher begünstigenden Normen führt dazu, dass er i. E. in den ersten sechs Monaten nach Erhalt der Ware berechtigt ist, bei Vorliegen eines Mangels sofort vom Vertrag zurückzutreten, ohne auf Nacherfüllung verwiesen zu sein und ohne die Ursprünglichkeit des Mangels nachweisen zu müssen.

Problematisch ist jedoch, dass sich hieraus für den Verbraucher zumindest innerhalb dieser ersten sechs Monate nach dem Kauf, die Möglichkeit zur opportunistischen Vertragsauflösung ergibt, die über den eigentlichen Sinn und Zweck der Gewährleistungsrechte des Käufers, einen angemessenen Risikoausgleich für die Vertragsmäßigkeit der Waren zu finden und dem Verbraucher ein gewisses Maß an Schutz beim Kauf von Waren zu garantieren[190], hinaus geht: Er erhält hierdurch nämlich einerseits die Gelegenheit auf fallende Marktpreise zu reagieren und andererseits, falls er den Kauf der Ware nach einer gewissen Zeit bereut, diesen rückabzuwickeln, trotz Ablauf der zweiwöchigen Widerrufsfrist.[191] Gerade bei Verbrauchsgütern ist es nicht unwahrscheinlich, dass sich innerhalb eines halben Jahres nach Abschluss des Warenkaufs die Preise nach unten entwickeln. Hierdurch

188 Erw.gr. 11 GEKR-VO.
189 Vgl. zum dt. Recht *Lorenz* in MüKo-BGB, § 476, Rn. 1 ff.
190 *Magnus* in Grabitz / Hilf / Nettesheim, Art. 3 Vbrgk-RL, Rn. 2.
191 *Wagner*, ZEuP 2012, 797, 813 f.

wird für Verbraucher, die keine dies ausschließenden moralischen Hemmungen besitzen, der Anreiz gesetzt, auch nur kleine Mängel an der Ware, mit denen sie eigentlich leben könnten oder die ohne großen Aufwand ausgebessert werden könnten, zu finden, um eine negative Preisentwicklung durch Rückabwicklung des alten Vertrags und Neukauf bei einem Konkurrenten für sich auszunutzen.[192] Bei Sachmängeln muss hierfür nicht einmal die Wesentlichkeitsschwelle der Nichterfüllung nach Art. 114 Abs. 1 i. V. m. Art. 87 Abs. 2 GEKR überschritten sein, sondern der Mangel darf lediglich gemäß Art. 114 Abs. 2 GEKR nicht unerheblich sein.[193] Die deutsche Fassung des GEKR orientiert sich hinsichtlich der Terminologie an der entsprechenden deutschen Norm des § 323 Abs. 5 S. 2 BGB.[194] Diese geringe Schwelle zur Möglichkeit des Rücktritts vom Vertrag kann die Verbraucher nicht nur ermutigen, kleinste, die Erheblichkeitsschwelle[195] überschreitende Mängel am Kaufgegenstand zu suchen. Darüber hinaus könnte sie sogar dazu führen, dass manche Verbraucher dazu neigen werden, der Kaufsache bewusst kleine Mängel zuzufügen, da der Unternehmer ja zunächst in der oftmals nicht ohne weiteres erfüllbaren Nachweispflicht hinsichtlich des nachträglichen Eintritts des Mangels steht. Jedenfalls ist nach dem Verordnungsentwurf dem Verbraucher der Missbrauch seiner Rechtsposition an dieser Stelle leicht möglich.[196] Wäre hingegen die Nacherfüllung der vorrangige Rechtsbehelf, brächte ein solches Vorgehen dem geneigten Verbraucher keine Vorteile. Dieses sofortige Rücktrittsrecht ohne Notwendigkeit des Beweises der ursprünglichen Mangelhaftigkeit der Sache wiegt umso schwerer in Anbetracht der Tatsache, dass der Verordnungsentwurf nach Art. 174 Abs. 1 lit. a i. V. m. Art. 105 Abs. 1 GEKR keine Verpflichtung zur Zahlung von Nutzungsersatz für den zurücktretenden Verbraucher vorsieht, da hiernach der Unternehmer die Vertragswidrigkeit der Ware zu vertreten hat und der Grund für die Vertragsbeendigung damit ihm zuzurechnen ist. Auch Art. 174 Abs. 1 lit. c GEKR, der einen Nutzungsersatz auch bei Nichtvertretenmüssen aus Billigkeitserwägungen vorsieht, ändert hieran nichts, da mit diesem

192 Hierzu bereits vor 80 Jahren *Grossmann-Doerth*, Die Rechtsfolgen vertragswidriger Andienung, S. 186 ff.

193 Vgl. *Wendehorst* in Schmidt-Kessel, Ein einheitliches europäisches Kaufrecht?, S. 371, 376 f.; *Anderson*, ZEuP 2012, 834, 847 f.

194 Siehe hierzu *Ernst* in MüKo-BGB, § 323, Rn. 243 ff.

195 Zur Auslegung des Begriffs der Erheblichkeit unter Berücksichtigung von Verbrauchsgüterkaufrichtlinie und CISG siehe *Schmidt-Räntsch* in FS Wenzel, S. 409, 413 ff.

196 *Lorenz*, AcP 212 (2012), 702, 752.

erkennbar Ausnahmefälle[197] geregelt werden sollen und er somit nicht zur Regel umgekehrt werden darf.[198] Auch in Anbetracht des verbraucherschützenden Duktus des Regelungskomplexes ist hier wohl eine restriktive Auslegung geboten. Dadurch wird der Anreiz des Verbrauchers zur Spekulation auf Kosten des Verkäufers noch weiter verstärkt.[199]

Problematisch ist, dass dieses Verbraucherrecht zur sofortigen Vertragsauflösung erhebliche Kostenrisiken für den verkaufenden Unternehmer mit sich bringt.[200] Neben den ohnehin anfallenden Rückführungskosten ist es gerade bei Konsumgütern oft der Fall, dass eine gebrauchte, zurückgegebene Ware auch nach Ausbesserung des Mangels für den Verkäufer kaum wiederverwertbar ist, da allein ihre Eigenschaft als Gebrauchtware zu einer erheblichen Wertminderung führt und für viele Produkte ein Gebrauchtmarkt schlicht kaum vorhanden ist.[201] Dies kann zwei denkbare Folgen haben: Einerseits strahlt auch hierdurch das GEKR eine abschreckende Wirkung auf seine potentiellen Nutzer aus, was seiner Verbreitung hinderlich wäre. Für die Unternehmer müsste garantiert sein, dass die Transaktionskosten, die sie durch die Nutzung des GEKR einsparen, die auftretenden Kostenrisiken nicht nur kompensieren, sondern sogar übersteigen. Die Höhe der eingesparten Transaktionskosten ist für die durch das GEKR auf den Binnenmarkt eintretenden Unternehmer aber nur sehr schwer abschätzbar, sodass nicht zu erwarten ist, dass sie von einem solchen Ausmaß des Effekts ohne Weiteres ausgehen werden. Andererseits besteht die Möglichkeit, dass die Unternehmer sich veranlasst sehen werden, diese Kostenrisiken auf den Produktpreis umzulegen, was die Folge hätte, dass sich die Anwendung des GEKR in dieser Hinsicht sogar negativ auf die Verbraucher auswirken kann. Im Ergebnis wird wohl eine Kombination dieser beiden Faktoren eintreten.

Es ist somit festzuhalten, dass das Konzept des Verordnungsentwurfs, dass bei b2c-Geschäften eine Gleichrangigkeit der Rechtsbehelfe – Nacherfüllung, Rücktritt, Minderung und Schadensersatz – vorsieht, nicht empfehlenswert ist. Es bringt gewichtige Nachteile für die Unternehmer mit sich und kann sich teilweise sogar negativ auf die Verbraucher auswirken. Zudem eröffnet es dem Verbraucher Handlungsmöglichkeiten, die in Anbetracht des Strebens nach einer

---

197 Denkbare Bspe. liefert *Lehmann* in Schulze, Common European Sales Law (CESL) – Commentary, Art. 174, Rn. 15.

198 Kritisch zur allgemeinen Formulierung *Looschelders*, AcP 212 (2012), 581, 683.

199 So auch *Weller / Harms*, GPR 2012, 298, 304.

200 *Mansel*, WM 2012, 1309, 1320.

201 Beispielhaft *Wagner*, ZEuP 2012, 797, 810 ff.

angemessenen Kosten- und Risikoverteilung nicht mehr als verhältnismäßig erachtet werden können. Dies ist einem Erfolg des GEKR nicht zuträglich. Zuletzt widerspricht es auch der selbsternannten Zielsetzung des GEKR: Es soll auf die Aufrechterhaltung eines gültigen Vertrags ausgerichtet sein, wo immer dies mit Blick auf die berechtigten Interessen der Parteien möglich und angemessen ist.[202] Diese Zielsetzung ist wiederum ein Ausfluss des allgemeinen vertragsrechtlichen Grundsatzes *pacta sunt servanda*. Zwar ist ein hohes Verbraucherschutzniveau ebenfalls erklärtes Ziel des GEKR[203], die explizite Erwähnung bedeutet jedoch, dass die diversen Zielsetzungen bzw. Absichtserklärungen des GEKR einem angemessenen Ausgleich zuzuführen sind. Diesem selbstgesteckten Bestreben wird der Verordnungsentwurf jedoch nicht gerecht, wenn er dem Verbraucher sechs Monate lang eine relativ einfach zu erreichende Vertragsbeendigung ermöglicht und somit in diesem Zeitraum den Bestand des wirksam geschlossenen Vertrags von dessen Opportunismus abhängig macht.[204]

Aus diesen Gründen sowie den vom Verordnungsgeber selbst gestellten Ansprüchen kann die Gleichrangigkeit der Rechtsbehelfe bei b2c-Verträgen bei der Weiterentwicklung des GEKR keinen Bestand haben und muss abgeändert werden.

2. Die Alternativen des Berichtsentwurfs als Verbesserung?

Diese Problematik hat der Rechtsausschuss des Europäischen Parlaments scheinbar erkannt und deshalb in seinem Berichtsentwurf die oben beschriebenen Alternativen zur Überarbeitung dieses Konzepts vorgetragen.[205] Es erscheint jedoch bereits auf den ersten Blick höchst fragwürdig, ob auch nur eine davon imstande ist, das soeben aufgezeigte Dilemma in befriedigender Weise zu lösen. Die erste Alternative, einen Vorrang der Nacherfüllung nach Ablauf einer sechsmonatigen Frist ab Gefahrübergang einzuführen, wird kaum praktische Auswirkungen auf die soeben geschilderte Problematik haben. Die wirkliche „Gefahr“ des sofortigen Rücktrittsrechts ergibt sich ja gerade erst aus der Wechselwirkung mit der sechsmonatigen Beweislastumkehr nach Art. 105 Abs. 2 GEKR zu Gunsten des Verbrauchers. Müsste der Verbraucher auch in diesem Zeitraum das Vorliegen des Sachmangels bereits bei Gefahrübergang beweisen, wäre seine Möglichkeit

202 Erw.gr. 32 GEKR-VO.

203 Erw.gr. 11 GEKR-VO.

204 Zur Kollision mit weiteren Zielvorgaben des GEKR s. *Weller / Harms*, GPR 2012, 298, 305 f.

205 Kap. 4, § 1, C., II., 2.

zur opportunistischen Vertragsauflösung wesentlich geringer bzw. sie wäre für ihn erheblich schwerer durchzusetzen, was seine Motivation entsprechend senken würde. Das große Problem, dass das sofortige Rücktrittsrecht mit sich bringt, besteht also gerade in diesen ersten sechs Monaten. Aus diesem Grund würde die erste Alternative an dieser Situation nur sehr wenig ändern. Hinzu kommt, dass der Beweis des Bestehens des Mangels bereits bei Gefahrübergang mit fortschreitender Zeit immer schwerer wird, sodass nach einem halben Jahr gerade bei Konsumgütern ohnehin nur noch in einer überschaubaren Zahl von Fällen mit einem wirksamen Rücktritt aufgrund eines Sachmangels zu rechnen ist. Die erste Alternative ist somit abzulehnen, da mit ihr das Kernproblem der Möglichkeit zur opportunistischen Vertragsauflösung innerhalb der ersten sechs Monate nach Gefahrübergang im vollen Ausmaß bestehen bleibt.

Auch die zweite Alternative, die einen Vorrang der Nacherfüllung erst nach Ablauf einer „angemessenen Frist" ab Kenntnis des Verbrauchers vom Sachmangel vorsieht, hat auf diese Problematik im Großen und Ganzen keinen Einfluss. Neben der Tatsache, dass der Begriff der Angemessenheit noch einer gerichtlichen Auslegung bedarf, wird auch hier das weitgehende Recht des Verbrauchers in den ersten sechs Monaten nach Gefahrübergang praktisch nicht berührt. Will er sich nämlich aus opportunistischer Motivation vom Vertrag lösen, so ist im Zweifel von der Wahrung dieser Frist auszugehen. Entgegen der Ansicht des *DAV*[206] ist somit auch diese Regelungsalternative abzulehnen, da auch sie es nicht vermag, das aufgeworfene Problem zu beseitigen oder wenigstens spürbar zu entschärfen. Allenfalls in Betracht kommt die dritte Alternative, die die Gleichrangigkeit der Rechtsbehelfe zwar vollumfänglich beibehält, den Verbraucher im Fall des Rücktritts aber zur Zahlung eines Nutzungsentgelts verpflichten will, falls er sich nicht vorher auf das weniger weitreichende Recht zur Nacherfüllung beruft, was durch eine Korrektur von Art. 174 GEKR geschehen müsste.[207] Diese Variante erscheint auf den ersten Blick attraktiv, da sie scheinbar geeignet ist, einen angemessenen Interessenausgleich zwischen dem Verbraucher, dem sein an geringe praktische Voraussetzungen geknüpftes Rücktrittsrecht zusteht und dem Unternehmer, dem durch dieses erhebliche finanzielle Risiken entstehen, zu schaffen. Durch diese Verpflichtung würde die Motivation des Verbrauchers zum Rücktritt aus opportunistischen Gründen verringert. Ein Rücktritt, nur um auf gesunkene Marktpreise zu reagieren, käme für ihn nur noch in Betracht, wenn diese Preissenkung

---

206 *DAV*, Stellungnahme zum Berichtsentwurf, S. 8.

207 Vgl. COM(2011)0635 – C7-0329/2011 – 2011/0284(COD), S. 106 f. (dt. Fassung) / S. 98 ff. (engl. Fassung).

wesentlich höher ist als das Nutzungsentgelt, das er zu leisten hätte. Auch einen Rücktritt aufgrund reiner Interessenänderung würde er sich in Anbetracht eines zu zahlenden Nutzungsentgelts zweimal überlegen. Der Unternehmer seinerseits könnte so die finanziellen Einbußen, die ihm durch einen solchen Rücktritt entstehen, zumindest zu einem Teil kompensieren. Es ist jedoch äußerst zweifelhaft, ob sich dieses Konzept in der Praxis tatsächlich umsetzen lässt. Die Verfasser des Berichtsentwurfs selbst geben bereits zu bedenken, „dass die Berechnung der Nutzung nicht immer unkompliziert ist".[208] Tatsächlich ist es so, dass die Idee eines Nutzungsentgelts für den Fall des Rücktritts weitreichende Folgeprobleme nach sich zieht. Mit einer exakten Bestimmung im Gesetzestext, abhängig von Kaufpreis und Nutzungsdauer, ist nicht zu rechnen. Ein politischer Kompromiss hierüber ist nicht zu erwarten, auch bedürfte es infolgedessen einer regelmäßigen Anpassung des Verordnungstextes, um einen Inflationsausgleich herbeizuführen. Die Folge ist, dass wenn überhaupt die Zahlung eines „angemessenen Nutzungsentgelts" normiert würde, dies einen erheblichen Grad an Rechtsunsicherheit hinsichtlich der Abwicklung des Kaufvertrags mit sich brächte. Auch ist zu erwarten, insbesondere je höher der Kaufpreis und je länger bzw. intensiver die Nutzung ausfällt, dass es zwischen Unternehmer und zurücktretendem Verbraucher zu Rechtsstreitigkeiten über die Höhe des zu zahlenden Nutzungsentgelts kommen wird. Dies bringt wiederum neue Kostenrisiken mit sich, auf die die Unternehmer wiederum wie bereits beschrieben reagieren müssten. Gleichzeitig hemmt diese Aussicht den Verbraucher, seine Rechte, die ihm dem GEKR nach eigentlich zustehen, auszuüben. Aus diesen Gründen ist auch die dritte Alternative abzulehnen. Sie wirkt vom Grundgedanken her zwar durchaus attraktiv, ist jedoch nicht praktikabel umsetzbar.

Somit bleibt festzuhalten, dass keine der Alternativen des Berichtsentwurfs geeignet ist, die Problematik, die der Verordnungsentwurf durch die Gleichrangigkeit der Rechtsbehelfe generiert, in zufriedenstellender Weise aufzulösen oder wenigstens abzumildern. Bei der Überarbeitung des Verordnungsentwurfs ist daher von diesen Ideen Abstand zu nehmen und stattdessen eine tragbare Lösung zu finden.

3. Rückkehr zum Vorrang der Nacherfüllung

Somit spricht vieles dafür, bei der Überarbeitung des Verordnungsentwurfs zum mittlerweile bewährten Konzept des Vorrangs der Nacherfüllung zurückzukehren und dem Verkäufer gerade auch bei b2c-Verträgen ein „Recht zur zweiten

---

208 COM(2011)0635 – C7-0329/2011 – 2011/0284(COD), S. 126 (dt. Fassung) / S. 116 (engl. Fassung).

Andienung“ einzuräumen. Dieses ist ursprünglich entwickelt worden, um die gesetzliche Lage der klauselrechtlichen Realität anzupassen: Bedingt durch die Entwicklung der industriellen Massenproduktion und moderner Vertriebsstrukturen, die dazu führte, dass gerade Konsumgüter heute relativ leicht durch den Händler oder Hersteller ausgetauscht oder repariert werden können, waren die Vertragsauflösung und die Minderung als gesetzliche Hauptbehelfe zu Gunsten eines vertraglich vereinbarten Rechts zur zweiten Andienung bereits faktisch abgelöst worden. Dessen Aufnahme in den Gesetzestext, angestoßen vom CISG und im Richtlinienrecht fortgeführt, bezweckte demnach das Gesetzesrecht den veränderten Realitäten des Marktes anzupassen; es diente somit dem Übergang zur kaufrechtlichen Moderne.[209] Hierdurch wurde ein angemessener Interessenausgleich zwischen verkaufendem Unternehmer und kaufendem Verbraucher geschaffen sowie dem Ziel Rechnung getragen, einen wirksam geschlossenen Kaufvertrag nicht ohne Not, sondern nur dann aufzulösen, wenn eine Befriedigung der Käuferinteressen nicht erreicht wird oder erreicht werden kann.[210] Eine nunmehrige Abkehr von diesem Prinzip, wie es der Verordnungsentwurf sowie der Berichtsentwurf vorsehen, würde aufgrund der soeben aufgezeigten Auswirkungen einen legislatorischen Rückschritt darstellen, der der Rechtslage nach dem BGB vor der Schuldrechtsmodernisierung ähnelt[211], mit dem Unterschied, dass nach Art. 108 GEKR keine, nicht einmal eine individualvertragliche, Abkehr von diesem Prinzip durch Vereinbarung eines Vorrangs der Nacherfüllung möglich ist[212]. Somit sprechen i. E. drei wesentliche Argumente dafür, im GEKR einen Vorrang der Nacherfüllung auch für b2c-Geschäfte entsprechend der Verbrauchsgüterkaufrichtlinie zu normieren: Zunächst würde die Problematik der Möglichkeit zur opportunistischen Vertragsauflösung durch den Verbraucher beseitigt, wenn dieser dem Unternehmer zunächst die Gelegenheit zur Nacherfüllung geben muss. Dann würde das GEKR die Position der Unternehmer, die es anwenden und somit für seine Verbreitung sorgen sollen, gegenüber dem geltenden Recht in diesem Punkt nicht deutlich abschwächen, die Verbraucher aber zugleich auch nicht schlechter stellen. Somit würden die Regelungen zur Nacherfüllung keinen Akzeptanzmalus des GEKR mehr bewirken und seine Erfolgsaussichten steigen.

---

209 *Magnus* in Grabitz / Hilf / Nettesheim, Art. 3 Vbrgk-RL, Rn. 5; *Wagner*, ZEuP 2012, 797, 799 f.

210 *Westermann* in FS Canaris, S. 1261, 1264 f.; kritisch hingegen *Dauner-Lieb* in FS Canaris, S. 143, 162 f.

211 So auch *Stempel*, EuZW 2013, 174, 175.

212 *Zoll* in Schulze, Common European Sales Law (CESL) – Commentary, Art. 108, Rn. 1.

Zuletzt würden die nur scheinbar gegenläufigen Ziele des Verordnungsentwurfs, einen hohen Verbraucherschutz zu gewährleisten[213] und zugleich wirksam geschlossene Verträge möglichst aufrecht zu erhalten[214], in einen weitaus angemesseneren Ausgleich gebracht.

4. Nachtrag: Bewertung der Fassung vom 26.02.2014

In der nunmehr vom Europäischen Parlament am 26.02.2014 angenommenen Fassung[215] hat eine Rückkehr zum Konzept des Vorrangs der Nacherfüllung nur für die Fallgruppe der vom Verbraucher-Käufer spezifizierten Waren stattgefunden; für alle übrigen Fälle wurde zum Konzept der Ursprungsfassung des Verordnungsentwurfs zurückgekehrt und wieder eine vollständige Gleichstufigkeit der Rechtsbehelfe des Käufers im Rahmen von b2c-Geschäften geschaffen.[216] Dies ist letztlich nur ein kleiner Gewinn für die potentiellen Anbieter des GEKR, da ihnen ein „Recht zur zweiten Andienung“ somit nur im Rahmen einer bestimmten Fallgruppe gewährt wird. Aus den zuvor dargelegten Gründen ist dies aber nicht weitgehend genug. Im Rahmen einer weiteren Überarbeitung ist es daher wünschenswert, dass dem hier vertretenen Konzept gefolgt und eine vollumfängliche Rückkehr zum Prinzip des Vorrangs der Nacherfüllung stattfindet.

IV. Fazit

Hinsichtlich des Rangverhältnisses der Rechtsbehelfe des (Verbraucher-)Käufers sollte bei der Revision des Verordnungsentwurfs sowohl von dessen Modell in Art. 106 GEKR als auch von den Alternativen des Berichtsentwurfs Abstand genommen und stattdessen zur Konzeption des Art. 3 Vbrgk-RL zurückgekehrt werden.[217] Dieses führt die gegenläufigen Interessen einem angemessenen Ausgleich zu und ist auch in Anbetracht der Erfolgsaussichten des GEKR vorzugswürdig. Zu bewerkstelligen wäre dies ganz simpel, indem man Art. 106 Abs. 3 GEKR

---

213 Erw.gr. 11 GEKR-VO.

214 Erw.gr. 32 GEKR-VO.

215 ORAL P7_TA-PROV (2014)0159, abrufbar unter http://gesetzgebung.beck.de/news/gemeinsames-europaeisches-kaufrecht (zuletzt aufgerufen am 11.03.2014).

216 Vgl. Kap. 4, C., II. 3.

217 Im Gegenzug für eine Nachrangigkeit des Rücktrittsrechts, aber eine Vorrangigkeit des Minderungsrechts vor dem Anspruch auf Nacherfüllung und somit weiterhin für einen Ausschluss des Rechts zur zweiten Andienung plädierend *Tonner*, VuR 2012, 355, 359.

ersatzlos streicht und im Gegenzug Art. 106 Abs. 2 GEKR auf b2c-Verträge ausdehnt.[218]

D. Weitere verbraucherrechtliche Problemaspekte

Neben den beiden Hauptaspekten der vorvertraglichen Informationspflichten und des Rangverhältnisses der Rechtsbehelfe des Käufers tun sich im Verordnungsentwurf weitere verbraucherrechtliche Probleme auf, die im Folgenden dargestellt und Lösungsvorschlägen zugeführt werden.

I. Kein Gewährleistungsausschluss bei Mangelkenntnis bei b2c-Verträgen, Art. 104 GEKR

Hierbei ist zunächst die Regelung des Art. 104 GEKR näher zu betrachten, die einen Gewährleistungsausschluss bei Sachmängeln vorsieht, wenn der Käufer die Mangelhaftigkeit der Ware bei Vertragsschluss bereits kannte oder kennen musste. Diese Norm ist ein Ausdruck des Grundsatzes vom Verbot des *venire contra factum proprium*, da derjenige, der eine Sache kauft, obwohl er ihre Mangelhaftigkeit kennt, den Anschein erweckt, dass er auf die Mangelfreiheit dieser Sache keinen Wert legt.[219] Bei einer solchen Mangelkenntnis fehlt es demnach bereits an einer Störung des Äquivalenzverhältnisses zwischen Käufer und Verkäufer, sodass Rechtsbehelfe für den Käufer grundsätzlich nicht in Betracht kommen.[220] Art. 104 GEKR normiert dies aber ausdrücklich nur für b2b-Verträge.[221] Der Umkehrschluss hieraus ist, dass ein solcher Gewährleistungsausschluss für b2c-Verträge gerade nicht vorgesehen ist.[222] Somit kann ein Verbraucher im Prinzip risikofrei eine mangelhafte Sache kaufen, da die Haftung des Verkäufers auch bei Kenntnis oder grob fahrlässiger Unkenntnis des Verbrauchers vom

218 *Lorenz*, AcP 212 (2012), 702, 753.

219 *Matusche-Beckmann* in Staudinger, § 442, Rn. 1.

220 *Zerres*, Die Bedeutung der Verbrauchsgüterkaufrichtlinie für die Europäisierung des Vertragsrechts, S. 246.

221 Dies in Anbetracht von Art. 99 Abs. 3 GEKR als konsequent erachtend *Faust* in Remien / Herrler / Limmer, Gemeinsames Europäisches Kaufrecht für die EU?, S. 161, 181.

222 *Zoll* in Schulze, Common European Sales Law (CESL) – Commentary, Art. 104, Rn. 2; *Schopper* in Wendehorst / Zöchling-Jud, Am Vorabend eines Gemeinsamen Europäischen Kaufrechts, S. 107, 124.

Mangel bestehen bleibt.[223] Eine vertragliche Abbedingung dieses Verbraucherrechts ist zwar nicht explizit ausgeschlossen, dürfte sich aber zumindest in AGB nach Art. 85 lit. b GEKR verbieten. Auch eine Korrektur über Treu und Glauben gemäß Art. 2 Abs. 2 GEKR muss in Anbetracht des eindeutigen Wortlauts von Art. 104 GEKR wohl ausscheiden.[224] Das GEKR geht damit auch in diesem Punkt in der Höhe seines Verbraucherschutzes über das bisher in Europa geltende Maß hinaus: In Deutschland ist der Gewährleistungsausschluss wegen Kenntnis der Mangelhaftigkeit bei Vertragsschluss in § 442 Abs. 1 BGB geregelt. Dieser ist Bestandteil der allgemeinen Regeln des Kaufrechts und gilt somit sowohl für b2b- als auch für b2c-Verträge.[225] Er entspricht inhaltlich Art. 2 Abs. 3 Vbrgk-RL[226], der diesen Gewährleistungsausschluss allerdings naturgemäß explizit für Verbraucher-Käufer vorsieht. Der europäische Gesetzgeber hatte sich dabei seinerseits an Art. 35 Abs. 3 CISG orientiert.[227] Somit hat die Kommission auch an dieser Stelle die Position des Verbrauchers aufgewertet. Besonders bedeutungsvoll wird dies zudem durch das Zusammenspiel mit dem sofortigen Rücktrittsrecht des Käufers bei Vorliegen eines Sachmangels, ohne zunächst dem Verkäufer die Möglichkeit zur Nacherfüllung gewähren zu müssen.[228] Durch das Zusammenwirken dieser den Verbraucher begünstigenden Vorschriften wird ihm faktisch die Möglichkeit eröffnet, bewusst mangelhafte Sachen ggf. zu einem verhältnismäßig geringen Preis zu erwerben, um dann, unabhängig vom Verstreichen der Widerrufsfrist, bei Nichtgefallen oder Erhalt eines besseren Angebots den Kauf wieder rückabwickeln zu können. Der Verkäufer kann sich somit bei einem b2c-Geschäft, anders als im momentan gültigen europäischen Recht, nicht durch einen ausdrücklichen Hinweis auf die Mangelhaftigkeit der Sache von seiner Gewährleistungshaftung befreien. Um dies zu erreichen, ist es vielmehr erforderlich, den besonderen Umstand der Mangelhaftigkeit nach Art. 99 Abs. 3 GEKR explizit in die vertragliche Vereinbarung mit einzubeziehen; dies muss aber ggf. wiederum einer AGB-Kontrolle standhalten.[229] Eine Änderung an Art. 104 GEKR ist im Berichtsentwurf nicht vorgesehen.

223 *Köhler*, WiVerw 2012, 135, 137.
224 *Lorenz*, AcP 212 (2012), 702, 739.
225 *Grunewald* in Augenhofer, Verbraucherrecht im Umbruch, S. 31, 41.
226 *Westermann* in MüKo-BGB, § 442, Rn. 2.
227 *Magnus* in Grabitz / Hilf / Nettesheim, Art. 2 Vbrgk-RL, Rn. 69.
228 Vgl. Kap. 4, § 1, C., II., 1. und Kap. 4, § 1, C. III., 1.
229 *Lorenz*, AcP 212 (2012), 702, 740.

Die Notwendigkeit einer solchen Besserstellung des Verbrauchers erschließt sich indes nicht.[230] Auch wenn eine dementsprechende überschießende Richtlinienumsetzung den Mitgliedsstaaten möglich war, ist dennoch keine Tendenz in diese Richtung zu erkennen gewesen. Dies spiegelt sich ebenso im DCFR wider, der einen Gewährleistungsausschluss des Verbrauchers bei Mangelkenntnis ebenfalls vorsieht.[231] Erklären lässt sich die Beschränkung des Art. 104 GEKR auf b2b-Geschäfte somit lediglich durch die Zielvorgabe des GEKR, ein hohes Verbraucherschutzniveau zu gewährleisten.[232] Zur ihrer Rechtfertigung reicht dies jedoch nicht aus: Sie treibt das ohnehin schon sehr hohe – bzw. zu hohe – Maß an Verbraucherschutz im GEKR weiter nach oben. Gleichzeitig bleibt die Kommission eine Erklärung schuldig, warum sie den Verbraucher, der eine Sache in Kenntnis seiner Mangelhaftigkeit erwirbt, als schutzwürdig erachtet. Argumente hierfür zu finden, fällt schwer. Ganz im Gegenteil drängt sich das Urteil auf, dass eine solche Differenzierung zwischen Verbraucher- und Unternehmerkäufer als nicht legitimierbar erscheint. Sie fügt sich auch nicht nahtlos in das übrige Verbraucherschutzkonzept des GEKR ein: Während es mit seinem Informationsmodell[233] vom verständigen Verbraucher ausgeht, der bei genügender Information in der Lage ist, für ihn vorteilhafte Entscheidungen zu fällen, hat es hier einen Verbraucher vor Augen, dem es trotz Kenntnis vom mangelhaften Zustand des Kaufgegenstands die Gewährleistungsrechte zuspricht. Es ist jedoch grundsätzlich davon auszugehen, dass ein durchschnittlich verständiger Verbraucher, der einen Informationsbonus in Hinsicht auf die genaue Mangelhaftigkeit der Ware besitzt, die Entscheidung für oder gegen den Kauf des spezifischen Gegenstands in besonderem Maße abwägen wird. Die Schutzwürdigkeit des Verbrauchers, der Kenntnis von der Mangelhaftigkeit der Sache hat, ist demnach nicht vorhanden.

Hinzu kommt, dass diese Regelung im Kontext zu Art. 99 Abs. 3, Art. 100 GEKR ein enormes Konfliktpotential birgt: Wenn wie hier der ausdrückliche Hinweis auf die Mangelhaftigkeit der Sache für den Unternehmer für die Freizeichnung von seiner Haftung nicht ausreicht, sondern hierfür die genauen Umstände der Mangelhaftigkeit Vertragsbestandteil werden müssen, so wird dies, wenn der Verbraucher seine Rechtsbehelfe geltend machen will, Rechtsstreitigkeiten darüber heraufbeschwören, ob eine entsprechende Unterrichtung des Verbrauchers durch

---

230 So auch *Schopper* in Wendehorst / Zöchling-Jud, Am Vorabend eines Gemeinsamen Europäischen Kaufrechts, S. 107, 125.

231 *Wilhelm*, IHR 2011, 225, 229.

232 Erw.gr. 11 GEKR-VO; *Staudenmayer*, NJW 2011, 3491, 3496 f.

233 Vgl. Kap. 4, § 1, B.

den Unternehmer ein bloßer Hinweis ohne rechtliche Auswirkung war oder Vertragsbestandteil geworden ist. Dies wiegt umso schwerer vor der von der Kommission offengelassenen Frage, ob eine ggf. vorhandene Mangelhaftigkeit zu ihren wesentlichen Merkmalen i. S. v. Art. 13 Abs. 1 lit. a GEKR gehört, über die der Verbraucher durch den Unternehmer vor Vertragsschluss informiert werden muss und die nach Art. 13 Abs. 2 GEKR Vertragsbestandteil wird bzw. das Auslassen der Information einen eventuellen Schadensersatzanspruch gemäß Art. 29 GEKR nach sich zieht. In der Summe führt dieser Komplex zu einem nicht unbeachtlichen Maß an Rechtsunsicherheit, das einerseits sowohl Unternehmer als auch Verbraucher abschrecken könnte und andererseits auch erhebliche Kostenrisiken für den Unternehmer mit sich bringt, die wiederum von diesem in bekannter Weise mit den bekannten Auswirkungen auf den Warenpreis umgelegt werden müssen.

Die Beschränkung des Anwendungsbereichs des Art. 104 GEKR auf b2b-Geschäfte entgegen der bisherigen europäischen Rechtsetzung ist bei der Revision des Verordnungsentwurfs daher rückgängig zu machen. Sie stellt den Verbraucher bei Kenntnis der Mangelhaftigkeit in nicht rechtfertigendem Ausmaß besser und trägt somit – auch wenn die praktische Bedeutung des Art. 104 GEKR sich aufgrund des Fokus des GEKR auf Fernabsatzverträge erst noch herausstellen muss – stark zu dem ohnehin unangemessen hohen verbraucherschutzrechtlichen Duktus des GEKR bei. Hinsichtlich eines angemessenen Interessenausgleichs zwischen den beteiligten Vertragsparteien ist für sie daher kein Platz.

II. Kein Gefahrübergang trotz Annahmeverzug bei b2c-Verträgen im Fernabsatz, Art. 142 Abs. 1, 3 GEKR

Weiter ist Art. 142 GEKR, der den Gefahrübergang bei b2c-Verträgen regelt, einer näheren Betrachtung zu unterziehen. Der Gefahrübergang stellt die Zäsur für die Entstehung der Mängelgewährleistungsrechte dar: Nach Art. 105 Abs. 1 GEKR haftet der Verkäufer nur für Sachmängel, die bereits zur Zeit des Gefahrübergangs bestehen.[234] Während nach Art. 142 Abs. 1 GEKR die Gefahr grundsätzlich mit Inbesitznahme auf den Verbraucher übergeht, sieht Art. 142 Abs. 3 GEKR vor, dass wenn der Verbraucher seine Verpflichtung zur Übernahme der Ware nicht erfüllt, die Gefahr zu dem Zeitpunkt auf ihn übergeht, in dem er den Besitz erlangt hätte, hätte er seine Verpflichtung zur Übernahme erfüllt, es sei denn,

234 *Zoll* in Schulze, Common European Sales Law (CESL) – Commentary, Art. 105, Rn. 4.; zur dt. Rechtslage, in der diese Regel seit der Schuldrechtsmodernisierung gilt *Beckmann* in Staudinger, § 446, Rn. 23.

seine Nichterfüllung ist gemäß Art. 88 GEKR entschuldigt. In der Terminologie des BGB bedeutet dies, dass die Gefahr auf den Verbraucher übergeht, wenn er die Sache entgegennimmt oder sich in Annahmeverzug befindet, in welchen er eintritt, wenn er die Lieferung der Ware ohne Berechtigung zurückweist.[235] Das soll allerdings nach Art. 142 Abs. 3 GEKR nicht für Fernabsatzverträge gelten. Da diese jedoch den hauptsächlichen bzw. nach dem Berichtsentwurf einzigen Anwendungsbereich des GEKR darstellen, wird diese Ausnahme zur Regel umgekehrt, was i. E. dazu führt, dass bei b2c-Verträgen ein Gefahrübergang auf den Verbraucher im Regelfall auch dann nicht stattfindet, wenn er sich im Annahmeverzug befindet. Dieser Ausschlusstatbestand ist ohne Vorbild im europäischen Recht: Art. 20 VR-RL erwähnt den Annahmeverzug nicht. Dies ist aber wohl eher der Tatsache geschuldet, dass er sich inhaltlich auf das Spezifikum der Veranlassung der Beförderung entweder durch den Unternehmer oder durch den Verbraucher beschränkt, was so wiederum in Abs. 1 und Abs. 4 des Art. 142 GEKR übernommen wurde. Ein solcher Ausschluss ist hieraus aber nicht zu entnehmen. Auch der DCFR sieht einen solchen gerade nicht vor.[236]

Diese Regelung ist ein weiterer Ausdruck des hohen Verbraucherschutzniveaus, das im GEKR angelegt ist. Aber auch hier stellt sich die Frage nach ihrer Rechtfertigung. Hintergrund eines Gefahrübergangs bei Annahmeverzug des Käufers, wie ihn z.B. § 446 S. 3 BGB vorsieht, ist der Gedanke, dass derjenige, der nicht berechtigt ist, eine Lieferung zurückzuweisen, weil sie mangelfrei angeboten wird[237], nicht hinsichtlich solcher Schäden privilegiert werden soll, die zwischen der unberechtigten Ablehnung der Annahme und der tatsächlichen Entgegennahme der Sache eintreten. Da der weitere Verbleib der Ware beim Verkäufer bzw. bei dessen Lieferanten hier in den Verantwortungsbereich des Käufers fällt, sollen ihm für Mängel, die in dieser Zeit durch Zufall oder nur fahrlässiges Verschulden des Verkäufers an der Sache auftreten, keine Gewährleistungsrechte zustehen.[238] Von diesem Grundsatz wendet sich die Kommission mit Art. 142 Abs. 3 GEKR ab. Sie privilegiert den Verbraucher-Käufer dahingehend, dass dieser trotz einer nicht gerechtfertigten Zurückweisung der Ware im Regelfall des Fernabsatzvertrags auch für Mängel, die durch Zufall oder Fahrlässigkeit bis zur tatsächlichen Entgegennahme entstehen, seine Gewährleistungsrechte behält, da erst mit Entgegennahme

---

235 *Westermann* in MüKo-BGB, § 446, Rn. 8.

236 *Lorenz*, AcP 212 (2012), 702, 829.

237 Zum Ablehnungsrecht hinsichtlich der Annahme einer mangelhaften Sache *Löwisch / Feldmann* in Staudinger, § 294, Rn. 4; *Weidenkaff* in Palandt, § 446, Rn. 17.

238 *Beckmann* in Staudinger, § 446, Rn. 23; *Westermann* in MüKo-BGB, § 446, Rn. 8.

der Ware der Gefahrübergang eintritt und nicht bereits mit der unberechtigten Abweisung der Ware. Eine solche Privilegierung erscheint jedoch nicht legitim.[239] Sie begründet sich nicht als Ausgleich zur Wertersatzpflicht im Widerrufsfall nach Art. 45 Abs. 3 GEKR, da das Widerrufsrecht ohnehin gemäß Art. 40 GEKR, der einen Ausnahmenkatalog normiert, nicht für alle Kaufverträge gilt.[240] Aber auch allgemeine Erwägungen können nicht erklären, wieso der Verbraucher an dieser Stelle mehr Schutz bedarf als der Unternehmer-Käufer: Wer die Annahme einer vertragsgemäßen Ware verweigert, der verstößt gegen seine synallagmatischen Pflichten aus dem Kaufvertrag. Aus der These von der strukturellen Unterlegenheit des Verbrauchers in Verhandlungen mit einem Unternehmer[241] ergibt sich keine Schutzbedürftigkeit bei dem bewussten Verstoß gegen eine vertragliche Verpflichtung, nachdem der Kaufvertrag unter Berücksichtigung der zu seinen Gunsten wirkenden Schutzinstrumente wirksam geschlossen wurde. Im Gegenteil: Der durchschnittlich verständige Verbraucher muss sich darüber im Klaren sein, dass sich aus einem Pflichtverstoß seinerseits Nachteile für ihn ergeben müssen.

Somit ist auch diese Ausnahmeregelung des Art. 142 Abs. 3 GEKR abzulehnen. Sie bringt die gegenläufigen Interessen von Unternehmer-Verkäufer und Verbraucher-Käufer nicht in einen angemessenen Ausgleich im Sinne der Vertragsgerechtigkeit, sondern lässt die Verbraucherinteressen in unverhältnismäßigem Maße überwiegen. Es sollte sich bei der Revision des Verordnungsentwurfs daher an einer Regelung, wie sie § 446 S. 3 BGB vorsieht, orientiert werden, die einem angemessenen Interessenausgleich deutlich näher steht, unabhängig von der Verbraucher- oder Unternehmereigenschaft des Käufers.

III. Verpflichtung zur vom Kaufvertrag separaten Vereinbarung des GEKR, Art. 8 Abs. 2 GEKR-VO

Als abschließender – wenn auch nicht letzter – Aspekt des überbordenden Verbraucherschutzes im GEKR soll im Folgenden die Regelung des Art. 8 Abs. 2 GEKR-VO untersucht werden. Hiernach bedarf es zur wirksamen Vereinbarung der Verwendung des GEKR bei b2c-Geschäften einer ausdrücklichen und von der Einigung über den eigentlichen Vertragsschluss gesonderten Vereinbarung, von welcher der Unternehmer dem Verbraucher eine Bestätigung

239 So auch *Lorenz*, AcP 212 (2012), 702, 829.

240 *Wiese* in Schmidt-Kessel, Ein einheitliches europäisches Kaufrecht?, S. 469, 483.

241 Vgl. *Heiderhoff*, Grundstrukturen des nationalen und europäischen Verbrauchervertragsrechts, S. 288 f.

auf einem dauerhaften Datenträger übermitteln muss.[242] Im Gegensatz zu b2b-Geschäften scheidet hier also insbesondere eine Vereinbarung des GEKR durch Zustimmung zu den AGB des Verkäufers aus.[243]

Wann dieser Voraussetzung genüge getan ist, gibt der Verordnungsentwurf freilich nicht vor. „Gesonderte Vereinbarung" bedeutet zunächst einmal, dass die Einigung über den Vertragsschluss nicht zugleich die Einigung über die Verwendung des GEKR beinhalten darf oder umgekehrt. Die Notwendigkeit zweier verschiedener Dokumente für die beiden Einigungen ist hier jedoch nicht hinein zu interpretieren.[244] Zwei gesonderte Erklärungen können jedenfalls auch auf derselben Urkunde abgegeben werden.[245] Im E-Commerce, dem praktisch häufigsten Anwendungsfall des GEKR, bedeutet dies, dass vor dem Klick auf die Schaltfläche „Bestellung mit Zahlungspflicht"[246] zum Abschluss des Kaufvertrags, neben Häkchen für die Zustimmung zu den AGB des Verkäufers und ggf. den Datenschutzbestimmungen, wenigstens ein weiteres zur Zustimmung zur Verwendung des GEKR gesetzt werden muss.[247] Nach Art. 9 Abs. 2 GEKR-VO muss hierbei der Text neben dem entsprechenden Kästchen einen Link zum Standard-Informationsblatt erhalten, ebenso wie der Text neben den Kästchen bzgl. der AGB, damit die Informationsvoraussetzungen und die separaten Wahlvoraussetzungen für die Wahl des GEKR erfüllt werden können. Der Verbraucher muss somit vor einer Bestellung einen Text bestätigen, der z. B. lauten könnte: *„Hiermit bestätige ich, dass ich die gewählten Produkte auf Grundlage des Gemeinsamen Europäischen Kaufrechts erwerben möchte. Das Standard-Informationsblatt hierzu habe ich zur Kenntnis genommen."*

Hinter diesem Erfordernis der gesonderten Zustimmung steht der Gedanke, dass der Verbraucher sich voll darüber im Klaren sein soll, dass er der Verwendung von Vorschriften zustimmt, die sich von seinem bestehenden innerstaatlichen Recht

---

242 *Ayad / Schnell*, BB 2012, 1487, 1489 sprechen hierbei gar von „zwei Vertragsschlüssen".

243 Erw.gr. 22 GEKR-VO; *Wendehorst* in Schulze, Common European Sales Law (CESL) – Commentary, Art. 8 CESLR, Rn. 5; *Eidenmüller / Jansen / Kieninger / Wagner / Zimmermann*, JZ 2012, 269, 276.

244 *Busch* in Gebauer, Gemeinsames Europäisches Kaufrecht – Anwendungsbereich und kollisionsrechtliche Einbettung, S. 89, 94; a. A. *Mankowski*, RIW 2012, 97, 103.

245 So auch *Schmidt-Kessel* in Schmidt-Kessel, Ein einheitliches europäisches Kaufrecht?, S. 29, 41.

246 Vgl. Art. 25 Abs. 2 S. 2 GEKR: kritisch *Looschelders* in Remien / Herrler / Limmer, Gemeinsames Europäisches Kaufrecht für die EU?, S. 107, 120.

247 Dahingehend auch *Stadler*, AcP 212 (2012), 473, 495 f.

unterscheiden.[248] Diese Idee beruht wiederum auf der – fehlgehenden – Konsenshypothese der Kommission hinsichtlich der Wahl des GEKR, nach der davon ausgegangen wird, dass Verbraucher und Unternehmer über das anwendbare Recht verhandeln.[249] Ob dieses Konzept aber tatsächlich zielführend ist, erscheint äußerst zweifelhaft. Man muss sich hierbei vor Augen halten, dass das GEKR, wie bereits aufgezeigt, ein sehr hohes Maß an Verbraucherschutz aufweist, das in der Summe über das bestehende Recht in den Mitgliedsstaaten hinausgeht. Auch wenn die in dieser Arbeit vorgetragenen Änderungsvorschläge umgesetzt werden sollten, so bestünde immer noch ein verhältnismäßig hohes Verbraucherschutzniveau, das hinter dem der Mitgliedsstaaten zumindest nicht zurückfiele. Vor diesem Hintergrund drängt sich die Frage auf, worin für den Verbraucher der Mehrwert besteht, die Anwendung des GEKR gesondert vom eigentlichen Vertragsschluss zu bestätigen. Wie bereits dargelegt, ist schon vom Konzept des verpflichtend zu übermittelnden Standard-Informationsblatts abzukehren, da es den Verbrauchern keinen Vorteil verschafft und Unternehmer über Maß belastet.[250] Die dies begründenden Erwägungen gelten in ähnlicher Weise auch an dieser Stelle. Zunächst besteht kein besonderes Informationsbedürfnis des Verbrauchers, wenn das GEKR – was der Fall ist – ihn hinsichtlich seines Verbraucherschutzniveaus in der Summe nicht schlechter stellt, als es die mitgliedsstaatlichen Rechtsordnung bzw. der Acquis Communautaire vorgeben.[251] Daher ist auch nicht ersichtlich, weshalb es zum Schutz des Verbrauchers einer gesonderten Zustimmung zur Verwendung des GEKR bedarf, wenn ihm aus seiner Verwendung ja gerade keine Nachteile gegenüber seinem nationalen Recht erwachsen.[252] Weiterhin ist zu erwarten, dass ein großer Teil der Verbraucher der Rechtswahl ohnehin mit rationalem Desinteresse begegnen wird, wie auch der Zustimmung zu den AGB. Das anwendbare Recht ist für sie in aller Regel nämlich überhaupt kein entscheidender Faktor für den Vertragsschluss. Maßgeblich hierfür sind vielmehr die Ware, der Preis und die Seriosität des Verkäufers, was zur Folge haben wird, dass oftmals wie bei den AGB der Haken zur Wahl des GEKR gesetzt wird, ohne dass sich der Verbraucher Gedanken hierüber macht.[253] Allerdings wird dieses Erfordernis für einen

248 Erw.gr. 22 GEKR-VO.
249 Vgl. Kap. 4, § 1, A.
250 Kap. 4, § 1, B., III., 4., d).
251 So auch schon vor Veröffentlichung des GEKR *Doralt*, AcP 211 (2011), 1, 20.
252 Ebenso *Busch* in Gebauer, Gemeinsames Europäisches Kaufrecht – Anwendungsbereich und kollisionsrechtliche Einbettung, S. 89, 94; *Ayad / Schnell*, BB 2012, 1487, 1489.
253 *Fornasier*, RabelsZ 76 (2012), 401, 435.

nicht unerheblichen Teil der Verbraucher, die sich doch mit ihm auseinandersetzen, gerade das Gegenteil des gewünschten Effekts bewirken: Die Notwendigkeit, dass sie der Anwendung des GEKR zustimmen müssen, damit sie ihre Ware vom gewünschten Verkäufer beziehen können[254], wird zu einem gewissen Grad eine abschreckende Wirkung auf sie ausüben.[255] Der durchschnittliche Verbraucher weiß nämlich, dass wenn er den AGB zustimmt, er ggf. vertragliche Regelungen des Verkäufers akzeptieren muss, die für ihn nicht zwangsläufig von Vorteil und eventuell so umfangreich sind, dass er sie nur schwerlich verstehen kann. Muss er nun zusätzlich noch der Verwendung eines für ihn fremden Rechtsregimes zustimmen, so kann bei ihm berechtigterweise Skepsis aufkommen, weshalb der Verkäufer dies von ihm verlangt und für ihn liegt der Schluss nahe, dass der Unternehmer im Zweifelsfall wie mit den AGB auf seinen eigenen Vorteil zu Lasten des Verbrauchers bedacht sein wird. Auch die Lektüre des Gesetzestextes des GEKR oder ggf. eines Standard-Informationsblatts wird das so hervorgerufene Unbehagen kaum vertreiben können, sondern im Gegenteil die Verwirrung steigern. Dies führt i. E. wiederum dazu, dass sich der Verbraucher einen Händler suchen wird, der ihm die Ware auf Grundlage seines „gewohnten“ Rechts anbietet. Die Schlussfolgerung hieraus ist, dass das Erfordernis zur gesonderten Zustimmung zur Verwendung des GEKR bei b2c-Verträgen für dieses einen klaren Wettbewerbsnachteil darstellt.

Somit erscheint die Regel des Art. 8 Abs. 2 GEKR-VO nicht konsequent durchdacht. Es ist nicht schlüssig hinsichtlich der Wahl des GEKR eine „Warnung“ für den Verbraucher zu fordern, wenn es aufgrund des Verbraucherschutzniveaus keiner Warnung für ihn bedarf. Auch erscheint es widersinnig, dass gerade die Wahl des GEKR mit seinem hohen Maß an Verbraucherschutz nicht in AGB möglich sein soll, während eine mitgliedsstaatliche Rechtswahl auf diese Weise nach Art. 3, 6 Abs. 2 Rom-I-VO ohne Weiteres möglich ist.[256] Vom Erfordernis der gesonderten Zustimmung bei b2c-Veträgen ist daher bei einer Revision des Verordnungsentwurfs wieder Abstand zu nehmen. Sie macht das GEKR für

---

254 Aus Gründen der Wirtschaftlichkeit werden die Unternehmer im Regelfall dazu übergehen, falls sie das GEKR anbieten, den Vertragsschluss nur auf dessen Grundlage zu ermöglichen, da das alternative Anbieten nach dem jeweiligen nationalen Recht die mit dem GEKR angestrebten Transaktionskostenersparnisse wieder aufheben würde, vgl. Kap. 4, § 1, A. II.

255 *Corneloup*, ZEuP 2012, 705, 723; *Eidenmüller / Jansen / Kieninger / Wagner / Zimmermann*, JZ 2012, 269, 276.

256 Zur Rechtswahl in AGB nach der Rom-I-VO *Magnus* in Staudinger, Art. 3 Rom-I-VO, Rn. 63 f.; *ders.* in Staudinger, Art. 6 Rom-I-VO, Rn. 133.

Unternehmer unattraktiver und wird die Verbraucher, wenn sie diese Formalität überhaupt zur Kenntnis nehmen, hinsichtlich der Wahl des GEKR verunsichern und somit genau den gegenteiligen Effekt erzielen, den die Kommission mit ihr anstrebt. Die Vereinbarung des GEKR sollte daher wie bei b2b-Geschäften, was sich für diese aus dem Umkehrschluss der expliziten Erwähnung der b2c-Geschäfte in Art. 8 Abs. 2 GEKR-VO ergibt, formfrei und insbesondere auch in AGB möglich sein.[257] Für die Verbraucher entsteht aufgrund des in der Summe mindestens dem Acquis entsprechenden Verbraucherschutzniveaus hierdurch kein Nachteil und es wird der Verbreitung – und damit dem Erfolg – des GEKR förderlich sein.

E. Fazit: Der Verbraucherschutz als Gretchenfrage

Die Gesamtbetrachtung der hier dargestellten verbraucherschutzrechtlichen Elemente des GEKR veranschaulicht, dass sein Verbraucherschutzniveau immens hoch ist – zu hoch. Die Kommission hat die Chance vertan, mittels des neuen, innovativen Wegs eines optionalen Instruments der bestehenden Hypertrophie des europäischen Verbraucherschutzrechts entgegenzuwirken. Im Gegenteil sah sie sich veranlasst, es mittels des GEKR zu einem neuen Übermaß weiter wuchern zu lassen.[258] Sie begründet dies damit, dass durch dieses hohe Verbraucherschutzniveau die Akzeptanz des GEKR durch die Verbraucher herbeigeführt und somit dessen Erfolg auf dem Markt der Vertragsrechte sichergestellt wird. Das Gegenteil wird aber der Fall sein: Für die Frage, ob das GEKR tatsächlich Verbreitung finden wird, kommt es in erster Linie auf die Akzeptanz der verkaufenden Unternehmer an. Diese sind diejenigen, die ihre Waren auf Grundlage des GEKR anbieten werden, eine Verhandlungssituation bzgl. des anwendbaren Rechts zwischen ihnen und den Verbrauchern, so wie es die Konzeption des GEKR vorsieht, wird es nicht geben. Daher werden sie diejenigen sein, die prüfen werden, ob eine Umstellung bzw. Erweiterung ihres Warenvertriebs mittels des GEKR lohnenswert erscheint. Diese Prüfung wird in den allermeisten Fällen aber negativ ausfallen, wenn das Verbraucherschutzniveau ein Ausmaß hat, durch das die Kosten und Kostenrisiken, die es birgt, die möglichen Transaktionskostenersparnisse, die durch das GEKR erzielt werden können, übersteigen. Die Kosten des Verbraucherschutzes

257 Zustimmend *Herresthal*, WiVerw 2012, 140, 152.

258 Vgl. hierzu *Herresthal*, EuZW 2011, 7, 11, der davor warnte, das schon die unmodifizierte Übernahme des Acquis zu einem optionalen Instrument mit einem zu hohen Verbraucherschutzniveau führen kann.

sind größtenteils bekannt und anerkannt, während sich der tatsächliche Umfang der Transaktionskostenersparnisse erst noch zeigen muss. Nach dem Modell des Verordnungsentwurfs wird das GEKR somit kaum ein Erfolg werden können, da für die Unternehmer die potentiellen Nachteile durch den Verbraucherschutz die potentiellen Vorteile überwiegen. Auch die Vorschläge des Berichtsentwurfs ändern an diesem Befund nichts. Es ist somit eine dieses Problem beseitigende Revision des Verordnungstexts notwendig, soll das GEKR tatsächlich verbreitet Anwendung finden und nicht bloß als wissenschaftlicher Referenztext ein Schattendasein fristen, dessen Akzeptanz in Anbetracht eines Misserfolgs am Markt letztlich wohl auch nur begrenzt wäre. Hinzu kommt, dass die Instrumente des Verbraucherschutzes, die der Verordnungsentwurf verwendet, nicht einmal durchgängig vorteilhaft für die Verbraucher sind. Im Gegenteil sind sie in gewissen Punkten ein „zu viel des Guten", geeignet die Verbraucher zu verwirren und zu verunsichern und führen hierdurch bei so manchem Verbraucher gewiss zu dem kontraintentionalen Effekt, von einem Vertragsschluss auf Grundlage des GEKR abzusehen.

Das Verbraucherschutzniveau sollte daher unter Orientierung an den hier dargestellten Vorschlägen auf ein Maß abgesenkt werden, dass einerseits noch hoch genug ist, um die politische Durchsetzbarkeit des Projekts abzusichern, aber andererseits niedrig genug, um das GEKR für die Unternehmer attraktiv wirken zu lassen und so für dessen tatsächliche Verwendung zu sorgen und sogleich die für die Verbraucher negativen kontraintentionalen Abschreckungseffekte zu beseitigen. Auf diese Weise kann das GEKR ein von Erfolg gekröntes Projekt werden und die von der Kommission vorgestellte Wirkung – Transaktionskostenersparnisse auf Unternehmerseite und Vergrößerung des Warenangebots und Preissenkungen durch mehr Wettbewerb auf Verbraucherseite – entfalten und so in der Folge seinen Beitrag zur fortschreitenden europäischen Integration mittels Angleichung des Privatrechts leisten. Eventuelle Bedenken, durch eine Absenkung des Schutzniveaus könnte das GEKR nicht mehr auf Grundlage von Art. 114 AEUV erlassen werden, womit das derzeitige zu hohe Verbraucherschutzniveau auch eine immense verfahrensrechtliche Bedeutung hätte, sind haltlos: Art. 114 Abs. 3 AEUV verlangt ein *hohes* Niveau, nicht das *höchste*. Einer Revision des Verordnungstextes steht diese Anforderung demnach nicht im Wege.

Ein ganz wesentlicher Faktor für den Erfolg des GEKR wird somit sein, wie der Verordnungsgeber in der finalen Fassung die Gretchenfrage „Wie hast du's mit dem Verbraucherschutz?" beantworten wird.[259] Soll es tatsächlich eine Erfolgsgeschichte werden, so ist hier das richtige Maß der Mitte zu finden.

---

259 Frei nach *Goethe*, Faust – Der Tragödie erster Teil, Vers 3415.

§ 2: Die Reichweite des GEKR

Doch nicht nur die Beantwortung dieser Gretchenfrage wird für den Erfolg des GEKR entscheidend sein. Neben den Regeln zum Verbraucherschutz bestehen im Verordnungsentwurf noch weitere materiellrechtliche Hindernisse, die dem Erfolg des GEKR und somit der europäischen Integration mittels Angleichung des Privatrechts entgegenstehen können. Grund hierfür ist, dass es zur Attraktivität eines optionalen Kaufrechtsinstruments für die potentiellen Nutzer mehr bedarf als „bloß" das richtige Ausmaß seines Verbraucherschutzes. Überragend wichtig ist ebenfalls seine innere Schlüssigkeit, die eine dogmatisch saubere Handhabung ermöglicht. Nur wenn es in seiner Gesamtheit sinnvoll und widerspruchsfrei ausgestaltet ist, wird die Rechtspraxis den Unternehmern zu seiner Anwendung raten können. Maßgeblich hierfür sind – noch mehr als andere inhaltliche Ungereimtheiten, für die wiederum auf umfassende Kommentar- und Sammelwerke sowie Studien verwiesen sei[260] – seine Anwendungs- und seine inhaltliche Reichweite. Es wird dargestellt, welche Verträge überhaupt und inwieweit vom GEKR im Falle seiner Wahl umfasst werden können und Änderungsvorschläge präsentiert, die ihm zu einer höheren Akzeptanz am Markt und damit mehr Erfolg verhelfen sollen.

A. Die Anwendungsreichweite

In diesem Rahmen muss zunächst der Anwendungsbereich des GEKR einer genaueren Prüfung unterzogen werden, der in Art. 4–7 GEKR-VO geregelt ist. Allgemein ist festzuhalten, dass die erwünschten Effekte des GEKR augenscheinlich umso eher bzw. umso stärker eintreten können, je breiter sein Anwendungsbereich ausgedehnt wird, da dies zur Folge hat, dass es auf entsprechend mehr mögliche Vertragskonstellationen angewendet werden kann. Gerade in Anbetracht des hohen Verbraucherschutzniveaus des GEKR ist ein breiter Anwendungsbereich umso bedeutender, da die angestrebten Transaktionskostenersparnisse auch dessen Kosten aufwiegen müssen, damit die Unternehmer das GEKR wählen werden.[261]

---

260 *Schmidt-Kessel* (Hrsg.), Ein einheitliches europäisches Kaufrecht?; *Schulze* (Hrsg.), Common European Sales Law (CESL) – Commentary; *Dannemann / Vogenauer* (Hrsg.), The Common European Sales Law in Context; *ELI*, Statement on the CESL, abrufbar unter http://www.europeanlawinstitute.eu/fileadmin/user_upload/p_eli/Publications/S-2-2012_Statement_on_the_Proposal_for_a_Regulation_on__a_Common_European_Sales_Law.pdf (zuletzt abgerufen am 10.09.2013).

261 *Eidenmüller / Jansen / Kieninger / Wagner / Zimmermann*, JZ 2012, 269, 275.

Aus diesem Grund wurde vor Veröffentlichung des Verordnungsentwurfs in der Literatur für den Fall des Erlasses eines optionalen Instruments ein möglichst weiter Anwendungsbereich favorisiert.[262] Jedoch hat der Anwendungsbereich des GEKR sowohl in persönlicher als auch in räumlicher und sachlicher Hinsicht Einschränkungen auferlegt bekommen. Zu untersuchen ist, welche Auswirkungen diese Einschränkungen auf die Verbreitung des GEKR haben werden, ob sie gerechtfertigt sind und wenn nein, inwiefern sie bei einer Revision des Verordnungsentwurfs abgeändert werden sollten.

I. Beschränkungen des persönlichen Anwendungsbereichs

1. Regelung nach dem Verordnungsentwurf

Der persönliche Anwendungsbereich ist in Art. 7 GEKR-VO geregelt. Nach Art. 7 Abs. 1 S. 1 GEKR-VO sind sowohl b2c- als auch b2b-Geschäfte umfasst, wobei Art. 7 Abs. 1 S. 2 GEKR-VO letztere auf solche b2b-Geschäfte beschränkt, bei denen mindestens eines der Unternehmen ein KMU ist, deren Legaldefinition sich in Art. 7 Abs. 2 GEKR-VO findet, die sowohl auf die Zahl der beschäftigten Personen als auch auf den Jahresumsatz bzw. die Jahresbilanzsumme rekurriert und inhaltlich der 2003 veröffentlichten KMU-Definitionsempfehlung der Kommission[263] entspricht. Im Umkehrschluss ist eine Anwendung des GEKR auf Verträge zwischen zwei Verbrauchern (c2c)[264], zwischen zwei Unternehmen, die beide kein KMU sind sowie für solche Geschäfte, in denen ein Verbraucher einem Unternehmer etwas verkauft (c2b), ausgeschlossen. Der Berichtsentwurf des Rechtsausschusses des Europäischen Parlaments will hieran nichts ändern.

2. Bewertung der Regelung nach dem Verordnungsentwurf

Den persönlichen Anwendungsbereich eines optionalen Instruments nicht auf b2c-Verträge zu beschränken, sondern auch auf b2b-Verträge zu erstrecken, war im Vorfeld des Verordnungsentwurfs durchaus erwünscht.[265] Die Entscheidung

---

262 *Doralt*, AcP 211 (2011), 1, 18 ff. m. w. N.

263 Empf 2003/361/EG vom 06.05.2003; vgl. Erw.gr. 21 GEKR-VO.

264 Auf den Ausschluss von c2c-Verträgen aus dem Anwendungsbereich des GEKR wird aufgrund derer geringen Bedeutung im grenzüberschreitenden Verkehr an dieser Stelle nicht eingegangen; kritisch hierzu aber *Pfeiffer* in Remien / Herrler / Limmer, Gemeinsames Europäisches Kaufrecht für die EU?, S. 35, 39 f.

265 *Herresthal*, EuZW 2011, 7, 10; *Doralt*, AcP 211 (2011), 1, 19 f.; *Leible*, BB 2008, 1469, 1474; a. A. *Tonner*, EuZW 2010, 767, 770 f.

der Kommission, nur solche b2b-Verträge in den Anwendungsbereich mit einzubeziehen, bei denen ein Vertragspartner ein KMU ist („b2KMU"- bzw. „KMU2b"-Verträge), hat jedoch weitreichende Kritik nach sich gezogen.[266] Zur Bedeutung des GEKR für die KMU führt die Kommission aus, dass die Abschreckungswirkung hinsichtlich des Eintritts in den Binnenmarkt durch die entstehenden Transaktionskosten die KMU in besonderem Maße und eher trifft, als dies bei größeren Unternehmen der Fall ist.[267] Dies mag mit Sicherheit stimmen, eine Begründung, weshalb zwei größeren Unternehmen die Anwendung des GEKR verwehrt bleiben soll, liefert diese Tatsache jedoch nicht. Für die ohne Zweifel wünschenswerte Förderung der KMU auf dem Binnenmarkt ist es jedenfalls irrelevant, ob auch Großunternehmen untereinander das GEKR verwenden dürfen oder nicht. Umso widersprüchlicher erscheint dabei, dass die Kommission sie gleichzeitig dazu aufruft, sich bei der Vertragsgestaltung am GEKR zu orientieren, um auch bei diesen Geschäften vom Transaktionskostenersparniseffekt des GEKR zu profitieren.[268] Dabei wäre es bei einem solchen Vorgehen problematisch, inwieweit der autonom gestaltete Vertrag in Anbetracht des kollisionsrechtlich einschlägigen Rechts überhaupt am GEKR ausgerichtet werden kann; z. B. müsste sich eine solche Vertragsgestaltung in Deutschland an der AGB-Kontrolle nach §§ 305 ff. BGB messen lassen.[269]

Neben ihrer zweifelhaften Notwendigkeit entfacht die Beschränkung auf b2KMU- bzw. KMU2b-Geschäfte vor allem Bedenken hinsichtlich ihrer Praktikabilität in Anbetracht der Legaldefinition der KMU in Art. 7 GEKR-VO. Sowohl in Bezug auf die Obergrenze an Arbeitskräften des Unternehmens in Art. 7 Abs. 2 lit. a GEKR-VO als auch auf jene des Jahresumsatzes bzw. der Jahresbilanzsumme in Art. 7 Abs. 2 lit. b GEKR-VO werden im unternehmerischen Verkehr erhebliche Unsicherheiten über die Wirksamkeit der Vereinbarung des GEKR eintreten. Zunächst ist im Verordnungsentwurf kein Anhaltspunkt zu

---

266 U. a. *Wendehorst* in Schulze, Common European Sales Law (CESL) – Commentary, Art. 7 CESLR, Rn. 19 ff.; *Stadler*, AcP 212 (2012), 473, 489 f.; *Budde / Eckhoff* in Hahn, Gemeinsames Europäisches Kaufrecht – Moderner Ansatz oder praxisferne Vision, S. 113, 116 f.; *Pfeiffer* in Remien / Herrler / Limmer, Gemeinsames Europäisches Kaufrecht für die EU?, S. 35, 38; *Eidenmüller / Jansen / Kieninger / Wagner / Zimmermann*, JZ 2012, 269, 275; *Mansel*, WM 2012, 1253, 1260; *Faust*, BRJ 2012, 123, 127.

267 Erw.gr. 2, 7 GEKR-VO; vgl. auch *Mansel*, WM 2012, 1253, 1259.

268 Erw.gr. 21 GEKR-VO.

269 *Pfeiffer* in Remien / Herrler / Limmer, Gemeinsames Europäisches Kaufrecht für die EU?, S. 35, 39.

finden, wann man von mehr als 250 beschäftigten Personen sprechen kann. Nach dem Wortlaut sowie dem Sinn und Zweck der Norm ist eine Interpretation sowohl dahingehend möglich, dass Arbeitsverträge mit 250 verschiedenen Personen bestehen müssen, also „pro Kopf" gezählt wird, als auch eine nach deutschem Verständnis[270], nach welcher im Betrieb 250 Vollzeitstellen bestehen müssen und die angestellten Arbeitnehmer anteilig gemäß ihrer Wochenarbeitszeit gezählt werden. Hinzu wird auch eine gesonderte Bewertung von beurlaubten Angestellten, Auszubildenden, Leiharbeitern etc. nicht erwähnt. Auch wenn die Empfehlung von 2003, auf die Art. 7 GEKR-VO rekurriert, gewisse Kriterien hierfür vorsieht, so sind diese für das GEKR selbstredend nicht verbindlich. Aber auch der praktische Nutzen eines solchen Rückgriffs wäre äußerst gering: Art. 5 des Anhangs der Empfehlung stellt auf die Summe der „Jahresarbeitseinheiten" ab, die bzgl. beider Vertragsparteien erst einmal festgestellt werden müssten. Aber genau in dieser Feststellbarkeit liegt unabhängig von der Rolle dieser Empfehlung das Problem, dass das Kriterium der Mitarbeiterzahl mit sich bringt. Es gibt viele Unternehmen, die sich hier im Grenzbereich bewegen. Eine gewisse Fluktuation an Arbeitskräften, die bei Unternehmen dieser Größenordnung immer besteht, müsste berücksichtigt werden. Aber es ist sowohl den betroffen Unternehmen selbst, wie insbesondere auch ihren Vertragspartnern, die hierzu im Normalfall schon gar nicht die Möglichkeit haben, nicht zumutbar, für die Wirksamkeit einer Rechtswahl zunächst die exakte Mitarbeitergröße zum Zeitpunkt des Vertragsschlusses feststellen zu lassen. Der notwendige Aufwand stünde in keiner Relation zum Nutzen der Wahl des GEKR, hinzu verbliebe eine immense Unsicherheit, da die Kriterien für die Mitarbeiterzahl nicht klar definiert sind und im Zweifelsfall sogar der Ausgang von Kündigungsschutzklagen i. E. die Wirksamkeit der Rechtswahl zu beeinflussen imstande ist.[271] Ähnliches gilt für das kumulativ zu erfüllende Kriterium, das „einen Jahresumsatz von höchstens 50 Mio. EUR oder Jahresbilanzsumme von höchstens 43 Mio. EUR" zum Gegenstand hat. „Umsatz" und „Bilanzsumme" sind im GEKR nicht definiert und somit nach dem kollisionsrechtlich einschlägigen mitgliedsstaatlichen Recht zu ermitteln, dass zwar mindestharmonisiert, aber nicht vereinheitlicht ist.[272] Im Zweifelsfall muss sich daher mindestens einer der Vertragspartner in Hinblick auf die Wirksamkeit der Wahl des GEKR mit fremdem Bilanzrecht auseinandersetzen. Die Kenntnis der genauen eigenen Zahlen ist dabei schon schwer genug, hinsichtlich derer des Vertragspartners ist sie praktisch

270 Vgl. § 23 Abs. 1 S. 4 KSchG.
271 *Stadler*, AcP 212 (2012), 473, 490.
272 *Mansel*, WM 2012, 1253, 1260.

unmöglich. Auch ist offen, auf welchen Zeitpunkt abzustellen ist und wie mit Unternehmen im ersten Jahr nach ihrer Gründung verfahren werden soll – bei diesen müsste letztlich geschätzt werden.[273] Auch dies kann den Vertragsparteien nicht zugemutet werden. Die Wahl des GEKR kann für sie nur dann Sinn ergeben, wenn sie sich ihrer Wirksamkeit auch sicher sein können, da nur hierdurch die gewünschten Effekte eintreten werden.

Die Beschränkung des persönlichen Anwendungsbereichs in Art. 7 GEKR-VO ist somit nicht nur rechtspolitisch äußerst fragwürdig, sie ist auch vollkommen impraktikabel. Die Wahl des GEKR wird in b2b-Verhältnissen durch sie nicht nur in hohem Maße verkompliziert, sie wird auch unsicher. Dies macht die Wahl des GEKR für b2b-Geschäfte mit Unternehmen, die sich in diesem weiten Grenzbereich befinden, nicht nur unattraktiv, sondern sogar gefährlich. Wenn aber die Unternehmen das GEKR nicht für all ihre grenzüberschreitenden Geschäfte verwenden können, schmälert das nicht nur seinen Nutzen, auch der Anreiz, es für die sonstigen Geschäfte zu tun, sinkt dadurch dramatisch.[274] Schließlich soll das GEKR ja gerade bewirken, sich möglichst nicht mehr mit unterschiedlichen Rechtsregimes befassen zu müssen.

3. *Konzept zur Änderung*

Die Lösung dieses Problems liegt daher auf der Hand: Die Beschränkung des Art. 7 GEKR-VO sollte abgeschafft und der persönliche Anwendungsbereich des GEKR auf sämtliche b2b-Verträge ausgedehnt werden.[275] Ob dies allerdings ohne Weiteres möglich ist, wird mitunter bezweifelt. Als Begründung wird die mutmaßliche Motivation der Kommission gesehen, diese Beschränkung überhaupt

273 *Budde / Eckhoff* in Hahn, Gemeinsames Europäisches Kaufrecht – Moderner Ansatz oder praxisferne Vision, S. 113, 116.

274 Zustimmend *Wendehorst* in Schulze, Common European Sales Law (CESL) – Commentary, Art. 7 CESLR, Rn. 22.

275 Zustimmend u. a. *Schmidt-Kessel* in Schmidt-Kessel, Ein einheitliches europäisches Kaufrecht?, S. 1, 8; *Eidenmüller / Jansen / Kieninger / Wagner / Zimmermann*, JZ 2012, 269, 275; a. A. *Micklitz / Reich* in Moccia, The Making of Euroepan Private Law, S. 21, 32, die für eine noch weitergehende Beschränkung in Form eines vollständigen Ausschlusses von b2b-Verträgen aus dem Anwendungsbereich des GEKR plädieren; ebenso die internationale Handelskammer (ICC), die darauf abstellt, dass durch die Existenz des CISG kein Bedarf für das GEKR in Bezug auf b2b-Geschäfte bestehe, http://www.iccwbo.org/News/Articles/2013/ICC-urges-Members-of-the-European-Parliament-to-remove-B2B-sales-from-scope-of-Common-European-Sales-Law (zuletzt abgerufen am 10.09.2013).

einzubauen: Es wird vermutet, sie wurde nur eingefügt, um den für die Verwendung von Art. 114 AEUV notwendigen Binnenmarktbezug des GEKR herzustellen und dessen Heranziehung als Rechtsgrundlage des GEKR hierdurch zu legitimieren.[276] Ob dies tatsächlich der Grund für diese Beschränkung ist, kann in Ermangelung einer Gesetzesbegründung nicht zweifelsfrei geklärt werden. Die explizite Erwähnung der besonderen Betroffenheit der KMU hinsichtlich des Binnenmarkts in Erw.gr. 2, 7 GEKR-VO legt diese Vermutung jedoch nahe, v. a. im Kontext der gleichzeitigen Berechtigung der Mitgliedsstaaten, den Anwendungsbereich gemäß Art. 13 lit. b GEKR-VO doch auf sämtliche b2b-Verträge auszudehnen. Diese Vorsicht der Kommission ist jedoch nicht nur unbegründet, sondern gar kontraproduktiv: Ohnehin unterfallen heute über 99% der Unternehmen in der EU der Definition eines KMU. Die Großunternehmen mögen somit zwar wichtige Wirtschaftsakteure darstellen, die deutlich größere Gruppe an Unternehmen, die von der EU-Rechtsetzung betroffen sind, sind hingegen die KMU. Dieser Umstand führt dazu, dass es einer Beschränkung des persönlichen Anwendungsbereichs nicht bedarf, um den notwendigen Binnenmarktbezug des GEKR herzustellen. Einerseits sind Großunternehmen ebenfalls von der Transaktionskostenproblematik auf dem Binnenmarkt betroffen, auch wenn deren Auswirkungen sie nicht im gleichen Maße tangieren. Hinzu kommt aber vor allem, dass sich der gewünschte Hemmnisabbau nach Einführung des GEKR für die KMU nicht nur unabhängig von einer solchen Beschränkung vollziehen wird, er wird sogar noch dadurch verstärkt, dass Geschäfte mit bzw. zwischen Unternehmen im Grenzbereich zwischen KMU und Großunternehmen gefahrenfrei geschlossen werden können. Die Tatsache, dass die KMU einen besonderen Förderungsbedarf haben, darf demnach nicht dazu führen, dass dessen Betonung in einer Beschränkung des Anwendungsbereichs mündet; diese kompetenzielle Betonungsfunktion des Art. 7 GEKR-VO ist überflüssig und insbesondere hinsichtlich der Grundsätze der Verhältnismäßigkeit und der Subsidiarität nicht erforderlich.[277] Um der Zielsetzung der besonderen Förderung bzw. des besonderen Schutzes der KMU Ausdruck zu verleihen, wäre es vollkommen ausreichend, sie in der Gesetzesbegründung oder einem einleitenden Artikel zu manifestieren.

Betrachtet man allerdings Art. 13 lit. b GEKR-VO, so stellt sich die Frage, ob es der Abänderung des Art. 7 GEKR-VO in einer Revision des Verordnungsentwurfs

---

276 *Mansel*, WM 2012, 1253, 1259; *Wendehorst* in Schulze, Common European Sales Law (CESL) – Commentary, Art. 7 CESLR, Rn. 23.

277 So auch *Wendehorst* in Schulze, Common European Sales Law (CESL) – Commentary, Art. 7 CESLR, Rn. 23.

überhaupt bedarf. Dieser gestattet den Mitgliedsstaaten, die Anwendung des GEKR auf alle b2b-Geschäfte zuzulassen. Nach Ansicht der Kommission können aufgrund der gewählten kollisionsrechtlichen Vorschaltlösung alle Großunternehmen im Binnenmarkt das GEKR untereinander vereinbaren, sobald nur ein Mitgliedsstaat von dieser Option Gebrauch gemacht hat, da diese ja das Recht des jeweiligen Staats als Grundlage für ihren Vertrag wählen können und innerhalb dessen das nun auch auf sie anwendbare GEKR.[278] Zum Teil wird argumentiert, dass sich dies nicht ohne Weiteres aus den Regeln der GEKR-VO ergebe und unklar sei, ob es z. B. einer der Sitzstaaten der kontrahierenden Unternehmen sein muss, der diese Möglichkeit wahrgenommen hat.[279] Nach Ansicht *Schinkels* hingegen kommt für Großunternehmen eine Wahl des GEKR gar unmittelbar und ohne Rücksicht darauf, ob ein Mitgliedsstaat die Option des Art. 13 lit. b GEKR-VO ausgeübt hat, in Betracht.[280] Unabhängig von dieser Beurteilung verkennt die Kommission jedenfalls, dass ein solches Vorgehen für die Unternehmen einen erheblichen Nachteil bewirkt: Dadurch, dass sie sich auf die Verwendung des GEKR innerhalb eines kollisionsrechtlich gewählten drittstaatlichen Rechts einigen, bringen sie eben dieses außerhalb der Regelungsbereiche des GEKR zur Anwendung. Würde bspw. Kroatien von der Option in Art. 13 lit. b GEKR-VO Gebrauch machen und sich ein finnisches und ein italienisches Großunternehmen über den Umweg der Wahl des kroatischen Rechts auf eine Anwendung des GEKR verständigen, so wäre z. B. in Fragen der Stellvertretung oder der Abtretung der gegenseitigen Ansprüche das kroatische Recht zur Anwendung berufen. Dies wird aber kaum im Interesse der Unternehmen sein.[281] Es ist nur schwer vorstellbar, dass sie sich zu Gunsten der Vereinbarung des GEKR auf ein für beide Seiten völlig fremdes Recht im Übrigen einlassen werden. Zuletzt erscheint dieses Vorgehen der Kommission aber auch in sich widersprüchlich: Wenn sie einerseits den Anwendungsbereich zur besonderen Förderung der KMU beschränken will, aber andererseits davon ausgeht, dass es zur allgemeinen Anwendbarkeit genügt, dass ein einziger Mitgliedsstaat von der Option Gebrauch macht – was zumindest in Osteuropa auch zu erwarten ist[282] – offenbart dies ihre Erwartungshaltung, dass das GEKR i. E. binnen kürzester Zeit

278 *Staudenmayer*, NJW 2011, 3491, 3494; *Schmidt-Kessel* in Schmidt-Kessel, Ein einheitliches europäisches Kaufrecht?, S. 29, 33.

279 So *Eidenmüller / Jansen / Kieninger / Wagner / Zimmermann*, JZ 2012, 269, 275.

280 *Schinkels* in Gebauer, Gemeinsames Europäisches Kaufrecht – Anwendungsbereich und kollisionsrechtliche Einbettung, S. 23, 46.

281 Zustimmend *Stadler*, AcP 212 (2012), 473, 490.

282 Vgl. zur Offenheit der osteuropäischen Staaten gegenüber der europäischen Rechtsetzung bereits Kap. 3, § 2, B., I., 2., b).

auf alle b2b-Verträge Anwendung finden kann. Genau vor diesem Hintergrund macht die Beschränkung dann aber keinen Sinn. Sie lässt sich somit nur mit den kompetenziellen Bedenken begründen, die aber, wie aufgezeigt, ungerechtfertigt sind.

Somit steht einer Revidierung dieser Beschränkung des Anwendungsbereichs nichts entgegen. Sie ist in Hinsicht auf die Rechtsgrundlage Art. 114 AEUV gefahrlos und würde die nicht notwendige, in sich unschlüssige und kontraproduktiv wirkende Restriktion zu Gunsten einer umfassenderen Verbreitung des GEKR beseitigen. Zu bewerkstelligen ist dies, indem schlicht Art. 7 Abs. 1 S. 2 und Abs. 2 GEKR-VO ersatzlos gestrichen werden.

4. Nachtrag: Aktuelle Entwicklung

In der nunmehr vom Europäischen Parlament am 26.02.2014 angenommenen Fassung des GEKR[283] wurde die hier kritisierte Beschränkung des persönlichen Anwendungsbereichs auf solche b2b-Geschäfte, bei denen mindestens ein Vertragspartner ein KMU ist, aufgehoben. Das GEKR steht damit auch für Verträge zwischen „Großunternehmen“ zur Verfügung. Diese Entwicklung ist begrüßenswert. Wie soeben dargelegt brachte diese Beschränkung nicht nur keinen Mehrwert, sie stand auch im Widerspruch zu den mit dem GEKR verfolgten Zielen und war im höchsten Maße unpraktikabel. Es ist zu wünschen, dass eine Rückkehr zu dieser Beschränkung im Verlauf der weiteren Entwicklung des GEKR nicht stattfinden wird.

II. Beschränkungen des räumlichen Anwendungsbereichs

1. Regelung nach dem Verordnungsentwurf

Der räumliche Anwendungsbereich des GEKR ist in Art. 4 GEKR-VO geregelt. Die Quintessenz dieser recht umfassenden Norm findet sich in deren Abs. 1: *„Das Gemeinsame Europäische Kaufrecht kann nur für grenzübergreifende Verträge verwendet werden“*. Zur Bestimmung der grenzübergreifenden Identität wird dabei bei Unternehmern auf den Ort des gewöhnlichen Aufenthalts und bei Verbrauchern auf deren Anschrift abgestellt. Kurz formuliert: Die Vertragsparteien müssen, um das GEKR anwenden zu können, aus verschiedenen Staaten, von denen wenigstens einer ein Mitgliedsstaat sein muss, stammen. Ergo ist eine Anwendung des

283 ORAL P7_TA-PROV (2014)0159, abrufbar unter http://gesetzgebung.beck.de/news/gemeinsames-europaeisches-kaufrecht (zuletzt aufgerufen am 11.03.2014).

GEKR bei rein innerstaatlichen Geschäften ausgeschlossen. Dem binnenmarktfördernden Duktus des GEKR entsprechend wird also zu dessen Anwendung ein transnationales Element in dem zu schließenden Vertrag gefordert.[284] Nach Art. 13 lit. a GEKR-VO steht es den einzelnen Mitgliedsstaaten jedoch frei, die Anwendung des GEKR auch auf innerstaatliche Sachverhalte zuzulassen, den Vertragsparteien also auch hier die Wahl zwischen nationalem Recht und GEKR zu geben. Hierbei ist umstritten, ob diese Regelung rein deklaratorischer Natur[285] oder für die Ausweitung auf innerstaatliche Kaufverträge zwingend notwendig[286] ist.

2. Bewertung der Regelung nach dem Verordnungsentwurf

Schon vor Veröffentlichung des Verordnungsentwurfs wurde in weiten Teilen der Literatur der Nutzen eines optionalen Instruments, das nur in grenzüberschreitenden Fällen anwendbar ist, angezweifelt und daher für eine Einbeziehung von Inlandssachverhalten plädiert.[287] Dementsprechend ist diese Beschränkung des räumlichen Anwendungsbereichs des GEKR zu großen Teilen auf Kritik gestoßen.[288] Dieser ist zuzustimmen. Der Grund: Dadurch, dass das GEKR nur auf grenzüberschreitende Sachverhalte angewendet werden darf, kann es die mit ihm verfolgten Effekte nur in geringerem Maße verwirklichen, als wenn es auch für innerstaatliche Geschäfte zur Verfügung stünde, was wiederum seinen Nutzen

---

284 Vgl. *Müller-Graff* in Schmidt-Kessel, Ein einheitliches europäisches Kaufrecht?, S. 51, 62.

285 So *Müller-Graff* in Schmidt-Kessel, Ein einheitliches europäisches Kaufrecht?, S. 51, 63.

286 Hierfür *Stadler*, AcP 212 (2012), 473, 487.

287 *Schulze*, EuZW 2011, 569, 570; *Busch*, EuZW 2011, 655, 657; *Basedow*, ZEuP 2004, 1, 3; *Leible*, BB 2008, 1469, 1473; *Herresthal*, EuZW 2011, 7, 11; *MPI*, RabelsZ 75 (2011), 371, 420 ff.; a. A. *Tonner*, EuZW 2010, 767, 769, nach dem neu auftretende Probleme zunächst innerstaatlich zu lösen sind.

288 U. a. *Mankowski*, IHR 2012, 45, 51; *Eidenmüller / Jansen / Kieninger / Wagner / Zimmermann*, JZ 2012, 269, 275; *Graf von Westphalen*, ZIP 2011, 1985; *Ackermann* in Remien / Herrler / Limmer, Gemeinsames Europäisches Kaufrecht für die EU?, S. 49, 55 f.; *Leible* in Remien / Herrler / Limmer, Gemeinsames Europäisches Kaufrecht für die EU?, S. 21, 33; *Basedow* in Gebauer, Gemeinsames Europäisches Kaufrecht – Anwendungsbereich und kollisionsrechtliche Einbettung, S. 3, 10 f.; *Perner* in Wendehorst / Zöchling-Jud, Am Vorabend eines Gemeinsamen Europäischen Kaufrechts, S. 21, 25; *Wendehorst* in Schulze, Common European Sales Law (CESL) – Commentary, Art. 4 CESLR, Rn. 19; *Stadler*, AcP 212 (2012), 473, 486 f.; *Fornasier*, RabelsZ 76 (2012), 401, 410; *Herresthal* in Hahn, Gemeinsames Europäisches Kaufrecht – Moderner Ansatz oder praxisferne Vision?, S. 83, 103 f.

schmälert und die potentiellen Verwender von der Wahl des GEKR insgesamt abhalten wird: Das hauptsächliche Argument für die Unternehmer für die Wahl des GEKR sind die möglichen Transaktionskostenersparnisse. Diese würden aber höher ausfallen, wenn es den Unternehmern möglich wäre, das GEKR bei sämtlichen Verträgen zu verwenden. Denn der Ausschluss der Inlandssachverhalte hat zur Folge, dass die Unternehmer weiterhin regelmäßig mit mindestens zwei verschiedenen Kaufrechtssystemen arbeiten müssen: dem GEKR im grenzüberschreitenden und dem nationalen Vertragsrecht im inländischen Handel. Zu Gunsten der Unternehmer wäre es daher wünschenswert, dass die Mitgliedsstaaten von der Option in Art. 13 lit. a GEKR-VO Gebrauch machen[289], ob sie es tatsächlich tun werden, steht jedoch noch in den Sternen. Es ist sogar gut vorstellbar, dass sie zu Teilen zum „Schutz" des eigenen nationalen Rechts bewusst hierauf verzichten werden.[290]

Zur Verdeutlichung der Sinnwidrigkeit dieser Beschränkung des räumlichen Anwendungsbereichs sind erneut die Zielsetzungen zu illustrieren, die die Kommission mit dem GEKR verfolgt: Transaktionskostenersparnisse und daraus resultierende Rationalisierungseffekte für die Unternehmer, denen hierdurch der Zugang zum Binnenmarkt vereinfacht werden soll, auf der einen Seite und auf der anderen ein größeres Warenangebot bei niedrigeren Preisen aufgrund einer Steigerung des Wettbewerbs zu Gunsten der Verbraucher. Diese Rationalisierungseffekte können aber nur dann vollumfänglich eintreten, wenn die Unternehmer sämtliche Verträge auf Grundlage des GEKR abschließen können.[291] Dies trifft insbesondere die KMU umso schwerer, obwohl gerade sie es sind, die durch das GEKR besonders gefördert werden sollen.[292] Der Verbraucher hingegen dürfte sich im Regelfall ohnehin keine großen Gedanken darüber machen, ob jetzt sein nationales Recht oder das GEKR Grundlage des Kaufvertrags wird, da seine Kaufentscheidung in aller Regel auf anderen Faktoren basiert und er ein rationales Desinteresse hinsichtlich des zu Grunde liegenden Rechtsregimes pflegt.[293] Wenn die Rationalisierungseffekte für die Unternehmer jedoch nicht so durchgreifend

---

289 So auch *Graf von Westphalen*, ZIP 2011, 1985 f.

290 Bspw. hat sich der Bundesrat gegen eine solche Öffnung vor Ablauf einer vierjährigen Erprobungsphase ausgesprochen, vgl. BR-Drs. 617/11, Beschluss vom 25.11.2011, S. 4.

291 *Fornasier*, RabelsZ 76 (2012), 401, 410.

292 *Stadler*, AcP 212 (2012), 473, 486.

293 *Mankowski*, IHR 2012, 45, 51 f.; vgl. zum Begriff des „rationalen Desinteresses" auch *Busch* in Gebauer, Gemeinsames Europäisches Kaufrecht – Anwendungsbereich und kollisionsrechtliche Einbettung, S. 89, 96.

erscheinen, dass sich für sie ein Anbieten des GEKR lohnt, bleiben in der Folge auch die möglichen positiven Effekte für die Verbraucher aus. Somit steht die Beschränkung auf grenzüberschreitende Geschäfte ebenfalls dem Erfolg des GEKR entgegen: Die positiven Aspekte für alle Marktteilnehmer werden geschmälert und hierdurch der Anreiz für die Unternehmer, insbesondere die KMU, sich auf das GEKR einzulassen, deutlich gesenkt. Die Umstellung birgt gerade für sie ja auch ein gewisses unternehmerisches Risiko; dieses einzugehen werden sie sich umso eher scheuen, je geringer die möglichen Rationalisierungseffekte ausfallen. In Anbetracht des hohen Verbraucherschutzniveaus entstünden überdies durch die Anwendbarkeit auf innerstaatliche Kaufverträge auch keine Nachteile für die Verbraucher.[294]

3. Notwendigkeit der Beschränkung aus Kompetenzgründen?

Dies müsste eigentlich auch der Kommission klar gewesen sein. Was also ist der Grund dafür, dass sie den räumlichen Anwendungsbereich in dieser Weise beschränkt hat? Offenkundig lag ihre Motivation darin begründet, dass sie ernsthafte Bedenken hinsichtlich ihrer Rechtsetzungskompetenz hatte für den Fall, dass das optionale Instrument auch auf innerstaatliche Sachverhalte Anwendung finden soll. Ursache für diese Bedenken sind dabei zwei wesentliche Knackpunkte: Der von Art. 114 AEUV geforderte Binnenmarktbezug[295] sowie die Einhaltung des Grundsatzes der Subsidiarität[296].

a) Binnenmarktbezug

Zunächst einmal geht die Kommission davon aus, dass reine Inlandsgeschäfte den Binnenmarkt nicht tangieren und somit ein optionales Instrument, dass auch innerstaatliche Sachverhalte umfasst, mangels Binnenmarktbezugs nicht auf Grundlage von Art. 114 AEUV erlassen werden könne.[297] Hierbei ist zunächst einmal festzuhalten, dass auch Rechtsetzungsakte der Vergangenheit, die auf Grundlage von Art. 114 AEUV bzw. dessen Vorgängernormen erlassen wurden, eine solche Beschränkung auf grenzüberschreitende Sachverhalte nicht vorsehen.[298] Die

294 So auch *Eidenmüller / Jansen / Kieninger / Wagner / Zimmermann*, JZ 2012, 269, 275.

295 Vgl. Kap. 3, § 1, A., I., 3., c).; *Tietje* in Grabitz / Hilf / Nettesheim, Art. 114 AEUV, Rn. 96 ff.

296 Vgl. Kap. 3, § 1, B., I.; *Bast / von Bogdandy* in Grabitz / Hilf / Nettesheim, Art. 5 EUV, Rn. 49 ff.

297 So *Moser* im Diskussionsbericht in Remien / Herrler / Limmer, Gemeinsames Europäisches Kaufrecht für die EU?, S. 44 f.

298 *Stadler*, AcP 212 (2012), 473, 487.

Notwendigkeit einer solchen Begrenzung ergibt sich auch nicht ohne Weiteres aus dem Wortlaut und der systematischen Auslegung von Art. 114 AEUV, wonach von dessen Anwendungsbereich zwar binnenmarktneutrale und -hindernde Maßnahmen ausgeschlossen sind, was aber grundsätzlich nichts über die Wirksamkeit der Regeln auch für innerstaatliche Sachverhalte aussagt.[299] Mangels eines grundsätzlichen Ausschlusses muss man sich also auf die Frage konzentrieren, ob der Binnenmarktbezug des GEKR immer noch bestünde, würde der räumliche Anwendungsbereich auf innerstaatliche Sachverhalte ausgeweitet. Eine Maßnahme, die sich auf innerstaatliche Sachverhalte beschränkt, hat selbstredend keine Auswirkung auf den Binnenmarkt. Bei einem optionalen GEKR, das sowohl auf innerstaatliche als auch auf grenzüberschreitende Sachverhalte anwendbar wäre, stellt sich die Lage jedoch anders dar. *Schmidt-Kessel* führt hierzu aus, dass es gerade die Beschränkung des räumlichen Anwendungsbereichs sei, die hinsichtlich des Binnenmarktbezugs kompetenzrechtlich bedenklich ist: Maßnahmen nach Art. 114 AEUV sollen vor allem der Verwirklichung der Grundfreiheiten in einem Raum ohne Binnengrenzen nach Art. 26 Abs. 2 AEUV dienen. Durch die Beschränkung in Art. 4 GEKR-VO knüpft der Verordnungsentwurf aber gerade an jene Grenzen an, die durch Maßnahmen nach Art. 114 AEUV beseitigt werden sollen. Somit werde die Beseitigung dieser Grenzen durch die Option in Art. 13 lit. a GEKR-VO den Mitgliedsstaaten überlassen, wodurch ein geteilter Markt entstehen könne, was der Binnenmarktidee aber zuwider laufe.[300] Diesem Ansatz ist nicht nur zuzustimmen, er lässt sich auch argumentativ ausweiten: Wie bereits erläutert, ist für die Unternehmer die Anreizwirkung zur Nutzung des GEKR wesentlich höher, wenn sie auf seiner Grundlage nicht nur grenzüberschreitende, sondern sämtliche Kaufverträge abschließen können. Wenn eine generelle Anwendbarkeit aber zur wahrscheinlichen Folge hat, dass die Nutzung des GEKR im Allgemeinen weiter verbreitet wird, so fördert dies i. E. gerade den Binnenmarkt. Oder kurz: Wenn das GEKR auch im Inland anwendbar ist, wird es häufiger verwendet werden; insbesondere auch auf dem Binnenmarkt. Somit bestünde bei einer entsprechenden Ausweitung des räumlichen Anwendungsbereichs sehr wohl noch ein Binnenmarktbezug des GEKR[301]; sogar ein stärkerer als mit der

299 *Kahl* in Calliess / Ruffert, Art. 114 AEUV, Rn. 26; *Hatje* in von Bogdandy / Bast, S. 801, 839; *Ludwigs*, Rechtsangleichung nach Art. 94, 95 EG-Vertrag, S. 210 ff.

300 *Schmidt-Kessel* in Schmidt-Kessel, Ein einheitliches europäisches Kaufrecht, S. 1, 7.

301 Zustimmend *Perner* in Wendehorst / Zöchling-Jud, Am Vorabend eines Gemeinsames Europäischen Kaufrechts, S. 21, 25.

Beschränkung. Hinsichtlich des Binnenmarktbezugs greifen die kompetenziellen Bedenken gegen eine solche Ausweitung somit nicht durch.

b) Subsidiarität

Jedoch bestehen weitere kompetenzielle Bedenken dahingehend, dass ein GEKR, das ebenfalls auf innerstaatliche Sachverhalte anwendbar wäre, sich nicht mit dem Grundsatz der Subsidiarität nach Art. 5 Abs. 3 EUV vereinbaren lasse. Nach *Schmidt-Kessel* ist die Beschränkung auf grenzüberschreitende Sachverhalte der Rechtsgrundlage Art. 114 AEUV aufgrund des Subsidiaritätsgrundsatzes inhärent, weshalb er i. E. seine kompetenziellen Bedenken hinsichtlich des Binnenmarktbezugs nicht durchgreifen lässt.[302] Aus dem Subsidiaritätsgrundsatz als solchen ergibt sich diese Sichtweise allerdings nicht ohne Weiteres. Diesem zur Folge sind Rechtsetzungsmaßnahmen auf Unionsebene nur dann zulässig, wenn die mit ihnen verfolgten Regelungsziele nicht durch einzelstaatliche Maßnahmen der Mitgliedsstaaten erreicht werden können.[303] Die Kommission selbst führt hierzu aus, dass mit dem GEKR in Form des Verordnungsentwurfs nicht über das zur Erreichung seiner Ziele erforderliche Maß hinaus gegangen werde, sodass der Grundsatz der Subsidiarität gewahrt sei.[304] Daher ist die Motivation der Kommission zur Beschränkung des Anwendungsbereichs tatsächlich in dem Bestreben zur Wahrung dieses Grundsatzes zu sehen. Allerdings wurde in der bisherigen mindestharmonisierenden Richtlinienrechtsetzung, die ebenfalls immer die Förderung des Binnenmarkts bezweckt hat, eine solche Grenzziehung zwischen grenzüberschreitenden und innerstaatlichen Sachverhalten nicht vorgenommen. Als jüngstes Beispiel hierfür soll in der Verbraucherrechte-Richtlinie, die eine solche Trennung ebenfalls nicht vorsieht, zu Gunsten der Förderung des Binnenmarkts eine Rechtszersplitterung weiter beseitigt werden.[305] Dies sollen die Mitgliedsstaaten alleine nicht erreichen können, weshalb hier trotz umfassender räumlicher Geltung der Subsidiaritätsgrundsatz gewahrt sein soll.[306] Auch wenn mit dem optionalen Instrument GEKR gerade nicht mehr der Weg der Mindestharmonisierung verfolgt wird, so ist nicht klar, weshalb in der Tatsache, dass nach dem Verordnungsentwurf bei grenzüberschreitenden Verträgen ein Wahlrecht zwischen nationalem Recht und GEKR besteht und bei innerstaatlichen Verträgen dieses

302 *Schmidt-Kessel* in Schmidt-Kessel, Ein einheitliches europäisches Kaufrecht, S. 1, 12.
303 *Bast / von Bogdandy* in Grabitz / Hilf / Nettesheim, Art. 5 EUV, Rn. 49.
304 Erw.gr. 36 GEKR-VO.
305 Erw.gr. 6, 7 VR-RL.
306 Erw.gr. 65 VR-RL.

Wahlrecht von der Option der Mitgliedsstaaten abhängig ist, keine Rechtszersplitterung zu sehen ist. Ganz im Gegenteil: Die Abhängigkeit der Anwendbarkeit des GEKR von der geographischen Belegenheit der Vertragspartner stellt eindeutig eine solche Rechtszersplitterung dar. Vor diesem Hintergrund ist es widersinnig, zur Schaffung eines Raums ohne Binnengrenzen gerade diese Grenzen aus Gründen der Subsidiarität aufrecht zu erhalten oder gar zu schärfen.[307] Es ist gerade nicht zu erwarten, dass alle Mitgliedsstaaten das GEKR umgehend auch auf innerstaatliche Sachverhalte für anwendbar erklären werden. Damit sind die Ziele des GEKR aber nicht ebenso gut durch einzelstaatliche Maßnahmen zu erreichen, da der Nutzen des GEKR für Unternehmen, insbesondere KMU, die in optierenden Mitgliedsstaaten ansässig sind, deutlich höher ausfallen wird, als in nicht optierenden Mitgliedsstaaten. Die Beschränkung des räumlichen Anwendungsbereichs in Art. 4 GEKR-VO ist somit auch nicht angesichts des Grundsatzes der Subsidiarität zwingend geboten.

4. Konzept zur Änderung

Somit muss man zu dem Schluss kommen, dass bei einer Revision des Verordnungsentwurfs auch von der Beschränkung des räumlichen Anwendungsbereich abzurücken ist und die Anwendung des GEKR von vornherein auch für innerstaatliche Kaufverträge gestattet sein sollte. Die kompetenzrechtlichen Bedenken der Kommission, die wohl der einzige Grund für diese Beschränkung waren, greifen indes nicht durch. Daher steht auch einer solchen Überarbeitung nichts entgegen. Erfreulicher Nebeneffekt wäre, dass die GEKR-VO anwenderfreundlicher würde, da Art. 4 GEKR-VO wesentlich entschlackt und in Verbindung mit der Ausweitung des persönlichen Anwendungsbereichs Art. 13 GEKR-VO ganz entfernt werden könnte.

III. Beschränkungen des sachlichen Anwendungsbereichs

1. Regelung nach dem Verordnungsentwurf

Zuletzt ist auch der sachliche Anwendungsbereich des GEKR einer genaueren Betrachtung zu unterziehen, der in Art. 5, 6 GEKR-VO geregelt ist.[308] Nach Art. 5 GEKR-VO kann das GEKR für Kaufverträge, Verträge über die Bereitstellung digitaler Inhalte sowie Verträge über verbundene Dienstleistungen

---

307 *Basedow* in Gebauer, Gemeinsames Europäisches Kaufrecht – Anwendungsbereich und kollisionsrechtliche Einbettung, S. 3, 10 f.

308 Vgl. *Schmidt-Kessel* in Schmidt-Kessel, Ein einheitliches europäisches Kaufrecht, S. 29, 30 ff.

verwendet werden. Die entsprechenden Legaldefinitionen finden sich in Art. 2 lit. j, k[309], m GEKR-VO. Nach Art. 6 GEKR-VO ist die Anwendung hingegen ausgeschlossen für „Mischverträge" und Verträge, die in irgendeiner Art und Weise mit einer Kreditierung durch den Unternehmer verbunden sind. Ob Art. 6 Abs. 2 GEKR-VO hierbei bereits die Anwendung des GEKR bei einer bloßen zinsfreien Ratenzahlung ausschließt, ist umstritten.[310] Für diese Verträge sieht Art. 2 GEKR-VO keine Legaldefinition vor. Generell ist die Beschränkung auf Kaufverträge den politischen Gegebenheiten geschuldet: Ein umfassendes Vertragsgesetzbuch wäre aktuell politisch nicht durchsetzbar, weshalb man sich vorerst auf das Kaufrecht und die mit ihm am engsten verbundenen Regelungsmaterien beschränkt hat. Das GEKR nimmt insofern eine Vorreiterrolle ein, die nicht grundlegend zu beanstanden ist. Im Erfolgsfall ist jedoch zu erwarten, dass es als Ausgangspunkt für eine weitergehende, umfassende Vertragsrechtskodifikation dienen wird.[311]

2. Abänderung durch den Berichtsentwurf

Der Berichtsentwurf will den sachlichen Anwendungsbereich z. T. verengen, z. T. aber auch ausdehnen: Beschränkt werden soll er dahingehend, dass das GEKR ausschließlich für Fernabsatzverträge gewählt werden kann, wobei ausreichend sein soll, dass für alle Verhandlungsschritte ausschließlich Fernkommunikationsmittel verwendet wurden; falls ja, soll die Nutzung eines solchen für den Vertragsschluss selbst irrelevant sein.[312] Die gleichzeitige Ausdehnung besteht darin, dass nunmehr auch verbundene und Mischverträge umfasst werden sollen sowie darin, dass der Ausschluss von Verträgen, die mit einer Kreditierung des Kaufpreises verbunden sind, aufgehoben werden soll.[313] Durch ihre explizite Erwähnung wird

---

309 Bemerkenswert ist, dass diese Legaldefinition sowohl das deutsche Trennungs- und Abstraktionsprinzip, als auch das z.B. in Frankreich geltende Einheitsprinzip berücksichtigt, nach dem bereits mit dem Kaufvertragsschluss das Eigentum am Vertragsgegenstand übergeht.

310 Bejahend *Eidenmüller / Jansen / Kieninger / Wagner / Zimmermann*, JZ 2012, 269, 275; verneinend *Wendehorst* in Schulze, Common European Sales Law (CESL) – Commentary, Art. 6 CESLR, Rn. 10.

311 Vgl. *Wagner / Zimmermann*, AcP 212 (2012), 467, 469.

312 COM(2011)0635 – C7-0329/2011 – 2011/0284(COD), S. 39 f. (dt. Fassung) / S. 35 f.(engl. Fassung).

313 COM(2011)0635 – C7-0329/2011 – 2011/0284(COD), S. 40 ff. (dt. Fassung) / S. 36 ff. (engl. Fassung).

zudem klargestellt, dass das GEKR auch auf gewisse Cloud-Computing-Dienste anwendbar sein soll.[314]

3. *Bewertung und Konzept zur Änderung*

Die Beschränkung des Verordnungsentwurfs auf Kaufverträge aus rechtspolitischer Motivation ist grundsätzlich nicht zu beanstanden, ist es doch gerade das Kaufrecht, dass aufgrund des Binnenhandels eine enorme Bedeutung für den Binnenmarkt hat und daher das GEKR im Erfolgsfall viel Einfluss auf diesen nehmen und darüber hinaus aufgrund seiner hervorgehobenen Stellung eine Ausstrahlungswirkung auf die übrigen Rechtsgebiete haben wird. Der Berichtsentwurf nimmt dabei nur Detailänderungen vor. Gerade diese gehen jedoch in die falsche Richtung und können auf so eine negative Signalwirkung ausüben. In dem Berichtsentwurf wird eingestanden, dass die Frage der Beschränkung des GEKR auf Fernabsatzverträge eine schwierige ist. Begründet wird die Entscheidung für die Beschränkung damit, „dass das GEKR als ein EU-weites Regelungswerk ein ideales Mittel für den Onlinehandel" sei.[315] Dieses Argument rechtfertigt jedoch nicht ohne Weiteres den Ausschluss von Kaufverträgen, die außerhalb des Fernabsatzes geschlossen werden. Zuzugeben ist, dass der Hauptanwendungsbereich des GEKR auch ohne eine solche Beschränkung ohnehin der E-Commerce wäre.[316] Dennoch trägt auch diese Beschränkung zu dem für die Unternehmer nachteiligen Effekt bei, dass die mit dem GEKR angestrebten Transaktionskostenersparnisse und mit ihnen die Binnenmarktförderung nur in einem geringeren Ausmaß eintreten werden als möglich, da sie auch hierdurch nicht in der Lage sind, sämtliche Kaufverträge auf Grundlage desselben Rechtsregimes abzuschließen. Es erschließt sich auch nicht, wieso den Unternehmern zugemutet werden soll, ihre Fernabsatz- und ihre Ladengeschäfte auf Grundlage unterschiedlicher Rechtsordnungen abzuschließen und abzuwickeln; dies widerspricht dem Sinn und Zweck des GEKR, die Verwendung unterschiedlicher rechtlicher Grundlagen gerade zu vermeiden. Besonders wird dies Unternehmer treffen, die in Grenzgebieten ansässig sind und daher naturgemäß auch in ihren Ladengeschäften einen weitaus höheren Anteil an Verträgen mit einem grenzüberschreitenden Bezug abschließen als vergleichbare Unternehmer im Landesinneren. Für sie hätte das GEKR, bliebe

---

314 COM(2011)0635 – C7-0329/2011 – 2011/0284(COD), S. 33 f. (dt. Fassung) / S. 30 (engl. Fassung).

315 COM(2011)0635 – C7-0329/2011 – 2011/0284(COD), S. 123 (dt. Fassung) / S. 114 (engl. Fassung).

316 Vgl. *DAV*, Stellungnahme zum Berichtsentwurf, S. 5.

es bei dem Erfordernis des grenzüberschreitenden Elements, in besonderem Maße Bedeutung. Sie wären demnach besonders betroffen, würde die Anwendbarkeit des GEKR für Nicht-Fernabsatzverträge ausgeschlossen: Sie müssten, abhängig von der Art des Vertragsschlusses, weiterhin mit mindestens zwei unterschiedlichen Rechtsordnungen arbeiten. Sind Unternehmer im Grenzgebiet demnach nicht ohnehin ausschließlich auf den Online-Handel fixiert, läuft das GEKR mit einer solchen Beschränkung entgegen seiner Zielsetzung sogar Gefahr, im Falle seiner partiellen Anwendung hinsichtlich des Geschäftsgangs der Unternehmer die entstehenden Transaktionskosten gar zu erhöhen, da differenziert werden müsste zwischen Onlinegeschäften mit und ohne grenzüberschreitendem Element und Ladengeschäften mit und ohne grenzüberschreitendem Element. Vor eine solche Unsicherheit und Komplexität hinsichtlich der Rechtswahl gestellt, würden gerade viele kleine Unternehmer von der Wahl des GEKR abgeschreckt. Vor diesem Hintergrund wirkt die Beschränkung kontraintentional, weshalb von ihr abgesehen werden sollte. Dieses spezielle Problem für Unternehmer im Grenzgebiet entstünde zwar nicht, wenn stattdessen die Beschränkung auf grenzüberschreitende Kaufverträge aufgehoben würde, doch selbst in diesem Fall wäre es weiterhin nicht erklärbar, wieso die Unternehmer abhängig von der Art des Vertragsschlusses auf verschiedene rechtliche Grundlagen zurückgreifen müssen und daher die Wirkung des GEKR seiner Intention widerspricht.

Zu befürworten ist hingegen die nunmehrige Einbeziehung auch solcher Kaufverträge, die mit einer Kreditierung verbunden sind. Ohne diese hätte sich der Anwendungsbereich des GEKR faktisch größtenteils auf geringpreisige Kaufgegenstände beschränkt. Die Regelung zu Misch- und verbundenen Verträgen ist aus dieser Perspektive ebenfalls zu begrüßen; je breiter der Anwendungsbereich des GEKR, umso höher seine Erfolgsaussichten. Zu kritisieren ist jedoch die explizite Einbeziehung von Cloud-Computing-Diensten: Die dogmatische Einordnung dieser verschiedenen Dienste unter bestimmte Vertragstypen ist noch hoch umstritten, weshalb die Anwendung des GEKR hier erhebliche Rechtsunsicherheit in Hinblick auf seine sachliche Anwendbarkeit mit sich brächte.[317] Von ihr ist daher abzusehen. I. E. sollten somit die Erweiterungen des Berichtsentwurfs auf Misch- und kreditierte Verträge übernommen, die explizite Ausweitung auf das Cloud-Computing sowie die Beschränkung auf Fernabsatzverträge jedoch gestrichen und insoweit dem Modell des ursprünglichen Verordnungsentwurfs gefolgt werden.

---

317 Vgl. hierzu bereits Kap. 3, § 2, B., II., 2., b).

4. Nachtrag: Aktuelle Entwicklung

Hinsichtlich des sachlichen Anwendungsbereichs entspricht die nunmehr vom Europäischen Parlament am 26.02.2014 angenommene Fassung des GEKR[318] dem Berichtsentwurf von Februar 2013. Wie soeben dargelegt, geht von der Beschränkung auf Fernabsatzverträge eine falsche Siganlwirkung aus, für die letztlich keine Notwendigkeit besteht. Es ist daher wünschenswert, dass das GEKR in dieser Hinsicht weiter überarbeitet wird.

IV. Fazit

Die Untersuchung der Beschränkungen des Anwendungsbereichs des GEKR zeigt, dass sich seine Bedeutung für dessen Erfolg auf eine einfache Formel reduzieren lässt: Je weiter er ausgestaltet wird, desto höher die Erfolgsaussichten des GEKR als optionales Instrument auf dem Markt der Vertragsrechte. Denn je weiter er gefasst ist, umso mehr lassen sich die mit dem GEKR angestrebten Effekte tatsächlich realisieren. Wie aufgezeigt, stehen einer weitestgehenden Abschaffung der Beschränkungen weder sachliche, noch kompetenzielle Bedenken entgegen; höchstens politisch motivierte. Zu Gunsten einer höheren Akzeptanz des GEKR und damit seines Erfolgs sollten daher der persönliche, räumliche und sachliche Anwendungsbereich in der hier dargestellten Art und Weise abgeändert werden.

B. Die inhaltliche Reichweite des GEKR

Nicht nur die Anwendungs-, auch die inhaltliche Reichweite des GEKR ist in materieller Hinsicht für dessen Erfolg von maßgeblicher Bedeutung. Schon begrifflich besitzt ein „Gemeinsames Europäisches Kaufrecht" nicht das Selbstverständnis einer umfassenden zivilrechtlichen Kodifikation. Von umso größerer Bedeutung ist daher, welche Regelungsmaterien es umfasst, welche es nicht umfasst und welche überhaupt und inwieweit umfasst werden sollten. Denn immer dort, wo man bei der Behandlung eines Lebenssachverhalts auf Grundlage des GEKR auf rechtliche Lücken stößt, ist es notwendig, diese Lücken zu schließen. Wie sie geschlossen werden, welche Probleme sich hierbei auftun und welche Lücken in Hinblick auf die Erfolgsaussichten des GEKR gar nicht erst entstehen sollten, ist Gegenstand des folgenden Abschnitts.

---

318 ORAL P7_TA-PROV (2014)0159, abrufbar unter http://gesetzgebung.beck.de/news/gemeinsames-europaeisches-kaufrecht (zuletzt aufgerufen am 11.03.2014).

I. Die Arten von Lücken im GEKR und ihre Abgrenzung voneinander

Das GEKR geht inhaltlich deutlich über den engen Bereich eines reinen Warenkaufrechts hinaus. Eine umfassende Regelung aller Rechtsfragen, die in der Umlaufbahn eines solchen Rechtsgeschäfts auftreten können, gleichsam einer allgemeinen privatrechtlichen Kodifikation, stellt es jedoch nicht dar.[319] Im Gegenteil: Es verfügt über eine beträchtliche Anzahl von Lücken. Das GEKR weist sowohl „interne" als auch „externe" Lücken auf.[320] Deren Schließung richtet sich nach unterschiedlichen Kriterien, weshalb sie scharf voneinander abzugrenzen sind, wobei es in Zweifelsfällen zu Abgrenzungsproblemen kommen kann.

1. Interne Lücken

a) Rechtsnatur

Als interne Lücken des GEKR werden solche bezeichnet, deren Rechtsmaterie zwar grundsätzlich im GEKR geregelt wird, allerdings die jeweilige Detailfrage nicht ausdrücklich entschieden ist. Gemeint sind also solche ungeklärten Fragen, die sich innerhalb des sachlichen Anwendungsbereichs des GEKR ergeben.[321] Solche Lücken sind jedem Gesetzeswerk immanent, da ein Gesetzgeber niemals sämtliche in Betracht kommenden Fallkonstellationen vorhersehen und bewerten kann. Als Beispiel für eine interne Lücke dient die Bestimmung der Vertragsgemäßheit des Kaufgegenstands nach Art. 100 GEKR: Dieser gibt nicht vor, wie ein möglicher Binnenkonflikt, der sich aus einer Zweckbestimmung des Käufers nach lit. a, der Eignung für gewöhnliche Zwecke nach lit. b, der Übereinstimmung mit einem Muster nach lit. c usw. ergibt, zu lösen ist.[322]

b) Schließung interner Lücken

Die Schließung der internen Lücken richtet sich nach Art. 4 Abs. 2 GEKR: Ganz im Sinne der autonomen Auslegung nach Art. 4 Abs. 1 GEKR sollen Fragen, die in den Anwendungsbereich des GEKR fallen, jedoch nicht ausdrücklich darin geregelt sind, im Einklang mit den ihm zu Grunde liegenden Zielen und Grundsätzen ohne Rückgriff auf das kollisionsrechtlich einschlägige mitgliedsstaatliche Recht

---

319 *Jansen*, ZEuP 2012, 741, 752.

320 Zu den Begrifflichkeiten vgl. *Gsell* in Remien / Herrler / Limmer, Gemeinsames Europäisches Kaufrecht für die EU?, S. 145, 147 ff.

321 *Mansel*, WM 2012, 1253, 1266; *Stadler*, AcP 212 (2012), 473, 499.

322 *Gsell* in Remien / Herrler / Limmer, Gemeinsames Europäisches Kaufrecht für die EU?, S. 145, 147 f.

geregelt werden.[323] Dieser Grundsatz der autonomen Lückenschließung orientiert sich an Art. 7 Abs. 2 HS. 1 CISG, der eine solche im Grundsatz ebenfalls vorsieht[324], und entspricht hinzu der vom EuGH praktizierten autonomen Auslegung des Unionsrechts, die wiederum auf dem „effet utile"-Grundsatz beruht[325]. Sinn und Zweck dieser Vorgehensweise[326] ist es, das Ziel der Rechtsangleichung, das mit dem GEKR verfolgt wird, nicht durch einen Rückgriff auf nationales Recht zu unterlaufen.[327] Fraglich erscheint hierbei, ob im Rahmen einer solchen autonomen Lückenschließung eine einheitliche Auslegung des GEKR durch die verschiedenen Mitgliedsstaaten gewährleistet werden kann.[328]

2. Externe Lücken

a) Rechtsnatur

Im Gegensatz hierzu stehen die externen Lücken. Diese betreffen solche Fragen, deren Regelungsmaterien nicht Bestandteil des GEKR sind. Ausweislich Erw.gr. 27 GEKR-VO in der Fassung des Verordnungsentwurfs sind dies „unter anderem die Frage der Rechtspersönlichkeit, die Ungültigkeit eines Vertrags wegen Geschäftsunfähigkeit, Rechts- oder Sittenwidrigkeit, die Bestimmung der Vertragssprache, das Diskriminierungsverbot, die Stellvertretung, die Schuldner- und Gläubigermehrheit, der Wechsel der Parteien einschließlich Abtretung, die Aufrechnung und Konfusion, das Sachenrecht einschließlich der Eigentumsübertragung, das Recht des geistigen Eigentums sowie das Deliktsrecht". Nach dem Berichtsentwurf soll hingegen in einem neuen Art. 11a GEKR durch eine Positiv- und eine Negativliste „größtmögliche Klarheit" darüber geschaffen werden, welche Sachverhalte vom GEKR und welche vom einzelstaatlichen Recht erfasst sind. Der Ausschluss dieser Rechtsgebiete erhält somit Gesetzesrang und ändert

---

323 Dies als sehr positiv auffassend *Herresthal*, WiVerw 2012, 140, 151.

324 Vgl. zum CISG *Magnus* in Staudinger, Art. 7, Rn. 40 ff.; *Saenger* in Ferrari / Kieninger / Mankowski u. a., Art. 7, Rn. 7; im Gegensatz zum GEKR sieht Art. 7 Abs. 2 HS. 2 CISG allerdings einen subsidiären Rückgriff auf das kollisionsrechtlich einschlägige Recht vor.

325 *Gsell* in Remien / Herrler / Limmer, Gemeinsames Europäisches Kaufrecht für die EU?, S. 145, 150 f.; *dies.* in Gebauer, Gemeinsames Europäisches Kaufrecht – Anwendungsbereich und kollisionsrechtliche Einbettung, S. 105, 108.

326 Zur Methodik der internen Lückenschließung vgl. *Jaeger*, RabelsZ 77 (2013), 465, 489 ff.

327 *Busch* EuZW 2011, 655, 660; vgl. auch *Fornasier*, RabelsZ 76 (2012), 401, 438.

328 Zweifelnd *Budde* / *Eckhoff* in Hahn, Gemeinsames Europäisches Kaufrecht – Moderner Ansatz oder praxisferne Vision?, S. 113, 118 f.

den Befund aus Erw.gr. 27 GEKR-VO leicht ab: Ausgenommen werden solche Fälle der Rechts- oder Sittenwidrigkeit, die im GEKR geregelt werden, dafür ist die Konkurrenzfrage zwischen vertraglichen und außervertraglichen Ansprüchen nunmehr einbezogen.[329]

b) Schließung externer Lücken

Die externen Lücken des GEKR sollen ausweislich Erw.gr. 27 bzw. Art. 11a GEKR[330] durch einen Rückgriff auf das kollisionsrechtlich einschlägige mitgliedsstaatliche Recht geschlossen werden. Dieses ergibt sich aus der von der Kommission gewählten „Vorschaltlösung“[331] zur kollisionsrechtlichen Einbettung des GEKR[332] nach dem von den Parteien gewählten bzw. in Ermangelung einer solchen Wahl dem nach Art. 4 ff. Rom-I-VO einschlägigen Recht.[333] Dieses Vorgehen ist wiederum orientiert an Art. 7 Abs. 2 HS. 2 CISG.[334] Hieraus folgt, dass trotz der einheitlichen kauf- und vertragsrechtlichen Regeln des GEKR bei dessen Wahl keine umfassende Rechtseinheit bei der Anbahnung und Abwicklung von Kaufverträgen besteht, da insbesondere die Stellvertretung und die Forderungsabtretung in einer Vielzahl von Fällen relevant sind.[335]

---

329 COM(2011)0635 – C7-0329/2011 – 2011/0284(COD), S. 48 ff. (dt. Fassung) / S. 43 ff. (engl. Fassung).

330 Diese lediglich als klarstellenden Hinweis ansehend *Solomon* in Gebauer, Gemeinsames Europäisches Kaufrecht – Anwendungsbereich und kollisionsrechtliche Einbettung, S. 129, 131.

331 Diese anzweifelnd *Schinkels* in Gebauer, Gemeinsames Europäisches Kaufrecht – Anwendungsbereich und kollisionsrechtliche Einbettung, S. 23, 25 ff.; a. A. *Wojcik*, in Gebauer, Gemeinsames Europäisches Kaufrecht – Anwendungsbereich und kollisionsrechtliche Einbettung, S. 51, 55 f.; *Fornasier*, RabelsZ 76 (2012), 401, 432.

332 Zur Auswirkung der verschiedenen Modelle zur kollisionsrechtlichen Einbettung des GEKR auf die Schließung von dessen externen Lücken *Solomon* in Gebauer, Gemeinsames Europäisches Kaufrecht – Anwendungsbereich und kollisionsrechtliche Einbettung, S. 129, 141 ff.

333 Die alternativen Lösungsmodelle darstellend *Lehmann* in Gebauer, Gemeinsames Europäisches Kaufrecht – Anwendungsbereich und kollisionsrechtliche Einbettung, S. 67, 69 ff.

334 Vgl. zum CISG *Magnus* in Staudinger, Art. 7, Rn. 58 ff.; *Saenger* in Ferrari / Kieninger / Mankowski u. a., Art. 7, Rn. 8.

335 *Jansen*, ZEuP 2012, 741, 752; *Eidenmüller / Jansen / Kieninger / Wagner / Zimmermann*, JZ 2012, 269, 271.

3. Abgrenzungsprobleme zwischen internen und externen Lücken am Beispiel des Art. 51 GEKR

Diese auf den ersten Blick einfach zu handhabende Unterscheidung der Behandlung von internen und externen Lücken wird dort problematisch, wo nicht eindeutig ist, um welche Art von zu schließender Lücke es sich im konkreten Fall handelt. An diesen Punkten besteht die Gefahr der Rechtsunsicherheit in der Form, dass zwischen den Parteien streitig sein kann, ob für die im Raum stehende Frage auf nationales Recht zurückzugreifen ist oder eine Lösung nach den Grundsätzen des GEKR durch dessen autonome Auslegung gefunden werden muss. Aus diesem Grund ist die Abgrenzung der verschiedenen Lückenarten von immenser Bedeutung, zugleich aber stellenweise recht kompliziert.[336] Ein Beispiel für die teilweise problematische Abgrenzung ist das Spannungsverhältnis zwischen der ausweislich Erw.gr. 27 GEKR-VO nicht geregelten Rechts- und Sittenwidrigkeit und dem Anfechtungsgrund der unfairen Ausnutzung nach Art. 51 GEKR[337]: Letzterer weist erhebliche Übereinstimmungen mit der in § 138 Abs. 2 BGB vorausgesetzten Ausbeutung der anderen Vertragspartei auf, unter der man ebenfalls das bewusste Ausnutzen der Situation des Vertragspartners zu verstehen hat.[338] Das Ziehen eines übermäßigen Nutzens oder unfairen Vorteils, wie ihn Art. 51 Abs. 2 GEKR erfordert, kann zugleich zur Sittenwidrigkeit i. S. v. § 138 BGB führen.[339] Fraglich ist somit, welcher Regelung Vorrang zu gewähren ist. *Pfeiffer* versteht hierbei Art. 51 GEKR als speziellere Norm in dem Sinne, dass sie enger gefasst ist als der Begriff der Sittenwidrigkeit als solcher und daher nicht imstande sein kann, die allgemeinen Sittenwidrigkeitsregelungen zu verdrängen. Ihm zur Folge wird daher die Anwendbarkeit des Wuchertatbestandes nach § 138 Abs. 2 BGB gesperrt, jedoch nicht die des Sittenwidrigkeitstatbestands im Übrigen nach § 138 Abs. 1 BGB.[340] Die Ansicht von *Faust* geht in eine ähnliche Richtung: Ihm zur Folge sind die Rechts- und Sittenwidrigkeit nur insofern externe

---

336 *Solomon* in Gebauer, Gemeinsames Europäisches Kaufrecht – Anwendungsbereich und kollisionsrechtliche Einbettung, S. 129, 134.

337 Vgl. *Pfeiffer* in Schulze, Common European Sales Law (CESL) – Commentary, Art. 51, Rn. 28 ff.

338 Vgl. hierzu *Sack / Fischinger* in Staudinger, § 138, Rn. 230 ff.; *Armbrüster* in MüKo-BGB, § 138, Rn. 154.

339 *Pfeiffer* in FS Rüßmann, S. 917, 926.

340 *Pfeiffer* in FS Rüßmann, S. 917, 926 f.; für Verweise zu anderen mitgliedsstaatlichen Regelungen *ders.* in Schulze, Common European Sales Law (CESL) – Commentary, Art. 51, Rn. 32.

Lücken des GEKR, wie es um den Schutz von außerhalb des GEKR liegenden Interessen geht, d. h. soweit sie nicht den Schutz des Vertragspartners betreffen.[341] Diese Ansicht wird im Berichtsentwurf des Rechtsausschusses verfestigt, der in seinem neuen Art. 11a Abs. 2 lit. b GEKR klarstellt, dass es sowohl Rechts- und Sittenwidrigkeitsgründe gibt, die im GEKR geregelt sind, als auch solche, die es nicht sind und nur für letztere ein Rückgriff auf nationales Recht zulässig ist.[342] Hiernach findet also kein allgemeiner Ausschluss der Rechts- und Sittenwidrigkeit aus dem GEKR mehr statt. Eine genaue Qualifizierung der konkret auftretenden Lücke bleibt gerade daher erforderlich.

Dieses Beispiel zeigt, dass die Abgrenzung der unterschiedlichen Arten der Lücken im GEKR und ihrer Schließung nur vordergründig einfach ist und Konfliktpotential birgt. Dieses ist letztlich aber unvermeidbar.[343] Externe Lücken könnten nur dann nicht auftreten, wenn es sich beim GEKR um eine umfassende Kodifikation handeln würde – dieses Ziel wird aber weder verfolgt, noch ist es gewollt. Die „Lückenproblematik" ist somit grundsätzlich hinzunehmen, die sich hieraus ergebenden Abgrenzungsschwierigkeiten ebenfalls. Fraglich bleibt einzig, welche Lücken handhabbar und legitim sind und ohne welche Regelungsmaterien ein GEKR nicht sinnvoll erscheint.

4. *Fazit*

Interne wie externe Regelungslücken sind bei einem optionalen Instrument wie dem GEKR unvermeidbar. Umso bedeutender sind ihre Handhabung und ihre Abgrenzbarkeit. Nur wenn beides gewährleistet ist, wird sich das GEKR in der Praxis bewähren und durchsetzen können.

II. Bedeutung der internen Regelungslücken für die Zielsetzung des GEKR anhand des Problems der unbestimmten Rechtsbegriffe

1. *Problem und Kritik*

Die Schließung interner Lücken durch eine autonome Auslegung des Verordnungstextes nach Art. 4 GEKR wird in der Praxis immer dort auf Probleme stoßen, wo unbestimmte Rechtsbegriffe verwendet werden. Der Verordnungsentwurf enthält

341 *Faust*, BRJ 2012, 123, 129.

342 COM(2011)0635 – C7-0329/2011 – 2011/0284(COD), S. 49 f. (dt. Fassung) / S. 45 (engl. Fassung).

343 In diese Richtung auch *Gsell* in Remien / Herrler / Limmer, Gemeinsames Europäisches Kaufrecht für die EU?, S. 145, 158.

eine Vielzahl hiervon: So beinhalten allein über 40 Einzelnormen den Begriff der „Angemessenheit“.[344] Darüber hinaus treten noch weitere unbestimmte Rechtsbegriffe wiederholt in Erscheinung, so z.B. „Treu und Glauben und redlicher Geschäftsverkehr“[345], „Vernünftigkeit“, „Wesentlichkeit“, „Nachteilhaftigkeit“, „(Un-)Fairness“, „Unsachgemäßheit“ oder „Kennenmüssen“. Die Umschreibung der Begriffe „Angemessenheit“ und „Vernünftigkeit“ in Art. 5 GEKR hilft bei deren Ausfüllung praktisch kaum weiter, da sie – anders ist es schließlich gar nicht möglich – nur sehr allgemein gehaltene Paraphrasierungen enthält, deren Bestandteile selbst im konkreten Fall ausgelegt werden müssen; so stellt sie z.B. auf die „Umstände des Einzelfalls“ ab.[346] Art. 4 GEKR verbietet dabei im Gegensatz zu Art. 7 Abs. 2 CISG[347] jeglichen, auch subsidiären Rückgriff auf mitgliedsstaatliches Recht und schreibt eine rein autonom-europäische Lückenschließung vor.[348] Zwangsläufig muss sich hier jedoch die Frage stellen, ob die mitgliedsstaatlichen Gerichte eine solche überhaupt gewährleisten können: Vorgebracht werden Bedenken, dass sie sich, rein aus zeitlichen und Praktikabilitätsgründen, nicht um eine solche Auslegung unter Ausblendung ihres nationalen Rechts bemühen, sondern vielmehr eine Auslegung orientiert am Duktus ihres gewohnten Rechts vornehmen werden.[349] Dies hätte zur Folge, dass der Effekt der Rechtsvereinheitlichung durch das GEKR zu einem gewissen Grad wieder relativiert würde[350], da ein bloßer Normtext für sich genommen sie i. E. nicht verwirklichen könne.[351]

Dabei ist eine unterschiedliche Auslegung durch Instanzgerichte verschiedener Mitgliedsstaaten für sich genommen kein Hindernis, welches das Ziel der

344 *Herresthal*, WiVerw 2012, 140, 151.

345 Dieses Begriffspaar ist trotz der „Legaldefinition“ in Art. 2 lit. b GEKR-VO erst durch richterliche Auslegung mit Leben zu füllen.

346 So auch *Müller-Graff* in Schmidt-Kessel, Ein einheitliches europäisches Kaufrecht?, S. 51, 81 f.; *Palige* in Hahn, Gemeinsames Europäisches Kaufrecht – Moderner Ansatz oder praxisferne Vision?, S. 149, 153.

347 Zur Lückenfüllung und Interpretation des CISG vgl. *Hager*, Rechtsmethoden in Europa, S. 81 ff.

348 *Gsell* in in Gebauer, Gemeinsames Europäisches Kaufrecht – Anwendungsbereich und kollisionsrechtliche Einbettung, S. 105, 108; *Mansel*, WM 2012, 1253, 1267 sagt sogar, die Rechtsanwender seien zur autonomen Auslegung „verdammt“.

349 So *Luz Maria Martinez Velencoso* bei der Tagung „Common European Sales Law meets Reality“ vom 14./15.06.2013 in Halle (Saale), bei der der Autor zugegen war; vgl. *Konecny*, ZVertriebsR 2013, 257, 258.

350 *Maultzsch* in Hahn, Gemeinsames Europäisches Kaufrecht – Moderner Ansatz oder praxisferne Vision?, S. 9, 21 f.

351 So *Balthasar*, RIW 2012, 361, 366.

Rechtssicherheit über Maß belastet: Es entspricht viel mehr der Normalität, dass unterschiedliche Gerichte dieselbe Rechtsfrage bis zur Klärung durch eine oberste Auslegungsinstanz unterschiedlich bewerten können.[352] Grundsätzlich soll der EuGH diese Rolle einnehmen und somit für eine einheitliche Auslegung sorgen – auch wenn der Verordnungsentwurf eine explizite Regelung hierzu noch nicht enthält, besteht hinsichtlich der Schließung der internen Lücken ein Auslegungsmonopol des EuGH.[353] Ob der EuGH dies überhaupt leisten kann, ist jedoch zweifelhaft: Die einschlägige Verfahrensart, durch die er zur Auslegung des GEKR berufen wird, ist das Vorabentscheidungsverfahren nach Art. 267 AEUV.[354] Für den – aus Sicht der Befürworter des Projekts – wünschenswerten Fall, dass das GEKR in einer Vielzahl von Fällen zur Anwendung gelangt, wird sich der EuGH einer großen Zahl von Vorabentscheidungsverfahren ausgesetzt sehen.[355] Dies wird zunächst einmal zu Kapazitätsproblemen führen. Auch ohne das GEKR beträgt die durchschnittliche Dauer eines Vorabentscheidungsverfahrens derzeit bereits 15,7 Monate.[356] Je umfangreicher und einheitlicher das Privatrecht auf europäischer Ebene geregelt ist, umso mehr wird die Anzahl an privatrechtlichen Fällen vor dem EuGH zunehmen und noch schneller wachsen, als sie das seit Beginn der 90er Jahre ohnehin schon tut.[357] Es mag zweifelhaft erscheinen, dass die Richter am EuGH dieser zusätzlichen Belastung Herr werden, insbesondere vor dem Hintergrund, dass sie im Regelfall keine speziell auf das Privatrecht gerichtete Vorbildung besitzen, sondern tendenziell im Öffentlichen Recht „beheimatet" sind.[358] Doch nicht nur diese rein praktischen Erwägungen lassen die einheitliche Auslegung des GEKR durch den EuGH problematisch erscheinen, sondern es sind in erheblichem Maße auch die Eigenschaften, welche die Natur

352 Dennoch kritisch *Budde / Eckhoff* in Hahn, Gemeinsames Europäisches Kaufrecht – Moderner Ansatz oder praxisferne Vision?, S. 113, 119.

353 *Trstenjak* in Moccia, The Making of European Private Law, S. 77, 89 f.

354 *Gsell* in in Gebauer, Gemeinsames Europäisches Kaufrecht – Anwendungsbereich und kollisionsrechtliche Einbettung, S.105, 110; *Grigoleit* in Remien / Herrler / Limmer, Gemeinsames Europäisches Kaufrecht für die EU?, 67, 71.

355 *Ackermann* in Remien / Herrler / Limmer, Gemeinsames Europäisches Kaufrecht für die EU?, S. 49, 65; *Gsell* in Gebauer, Gemeinsames Europäisches Kaufrecht – Anwendungsbereich und kollisionsrechtliche Einbettung, S. 105, 118 f.; *Trstenjak* in Moccia, The Making of European Private Law, S. 77, 90.

356 *Karpenstein* in Grabitz / Hilf / Nettesheim, Art. 267 AEUV, Rn. 73.

357 *Basedow*, AcP 210 (2010), 157, 158; 190 f.

358 *Basedow*, AcP 210 (2010), 157, 191; eine mangelnde privatrechtliche Kompetenz des EuGH beklagend *Lorenz*, NJW 2011, 2241, 2245.

des Vorabentscheidungsverfahrens nach Art. 267 AEUV mit sich bringt: Hervorzuheben ist in diesem Kontext vor allem, dass der EuGH im Rahmen des Vorabentscheidungsverfahrens *keine* echte Revisionsinstanz darstellt – er entscheidet nicht über einen konkreten Fall, sondern über eine abstrakte Rechtsfrage hinsichtlich des unionalen Sekundärrechts, die ihm von einem mitgliedsstaatlichen Gericht, das hierfür sein eigenes Verfahren ausgesetzt hat, vorgelegt wurde.[359] Erst im Anschluss ist das jeweilige mitgliedsstaatliche Gericht verpflichtet unter Zugrundelegung der Rechtsansicht des EuGH den konkreten Fall zu entscheiden.[360] Insbesondere stellt es keinen Rechtsbehelf für die Parteien eines bei einem mitgliedsstaatlichen Gericht anhängigen Rechtsstreits dar, da die Aussetzung des laufenden Verfahrens und die Anrufung des EuGH einzig den zuständigen Richtern obliegt.[361] Der EuGH ist demnach im Rahmen des Vorabentscheidungsverfahrens nicht zur Anwendung, sondern nur zur Auslegung des Unionsrechts berufen.[362] Diese Ausgestaltung des Vorabentscheidungsverfahrens mag für die bisherige Privatrechtsangleichung im Wege der Richtlinienumsetzung adäquat sein, da es sich bei dieser nur um eine punktuelle Rechtsangleichung handelt[363], für eine einheitliche Auslegung eines allen Mitgliedsstaaten gemeinsamen Rechtsinstruments birgt es jedoch Probleme in besonderem Maße: Zunächst einmal wirkt sich hier die Tatsache, dass der EuGH nur auf Vorlage eines mitgliedsstaatlichen Gerichts tätig werden darf, eminenter aus. Auch wenn eine amtliche Vorlagepflicht für letztinstanzliche mitgliedsstaatliche Gerichte besteht[364], zeigt die Erfahrung, dass sich die Gerichte der einzelnen Mitgliedsstaaten in unterschiedlichem Maße „vorlagefreudig" zeigen[365] und hinzu diese Vorlagepflicht mitunter auch schlicht ignoriert

---

359 *Mak*, ZEuP 2010, 129 f.; *Grigoleit*, AcP 210 (2010), 354, 389 f.; *Wegener* in Calliess / Ruffert, Art. 267 AEUV, Rn. 5; *Karpenstein* in Grabitz / Hilf / Nettesheim, Art. 267 AEUV, Rn. 102; *Herresthal* in Hahn, Gemeinsames Europäisches Kaufrecht – Moderner Ansatz oder praxisferne Vision?, S. 83, 111.

360 *Gsell* in in Gebauer, Gemeinsames Europäisches Kaufrecht – Anwendungsbereich und kollisionsrechtliche Einbettung, S. 105, 110.

361 So schon EuGH, Urt. vom 06.10.1982, Rs. 283/81 = NJW 1983, 1257, 1258.

362 Vgl. hierzu – auch zu den damit verbundenen Schwierigkeiten – *M. Schmidt*, Konkretisierung von Generalklauseln, S. 52 ff.

363 *Maultzsch* in Hahn, Gemeinsames Europäisches Kaufrecht – Moderner Ansatz oder praxisferne Vision?, S. 9, 19 f.

364 *Wegener* in Callies / Ruffert, Art. 267 AEUV, Rn. 26; zur Vorlageberechtigung nicht letztinstanzlicher Gerichte vgl. *ders.* In Callies / Ruffert, Art. 267 AEUV, Rn. 28.

365 Ausführlich hierzu *Rösler*, EuR 2012, 392 ff.

wird[366]. Die Auslegung, Fortbildung und somit Entwicklung eines – zumindest hinsichtlich des Kaufrechts – umfassenden Gesetzestextes darf aber, damit sie kohärent und vollumfänglich gelingt, nicht von i. E. zufälligen externen Faktoren abhängig gemacht werden. Vielmehr muss die Instanz, welche die endgültige Auslegungskompetenz über das GEKR besitzt, hinsichtlich solcher Rechtsstreitigkeiten, die einen Vertrag auf dessen Grundlage zum Inhalt haben, eine echte und grundsätzliche Entscheidungsbefugnis haben. Auf Grundlage des Vorabentscheidungsverfahrens kann dies jedoch nicht erreicht werden.

Die Vielzahl der unbestimmten Rechtsbegriffe im GEKR wird demnach in praktischer Hinsicht zu erheblichen Problemen führen: Der zur Schließung der internen Regelungslücken mittels autonomer Auslegung des GEKR als letzte Auslegungsinstanz berufene EuGH ist derzeit weder institutionell in der Lage, diese in zufriedenstellender Weise zu stemmen, noch ist das hierfür derzeit einschlägige Vorabentscheidungsverfahren nach Art. 267 AEUV geeignet, eine dauerhafte Rechtsfortbildung und Weiterentwicklung des europäischen Kaufrechts auf Grundlage des GEKR in kohärenter Weise zu sichern.

2. Bewertung

Ein GEKR, dessen verbindliche, einheitliche interne Lückenfüllung und somit Auslegung nicht gewährleistet ist, wirkt auf die Marktteilnehmer nicht attraktiv, womit die dargestellte Situation dem Erfolg des GEKR nicht zuträglich sein wird. Um diesem Dilemma zu entkommen, stehen grundsätzlich zwei gegenteilige Wege zur Verfügung: Entweder, man reduziert in einer Revision des GEKR die Verwendung unbestimmter Rechtsbegriffe drastisch, sodass der Auslegungsbedarf im gleichen Maße gesenkt wird oder aber man ändert die Struktur und das Verfahren vor dem EuGH.

Für erstere Variante plädiert *Palige*: Er fordert eine deutliche Konkretisierung des GEKR, da die bisherige extensive Verwendung unbestimmter Rechtsbegriffe dessen praktische Anwendung unzumutbar mache.[367] Dieser Ansicht muss jedoch vehement widersprochen werden: In der Natur des GEKR liegt die Absicht begründet, dass es auf lange Sicht einen ersten Schritt in Richtung eines europäischen

366 Am Beispiel der Entscheidung BGHZ 177, 224 = NJW 2008, 2837 *Maultzsch* in Hahn, Gemeinsames Europäisches Kaufrecht – Moderner Ansatz oder praxisferne Vision?, S. 9, 20.

367 *Palige* in Hahn, Gemeinsames Europäisches Kaufrecht – Moderner Ansatz oder praxisferne Vision?, S. 149, 153.

Vertragsrechts darstellen soll.[368] Es ist somit geprägt von einem präkodifikatorischen Charakter. Ein gewisser Grad an Abstraktion stellt aber gerade ein wesentliches Qualitätsmerkmal für Kodifikationen und artverwandte Gesetzestexte dar. Ein Gesetz zu entwickeln, das sämtliche vorstellbare Einzelfälle umfasst, ist nicht möglich; ein Bestreben zur Schaffung eines Gesetzes, dass diesem Ideal möglichst nahe kommt, kann sich nur in der Klärung von viel zu vielen Detailfragen verirren, die dem Wunsch nach einer guten Handhabbarkeit des Gesetzes entgegensteht. Auch ist Abstraktion notwendig, um den dauerhaften Erfolg eines Gesetzgebungswerks sicherzustellen: Gerade seiner Abstraktion hat es das BGB zu verdanken, dass es heute noch in Kraft ist und sich entsprechend der gesellschaftlichen und politischen Veränderungen weiterentwickeln konnte. Mit dem GEKR wird ein neuer Weg der Privatrechtsetzung in Europa eingeschlagen. Deshalb muss man ihm auch die Möglichkeit geben, sich zu entwickeln. Denn die Erfahrung zeigt, dass die Entwicklung einer Rechtskultur nicht möglich ist – und um die Schaffung einer europäischen Rechtskultur geht es mit dem GEKR auch – ohne dass die Richter die Möglichkeit haben, neben gänzlich ausgeformten Rechtssätzen, auf Gerechtigkeitserwägungen zurückzugreifen.[369] Die Verwendung unbestimmter Rechtsbegriffe und der hieraus resultierende Abstraktionsgrad des GEKR sind demnach nicht vermeidbar, wenn es seinem Selbstverständnis als präkodifikatorisches Gesetzgebungswerk gerecht werden will, das auch die Diskussion über die Weiterentwicklung des europäischen Vertragsrechts im Übrigen antreiben soll[370] – einer Überprüfung der einzelnen Normen vor einer weitergehenden Revision[371] steht dieses Ergebnis selbstredend nicht entgegen, da es gerade auch die unbestimmten Rechtsbegriffe sind, welche die Beteiligten zur Weiterentwicklung des GEKR einladen.[372]

Deshalb muss die Lösung dieses Problems in einer Änderung der Struktur und des Verfahrens vor dem EuGH bestehen. Da die derzeitige Form des Vorabentscheidungsverfahrens nach Art. 267 AEUV nicht in der Lage ist, eine einheitliche und kohärente Auslegung und Weiterentwicklung des GEKR zu gewährleisten und

---

368 Vgl. *Martinek* in Staudinger, Eckpfeiler des Zivilrechts, Kap A., Rn. 150.

369 So in Bezug auf die Generalklauseln des BGB *Honsell* in Staudinger, Einleitung zum BGB, Rn. 71 f.; im Hinblick auf Generalklauseln im europäischen Recht *M. Schmidt*, Konkretisierung von Generalklauseln, S. 29 ff.

370 In diese Richtung zu den unbestimmten Rechtsbegriffen im DCFR *Martinek* in Staudinger, Eckpfeiler des Zivilrechts, Kap. A, Rn. 113.

371 Beispiele aufzählend *Herresthal*, WiVerw 2012, 140, 151.

372 Vgl. zur „Wegmarker-Funktion“ unbestimmter Rechtsbegriffe *Schulte-Nölke*, NJW 2009, 2161 2167.

somit dauerhaft für Rechtssicherheit zu sorgen, muss ein Verfahren vor einer europäischen Revisionsinstanz geschaffen werden, die die Fragen zur Auslegung und Fortbildung des GEKR für alle mitgliedsstaatlichen Gerichte verbindlich klärt.[373] Denn für die Qualität des GEKR wird es in entschiedenem Maße darauf ankommen, dass durch seine Auslegung durch den EuGH ein sachlich überzeugendes und systematisch geschlossenes Gesamtgefüge entsteht.[374] Die Kammern dieses zu schaffenden Spruchkörpers sollten dabei aus Richtern unterschiedlicher Mitgliedsstaaten bestehen, alle selbstredend mit zivilrechtlicher Expertise, um so die verschiedenen rechtskulturelle Hintergründe, Methodiken und Sprachen bei der Auslegung des GEKR in angemessenem Maße zu würdigen. Hinzu kommt, dass die wenig befriedigend erscheinende Situation beseitigt würde, dass den Unionsbürgern einerseits subjektive Rechte aus einem Sekundärrechtsakt zugesprochen werden, sie zu deren Durchsetzung im Zweifelsfall aber von der Vorlagebereitschaft ihres mitgliedsstaatlichen Gerichts abhängig sind.[375] Der Schaffung einer solchen europäischen Revisionsinstanz für das GEKR stehen entgegen der Ansicht von *Gsell* auch nicht dessen externe Lücken entgegen[376]: Ihr zur Folge könnten die Richter eine Handhabung der fremden Sachrechtsordnungen nicht leisten, schließe man diese aber in einem europäischen Revisionsverfahren aus und beschränkte es auf die Rüge der Verletzung des Europarechts, könnten auch hier diejenigen Richter, die vom mitgliedsstaatlichen Recht, das zur Lückenfüllung berufen ist, keine fachliche Kenntnis haben, nicht die Auswirkungen ihrer Entscheidung auf den Gesamtfall berücksichtigen. Dem ist zunächst entgegenzuhalten, dass es in der Natur einer solchen Revisionsinstanz liegen muss, dass sie ausschließlich zur Auslegung des GEKR, unter Ausschluss der externen Lücken, berufen sein kann. Wenn diese nach mitgliedsstaatlichem Recht zu schließen sind, so kann hierzu einzig das vorhergehende mitgliedsstaatliche Gericht zuständig sein; die zu schaffende Instanz muss diesbezüglich dann an dessen Entscheidung gebunden sein. Auch ihr Argument, dass das Bestehen eines vertraglichen Anspruchs nach dem GEKR im Falle eines z. B. deliktischen mitgliedsstaatlichen Parallelanspruchs dahinstehen kann, überzeugt nicht. Im Gegenteil wird in einem solchen Fall schon kein Interesse der Parteien an einer weiteren Klärung bestehen, womit aber ihr

373 Zustimmend bereits *Herresthal*, EuZW 2011, 7, 12.

374 *Gsell* in in Gebauer, Gemeinsames Europäisches Kaufrecht – Anwendungsbereich und kollisionsrechtliche Einbettung, S. 105, 115.

375 Vgl. *Basedow*, AcP 210 (2010), 157, 193.

376 So aber *Gsell* in in Gebauer, Gemeinsames Europäisches Kaufrecht – Anwendungsbereich und kollisionsrechtliche Einbettung, S. 105, 120 f.

Interesse an einem effektiven Rechtsschutz gewahrt bleibt. Ihrer Kritik an einer möglichen Verlängerung des Instanzenzugs kann damit begegnet werden, dass für Auslegungsfragen des europäischen Rechts in einer das GEKR flankierenden Richtlinie die Mitgliedsstaaten zur Anpassung ihres Gerichtsverfassungsrechts verpflichtet werden könnten.

Festzuhalten ist, dass die Verwendung unbestimmter Rechtsbegriffe für einen gewissen Abstraktionsgrad sowie für das Ziel, ein möglichst schlankes und handhabbares Gesetz zu schaffen, unabdingbar ist. Um ihnen Herr zu werden, ist eine Veränderung des Verfahrens vor dem EuGH und eine Veränderung von dessen Struktur vorzunehmen: Anstatt des Vorabentscheidungsverfahrens sollte zur verbindlichen Auslegung des GEKR eine echte europäische Revisionsinstanz beim EuGH geschaffen werden, welche die Parteien bei Streitigkeiten über die Behandlung einer Rechtsfrage nach dem GEKR anrufen können.

III. Bedeutung der externen Lücken für die Zielsetzung des GEKR

Die Vielzahl an externen Lücken ist geeignet, der Zielsetzung des GEKR entgegenzustehen: Denn jeder Verweis auf das kollisionsrechtlich einschlägige nationale Recht läuft dem Ziel einer weitergehenden Rechtsangleichung bzw. -vereinheitlichung zuwider. Doch mit seiner Rolle als Kaufrechtsinstrument kann das GEKR schon naturgemäß nicht zu einer umfassenden Privatrechtsvereinheitlichung führen.[377] Somit ist zu klären, wie sich die externen Lücken tatsächlich auf die Zielsetzung des GEKR auswirken, welche legitim oder illegitim sind und ob letztere vermieden werden können oder ganz oder teilweise hinzunehmen sind.

1. Verhältnis zwischen externen Lücken und Transaktionskosten

Die offensichtliche Wechselwirkung der externen Lücken des GEKR, die letztlich über dessen Erfolg oder Misserfolg mitentscheiden wird, besteht mit den anvisierten Transaktionskostensenkungen. Die gewünschten Rationalisierungseffekte beim Abschluss grenzüberschreitender Kaufverträge treten in umso größerem Maße ein, je mehr sich die Parteien auf ein einziges Vertragsrechtsregime beschränken können und in umso geringerem, je mehr sie trotz Vereinbarung des GEKR die Regeln eines zumindest für eine Partei fremden mitgliedsstaatlichen Rechts beachten müssen, das im Falle einer externen Regelungslücke kollisionsrechtlich

377 Das GEKR als „Pilotprojekt" bezeichnet *Stadler*, AcP 212 (2012), 473, 498.

zur Anwendung berufen ist.[378] Die naheliegende Lösung wäre demnach ein umfassendes Vertragsrechtsinstrument, das verbindlich ist und alle Bereiche des Vertragsrechts umfasst. Wie aber bereits dargelegt, wurde ein solches weder mit dem GEKR angestrebt, noch besteht hierfür derzeit der politische Wille, geschweige denn die Durchsetzbarkeit, was insbesondere die Kritik an Regelungsbereichen des DCFR zeigt, die beim GEKR ausgelassen wurden.[379] Die externen Lücken sind in einem optionalen Instrument folglich unvermeidbar.[380] Der Erlass des GEKR kann aber, ebenfalls wie in dieser Arbeit erörtert, für die potentiellen Anwender trotzdem ökonomisch sinnvoll sein. Damit steht letztlich nur die Frage im Raum, welche externen Lücken es geben darf und soll.

2. *Behebbare externe Lücken – was kann, darf und soll im GEKR geregelt werden?*

a) Stichhaltigkeit der Begründung der externen Lücken

Die externen Lücken des GEKR werden offiziell damit begründet, dass die nicht im GEKR geregelten Materien für den Lebenszyklus eines grenzüberschreitenden Kaufvertrags kaum von praktischer Bedeutung seien oder in den nationalen Rechtsordnungen als besonders sensibel angesehen werden.[381] Diese Thesen werden zu Recht bestritten.[382] Weshalb in manchen Rechtsordnungen Materien wie der Minderjährigenschutz als „sensibler“ gelten sollen als im GEKR geregelte Gebiete wie z.B. die Anfechtung, die AGB-Kontrolle oder die Rückabwicklung von Verträgen, verschweigt die Kommission. Die Behauptung einer mangelnden praktischen Bedeutung des Rechts der Stellvertretung oder Abtretung muss jedoch als schlicht falsch qualifiziert werden; im Gegenteil sind sie, gerade in den Wirtschaftsbereichen, in denen das GEKR hauptsächlich Anwendung finden soll, absolut üblich und vertragliche Regelungen hierzu weit verbreitet.[383]

---

378 Vgl. *Limmer / Huttenlocher / Simon*, EuZW 2013, 86, 87; *Eidenmüller / Jansen / Kieninger / Wagner / Zimmermann*, JZ 2012, 269, 286; *Balthasar*, RIW 2012, 361, 365 f.

379 *Mansel*, WM 2012, 1253, 1265.

380 *Gsell* in Remien / Herrler / Limmer, Gemeinsames Europäisches Kaufrecht für die EU?, S. 145, 158.

381 Erw.gr. 26 GEKR-VO; *Staudenmayer*, NJW 2011, 3491, 3495; *Moser* in Remien / Herrler / Limmer, Gemeinsames Europäisches Kaufrecht für die EU?, S. 7, 11 f.

382 Zustimmend *Jansen*, ZEuP 2012, 741, 752; *Eidenmüller / Jansen / Kieninger / Wagner / Zimmermann*, JZ 2012, 269, 271 f.

383 *Kleinschmidt*, RabelsZ 75 (2011), 497, 504 f.; *Jansen* ZEuP 2012, 741, 752; *Zimmermann*, Jbl 2012, 9 f.; *Stadler*, AcP 212 (2012), 473, 498; *Ayad / Schnell*, BB 2012, 1487, 1488.

b) Tatsächliche Notwendigkeit

Wenn aber die Begründungen für den Ausschluss solcher Regelungsbereiche aus dem GEKR, die für den Lebenszyklus eines Kaufvertrags zweifelsohne ebenso von Bedeutung sind wie manch darin geregelte Materie, nicht tragbar sind, so stellt sich zwangsläufig die Frage nach der tatsächlichen Notwendigkeit, die in Erw.gr. 27 GEKR-VO bzw. Art. 11a GEKR aufgelisteten Gebiete im GEKR außen vor zu lassen.

Immense Bedeutung im alltäglichen Warenverkehr hat insbesondere das Recht der Stellvertretung, weshalb für die Aufnahme entsprechender Regelungen in das GEKR plädiert wird.[384] Problematisch ist jedoch hierbei in entschiedenem Maße die Drittbezogenheit der Stellvertretungsregeln: Würden sie von einem optionalen Instrument umfasst, so würde eine dritte Person auf Seite einer der Vertragsparteien dessen Regeln unterworfen, obwohl sie keinen direkten Einfluss auf die Ausübung dieser Option hat. Vereinfacht gesagt würde sich die Wahl, die die vertragsschließenden Personen vornehmen, auf einen Dritten erstrecken, was zu schwerwiegenden, insb. kollisionsrechtlichen Folgeproblemen führen kann. Was wäre z. B., wenn ein Vertreter einen Kaufvertrag auf Grundlage des GEKR schließt, obwohl ihn sein Geschäftsherr zu dieser Rechtswahl gerade nicht ermächtigt hat? Entweder müssten die Stellvertretungsregeln des optionalen Instruments Anwendung finden oder aber der Vertrag, der i. Ü. nach dessen Regeln abzuwickeln ist, hängt in seiner Wirksamkeit von den jeweiligen mitgliedsstaatlichen Vertretungsregeln ab.[385] Dieses und artverwandte Probleme sind wohl ausschlaggebend dafür, dass die Vermutung vorherrscht, dass die Stellvertretung in Wahrheit deshalb nicht im GEKR aufgenommen wurde, da sie aufgrund bisher ungelöster konzeptioneller Unterschiede zwischen den Mitgliedsstaaten in einem optionalen Instrument besonders schwer zu regeln wäre und für sie schlicht noch keine überzeugende Lösung gefunden werden konnte.[386] Alles soeben Gesagte gilt auch für das Recht der Abtretung.[387] Die bloße Schwierigkeit, eine angemessene Regelungsvariante zu finden, kann für sich genommen aber kein überzeugendes Argument für einen Ausschluss aus dem GEKR sein.

Aus einer anderen Perspektive scheint der Ausschluss der Regelungsmaterien mit Drittbezug jedoch angemessen: Aufgrund der Natur des GEKR als optionales

384 Ausführlich *Kleinschmidt*, RabelsZ 75 (2011), 497, 529 ff.

385 Vgl. auch *Kleinschmidt*, RabelsZ 75 (2011), 497, 508 ff.

386 *Eidenmüller / Jansen / Kieninger / Wagner / Zimmermann*, JZ 2012, 271 f.; *Jansen* ZEuP 2012, 741, 752.

387 Ausführlich und kritisch zum DCFR *Kieninger*, ZEuP 2010, 724 ff.

Instrument erscheint es nicht geboten, solche Regelungen aufzunehmen, die Auswirkungen auf Personen haben, die nicht Vertragspartei werden, d. h. die Wahl des GEKR gerade nicht getroffen bzw. keinen Einfluss hierauf ausgeübt haben. Zum Grundgedanken eines Wahlrechts gehört es, dass es Auswirkung nur auf diejenigen entfaltet, die es auch gewählt haben. Auszunehmen hiervon ist die Regelung des Art. 78 GEKR über den Vertrag zu Gunsten Dritter, da mit einem solchen ein Dritter lediglich begünstigt wird, ihm aus der Rechtswahl der eigentlichen Verhandlungspartner also keinerlei Nachteil oder Verpflichtung treffen kann.[388] Hinzu kommen teilweise auch kompetenzielle Bedenken: Hinsichtlich mancher nicht geregelter Materien erscheint es fraglich, ob sie den nach Art. 114 AEUV erforderlichen Binnenmarktbezug aufweisen. Z. B. bei der Frage der Geschäftsfähigkeit ließe sich vortrefflich streiten, ob sie für sich genommen oder im speziellen Kontext eines vertragsrechtlichen optionalen Instruments über einen solchen Binnenmarktbezug verfügt. Letztlich muss man sich zur Beantwortung der Frage, was in einem optionalen Kaufrechtsinstrument an übrigem Vertragsrecht überhaupt geregelt werden kann, wieder die faktischen, politischen Begebenheiten verdeutlichen: Wenn schon die Schaffung eines bloßen optionalen Kaufrechts so umstritten und damit schwer durchsetzbar ist, wird dies nicht dadurch erleichtert, dass man noch mehr regelt. Jede weitere Regelungsmaterie, die nicht genuin kaufrechtlicher Natur ist und dennoch in das GEKR eingebaut wird, bewegt dieses weg von einem Kaufrechts- zu einem allgemeinen Vertragsrechtsinstrument, das durchzusetzen schon aus kompetenziellen wie politischen Erwägungen umso schwieriger wäre.

3. *Bewertung*

Fakt ist, dass sich die externen Lücken mittel- und unmittelbar negativ auf die mit dem GEKR erzielbaren Transaktionskostenersparnisse auswirken. Ihre offizielle Begründung durch den Verordnungsgeber ist außerdem nicht tragfähig. Wünschenswert wäre es daher grundsätzlich, das GEKR von seinen externen Lücken weitestgehend zu befreien, somit eine einfachere Handhabung durch den nicht mehr notwendigen Rückgriff auf nationales Recht zu ermöglichen und hierdurch seine positive Wirkung auf den Binnenmarkt zu maximieren. Jedoch sind die externen Lücken letztlich aus Gründen der Drittbezogenheit, der EU-Kompetenz und der mangelnden faktischen Durchsetzbarkeit eines zu weitreichenden

---

388 Vgl. *Kieninger* in Schulze, Common European Sales Law (CESL) – Commentary, Art. 78, Rn. 10; *Burrows / Busch* in Dannemann / Vogenauer, The Common European Sales Law in Context, S. 502 ff.

optionalen Instruments weitestgehend unvermeidbar.[389] Innerhalb des politischen Zeitfensters, in dessen Rahmen eine Realisierung des GEKR als möglich erscheint, ist eine Einbettung solcher Regeln nicht erreichbar. Falls es also in der Endfassung des GEKR bei den externen Lücken des Verordnungsentwurfs bleibt, ist dies im Zweifelsfall hinzunehmen.

IV. Sonderfall: Regelung von Lücken im Rahmen der Klauselkataloge von Art. 84, 85 GEKR

Zuletzt ist ein im GEKR angelegter Sonderfall der Abgrenzung und Behandlung von internen und externen Regelungslücken einer näheren Betrachtung zu unterziehen. Eine besondere Form der Kollision zwischen Materien, die laut Erw.gr. 27 GEKR-VO bzw. Art. 11a GEKR nicht Bestandteil des GEKR sind, und dessen tatsächlichem Inhalt befindet sich im Kapitel über unfaire Vertragsbestimmungen, Art. 79 ff. GEKR.[390] Grund hierfür ist, dass in den Klauselkatalogen von Art. 84, 85 GEKR mehrfach Rechtsmaterien aufgegriffen werden, die i. Ü. nicht im GEKR geregelt sind.[391] Zwar bemisst sich die Unfairness einer AGB-Klausel gemäß Art. 83 Abs. 1 GEKR am Grundsatz von Treu und Glauben und des redlichen Geschäftsverkehrs nach Art. 2 GEKR, sie ist mithin autonom auszulegen. Problematisch ist aber, dass dies, soweit Klauseln über Materien betroffen sind, die nicht Gegenstand des GEKR sind, kaum möglich erscheint, da zur Beurteilung der Unfairness regelmäßig ein Vergleich zwischen der fraglichen Klausel und der dispositiven Regelung, die ohne die Klausel gelten würde, vorgenommen werden muss. Ist die dispositive Regelung aber nicht Bestandteil des GEKR, sondern unter Rückgriff auf das nationale Recht zu bestimmen, liegt darin ein Widerspruch zum Grundsatz einer GEKR- bzw. europarechtlich-autonomen AGB-Kontrolle.[392] Nach *Ernst* ist dieser Widerspruch dahingehend aufzulösen, dass rechtliche Gesichtspunkte, die nicht Bestandteil des Regelungsbereichs des GEKR sind, auch

---

389 In diese Richtung i. E. auch *Gsell* in Remien / Herrler / Limmer, Gemeinsames Europäisches Kaufrecht für die EU?, S. 145, 158.

390 Hierzu im Allgemeinen *Ernst* in Remien / Herrler / Limmer, Gemeinsames Europäisches Kaufrecht für die EU?, S. 93 ff.; *Möslein* in Schmidt-Kessel, Ein einheitliches europäisches Kaufrecht, S. 255 ff.

391 *Faust*, BRJ 2012, 123, 130; eine Übersicht über die fraglichen Normen ohne Anspruch auf Vollständigkeit bei *Eidenmüller / Jansen / Kieninger / Wagner / Zimmermann*, JZ 2012, 269, 278.

392 Vgl. *Gsell* in in Gebauer, Gemeinsames Europäisches Kaufrecht – Anwendungsbereich und kollisionsrechtliche Einbettung, S. 105, 111 f.

nicht dessen Inhaltskontrolle nach Art. 79 ff. GEKR unterliegen können, nicht einmal einer solchen anhand der Generalklauseln. Ob sie indes einer Inhaltskontrolle nach dem mitgliedsstaatlichen Recht unterliegen und somit in der Praxis ein Nebeneinander zweier Inhaltskontrollen entsteht, lässt er offen.[393] *Solomon* hingegen wirft anhand des Beispiels von Art. 85 lit. e GEKR – Klauseln über Vertragsstrafen – die Frage auf, ob die Rechtsfragen, die eigentlich nicht Bestandteil des GEKR, aber in den Katalogen von Art. 84, 85 GEKR aufgelistet sind, hierdurch doch allgemein vom GEKR geregelt werden, nur im Verhältnis zu Verbrauchern, nur für den Fall der Einbeziehung in AGB oder nur für den Fall der Einbeziehung in AGB gegenüber Verbrauchern.[394] *Faust* zeigt die Folgen des alternativen Verständnisses dieser Klauselregelungen auf: Verstehe man sie als punktuelle Regelungen, die nichts daran ändern, dass die Fairnesskontrolle dieser Rechtsfragen an sich nicht im GEKR geregelt ist, so wäre eine „Doppelzuständigkeit" die Folge, die bewirke, dass grundsätzlich eine Klauselkontrolle anhand des nationalen Rechts vorzunehmen sei und das GEKR insoweit nur bei einem spezifischen Verstoß gegen Art. 84, 85 GEKR eine Rolle spiele. Verstehe man die Klauselkataloge hingegen so, dass die Fairnesskontrolle eine generell im GEKR geregelte Frage sei und nicht nur im Hinblick auf Vertragsbestimmungen, die in ihm geregelte Fragen betreffen, würde eine Klauselkontrolle einzig anhand des GEKR erfolgen.[395]

Die aufgezeigten Konsequenzen der derzeitigen Ausgestaltung des AGB-Rechts im GEKR sind auf den ersten Blick nicht zufriedenstellend. Allerdings ist *Fausts* These von der „Doppelzuständigkeit" nicht haltbar: Eine Klauselkontrolle nach nationalem Recht kann auch hinsichtlich nicht vom GEKR umfasster Materien nicht neben diesem stehen, da mit Art. 79 ff. GEKR die AGB-Inhaltskontrolle ganz bewusst zu dessen Bestandteil gehört und sich eine solche im Fall der Wahl des GEKR gemäß Art. 11 GEKR-VO, Art. 4 GEKR ausschließlich nach diesem richten kann, auch wenn einzelne Klauseln eines Vertragswerks Regelungen enthalten, die das GEKR nicht oder i. Ü. nicht behandelt. Eine solche Prüfung richtet sich dann nach den Generalklauseln Art. 83, 86 GEKR. Insoweit ist auch *Ernst* zu widersprechen. Unterschiedliche Wertungsmaßstäbe für einzelne Klauseln innerhalb eines AGB-Werks, die durch das Nebeneinander der GEKR-Klauselkontrolle und der nationalen Klauselkontrolle entstünden, würden nämlich den Zielen der

---

393 *Ernst* in Remien / Herrler / Limmer, Gemeinsames Europäisches Kaufrecht für die EU?, S. 93, 104 f.

394 *Solomon* in Gebauer, Gemeinsames Europäisches Kaufrecht – Anwendungsbereich und kollisionsrechtliche Einbettung, S. 129, 135.

395 *Faust*, BRJ 2012, 123, 130 f.

Kosteneinsparung und v. a. der einheitlichen Auslegung des GEKR zuwiderlaufen. Auch ein vermeintlicher „Zwang" der nationalen Gesetzgeber, ihre jeweiligen AGB-Rechte an die Regeln des GEKR anzupassen[396], spricht nicht entschieden gegen die hier vertretene Ansicht. Im Gegenteil soll ein optionales Instrument im Erfolgsfall ja gerade Signalwirkung auf die mitgliedsstaatliche Rechtsetzung ausüben.

Einzig problematisch bleibt die Einbeziehung von an sich nicht im GEKR behandelten Regelungsmaterien in die Klauselkataloge der Art. 84, 85 GEKR. Wenn hierdurch Regelungen, die diese Materien betreffen, in AGB als „per se" oder „vermutet unfair" qualifiziert werden, überschreitet das GEKR seine intendierte Regelungsreichweite, indem es Wertungsmaßstäbe für spezifische, in ihm aber bewusst nicht enthaltene Rechtsfragen vorgibt. Neben dem offensichtlichen inneren Widerspruch kann dies, insbesondere hinsichtlich der Kataloginhalte, die das Verhältnis zu Dritten betreffen, weitere kompetenz- und kollisionsrechtliche Folgeprobleme nach sich ziehen. Bei einer Revision des Verordnungstextes sollten demgemäß zwei Dinge geschehen: Zunächst sollten die Klauselkataloge von den Rechtsmaterien bereinigt werden, die das GEKR qua eigener Maßgabe nicht beinhaltet. Weiterhin sollte klargestellt werden, dass sich die AGB-Kontrolle eines Vertrags, der nach dem GEKR geschlossen wurde, ausschließlich nach diesem richtet. Denn nur durch die weitestgehende Vermeidung der parallelen Anwendung von GEKR und nationalem Recht lässt sich dauerhaft ein einheitlicher Wertungsmaßstab und durch diesen eine einheitliche Rechtsprechung und somit eine vernünftige praktische Handhabbarkeit für die Nutzer erreichen. Die Unterwerfung der in der Folge nicht mehr von den Art. 84, 85 GEKR umfassten AGB-Klauseln unter die Generalnormen Art. 83, 86 GEKR stellt überdies keinen wesentlichen Unsicherheitsfaktor für die Rechtsanwender dar: Die Generalklauseln der nationalen Rechtsordnungen – im deutschen Recht § 307 BGB – sind determiniert durch Art. 3 der Klauselrichtlinie.[397] Art. 83 GEKR deckt sich wiederum inhaltlich im Wesentlichen mit den mitgliedsstaatlichen Generalklauseln.[398] Aus diesem Grund lässt sich für die Auslegung der Wertungsmaßstäbe von Art. 83 GEKR ohne Weiteres auf die bisher ergangene Rechtsprechung des EuGH zur Klauselrichtlinie zurückgreifen, womit auf dieser Basis auch für die vom GEKR nicht umfassten Bereiche die europäischen Rechtsanwender auch auf Grundlage des GEKR ihre

---

396 So *Eidenmüller / Jansen / Kieninger / Wagner / Zimmermann*, JZ 2012, 269, 279.

397 RL 93/13/EWG vom 05.04.1993; vgl. hierzu *Pfeiffer* in Grabitz / Hilf / Nettesheim, Art. 3, Rn. 1.

398 *Graf von Westphalen*, ZIP 2011, 1985, 1989.

AGB weitestgehend angriffssicher gestalten können. Zweifelsfälle werden sich nach wie vor nur dann auftun, wenn sie versuchen, den vorgegebenen Rahmen auf das Gröbste auszureizen. Im „luftleeren Raum“[399] würden sie sich im Falle einer solchen Revision aber keinesfalls befinden. Daher ist der hier vorgeschlagene Lösungsweg gegenüber der aktuellen Ausgestaltung des AGB-Rechts im GEKR zu bevorzugen. Hiernach fände i. E. eine Lückenfüllung, sofern sich Regelungslücken im Rahmen der Nutzung von AGB-Klauseln auftun, i. S. v. Art. 4 GEKR rein autonom ohne Rückgriff auf nationales Recht statt.

V. Fazit

Nicht nur die Anwendungs-, auch die inhaltliche Reichweite des GEKR ist beschränkt. Grund hierfür ist eine Vielzahl interner wie externer Lücken, die dem Ziel eines möglichst einheitlichen optionalen Kaufrechtsinstruments zur Binnenmarktförderung durch Senkung von Transaktionskosten vom Grundsatz her entgegenstehen. Sie verhindern Transaktionskostensenkungen aber auch nicht in dem Maße, dass der Erlass eines GEKR ohne die vorherige Schließung seiner externen Lücken keinen Sinn ergäbe. Ihre Abgrenzung untereinander ist zu bewältigen. Besonders problematisch ist lediglich die Lückenfüllung im Rahmen von AGB, da die Klauselkataloge von Art. 84, 85 GEKR Materien beinhalten, die gerade nicht Bestandteil des materiellen Regelungsgehalts des GEKR sind. Aus diesem Grund sollte eine Revision der AGB-Regeln in der dargestellten Weise vorgenommen werden.

Die unbestimmten Rechtsbegriffe, die einen Großteil zu den internen Lücken beitragen, können zwar durchaus als „Risikofaktor“ angesehen werden, allerdings keineswegs als nicht kalkulierbarer. Sie sind von der Natur des GEKR her nicht zu vermeiden, für ihre Handhabung kommt es auf Dauer viel mehr darauf an, dass eine geordnete und einheitliche Auslegung des GEKR Gestalt annimmt. Hierzu sollte im Rahmen einer neuen Verfahrensart eine neu zu schaffende Kammer am EuGH eingerichtet werden, die eine echte Revisionsinstanz für solche Verfahren darstellt, bei denen sich der Rechtsstreit um die korrekte Auslegung des GEKR dreht und zu der den beteiligten Parteien der Weg offen steht. Auch die externen Lücken sind i. E. hinzunehmen. Durch sie entsteht mit dem GEKR zwar kein vereinheitlichtes Privatrecht – dies ist jedoch auch gar nicht sein Anliegen. Sie stellen für seine Handhabung gleichsam kein unüberwindbares Hindernis dar und sind aus praktischen wie tatsächlichen Gründen zu akzeptieren.

---

399 So *Faust*, BRJ 2012, 123, 130.

Letztlich wird es bis zu einem gewünschten zügigen Erlass des GEKR kaum möglich sein, seine inhaltliche Reichweite in angemessener Art und Weise zu vergrößern, was in praktischen, rechtlichen sowie politischen Ursachen begründet ist. Verdeutlicht man sich jedoch die dem GEKR zugedachte Rolle über eine Verordnung zur Binnenmarktförderung hinaus, ist seine noch begrenzte inhaltliche Reichweite letztlich legitim: Mit dem GEKR wird ein neuer, innovativer Weg der Gesetzgebung, Privatrechtsangleichung und somit auch der europäischen Integration eingeschlagen. Es soll nach dem Wunsch seiner Erschaffer nicht weniger als eine neue Ära einläuten. Die Erwartungshaltung besteht darin, dass es vor allem auch als Impulsgeber für die zukünftige europäische Rechtsetzung dienen und somit das große Ziel einer europäischen Privatrechtsvereinheitlichung entscheidend vorantreiben kann. Vor diesem Hintergrund kann aber auch die Einführung eines optionalen Kaufrechtsinstruments mit einer nur begrenzten inhaltlichen Reichweite durchaus Sinn ergeben. Ändert man es in den wesentlichen Punkten noch entscheidend ab[400], kann es auch ein Erfolg und somit der gewünschte große Wurf werden.

§ 3: Zusammenfassung in Thesen

1. Es gibt zwei wesentliche materiellrechtliche Hindernisse, die über Wohl und Wehe des GEKR, d. h. dessen Erfolg am Markt und die daraus resultierende fortschreitende europäische Integration mittels Angleichung des Privatrechts, entscheiden werden: Der ihm innewohnende Verbraucherschutz und seine Reichweite.

2. Die Kommission legt ihrer Vorstellung zur Vereinbarung des GEKR fälschlicherweise eine „Konsenshypothese" zu Grunde, indem sie davon ausgeht, dass sich die Vertragsparteien, auch bei einem b2c-Verhältnis, tatsächlich über die Wahl des anwendbaren Rechts auseinandersetzen werden. Der absolute Regelfall wird jedoch der sein, dass ein Unternehmer, wenn er sich dazu entschließt, seinen Vertrieb auf die Grundlage des GEKR umzustellen, bei grenzüberschreitenden Verträgen die Verbraucher vor die Wahl stellen wird, den Kaufvertrag entweder auf Grundlage des GEKR oder überhaupt nicht abzuschließen, da sich die erwünschten Transaktionskostenersparnisse nicht realisieren lassen, wenn er weiterhin vollumfänglich mit zwei Rechtsordnungen hantieren muss.

---

400 Vgl. Kap. 4, § 1 und Kap. 4, § 2, A.

3. Hieraus folgt, dass das GEKR nur dann ein Erfolg werden kann, wenn es für die Unternehmer attraktiv ausgestaltet ist. Ein Kaufrechtsinstrument, das sich durch einen zu hohen Verbraucherschutz auszeichnet, wird von ihnen gemieden werden, da ein solcher weitere Kosten bzw. Kostenrisiken mit sich bringt, die den Effekt der Transaktionskostenersparnis schmälern werden. Ein gewisses Verbraucherschutzniveau ist jedoch Grundvoraussetzung für die politische Durchsetzbarkeit des GEKR auf europäischer Ebene; das GEKR darf nicht merklich vom gegenwärtigen europäischen Verbraucherschutzniveau nach unten abweichen. Zu beachten ist außerdem, dass sich ein zu hoher Verbraucherschutz nachteilig auf die Verbraucher auswirkt, da die hierdurch entstehenden Kosten im Regelfall auf sie umgelegt werden. Hieraus ergibt sich, dass für den Erfolg des GEKR das „richtige" Maß an Verbraucherschutz maßgeblich sein wird. In Form des Verordnungsentwurfs setzt dessen Verbraucherschutzniveau jedoch die bereits bestehende Hypertrophie im europäischen Privatrecht weiter fort.

4. Das GEKR beinhaltet sehr weitreichende Regelungen hinsichtlich vorvertraglicher Informationspflichten bei b2c-Verträgen. Hierbei ist zwischen Informationspflichten in Bezug auf die Vereinbarung zur Verwendung des GEKR und solchen bzgl. des Kaufvertragsschlusses auf Grundlage des GEKR zu unterscheiden. Unabhängig vom GEKR im Speziellen muss der Nutzen von Informationsmodellen im Allgemeinen als zweifelhaft erachtet werden. Zwar ist es durch Informationserteilung durchaus möglich, die Entscheidungen des Verbrauchers zu dessen Gunsten zu beeinflussen, jedoch setzt mit zunehmendem Umfang der Informationen der Effekt des „information-overload" ein, der bewirkt, dass der Verbraucher die erteilten Informationen nicht mehr positiv verarbeiten kann und die Qualität seiner Entscheidungen zunächst stagniert und dann sogar sinkt. Diese Feststellungen stützen sich auf Studien zu produktbezogenen Informationsmodellen. Da sich das GEKR allerdings ähnlich zu einem Produkt auf dem Markt der Vertragsrechte gegen seine „Mitbewerber" durchsetzen muss, sind sie auch auf die Informationspflichten hinsichtlich der Wahl des GEKR übertragbar.

5. Ziel der Informationspflichten bzgl. der Wahl des GEKR ist es, dass die Verbraucher ihre Entscheidung in „voller Sachkenntnis" fällen. Hierzu bedient sich die Kommission eines Standard-Informationsblatts, dessen Aushändigung vom Unternehmer an den Verbraucher Wirksamkeitsvoraussetzung für die Wahl des GEKR sowie für den eigentlichen Kaufvertragsschluss ist. Dieses Ziel kann mittels des Standard-Informationsblatts jedoch nicht erreicht werden. Es enthält z. T überflüssige Informationen, z. T. verwirrende und z. T. solche, die einen Unterschied

zum mitgliedsstaatlichen Kaufrecht des Verbrauchers nicht verdeutlichen. Das Informationsblatt wirkt somit sogar entgegen seiner eigenen Intention: Anstatt den Verbraucher aufzuklären, ist es imstande, bei ihm Verunsicherung hinsichtlich der Wahl des GEKR hervorzurufen; es kommt einer Warnung gleich.

6. Als Gegenkonzepte zum Standard-Informationsblatt des Verordnungsentwurfs kommen – nicht gezwungenermaßen alternativ – eine inhaltliche Abänderung dahin, dass es für den Verbraucher wesentliche Unterschiede des GEKR zu dessen nationalem Recht darstellt, die Abschaffung der Übermittlung als Wirksamkeitsvoraussetzung für die Wahl des GEKR und den Vertragsschluss und seine vollständige Abschaffung in Betracht. Letzteres ist als vorzugswürdig zu erachten. Das Informationsblatt bewirkt nämlich einerseits keinen Mehrwert für den Verbraucher, aber andererseits mehr Aufwand und Haftungsrisiken für den Unternehmer. Da das GEKR ohnehin ein hohes Maß an Verbraucherschutz beinhaltet, ist ein separates Informationsblatt überflüssig, wenn dem Verbraucher durch seine Vereinbarung keine Nachteile drohen. Maßgeblich für das tatsächliche Verbraucherschutzniveau des GEKR ist dessen inhaltliche Ausgestaltung, nicht Informationen hierüber. Dies gilt umso mehr vor dem Hintergrund, dass das zu Grunde zu legende Recht für den Verbraucher bei seinem Kauf nur sekundär ist; viel wichtiger sind für ihn der Preis und die Qualität der Ware sowie die Seriosität des Verkäufers.

7. Auch die vorvertraglichen Informationspflichten innerhalb des GEKR hinsichtlich des eigentlichen Vertragsschlusses sind zu umfangreich ausgefallen und bergen somit die Gefahr, beim Verbraucher den Effekt des „information-overload" zu bewirken. Informationspflichten hinsichtlich der *essentialia negotii* des Kaufvertrags stellen eine nicht zielführende Überregulierung dar und sind ersatzlos zu streichen. Auch die übrigen Informationspflichten sind größtenteils zu weitreichend und bringen dem Verbraucher keinen Mehrwert. Sie sollten sich deshalb auf solche Informationen beschränken, die für den Verbraucher notwendig und sinnvoll erscheinen und der besonderen Ausformung des GEKR als optionales Instrument gerecht werden. Eine besondere Rolle kommt hier dem Widerrufsrecht des Verbrauchers zu: Dieses besteht bereits ab Vertragsschluss, unabhängig von weiteren materiellen Voraussetzungen, weshalb der Verbraucher bereits ab diesem Zeitpunkt Kenntnis hierüber benötigt. Gerade die Tatsache, dass er dieses einseitige Loslösungsrecht besitzt, lässt viele andere Informationspflichten aber umso entbehrlicher erscheinen. Hinzu kommt, dass es aufgrund der Optionalität eines GEKR bedarf, das auf die Unternehmer attraktiv wirkt. Daher sollte es für

den europäischen Gesetzgeber zum Anlass genommen werden, abseits eingetretener Pfade zu wandern, um scheinbar verfestigte Überzeugungen der europäischen Verbraucher- und Privatrechtsetzung auf den Prüfstand zu stellen.

8. Ein weiterer Ausdruck des zu hohen Maßes an Verbraucherschutz im GEKR ist die Gleichrangigkeit der Rechtsbehelfe des Verbrauchers, die bewirkt, dass dem Unternehmer-Verkäufer bei Mangelhaftigkeit der Ware im Rahmen eines b2c-Vertrags – entgegen dem BGB und dem Richtlinienrecht – kein „Recht zur zweiten Andienung zusteht“, sondern der Käufer in einem solchen Fall sofort zur Vertragsbeendigung, d. h. zum Rücktritt mit entsprechender Rückabwicklung, berechtigt ist. Diese Gleichrangigkeit soll nach dem Berichtsentwurf zwar abgeschwächt, jedoch nicht beseitigt werden. Dies führt dazu, dass für den Verbraucher bis zum Ablauf der Beweislastumkehr nach sechs Monaten die Möglichkeit zur opportunistischen Vertragsauflösung besteht. Er erhält so die Möglichkeit durch Auffindung – oder bei entsprechender bösartiger Gesinnung Verursachung – nur kleinster Mängel auf gefallene Marktpreise zu reagieren oder schlicht seine Kaufentscheidung auch nach Ablauf der Widerrufsfrist rückgängig zu machen. Dem Verbraucher wird somit die Möglichkeit zum Rechtsmissbrauch eingeräumt, was über den mit dem Gewährleistungsrecht verfolgten Schutzzweck weit hinausgeht.

9. Dieses Recht zur sofortigen Vertragsauflösung birgt zudem erhebliche Kostenrisiken für den Unternehmer. Eine gebrauchte, ausgebesserte Ware ist oftmals kaum wiederverwertbar, da allein ihre Eigenschaft als Gebrauchtware zu einer erheblichen Wertminderung führt. Diese Kostenrisiken müssen einerseits mit den möglichen Transaktionskostenersparnissen aufgerechnet werden und machen das GEKR somit weniger attraktiv für die Unternehmer und andererseits besteht die Gefahr, dass sie in Form höherer Endpreise auf die Verbraucher umgelegt werden. Auch die drei Alternativen des Berichtsentwurfs bewirken keine wesentliche Abweichung von diesem Ergebnis. Von diesen wurde in der nunmehr vom Europäischen Parlament angenommenen Fassung ohnehin wieder Abstand genommen.

10. Daher sollte zum derzeitigen europarechtlichen Standard, der einen Vorrang der Nacherfüllung vorsieht, zurückgekehrt werden. Dieses Konzept bietet einen angemessenen Ausgleich zwischen dem Schutzinteresse des Verbrauchers und dem Interesse des Unternehmers, den Vertrag nicht ohne Weiteres rückabwickeln zu müssen und entspricht somit dem Grundsatz *pacta sunt servanda*.

11. Das GEKR sieht bei b2c-Geschäften keinen Gewährleistungsausschluss bei Kenntnis der Mangelhaftigkeit z. Z. des Vertragsschlusses vor. Dies ist jedoch

abzulehnen. Auch ein Verbraucher ist nicht als schutzwürdig anzusehen, wenn er von der Mangelhaftigkeit der gebrauchten Ware weiß. Das Fehlen eines solchen Ausschlusses erhöht das Übermaß des Verbraucherschutzes im GEKR weiter und steht im Widerspruch zum Grundsatz vom Verbot des *venire contra factum proprium*. Ein solcher Gewährleistungsausschluss ist demnach in das GEKR einzufügen.

12. Ebenso abzulehnen ist es, dass bei b2c-Verträgen im Fernabsatz trotz Annahmeverzug des Verbrauchers kein Gefahrübergang eintritt. Auch hier liegt keine ihm zu Gunsten wirkende Schutzwürdigkeit vor, da er in einem solchen Fall die Annahme der Ware verweigert, obwohl sie ihm in einem mangelfreien Zustand angeboten wird. Es ist daher nicht angemessen, wenn Folgekosten und -mängel in den Risikobereich des Unternehmers fallen. Auch eine solche Regelung ist demnach in das GEKR einzufügen.

13. Auch die vorgesehene Verpflichtung zur vom Kaufvertrag separaten Vereinbarung des GEKR bei b2c-Verträgen ist abzulehnen. Diese Pflicht basiert auf der fehlgehenden Konsenshypothese der Kommission bzgl. der Wahl des GEKR. Sie ist entbehrlich, da sie eine nicht notwendige Warnfunktion auf den Verbraucher ausstrahlt, dem ja zugleich ein hohes Verbraucherschutzniveau zu Gute kommen soll, und zudem überflüssig, da ihr im Regelfall durch Anklicken eines Kästchens vor Abschluss der Transaktion nachgekommen werden wird, worüber sich viele Verbraucher – ähnlich wie bei der Bestätigung der AGB – ohnehin keine Gedanken machen werden; und wenn doch, mit dem schon angesprochenen negativen Warneffekt. Diese Verpflichtung ist somit eine überflüssige Formalität und daher abzuschaffen.

14. Die Kommission hat die Chance nicht wahrgenommen, der bestehenden Hypertrophie des europäischen Verbraucherschutzrechts mittels des neuen, innovativen Weges eines optionalen Instruments entgegenzuwirken, sondern hat sie im Gegenteil zu einem noch größeren Übermaß wuchern lassen. Dies ist jedoch genau der falsche Weg, um eine Akzeptanz des GEKR auf dem Markt der Vertragsrechte zu erreichen. Das Maß des Verbraucherschutzes muss primär an den Interessen der Unternehmer ausgerichtet werden, da sie es sind, die darüber entscheiden werden, ob sie das GEKR tatsächlich am Markt anbieten oder nicht; die Verbraucher werden hierauf keinen Einfluss haben. Somit ist ein solch hohes Verbraucherschutzniveau, mit dem das GEKR Gefahr läuft, die erzielbaren Transaktionskostenersparnisse von selbst wieder zu neutralisieren, nicht angezeigt; in der derzeitigen Form des Verordnungsentwurfs überwiegen für den Unternehmer

die Nachteile gegenüber den Vorteilen. Hinzu kommen die Verunsicherungseffekte der genutzten Verbraucherschutzinstrumente, die auf die Verbraucher sogar abschreckend wirken und damit kontraintentionale Effekte erzielen. Der Verbraucherschutz im GEKR ist nach dem Verordnungsentwurf zu viel des Guten und bedarf der Revision zu Gunsten einer Akzeptanz am Markt. Ganz maßgeblich für den Erfolg des GEKR ist somit die Gretchenfrage nach dem Verbraucherschutz.

15. Das zweite wesentliche materiellrechtliche Hindernis, das über Wohl und Wehe des GEKR entscheiden wird, ist dessen Reichweite. Hierbei ist zwischen Anwendungs- und inhaltlicher Reichweite zu unterscheiden. Die Anwendungsreichweite des GEKR wird in der GEKR-VO in erheblichem Maße begrenzt. Dies wirkt dem Ziel der Binnenmarktförderung durch Transaktionskostenersparnisse prinzipiell entgegen, da letztere umso größer ausfallen können, je weiter der Anwendungsbereich des GEKR gefasst ist und dieses somit umso öfter zur Anwendung gelangen kann.

16. Der persönliche Anwendungsbereich des GEKR ist auf b2c- und solche b2b-Geschäfte begrenzt, bei denen mindestens eine Vertragspartei ein KMU ist. Die Definition der KMU im GEKR ist jedoch nicht praxistauglich, oft wird nicht sicher sein, ob einer der Vertragspartner noch hierunter fällt oder bereits als Großunternehmen zu qualifizieren ist. Um dieses Risiko zu vermeiden, werden Unternehmen im Zweifelsfall von der Verwendung des GEKR absehen. Diese Beschränkung ist nicht notwendig, insbesondere ist sie nicht aus kompetenzrechtlicher Sicht geboten. Sie sollte daher ersatzlos gestrichen und das GEKR für alle b2b-Geschäfte geöffnet werden. Der Effekt wäre mehr Rechtssicherheit und hierdurch eine stärkere Binnenmarktförderung. Dies wurde offensichtlich erkannt, da diese Beschränkung in der Fassung des GEKR, der das Europäische Parlament am 26.02.2014 zugestimmt hat, nunmehr weggefallen ist.

17. Der räumliche Anwendungsbereich des GEKR ist auf grenzüberschreitende Verträge beschränkt. Innerstaatliche Geschäfte dürfen auf seiner Grundlage nur abgewickelt werden, wenn der jeweilige Mitgliedsstaat dies zulässt. Hierdurch kann der Verordnungsentwurf sein binnenmarktförderndes Potential nicht voll ausschöpfen. Die potentiellen Transaktionskostenersparnisse fallen deutlich höher aus, wenn es den Unternehmen ermöglicht wird, sämtliche Verträge auf Basis des GEKR zu schließen und nicht weiter vollständig mit zwei verschiedenen Rechtsordnungen arbeiten zu müssen. Hinzu birgt diese Beschränkung gerade in Grenzgebieten praktische Probleme. Sie ist auch nicht aus Kompetenzgründen

notwendig, da auch bei einem optionalen Instrument ohne räumliche Beschränkung ein Binnenmarktbezug besteht und der Subsidiaritätsgrundsatz gewahrt ist. Sie ist daher aufzuheben und somit der räumliche Anwendungsbereich des GEKR auf innerstaatliche Sachverhalte auszuweiten. Dies würde es für Unternehmer deutlich attraktiver machen.

18. Der Berichtsentwurf des Rechtsausschusses des Europäischen Parlaments will den sachlichen Anwendungsbereich des GEKR auf solche Kaufverträge beschränken, die im Wege des Fernabsatzes geschlossen werden. Zwar wird sein Hauptanwendungsbereich ohnehin auf dem Gebiet des E-Commerce liegen, jedoch begründet dies nicht, wieso die Unternehmer gezwungen werden sollen, Laden- und Onlinegeschäfte auf Grundlage zweier verschiedener Kaufrechtsregimes abzuwickeln. Hierin liegt ein Widerspruch zum Ziel der Transaktionskostenersparnis. Auch geht hiervon eine falsche Signalwirkung aus, soll das GEKR doch ein Vorreiter für die allgemeine europäische Privatrechtsetzung sein. Zuletzt ist diese Beschränkung schlicht überflüssig. Sie ist demnach ebenfalls aufzuheben.

19. In der Summe ist für eine deutliche Ausweitung der Anwendungsreichweite des GEKR zu plädieren. Die kompetenzrechtlichen Bedenken dagegen sind unbegründet. Ein optionales Instrument mit einem weiteren Anwendungsbereich kann seinen eigenen Zielen viel mehr gerecht werden und ist hierdurch imstande, eine größere Akzeptanz zu erlangen, womit sich die Wahrscheinlichkeit eines Erfolgs erhöht.

20. Auch die inhaltliche Reichweite des GEKR ist im Verordnungsentwurf beschränkt. Insbesondere zeichnet sie sich durch eine Vielzahl interner wie externer Lücken aus. Unter internen Lücken versteht man solche, deren Rechtsmaterie zwar grundsätzlich im GEKR geregelt wird, jedoch nicht die jeweilige Detailfrage. Sie treten insbesondere in Form von unbestimmten Rechtsbegriffen auf. Zu schließen sind sie durch eine autonome Auslegung des GEKR ohne Rückgriff auf nationales Recht. Externe Lücken hingegen betreffen solche Fragen, deren Regelungsgegenstand explizit nicht Bestandteil des GEKR ist. Sie sind durch einen Rückgriff auf das kollisionsrechtlich einschlägige mitgliedsstaatliche Recht zu schließen. Auch wenn beide Lückenarten mitunter Abgrenzungsschwierigkeiten aufweisen, sind sie letztlich nicht vermeidbar, da das GEKR gerade keine geschlossene Kodifikation darstellt.

21. Unbestimmte Rechtsbegriffe, die im GEKR weitläufig verwendet werden, stellen einen gewissen Risikofaktor im Rahmen der gebotenen autonomen Auslegung

dar. Sie werden in erheblichem Maße dazu beitragen, dass die mitgliedsstaatlichen Gerichte eine europaweit einheitliche Auslegung des GEKR kaum gewährleisten können, was zur Folge hat, dass durch sie der Effekt der Rechtsvereinheitlichung durch das GEKR wieder relativiert wird. Die Schlussfolgerung kann jedoch nicht sein, einen Verordnungstext zu entwerfen, der gänzlich ohne sie auskommt. Ein gewisser Grad an Abstraktion und der Freiraum für richterliche Ausfüllung stellen gerade Qualitätsmerkmale eines kodifikationsähnlichen Instruments dar. Daher können bei einer Revision des GEKR die unbestimmten Rechtsbegriffe nicht gänzlich abgeschafft werden. Es sollte jedoch ein Verfahren geschaffen werden, dass eine einheitliche Auslegung zwecks Schaffung von Rechtssicherheit gewährleistet. Das Vorabentscheidungsverfahren ist hierfür nicht geeignet, da es nur zur Klärung abstrakter Rechtsfragen bei Vorlage durch ein mitgliedsstaatliches Gericht vorgesehen ist. Notwendig ist hingegen die Einrichtung einer speziellen Zivilkammer am EuGH bei gleichzeitiger Ausweitung dessen Kapazitäten, die eine echte verbindliche Revisionsinstanz für solche Rechtsstreitigkeiten darstellt, die die korrekte Auslegung des GEKR zum Gegenstand haben.

22. Die externen Lücken des GEKR stehen in direkter Wechselwirkung zu den möglichen Transaktionskostenersparnissen. Je mehr externe Lücken vorhanden sind, umso mehr ist ein Rückgriff auf das jeweils kollisionsrechtlich einschlägige Recht notwendig, wodurch sich die Vertragspartner doch wieder mit diesem befassen müssen. U. a. mit der Stellvertretung oder Abtretung sind auch bei Kaufverträgen durchaus wichtige und alltägliche Materien nicht Bestandteil des GEKR. Allerdings würde eine Einfügung von Regelungsmaterien mit Drittbezogenheit mit sich bringen, dass an der Wahl des GEKR nicht beteiligte Personen von ihr betroffen sein können, was wiederum schwerwiegende kollisionsrechtliche Folgeprobleme nach sich ziehen würde. Hinzu kommen kompetenzrechtliche und realpolitische Erwägungen, die eine Einbeziehung weiterer Themenbereiche in das GEKR verhindern. Die externen Lücken des GEKR sind daher hinzunehmen.

23. Letztlich kann die inhaltliche Reichweite des GEKR zwar in Detailfragen durchaus noch abgewandelt werden, die internen und externen Lücken sind aufgrund seiner Natur eines optionalen Kaufrechtsinstruments jedoch notwendig, insbesondere auch um einen zeitnahen Erlass zu ermöglichen. Wichtig ist es, durch ein entsprechendes Rechtsschutzverfahren die richtigen Rahmenbedingungen zu schaffen. Dann kann das GEKR ein Erfolg und seiner ihm zugedachten Rolle als Impulsgeber für die fortschreitende europäische Privatrechtsvereinheitlichung und Integration gerecht werden.

Kapitel 5: Ergebnis

Was wird das GEKR nun der europäischen Privatrechtsvereinheitlichung und mit ihr der europäischen Integration bringen? Es trägt immense Chancen in sich! Gerade als optionales Instrument ist es in der Lage, eine weitere Privatrechtsangleichung innerhalb der Europäischen Union herbeizuführen. Dieser Angleichungseffekt ist umso stärker, je häufiger das GEKR genutzt wird. Für alle Teilnehmer auf dem Binnenmarkt, insbesondere aber für die KMU, eröffnet das GEKR enorme Möglichkeiten für eine Ausweitung ihres Geschäfts auf europäischer Ebene mit deutlich geringeren Transaktionskosten als bisher. Dies führt zu einem größeren Angebot, was wiederum auch den Verbrauchern zu Gute kommt. Durch die so bewirkte Stärkung des Binnenmarkts erreicht man zweierlei: Ein größerer und stärkerer Binnenmarkt führt nicht nur zu wirtschaftlichen Vorteilen für die Bürger Europas, sondern kräftigt auch durch seine symbolische Strahlkraft deren Zusammengehörigkeitsgefühl weiter und vertieft so die europäische Integration. Darüber hinaus kann auf dem Pfeiler des GEKR eine Brücke für ein künftiges europäisches Zivilgesetzbuch gebaut werden, das die Privatrechtsvereinheitlichung in Europa eines Tages vollenden und somit der europäischen Integration einen unschätzbar wertvollen Dienst leisten kann.

Jedoch ist auch beim GEKR nicht alles Gold, was glänzt! Die Hürden, die es auf dem Weg zum Erfolg zu überwinden hat, sind hoch. Der Wert der europäischen Integration und der Privatrechtsvereinheitlichung als solcher muss mehrheitlich erkannt werden. Auf Basis dieser Erkenntnis fällt ein Voranschreiten des Projekts um ein Vielfaches einfacher. Der eingeschlagene Weg zum Erlass des GEKR über Art. 114 AEUV ist fortzusetzen, da auf den langwierigeren Wegen anderer Umsetzungsmethoden die sich derzeit bietende politische Chance zur Realisierung des GEKR höchstwahrscheinlich vertan würde. Allerdings ist zu erwarten, dass der Erlass des GEKR über Art. 114 AEUV vor dem EuGH angegriffen wird. Deshalb sollte langfristig auf ein Vertragsänderungsverfahren hingearbeitet werden, das eine zweifelsfreie Auflistung der zivilrechtlichen Kompetenzen der EU enthält. Auch ist es dringend erforderlich, dass große Teile der rechtswissenschaftlichen und -politischen Zunft den Duktus ihres Handelns und ihre Diskussionskultur kritisch hinterfragen. Erforderlich ist bei Projekten wie dem GEKR eine inhaltliche Auseinandersetzung in der Sache, nicht aber Fundamentalopposition und die Ausnutzung des rechtlichen Diskurses zur Verfolgung persönlicher Ziele. Der Aufwand, der betrieben wird, um das GEKR grundlegend zu verhindern, kann viel zielführender in die Arbeit an seinen tatsächlich bestehenden inhaltlichen Defiziten investiert werden. Es ist unbedingt notwendig, das Verbraucherschutzniveau des GEKR auf ein angemessenes Maß abzusenken, indem man es v. a. von ineffizienten und kontraintentionalen Verbraucherschutzinstrumenten befreit, und seine Anwendungsreichweite deutlich breiter zu gestalten, indem man insbesondere seine persönlichen und räumlichen Schranken beseitigt. Denn nur ein GEKR, das inhaltlich attraktiv ausgestaltet ist, kann ein Erfolg am Markt werden, da es aufgrund seiner Natur als optionales Instrument ansonsten nicht zur Anwendung gelangen wird. Wird es hingegen in seiner jetzigen Form erlassen, wird es aufgrund mangelnder Attraktivität für die Unternehmer in der Vertragspraxis keine Rolle spielen. Dies hat dann nicht nur zur Folge, dass die Chancen, die sich durch das GEKR bieten, zunächst vertan werden. Die politischen Möglichkeiten zur weitergehenden Privatrechtsvereinheitlichung durch andere Maßnahmen sind in einem solchen Fall zudem auf lange Sicht verbaut, da ein gescheitertes GEKR ein Symbol für den mangelnden Bedarf einer fortschreitenden Rechtsangleichung ist. Der Schaden für den Binnenmarkt und die europäische Integration wäre gravierend.

Das Projekt GEKR bietet unwahrscheinliche Chancen für die europäische Privatrechtsvereinheitlichung und die europäische Integration, die erkannt werden müssen. Aber wenn der europäische Gesetzgeber es verwirklichen soll: dann richtig!

Als zentrale 16 Thesen sind daher festzuhalten:

1. Als neues, innovatives Instrument der fortschreitenden Privatrechtsangleichung ist das GEKR imstande, unmittelbaren positiven Einfluss auf die europäische Integration auszuüben. Der Grund hierfür liegt in dem sog. „spill-over"-Effekt, der dafür sorgt, dass sich durch die stärkere Privatrechtsvereinheitlichung ein gemeinsamer europäischer Rechtsraum und eine gemeinsame europäische Rechtskultur entwickeln, die sich wiederum auf die Entstehung und Festigung einer gemeinschaftlichen wirtschaftlichen wie kulturellen europäischen Identität auswirken. Das GEKR kann somit nicht nur seine primäre binnenmarktfördernde Funktion erfüllen, sondern ist in der Lage darüber hinaus eine gewisse einheitsstiftende Wirkung auf die europäische Bevölkerung zu entfalten.

2. Die mögliche Auswirkung des GEKR auf die europäische Integration ist im Kontext der Rolle, welche die großen zivilrechtlichen Kodifikationen der vergangenen zwei Jahrhunderte für die nationalstaatliche Identitätsbildung spielten

sowie der Genese der Europäischen Union zu sehen. Die nationalen Privatrechtskodifikationen standen seit dem Code Civil in engem Zusammenhang mit der Nationalstaatsbildung und bewirkten einen starken nationalstaatlich-identitätsstiftenden Effekt bei der Bevölkerung. Die gewichtigen politischen Maßnahmen der Europäischen Union und ihrer Vorgängerorganisationen seit den 1950er Jahren haben weitreichend zur noch andauernden Herausbildung einer europäischen Identität der Unionsbürger neben ihren nationalstaatlichen beigetragen. Hieraus erklärt sich das unmittelbare Potential des GEKR als präkodifikatorisches Kaufrechtsinstrument auf europäischer Ebene zur weiteren Festigung und Beschleunigung der europäischen Integration.

3. Die korrekte Wahl der einschlägigen Kompetenzgrundlage für den Erlass des GEKR ist aufgrund der unterschiedlich schwer zu erreichenden Zustimmungserfordernisse der in Betracht kommenden Ermächtigungsnormen für dessen Realisierung von zentraler Bedeutung. Richtigerweise ist der Kommission zuzustimmen, wenn sie das GEKR auf Grundlage von Art. 114 AEUV in Form einer Verordnung erlassen will, da mit ihm sowohl eine Rechtsangleichung als auch eine Förderung des Binnenmarkts, unter gleichzeitiger Wahrung eines hohen Verbraucherschutzniveaus, bewirkt wird. Die Grundsätze der Subsidiarität und Verhältnismäßigkeit sind gewahrt. Die widersprechenden Meinungen, die eine andere Ermächtigungsnorm als einschlägig erachten oder darauf abstellen, dass es im AEUV keine für das GEKR passende Rechtsgrundlage gibt, sind abzulehnen. An dieser Beurteilung ändert sich auch dann nichts, wenn bei einer Revision des Verordnungsentwurfs die in dieser Arbeit vorgeschlagenen Erweiterungen des Anwendungsbereichs des GEKR realisiert werden.

4. Trotz der Einschlägigkeit der gewählten Rechtsgrundlage führt der erbitterte Streit über diese Frage zu dem Schluss, dass es an sich wünschenswert wäre, im Wege des Vertragsänderungsverfahrens nach Art. 48 EUV eine neue und zweifelsfreie Rechtsgrundlage für den Erlass des GEKR zu schaffen. Im Zuge dessen könnten die Rechtsetzungskompetenzen der EU auf dem Gebiet des Privatrechts klar umrahmt werden, sodass sich Kompetenzstreitigkeiten bei zukünftigen Projekten erübrigen. Jedoch stünde ein solch langwieriges Verfahren im Widerspruch zur akuten politischen Durchsetzbarkeit des GEKR. Daher sollte die Neuordnung der Kompetenzen langfristig verfolgt, hinsichtlich des GEKR indes weiterhin der Weg über Art. 114 AEUV beschritten werden.

5. Es bestehen erhebliche Parallelen zwischen dem rechtswissenschaftlichen und -politischen Diskurs hinsichtlich des GEKR und denen im Hinblick auf das

SModG und die SPE-VO, weshalb sich aus den Erfahrungen mit diesen Projekten Rückschlüsse auf die Bedeutung dieses Diskurses für die Zukunft des GEKR ziehen lassen. Es zeigt sich, dass sich die kritischen Stimmen, wenn sie ein Rechtsetzungsprojekt verhindern wollen, wiederkehrend dreier „Standardargumente" bedienen: mangelnder Bedarf, übereilte Einführung und nicht tragbare Rechtsunsicherheit. Insbesondere das Argument der übereilten Einführung enthält hierbei ein signifikantes taktisches Element: Da die Realisierung solch großer Rechtsetzungsprojekte maßgeblich von den jeweils aktuellen politischen Rahmenbedingungen abhängig ist, können deren Gegner dieses Argument nutzen, um auf Zeit zu spielen, um so die Umsetzung so lange hinauszuzögern, bis sich das „window of opportunity" hierfür wieder schließt.

6. Diese drei Standardargumente lassen sich im Allgemeinen in ähnlicher Form gegen nahezu jedes denkbare Rechtsetzungsprojekt vorbringen. Sie können daher i. E. nicht ausreichen, entschieden gegen die Realisierung des GEKR zu sprechen. Gerade die Entwicklung der SPE-VO zeigt aber, dass der rechtswissenschaftliche und -politische Diskurs dazu führen kann, dass ein ambitioniertes Rechtsetzungsprojekt im Sande zu verlaufen droht. Deren Entwicklung vom gesellschaftsrechtlichen Vollstatut hin zu einem nur noch fragmentarischen Regelungscharakter hat dazu geführt, dass die SPE-VO an tatsächlichem Nutzen für den mit ihr verfolgten Zweck eingebüßt hat. Ihre Fortentwicklung verläuft somit im Widerspruch zu dem mit ihr verfolgten Ziel. Eine tatsächliche Realisierung steht darüber hinaus derzeit in den Sternen. Ein ähnliches Schicksal droht dem GEKR. Der Berichtsentwurf des Rechtsausschusses des Europäischen Parlaments zeigt auf, welche Richtung die Revision des ursprünglichen Verordnungsentwurfs wahrscheinlich einschlagen wird. Anstatt Lösungsvorschläge für die dringendsten Probleme zu entwerfen, wurden ohne Not weitere Problemherde geschaffen. Im Mittelpunkt stehen nicht die tatsächlichen Bedürfnisse des Marktes, d. h. der potentiellen Nutzer, sondern das Erzielen einer politischen Einigung, notfalls im Wege eines Minimalkompromisses. Eine Entwicklung in diese Richtung ist für das wesentliche Erfolgskriterium des GEKR, der Akzeptanz am Markt und in der Folge seine Verbreitung durch Nutzung der Marktteilnehmer, nicht förderlich.

7. Eine Gesamtbetrachtung des rechtswissenschaftlichen und -politischen Diskurses im Rahmen des GEKR und dessen Parallelen zu SModG und SPE-VO zeigt, dass er imstande ist, die fortschreitende europäische Integration mittels Angleichung des Privatrechts in wesentlichem Maße auszubremsen. Die tatsächliche Durchsetzbarkeit eines Rechtsetzungsprojekts ist letztlich von der

tatsächlichen Gestaltungsmacht des jeweiligen Gesetzgebers abhängig. Aufgrund des Einflusses der Mitgliedsstaaten auf das Gesetzgebungsverfahren bieten Projekte auf EU-Ebene wie das GEKR naturgemäß eine größere Angriffsfläche. Solange der Diskurs aus emotionalen Gründen auf die Erhaltung des Status quo oder die Herbeiführung politischer Minimalkompromisse gerichtet ist, ist er nicht zielführend. Zur notwendigen und erfolgreichen Fortentwicklung des GEKR ist es daher unerlässlich, dass sich der Fokus des Diskurses auf die Bedürfnisse der Praxis verschiebt und die Eigeninteressen seiner Teilnehmer eine untergeordnete Rolle einnehmen. Nur so kann vermieden werden, dass die europäische Privatrechtsvereinheitlichung vollends in Stillstand gerät und die Chancen, die sich durch sie für die Mitgliedsstaaten und ihre Marktteilnehmer und Bürger auftun, vertan werden. Somit muss eine ganz grundlegende Frage einer verbindlichen Antwort zugeführt werden: Soll die europäische Integration, insbesondere auf privatrechtlicher Ebene, überhaupt vertieft werden? Die Antwort hierauf muss eindeutig lauten: Ja!

8. Die Kommission legt hinsichtlich der Vereinbarung des GEKR durch die Vertragsparteien eine „Konsenshypothese“ zu Grunde, die auf der Vorstellung beruht, dass vor der Wahl des GEKR eine tatsächliche Auseinandersetzung zwischen Käufer und Verkäufer stattfinden wird, ob nun das GEKR oder ein anderes Rechtsregime Grundlage des Kaufvertrags wird. Diese Hypothese ist nicht zutreffend. Tatsächlich wird es so sein, insbesondere bei b2c-Geschäften, dass falls ein Unternehmer sich entschließt, seine Waren nach den Regeln des GEKR zu vertreiben, er den Käufer vor die Wahl stellen wird, ob er die fragliche Ware auf Grundlage des GEKR oder überhaupt nicht erwerben möchte. Anderenfalls müsste er sich doch immer noch umfassend mit fremdem, mitgliedsstaatlichem Recht beschäftigen, womit die angestrebten Transaktionskostenersparnisse und hierdurch die Binnenmarktförderung minimiert würden. Die materiellrechtlichen Hindernisse, die dem GEKR entgegenstehen, insbesondere die Bedeutung des Verbraucherschutzes, müssen vor dem Hintergrund der tatsächlichen Bedingungen seiner Wahl gesehen werden. Bei b2c-Geschäften wird die Frage, ob das GEKR angewendet wird, einzig in der Hand des verkaufenden Unternehmers liegen.

9. Deswegen kann das GEKR nur dann ein Erfolg werden, wenn es seinen potentiellen Nutzern, d. h. den anbietenden Unternehmern, attraktiv erscheint. Das im Verordnungsentwurf angelegte, geradezu hypertrophe Verbraucherschutzniveau sorgt jedoch dafür, dass gerade für diese Kosten und Kostenrisiken entstehen, die die möglichen Transaktionskostenersparnisse aufzufressen drohen. Ein GEKR mit einem Übermaß an Verbraucherschutz kann demnach kein Erfolg werden, da

die Unternehmer es nicht wählen werden. Für den Erfolg des GEKR ist es daher entscheidend, dass das richtige Maß an Verbraucherschutz gefunden wird, zwischen den Interessen der Unternehmer einerseits und der notwendigen politischen Durchsetzbarkeit andererseits.

10. Die vorvertraglichen Informationspflichten des Verordnungsentwurfs sind völlig überfrachtet. Die Konsumentenforschung hat gezeigt, dass Verbraucher Informationen nur bis zu einem gewissen Grad sinnvoll verarbeiten können; wird dieser überschritten, tritt der Effekt des „information-overload" ein, der bewirkt, dass Informationen nicht mehr oder nicht mehr korrekt wahrgenommen werden und die Qualität ihrer Entscheidungen wieder sinkt. Dieses Ergebnis ist auf die Informationspflichten hinsichtlich der Wahl des GEKR zu übertragen, da dieses sich gleichsam einer Ware auf dem Markt der Vertragsrechte durchsetzen muss. Sie müssen in Form der Verschaffung eines Standard-Informationsblatts durch den Unternehmer an den Verbraucher gewahrt werden. Das Informationsblatt des Verordnungsentwurfs verfehlt allerdings sein Ziel, den Verbraucher in „volle Sachkenntnis" zu versetzen. Vielmehr erzielt es durch seinen bloßen Umfang und teilweise überflüssige und verwirrende Inhalte einen kontraintentionalen Effekt beim Verbraucher, der für ihn einer Warnfunktion gleichkommt und ihn von der Verwendung des GEKR in der jetzigen Form abhalten wird, sodass er im Zweifel einen Händler suchen wird, der für die Abwicklung des Kaufvertrags ein Recht verwendet, vor dem nicht „gewarnt" werden muss.

11. Das Standard-Informationsblatt zur Vereinbarung des GEKR bei b2c-Verträgen ist ersatzlos abzuschaffen. In seiner derzeitigen Form als Wirksamkeitsvoraussetzung sowohl für die Wahl des GEKR als auch für den Kaufvertrag als solchen, hat es abschreckende Wirkung auf die Verbraucher und birgt Kostenrisiken für die Unternehmer und läuft so einem Erfolg des GEKR zuwider. Seine Existenz ist überhaupt widersprüchlich: Das GEKR verfügt über ein sehr hohes Verbraucherschutzniveau. Wenn der Verbraucher durch das Informationsblatt gleichsam „gewarnt" werden soll, ergibt dies keinen Sinn. Aber auch die vorvertraglichen Informationspflichten innerhalb des GEKR sind überbordend und müssen in erheblichem Maße gekürzt werden. Insbesondere vor dem Hintergrund, dass dem Verbraucher mit dem Widerrufsrecht ein nicht an weitere Voraussetzungen gebundenes, einseitiges Loslösungsrecht zusteht, sind diese umfassenden, z. T. überflüssigen Pflichtinformationen vor Vertragsschluss entbehrlich. Hinzu kommt, dass viele Verbraucher sie ohnehin nicht wahrnehmen werden. Der europäische Gesetzgeber sollte das GEKR als neues und innovatives

Instrument der Rechtsetzung zum Anlass nehmen, seinen bisherigen Duktus in der Privat- und Verbraucherrechtsetzung auf den Prüfstand zu stellen, indem er nur scheinbar verbraucherschützende Elemente beseitigt und die Akzeptanz eines so bereinigten GEKR am Markt abwartet.

12. Die Gleichrangigkeit der Rechtsbehelfe bei b2c-Geschäften, die der Verordnungsentwurf vorsieht, ist abzulehnen. Auch die Alternativen des Berichtsentwurfs überzeugen nicht. Durch das fehlende „Recht zur zweiten Andienung“, das auch im Gegensatz zum bisherigen Richtlinienrecht steht, wird in Verbindung mit der sechsmonatigen Beweislastumkehr dem findigen Verbraucher die Möglichkeit zur opportunistischen Vertragsauflösung geboten. Dies wiederum verursacht enorme Kostenrisiken für die Unternehmer, da der Wiederverkaufswert auch reparierter Ware, die als mangelhaft zurückgenommen wird, in den meisten Fällen unter den Anschaffungs- und Reparaturkosten liegt. Dies führt wiederum im Zweifelsfall zur Umlegung dieser Risiken auf den Endpreis, was auch den redlichen Verbraucher treffen wird. Es sollte daher zum derzeitigen europäischen Standard zurückgekehrt werden, indem im GEKR auch für b2c-Geschäfte ein Vorrang der Nacherfüllung konstituiert wird. Hierdurch werden Unternehmer- und Verbraucherinteressen in einen angemessenen Ausgleich gebracht, womit eine Erhöhung der Attraktivität des GEKR einhergeht. In diesem Sinne sollten auch bei b2c-Geschäften ein Gewährleistungsausschluss bei Mangelkenntnis sowie ein Gefahrübergang im Falle des Annahmeverzugs generell eingeführt werden.

13. Insgesamt hat die Kommission das GEKR nicht als Chance begriffen, der gegenwärtigen Hypertrophie des europäischen Verbraucherschutzrechts entgegenzuwirken, sondern nahm es sogar zum Anlass, sie noch weiter gedeihen zu lassen. So kann das GEKR kein Erfolg werden, denn die Unternehmer werden ihre Waren nicht auf seiner Grundlage anbieten, wenn sie dadurch ihre Stellung gegenüber den Verbrauchern im Vergleich zum geltenden Recht wesentlich verschlechtern. Auch die Verbraucher wird es nicht überzeugen, wenn sich durch die Verwendung des GEKR die Endpreise der Waren erhöhen. Der Verbraucherschutz im GEKR ist zu viel des Guten und muss auf ein angemessenes Niveau abgesenkt werden, um die Chancen, die sich durch das GEKR bieten, nicht zu verschenken.

14. Der Anwendungsbereich des GEKR – persönlich, räumlich, sachlich – ist auszuweiten, die bestehenden Beschränkungen sind aufzuheben. Je breiter der Anwendungsbereich ausgestaltet ist, umso höher sind die potentiellen Transaktionskostenersparnisse und umso eher werden sich die Unternehmer für die

Verwendung des GEKR entscheiden. Die vorhandenen Restriktionen, insbesondere der Ausschluss innerstaatlicher Geschäfte sowie die Beschränkung auf solche b2b-Geschäfte, bei denen mindestens eine Partei ein KMU ist, wirken nicht nur seinem Erfolg entgegen, sie sind auch weder politisch notwendig noch aus kompetenzrechtlichen Gesichtpunkten geboten und somit abzuschaffen.

15. Interne und externe Lücken prägen die inhaltliche Reichweite des GEKR. Sie sind allerdings in seiner Natur als optionales Kaufrechtsinstrument – und gerade nicht als umfassende Vertragsrechtskodifikation – begründet und somit in der Summe nicht vermeidbar; Detailfragen können bei einer Revision des Verordnungsentwurfs noch bearbeitet werden. Auch sind sie letztlich unvermeidlich, will man das „window of opportunity" zur Realisierung des GEKR wahrnehmen, da gerade Regelungsmaterien mit Drittbezogenheit noch einer deutlich längeren Diskussion bedürften. Um trotz seiner Lücken eine einheitliche Auslegung des GEKR und mit ihr ein ausreichendes Maß an Rechtssicherheit zu gewährleisten, muss das Verfahren vor dem EuGH als Auslegungsinstanz weiterentwickelt werden. Das Vorabentscheidungsverfahren kann dies nicht leisten. Deshalb sollte eine spezielle Zivilkammer mit Richtern aus verschiedenen Mitgliedsstaaten am EuGH geschaffen werden, die als echte Revisionsinstanz für solche Verfahren fungiert, die die korrekte Auslegung des GEKR zum Gegenstand haben und zu der den Parteien der Rechtsweg offen steht.

16. Das grundlegende Konzept des GEKR birgt das Potential, eine Vorreiterrolle für die fortschreitende europäische Privatrechtsvereinheitlichung einzunehmen, ein Impulsgeber, gar ein Meilenstein der europäischen Integration zu werden. Die in dieser Arbeit aufgezeigten verfahrens- und materiellrechtlichen Hindernisse stehen dem jedoch entgegen. Ob es der Kommission gelingen wird, sie zu überwinden, steht noch in den Sternen; scheitert sie daran, wird das GEKR lediglich als Irrlicht der europäischen Politik verblassen. Denn sollte die Kommission es nicht schaffen, so droht als Gegenreaktion eine lang andauernde Stagnation auf dem Gebiet des europäischen Privatrechts, da ein Scheitern des GEKR weitere Ambitionen zur Privatrechtsvereinheitlichung vorerst begraben dürfte. Es steht also viel auf dem Spiel mit dem GEKR. Umso wichtiger ist ein mutiges Voranschreiten des europäischen Gesetzgebers und all derer, die gewillt sind, ihn produktiv zu begleiten und zu unterstützen, idealerweise orientiert an den Wegweisern, welche die vorliegende Arbeit aufgestellt hat.

Literaturverzeichnis

Ackermann, Thomas / *Franck*, Jens-Uwe, Defects in Consent: An Assessment of Chapter Five of the Proposal for a Common European Sales Law, in: European Review of Contract Law 2012, S. 113–138 (zitiert: *Ackermann / Franck*, ERCL 2012, S.).

Albers, Gregor, Die Erzwingung der Erfüllung nach dem CESL im Vergleich mit dem deutschen Recht, in: Zeitschrift für Europäisches Privatrecht 2012, S. 687–704 (zitiert: *Albers*, ZEuP 2012, S.).

Alpa, Guido / *Andenas*, Mads, Grundlagen des Europäischen Privatrechts, Heidelberg 2010 (zitiert: *Alpa / Andenas*, Grundlagen des Europäischen Privatrechts, S.).

Altmeppen, Holger, Schadensersatz wegen Pflichtverletzung – Ein Beispiel für die Überhastung der Schuldrechtsreform, in: Der Betrieb 2001, S. 1131–1133 (zitiert: *Altmeppen*, DB 2001, S.).

Anderson, Ross G., Non-Performance in Sales Contracts: Principle, Practice and Harmonisation, in: Zeitschrift für Europäisches Privatrecht 2012, S. 834–858 (zitiert: *Anderson*, ZEuP 2012, S.).

Anzinger, Heribert, Die Europäische Privatgesellschaft – vom Vollstatut zum tragfähigen Kompromiss, in: Betriebs-Berater 2009, S. 2606–2612 (zitiert: *Anzinger*, BB 2009, S.).

Arbeitskreis Europäisches Unternehmensrecht, Thesen zum Vorschlag einer Europäischen Privatgesellschaft (SPE), in: Neue Zeitschrift für Gesellschaftsrecht 2008, S. 897–901 (zitiert: *Arbeitskreis Europäisches Unternehmensrecht*, NZG 2008, S.).

Arnold, Dirk, Verbraucherschutz im Internet – Anforderungen an die Umsetzung der Fernabsatz-Richtlinie, in: Computer und Recht 1997, S. 526–532 (zitiert: *Arnold*, CR 1997, S.).

Ayad, Patrick / *Schnell*, Sebastian, Gemeinsames Europäisches Kaufrecht – für Unternehmen attraktiv?, in: Betriebs-Berater 2012, S. 1487–1495 (zitiert: *Ayad / Schnell*, BB 2012, S.).

Bähr, Otto, Das bürgerliche Gesetzbuch und die Zukunft der deutschen Rechtsprechung (Schluß), in: Die Grenzboten: Zeitschrift für Politik, Literatur und Kunst 1888, S. 450–460 (zitiert: *Bähr*, Die Grenzboten 1888, S.).

Balthasar, Stephan, Das Gemeinsame Europäische Kaufrecht – eine Analyse aus unternehmerischer Sicht, in: Recht der Internationalen Wirtschaft – Betriebs-Berater International 2012, S. 361–369 (zitiert: *Balthasar*, RIW 2012, S.).

von Bar, Christian, Die Study Group on a European Civil Code, in: Gottwald, Peter (Hrsg.), Festschrift für Dieter Henrich, Bielefeld 2000, S. 1–11 (zitiert: *von Bar* in FS Henrich, S.).

———, Ein gemeinsamer Referenzrahmen für das marktrelevante Privatrecht in der Europäischen Union, in: Mansel, Heinz-Peter (Hrsg.) Festschrift für Erik Jayme, Band 2, München 2004, S. 1217–1231 (zitiert: *von Bar* in FS Jayme, S.).

Basedow, Jürgen, Art. 114 AEUV als Rechtsgrundlage eines optionalen EU-Kaufrechts: Eine List der Kommission?, in: Europäische Zeitschrift für Wirtschaftsrecht 2012, S. 1–2 (zitiert: *Basedow*, EuZW 2012, S.).

———, Fakultatives Unionsprivatrecht oder: Grundlagen des 28. Modells, in: Joost, Detlev / Oetker, Hartmut / Paschke, Marian (Hrsg.), Festschrift für Franz Jürgen Säcker zum 70. Geburtstag, München 2011, S. 29–44 (zitiert: *Basedow* in FS Säcker, S.).

———, Ende des 28. Modells? – Das Bundesverfassungsgericht und das europäische Wirtschaftsprivatrecht, in: Europäische Zeitschrift für Wirtschaftsrecht 2010, S. 41 (zitiert: *Basedow*, EuZW 2010, S.).

———, Ein optionales Vertragsgesetz – opt-in, opt-out, wozu überhaupt?, in: Zeitschrift für Europäisches Privatrecht 2004, S. 1–4 (zitiert: *Basedow*, ZEuP 2004, S.).

———, Ein Gemeinsames Europäisches Kaufrecht für grenzübergreifende Verträge – Seine Bedeutung und Auswirkung auf offene Märkte, in: Gebauer, Martin (Hrsg.), Gemeinsames Europäisches Kaufrecht – Anwendungsbereich und kollisionsrechtliche Einbettung, München 2013, S. 3–21 (zitiert: *Basedow* in Gebauer, Gemeinsames Europäisches Kaufrecht – Anwendungsbereich und kollisionsrechtliche Einbettung, S.).

———, Der Europäische Gerichtshof und das Privatrecht, in: Archiv für die civilistische Praxis, Bd. 210 (2010), S. 157–195 (zitiert: *Basedow*, AcP 210 (2010), S.).

Bock, Yves, Rechtsangleichung und Regulierung im Binnenmarkt, Baden-Baden 2005 (zitiert: *Bock,* Rechtsangleichung und Regulierung im Binnenmarkt, S.).

von Bogdandy, Armin (Hrsg.) / *Bast*, Jürgen (Hrsg.), Europäisches Verfassungsrecht, 2. Auflage, Heidelberg 2009 (zitiert: *Bearbeiter* in von Bogdandy / Bast, Europäisches Verfassungsrecht, S.).

Bormann, Jens / *König*, David, Der Weg zur Europäischen Privatgesellschaft – Bestandsaufnahme und Ausblick, in: Recht der Internationalen Wirtschaft – Betriebs-Berater International 2010, S. 111–119 (zitiert: *Bormann / König*, RIW 2010, S.).

Boucourechliev, Jeanne / *Hommelhoff*, Peter (Hrsg.), Vorschläge für eine Europäische Privatgesellschaft – Strukturelemente einer kapitalmarktfernen europäischen Gesellschaftsform, Köln 1999 (zitiert: *Boucourechliev / Hommelhoff*, Vorschläge für eine Europäische Privatgesellschaft, S.).

Brandner, Gert, Die überschießende Umsetzung von Richtlinien, Frankfurt am Main 2003 (zitiert: *Brandner*, Die überschießende Umsetzung von Richtlinien, S.).

Brigola, Alexander, Die Metamorphose der Keck-Formel in der Rechtsprechung des EuGH – Ein Eckpfeiler im System des freien Warenverkehrs in neuem Körper, in: Europäische Zeitschrift für Wirtschaftsrecht 2012, S. 248–253 (zitiert: *Brigola*, EuZW 2012, S.).

Bron, Christian M., Rechtsangleichung des Privatrechts auf Ebene der Europäischen Union, Baden-Baden 2011 (zitiert: *Bron*, Rechtsangleichung des Privatrechts auf Ebene der Europäischen Union, S.).

Budde, Robert / *Eckhoff*, Lars, Rechtssicherheit und Verringerung der Transaktionskosten? Das GEKR aus dem Blickwinkel der Praxis, in: Hahn, Jörg-Uwe (Hrsg.), Gemeinsames Europäisches Kaufrecht – Moderner Ansatz oder praxisferne Vision? Anhörung der Konferenz der Justizministerinnen und Justizminister vom 24. Mai 2012, München 2012, S. 113–132 (zitiert: *Budde / Eckhoff* in Hahn, Gemeinsames Europäisches Kaufrecht – Moderner Ansatz oder praxisferne Vision?, S.).

Bungenberg, Marc, Dynamische Integration, Art. 208 und die Forderung nach dem Kompetenzkatalog, in: Europarecht 2000, S. 879–900 (zitiert: *Bungenberg*, EUR 2000, S.).

Busch, Christoph, Die aufgeklärte Entscheidung? – Modalitäten der Einwahl und der kollisionsrechtliche Verbraucherschutz, in: Gebauer, Martin (Hrsg.), Gemeinsames Europäisches Kaufrecht – Anwendungsbereich und kollisionsrechtliche Einbettung, München 2013, S. 89–101 (zitiert: *Busch* in Gebauer, Gemeinsames Europäisches Kaufrecht – Anwendungsbereich und kollisionsrechtliche Einbettung, S.).

———, Kollisionsrechtliche Weichenstellungen für ein Optionales Instrument im Europäischen Vertragsrecht, in: Europäische Zeitschrift für Wirtschaftsrecht 2011, S. 655–661 (zitiert: *Busch*, EuZW 2011, S.).

Calliess, Christian (Hrsg.) / *Ruffert*, Matthias (Hrsg.), EUV / AEUV – Das Verfassungsrecht der Europäischen Union mit Europäischer Grundrechtecharta – Kommentar, 4. Auflage, München 2011 (zitiert: *Bearbeiter* in Calliess / Ruffert, Art., Rn.).

Canaris, Claus-Wilhelm, Schuldrechtsreform 2002, München 2002 (zitiert: *Canaris*, Schuldrechtsreform 2002, S.).

———, Die Reform des Rechts der Leistungsstörungen, in: JuristenZeitung 2001, S. 499–524 (zitiert: *Canaris*, JZ 2001, S.).

———, Grundlagen und Rechtsfolgen der Haftung für anfängliche Unmöglichkeit nach § 311a Abs. 2 BGB, in: Lorenz, Stephan (Hrsg.), Festschrift für Andreas Heldrich zum 70. Geburtstag, München 2005, S. 11–38 (zitiert: *Canaris* in FS Heldrich, S.).

Caroni, Pio, Gesetz und Gesetzbuch – Beiträge zu einer Kodifikationsgeschichte, Basel 2003 (zitiert: *Caroni*, Gesetz und Gesetzbuch, S.).

Conte, Giuseppe, The Proposed Regulation on a Common European Sales Law – An Italian Perspective, in: Alpa, Guido / Conte, Giuseppe / Perfetti, Ubaldo / Graf von Westphalen, Friedrich (Hrsg.), The Proposed Common European Sales Law – the Lawyers' View, München 2013, S. 61–78 (zitiert: *Conte* in Alpa / Conte / Perfetti / Graf von Westphalen, The Proposed Common European Sales Law – the Lawyers' View, S.).

Corneloup, Sabine, Der Anwendungsbereich des Optionalen Instruments, die Voraussetzungen seiner Wahl und das Verhältnis zur Rom-I-VO, in: Zeitschrift für Europäisches Privatrecht 2012, S. 705–725 (zitiert: *Corneloup*, ZEuP 2012, S.).

Creifelds, Carl (Begr.), Rechtswörterbuch, 20. Auflage, München 2011 (zitiert: *Creifelds*, Rechtswörterbuch, S.)

Culmann, Johannes Jakob, Die Societas Privata Europaea in der Krise, Frankfurt am Main 2012 (zitiert: *Culmann*, Die Societas Privata Europaea in der Krise, S.).

Dannemann, Gerhard / *Vogenauer*, Stefan, The Common European Sales Law in Context – Interactions with English and German Law, Oxford 2013 (zitiert: *Bearbeiter* in Dannemann / Vogenauer, The Common European Sales Law in Context, S.).

Däubler, Wolfgang, Neues Schuldrecht – ein erster Überblick, in: Neue Juristische Wochenschrift 2001, S. 3729–3734 (zitiert: *Däubler*, NJW 2001, S.).

Däubler-Gmelin, Herta, Die Entscheidung für die so genannte Große Lösung bei der Schuldrechtsreform – Zum Entwurf eines Gesetzes zur Modernisierung des Schuldrechts, in: Neue Juristische Wochenschrift 2001, S. 2281–2289 (zitiert: *Däubler-Gmelin*, NJW 2001, S.).

Dauner-Lieb, Barbara, Die geplante Schuldrechtsmodernisierung – Durchbruch oder Schnellschuß?, in: JuristenZeitung 2001, S. 8–18 (zitiert: *Dauner-Lieb*, JZ 2001, S.).

———, Die Schuldrechtsreform – Das große juristische Abenteuer, in: Deutsches Steuerrecht 2001, S. 1572–1576 (zitiert: *Dauner-Lieb*, DStR 2001, S.).

———, Ein Jahr Schuldrechtsreform – Eine Zwischenbilanz, in: Zeitschrift für das gesamte Schuldrecht 2003, S. 10–13 (zitiert: *Dauner-Lieb*, ZGS 2003, S.).

———, Zur Reichweite des Vorrangs der (Nach-)Erfüllung beim Kauf, in: Heldrich, Andreas (Hrsg.), Festschrift für Claus-Wilhelm Canaris zum 70. Geburtstag, München 2007, S. 143–163 (zitiert: *Dauner-Lieb* in FS Canaris, S.).

Dauses, Manfred A. (Hrsg.), Handbuch des EU-Wirtschaftsrechts, München, 32. Ergänzungslieferung April 2013 (zitiert: *Bearbeiter* in Dauses, Hb.EUWirtR, Kap., Rn.).

Denkinger, Fleur, Der Verbraucherbegriff – Eine Analyse persönlicher Geltungsbereiche von verbraucherrechtlichen Schutzvorschriften in Europa, Berlin 2007 (zitiert: *Denkinger*, Der Verbraucherbegriff, S.).

Deutscher Anwaltverein, Stellungnahme zum Vorschlag für eine Verordnung des Europäischen Parlaments und des Rates über ein Gemeinsames Europäisches Kaufrecht – hier: Rechtsgrundlage Art. 114 AEUV sowie Subsidiaritäts- und Proportionalitätsprinzip (zitiert: *DAV*, Stellungnahme zu Art. 114 AEUV, S.).

———, Stellungnahme zum Berichtsentwurf des Rechtsausschusses über den Vorschlag für eine Verordnung des Europäischen Parlaments und des Rates über ein Gemeinsames Europäisches Kaufrecht (zitiert: *DAV*, Stellungnahme zum Berichtsentwurf, S.).

Doralt, Walter, Strukturelle Schwächen in der Europäisierung des Privatrechts – Eine Prozessanalyse der jüngeren Entwicklungen, in: Rabels Zeitschrift für ausländisches und internationales Privatrecht Bd. 75 (2011), S. 260–285 (zitiert: *Doralt*, RabelsZ 75 (2011), S.).

———, Rote Karte oder grünes Licht für den Blue Button? – Zur Frage eines optionalen europäischen Vertragsrechts, in: Archiv für die civilistische Praxis, Bd. 211 (2011), S. 1–34 (zitiert: *Doralt*, AcP 211 (2011), S.).

Drobnig, Ulrich, Ein Vertragsrecht für Europa, in: Baur, Jürgen (Hrsg.), Festschrift für Ernst Steindorff zum 70. Geburtstag am 13. März 1990, Berlin 1990 (zitiert: *Drobnig*, in FS Steindorff, S.).

Drury, Robert, Why Do We Need The European Private Company (Societas Privata Europaea)?, in: Hirte, Heribert / Teichmann, Christoph (Hrsg.), The European Private Company – Societas Privata Europaea, Berlin 2013, S. 33–46 (zitiert: *Drury*, in Hirte / Teichmann, The European Private Company, S.).

Ebert, Ina, Das Recht des Verkäufers zur zweiten Andienung und seine Risiken für den Käufer, in: Neue Juristische Wochenschrift 2004, S. 1761–1764 (zitiert: *Ebert*, NJW 2004, S.).

Eckert, Jörn, Die Schuldrechtsreform und das Bürgerliche Gesetzbuch, in: Eckert, Jörn / Delbrück, Jost (Hrsg.), Reform des deutschen Schuldrechts, Baden-Baden 2003, S. 9–22 (zitiert: *Eckert* in Eckert / Delbrück, Reform des deutschen Schuldrechts, S.).

Eiden, Christoph, Die Rechtsangleichung gemäß Art. 100 des EWG-Vertrages, Berlin 1984 (zitiert: *Eiden*, Die Rechtsangleichung gemäß Art. 100 des EWG-Vertrages, S.).

Eidenmüller, Horst, Recht als Produkt, in: JuristenZeitung 2009, S. 641–653 (zitiert: *Eidenmüller*, JZ 2009, S.).

Eidenmüller, Horst / *Faust*, Florian / *Grigoleit*, Hans Christoph / *Jansen*, Nils / *Wagner*, Gerhard / *Zimmermann*, Reinhard, Der Gemeinsame Referenzrahmen für das Europäische Privatrecht – Wertungsfragen und Kodifikationsprobleme, in: JuristenZeitung 2008, S. 529–550 (zitiert: *Eidenmüller / Faust / Grigoleit / Jansen / Wagner / Zimmermann*, JZ 2008, S.).

Eidenmüller, Horst / *Jansen*, Nils / *Kieninger*, Eva-Maria / *Wagner*, Gerhard / *Zimmermann*, Reinhard, Der Vorschlag für eine Verordnung über ein Gemeinsames Europäisches Kaufrecht – Defizite der neuesten Textstufe des europäischen Vertragsrechts, in: JuristenZeitung 2012, S. 269–289 (zitiert: *Eidenmüller / Jansen / Kieninger / Wagner / Zimmermann*, JZ 2012, S.).

Engelhard, Hans Arnold, Zu den Aufgaben einer Kommission für die Überarbeitung des Schuldrechts, in: Neue Juristische Wochenschrift 1984, S. 1201–1206 (zitiert: *Engelhard*, NJW 1984, S.).

Ernst, Wolfgang, Zum Kommissionsentwurf für eine Schuldrechtsreform, in: Neue Juristische Wochenschrift 1994, S. 2177–2181 (zitiert: *Ernst*, NJW 1994, S.).

———, Die Schuldrechtsreform 2001 / 2002 – Zum Diskussionsentwurf des Schuldrechtsmodernisierungsesetzes, in: Zeitschrift für Rechtspolitik 2001, S. 1–11 (zitiert: *Ernst*, ZRP 2001, S.).

———, Zum Fortgang der Schuldrechtsreform, in: Ernst, Wolfgang / Zimmermann, Reinhard (Hrsg.), Zivilrechtswissenschaft und Schuldrechtsreform, Tübingen 2001, S. 559–605 (zitiert: *Ernst* in Ernst / Zimmermann, Zivilrechtswissenschaft und Schuldrechtsreform, S.).

Ernst, Wolfgang / *Gsell*, Beate, Kaufrechtsrichtlinie und BGB, in: Zeitschrift für Wirtschaftsrecht und Insolvenzpraxis 2000, S. 1410–1427 (zitiert: *Ernst / Gsell*, ZIP 2000, S.).

———, Kritisches zum Stand der Schuldrechtsmodernisierung, in: Zeitschrift für Wirtschaftsrecht und Insolvenzpraxis 2001, S. 1389–1403 (zitiert: *Ernst / Gsell*, ZIP 2001, S.).

European Law Institute, Statement oft he European Law Institute on the Proposal for a Regulation on a Common European Sales Law COM(2011) 635 final, Wien 2012 (zitiert: *ELI*, Statement on the CESL, S.).

Everling, Ulrich, Probleme der Rechtsangleichung zur Verwirklichung des europäischen Binnenmarkts, in: Baur, Jürgen (Hrsg.), Festschrift für Ernst Steindorff zum siebzigsten Geburtstag am 13. März 1990, Berlin 1990, S. 1155–1173 (zitiert: *Everling* in FS Steindorff, S.).

Faust, Florian, Der Vorschlag für ein Gemeinsames Europäisches Kaufrecht, in: Bonner Rechtsjournal 2012, S. 123–134 (zitiert: *Faust*, BRJ 2012, S.).

Fleischer, Holger, Optionales europäisches Privatrecht („28. Modell"), in: Rabels Zeitschrift für ausländisches und internationales Privatrecht Bd. 76 (2012), S. 235–252 (zitiert: *Fleischer*, RabelsZ 76 (2012), S.).

Fligstein, Neil, Who are the Europeans and how does this matter for politics?, in: Checkel, Jeffrey / Katzenstein, Peter, European Identity, Cambridge 2009, S. 132–166 (zitiert: *Fligstein* in Checkel / Katzenstein, European Identity, S.).

Franzen, Martin, Privatrechtsangleichung durch die Europäische Gemeinschaft, Berlin 1999 (zitiert: *Franzen*, Privatrechtsangleichung durch die Europäische Gemeinschaft, S.).

Freudenberg, Rainer, Mindestkapital und Gründungshaftung in der SPE nach dem schwedischen Kompromissentwurf, in: Neue Zeitschrift für Gesellschaftsrecht 2010, S. 527–531 (zitiert: *Freudenberg*, NZG 2010, S.).

Ferrari, Franco / *Kieninger*, Eva-Maria / *Mankowski*, Peter / *Otte*, Karsten / *Saenger*, Ingo / *Schulze*, Götz / *Staudinger*, Ansgar, Internationales

Vertragsrecht – Kommentar, 2. Auflage, München 2012 (zitiert: *Bearbeiter* in Ferrari / Kieninger / Mankowski u. a., Internationales Vertragsrecht, Art., Rn.).

Fleischer, Holger, Supranationale Gesellschaftsformen in der Europäischen Union – Prolegomena zu einer Theorie supranationaler Verbandsformen, in: Zeitschrift für das gesamte Handelsrecht und Wirtschaftsrecht, Bd. 174 (2010), S. 385–428 (zitiert: *Fleischer*, ZHR 174 (2010), S.).

Flume, Werner, Vom Beruf unserer Zeit für Gesetzgebung, in: Zeitschrift für Wirtschaftsrecht und Insolvenzpraxis 2000, S. 1427–1430 (zitiert: *Flume*, ZIP 2000, S.).

Fornasier, Matteo, „28." versus „2. Regime" – Kollisionsrechtliche Aspekte eines optionalen europäischen Vertragsrechts, in: Rabels Zeitschrift für ausländisches und internationales Privatrecht Bd. 76 (2012), S. 401–442 (zitiert: *Fornasier*, RabelsZ 76 (2012), S.).

Freitag, Robert, Der Wettbewerb der Rechtsordnungen im Internationalen Gesellschaftsrecht, in: Europäische Zeitschrift für Wirtschaftsrecht 1999, S. 267–270 (zitiert: *Freitag*, EuZW 1999, S.).

Frenz, Walter / *Ehlenz*, Christian, Rechtsangleichung über Art. 114 AEUV und Grenzen gem. Art. 5 EUV nach Lissabon, in: Europäische Zeitschrift für Wirtschaftsrecht 2011, S. 623–626 (zitiert: *Frenz / Ehlenz*, EuZW 2011, S.).

Freudenberg, Rainer, Mindestkapital und Haftung in der SPE nach dem schwedischen Kompromissentwurf, in: Neue Zeitschrift für Gesellschaftsrecht 2010, S. 527–531 (zitiert: *Freudenberg*, NZG 2010, S.).

Gandolfi, Giuseppe, Der Vorentwurf eines Europäischen Vertragsgesetzbuchs, in: Zeitschrift für Europäisches Privatrecht 2002, S. 1–4 (zitiert: *Gandolfi*, ZEuP 2002, S.).

Ganuza, Juan José / *Gomez*, Fernando, Optional Law for Firms and Consumers: Economic Benefits of Opting into the Common European Sales Law?, in: Moccia, Luigi (Hrsg.), The Making of European Private Law: Why, How, What, Who, München 2013, S. 93–110 (zitiert: *Ganuza / Gomez* in Moccia, The Making of European Private Law, S.).

Geiger, Rudolf / *Khan*, Daniel-Erasmus / *Kotzur*, Markus, EUV / AEUV Kommentar, 5. Auflage, München 2010 (zitiert: *Bearbeiter* in Geiger / Khan / Kotzur, Art., Rn.).

von Gierke, Der Entwurf eines bürgerlichen Gesetzbuchs und das deutsche Recht, Leipzig 1889 (zitiert: *von Gierke*, Der Entwurf eines bürgerlichen Gesetzbuchs und das deutsche Recht, S.).

von Goethe, Johann Wolfgang, Faust – Der Tragödie erster Teil, Nachdruck Stuttgart 2011, Original Tübingen 1808 (zitiert: *Goethe*, Faust – Der Tragödie erster Teil, Vers).

Grabitz, Eberhard (Hrsg.) / *Hilf*, Meinhard (Hrsg.) / *Nettesheim*, Martin (Hrsg.), Das Recht der Europäischen Union, 50. Ergänzungslieferung, München 2013 (zitiert: *Bearbeiter* in Grabitz / Hilf / Nettesheim, Art., Rn.).

Grieser, Veronika, Flexible Integration in der Europäischen Union: neue Dynamik oder Gefährdung der Rechtseinheit?, Berlin 2003 (zitiert: *Grieser*, Flexible Integration in der Europäischen Union, S.).

Grigoleit, Hans Christoph, Der Verbraucheracquis und die Entwicklung des Europäischen Privatrechts, in: Archiv für die civilistische Praxis, Bd. 210 (2010), S. 354–423 (zitiert: *Grigoleit*, AcP 210 (2010), S.).

———, Stellungnahme zur Anhörung im Rechtsausschuss des deutschen Bundestages (zitiert: *Grigoleit*, Stellungnahme RA, S.).

Groeben, Hans von der, Die Politik der Europäischen Kommission auf dem Gebiet der Rechtsangleichung, in: Neue Juristische Wochenschrift 1970, S. 359–364 (zitiert: *von der Groeben*, NJW 1970, S.).

Grossmann-Doerth, Hans, Die Rechtsfolgen vertragswidriger Andienung, Marburg 1934 (zitiert: *Grossmann-Doerth*, Die Rechtsfolgen vertragswidriger Andienung, S.).

Grundmann, Stefan, Die EU-Verbraucherrechte-Richtlinie – Optimierung, Alternative oder Sackgasse?, in: JuristenZeitung 2013, S. 53–65 (zitiert: *Grundmann*, JZ 2013, S.).

Grunewald, Barbara, Der Einfluss des europäischen Verbraucherrechts auf das BGB, dargestellt am Beispiel des Kaufvertrages, in: Augenhofer, Susanne (Hrsg.), Verbraucherrecht im Umbruch, Tübingen 2012, S. 31–44 (zitiert: *Grunewald* in Augenhofer, Verbraucherrecht im Umbruch, S.).

Gsell, Beate / *Herresthal*, Carsten, Vollharmonisierung im Privatrecht, Tübingen 2009 (zitiert: *Bearbeiter* in Gsell / Herresthal, Vollharmonisierung im Privatrecht, S.).

Gsell, Beate, Interne und externe Lücken des GEK – Die Rolle des EuGH und der mitgliedsstaatlichen Gerichte bei der Lückenfüllung, in: Gebauer, Martin (Hrsg.), Gemeinsames Europäisches Kaufrecht – Anwendungsbereich und kollisionsrechtliche Einbettung, München 2013, S. 105–127 (zitiert: *Gsell* in Gebauer, Gemeinsames Europäisches Kaufrecht – Anwendungsbereich und kollisionsrechtliche Einbettung, S.).

Haack, Thomas, Otto von Gierkes Kritik am ersten Entwurf des Bürgerlichen Gesetzbuchs, Frankfurt am Main 1997 (zitiert: *Haack*, Otto von Gierkes Kritik, S.)

Haas, Lothar / *Medicus*, Dieter / *Rolland*, Walter / *Schäfer*, Carsten / *Wendtland*, Holger, Das neue Schuldrecht, München 2002 (zitiert: *Bearbeiter* in Haas / Medicus / Rolland / Schäfer / Wendtland, Das neue Schuldrecht, Kap., Rn.)

Hadding, Walther / *Kießling*, Erik, Die Europäische Privatgesellschaft (Societas Privata Europaea – SPE), in: Wertpapier-Mitteilungen 2009, S. 145–158 (zitiert: *Hadding / Kießling*, WM 2009, S.).

Hager, Günther, Rechtsmethoden in Europa, Tübingen 2009 (zitiert: *Hager*, Rechtsmethoden in Europa, S.)

Hahn, Jörg-Uwe (Hrsg.), Gemeinsames Europäisches Kaufrecht – Moderner Ansatz oder praxisferne Vision? Anhörung der Konferenz der Justizministerinnen und Justizminister vom 24. Mai 2012, München 2012, (zitiert: *Bearbeiter* in Hahn, Gemeinsames Europäisches Kaufrecht – Moderner Ansatz oder praxisferne Vision?, S.).

Hakenberg, Waltraud, Europarecht, 6. Auflage, München 2012 (zitiert: *Hakenberg*, Europarecht, Rn.).

Hallstein, Walter, Die Europäische Gemeinschaft, 5. Auflage, Düsseldorf 1979 (zitiert: *Hallstein*, Die Europäische Gemeinschaft, S.).

Härting, Niko, Internetrecht, 4. Auflage, Köln 2010 (zitiert: *Härting*, Internetrecht, Rn.).

Hatje, Armin, Perspektiven europäischer Integration, in: Europarecht 2009, Beiheft 1, S. 276–280 (zitiert: *Hatje*, EuR 2009 Beiheft 1, S.).

Harvey, Caroline / *Schillig*, Michael, Consequences of an Ineffective Agreement to Use the Common European Sales Law, in: European Review of Contract Law 2013, S. 143–162 (zitiert: *Harvey/ Schillig*, ERCL 2013, S.).

Heiderhoff, Bettina, Europäisches Privatrecht, 3. Auflage, Heidelberg 2012 (zitiert: *Heiderhoff*, Europäisches Privatrecht, Rn.).

———, Grundstrukturen des nationalen und europäischen Verbrauchervertragsrechts, München 2004 (zitiert: *Heiderhoff*, Grundstrukturen des nationalen und europäischen Verbrauchervertragsrechts, S.).

Heldrich, Andreas, Ein zeitgemäßes Gesicht für unser Schuldrecht, in: Neue Juristische Wochenschrift 2001, S. 2521–2523 (zitiert: *Heldrich*, NJW 2001, S.).

Hellwege, Phillip, Die Geltungsbereiche des UN-Kaufrechts und des Gemeinsamen Europäischen Kaufrechts im Vergleich, in: Internationales Handelsrecht 2012, S. 180–186 (zitiert: *Hellwege*, IHR 2012, S.).

Helms, Dietmar, Die Europäische Privatgesellschaft, Köln 1998 (zitiert: *Helms*, Die Europäische Privatgesellschaft, S.).

Herdegen, Matthias, Europarecht, 14. Auflage, München 2012 (zitiert: *Herdegen*, Europarecht, §, Rn.).

Herresthal, Carsten, Ein europäisches Vertragsrecht als optionales Instrument, in: Europäische Zeitschrift für Wirtschaftsrecht 2011, S. 7–12 (zitiert: *Herresthal*, EuZW 2011, S.).

———, Die Chancen und die Risiken eines optionalen Gemeinsamen Europäischen Kaufrechts, in: Wirtschaft und Verwaltung 2012, S. 140–152 (zitiert: *Herresthal*, WiVerw 2012, S.).

———, Die Vorzugswürdigkeit einer europäischen Vertragsrechtsharmonisierung durch optionale Instrumente, in: Hahn, Jörg-Uwe (Hrsg.), Gemeinsames Europäisches Kaufrecht – Moderner Ansatz oder praxisferne Vision? Anhörung der Konferenz der Justizministerinnen und Justizminister vom 24. Mai 2012, München 2012, S. 83–112 (zitiert: *Herresthal* in Hahn, Gemeinsames Europäisches Kaufrecht – Moderner Ansatz oder praxisferne Vision?, S.).

Herrler, Sebastian, Buchrezension zu Hahn, Jörg-Uwe (Hrsg.), Gemeinsames Europäisches Kaufrecht: Moderner Ansatz oder praxisferne Vision, in: Informationsdienst des Deutschen Notarinstituts 2013, S. 18 (zitiert: *Herrler*, DNotI-Report 2013, S.).

Hesselink, Martijn, How to opt into the Common European Sales Law? Brief Comments on the Commission's Proposal for a Regulation, in: Centre for the Study of European Contract Law Working Paper No. 2011-15 (zitiert: *Hesselink*, CSECL Working Paper No. 2011-15, S.).

———, The case for a common European sales law in an age of rising nationalism, in: European Review of Contract Law 2012, S. 342–366 (zitiert: *Hesselink*, ERCL 2012, S.).

Hirsch, Günter, Erwartungen der gerichtlichen Praxis an einen Gemeinsamen Referenzrahmen für ein Europäisches Vertragsrecht, in: Zeitschrift für Wirtschaftsrecht und Insolvenzpraxis 2007, S. 937–943 (zitiert: *Hirsch*, ZIP 2007, S.).

Hoffmann, Jochen, Spezielle Informationspflichten im BGB und ihre Sanktionierung, in: Zeitschrift für Wirtschaftsrecht und Insolvenzpraxis 2005, S. 829–840 (zitiert: *Hoffmann*, ZIP 2005, S.).

Hommelhoff, Peter / *Teichmann*, Christoph, Auf dem Weg zur Europäischen Privatgesellschaft (SPE), in: Deutsches Steuerrecht 2008, S. 925–933 (zitiert: *Hommelhoff* / *Teichmann*, DStR 2008, S.).

———, Bundesrat bremst Europa-GmbH: Erwiderung auf seine Stellungnahme zum SPE-Verordnungsvorschlag, in: GmbH-Rundschau 2009, S. 36–38 (zitiert: *Hommelhoff / Teichmann*, GmbHR 2009, S.).

———, Eine GmbH für Europa: Der Vorschlag der EU-Kommission zur Societas Privata Europaea (SPE), in: GmbH-Rundschau 2008, S. 897–911 (zitiert: *Hommelhoff / Teichmann*, GmbHR 2008, S.).

Honsell, Heinrich, Die EU-Richtlinie über den Verbrauchsgüterkauf und ihre Umsetzung ins BGB, in: Juristenzeitung 2001, S. 278–283 (zitiert: *Honsell*, JZ 2001, S.).

Horn, Norbert (Hrsg.), Die Neugestaltung des Privatrechts in Mittelosteuropa und Osteuropa, München 2002 (zitiert: *Horn* (Hrsg.), Die Neugestaltung des Privatrechts in Mittelosteuropa und Osteuropa).

Huber, Peter, Der Nacherfüllungsanspruch im neuen Kaufrecht, in: Neue Juristische Wochenschrift 2002, S. 1004–1008 (zitiert: *Huber*, NJW 2002, S.).

Hügel, Hanns, Zur Europäischen Privatgesellschaft: Internationale Aspekte, Sitzverlegung, Satzungsgestaltung und Satzungslücken, in: Zeitschrift für das gesamte Handelsrecht und Wirtschaftsrecht, Bd. 173 (2009), S. 309–353 (zitiert: *Hügel*, ZHR 173 (2009), S.).

Huttenlocher, Peter, Stellungnahme zur Anhörung im Rechtsausschuss des deutschen Bundestages für die Bundesnotarkammer (zitiert: *Huttenlocher*, Stellungnahme RA, S.).

Ihns, Astrid, Entwicklung und Grundlagen der europäischen Rechtsangleichung, Frankfurt am Main 2005 (zitiert: *Ihns*, Entwicklung und Grundlagen der europäischen Rechtsangleichung, S.).

Jaeger, Thomas, Inhaltliche und methodische Vollständigkeit des Vorschlags für ein Gemeinsames Europäisches Kaufrecht, in: Rabels Zeitschrift für ausländisches und internationales Privatrecht Bd. 77 (2013), S. 465–503 (zitiert: *Jaeger*, RabelsZ 77 (2013), S.).

Jaensch, Michael, Der Umfang der kaufrechtlichen Nacherfüllung, in: Neue Juristische Wochenschrift 2012, S. 1025–1031 (zitiert: *Jaensch*, NJW 2012, S.).

Jansen, Nils, Binnenmarkt, Privatrecht und europäische Identität, Tübingen 2004 (zitiert: *Jansen*, Binnenmarkt, Privatrecht und europäische Identität, S.)

———, Revision des Acquis communautaire?, in: Zeitschrift für Europäisches Privatrecht 2012, S. 741–775 (zitiert: *Jansen*, ZEuP 2012, S.).

Jansen, Nils / *Zimmermann*, Reinhard, Was ist und wozu der DCFR?, in: Neue Juristische Wochenschrift 2009, S. 3401–3406 (zitiert: *Jansen / Zimmermann*, NJW 2009, S.).

Janssen, André, Auf dem Weg zu einem Europäischen Privatrecht – Beiträge aus 20 Jahren von Reiner Schulze, in: Janssen, André (Hrsg.), Auf dem Weg zu einem Europäischen Privatrecht – Beiträge aus 20 Jahren von Reiner Schulze, Baden-Baden 2012, S. 11–24 (zitiert: *Janssen* in Janssen, Auf dem Weg zu einem Europäischen Privatrecht, S.).

Jung, Stefanie, Welche SPE braucht Europa? – Eine Analyse und Bewertung der Verordnungsentwürfe von Kommission, Parlament und Präsidentschaft im Hinblick auf die Kapitalverfassung, in: Deutsches Steuerrecht 2009, S. 1700–1709 (zitiert: *Jung*, DStR 2009, S.).

———, Die „schwedische" Societas Privata Europaea, in: Betriebs-Berater 2010, S. 1233–1240 (zitiert: *Jung*, BB 2010, S.).

juris Praxiskommentar BGB, Band 2 – Schuldrecht, 6. Auflage, Saarbrücken 2012 (zitiert: *Bearbeiter* in jurisPK-BGB, §, Rn.).

Kämmerer, Jörn Axel, Integrationsverantwortung: Ein neuer Topos aus Karlsruher Werkstatt, in: Rabels Zeitschrift für ausländisches und internationales Privatrecht Bd. 76 (2012), S. 253–275 (zitiert: *Kämmerer*, RabelsZ 76 (2012), S.).

Katzenstein, Matthias, Die Nichterfüllungshaftung nach § 311a Abs. 2 BGB, in: Juristische Rundschau 2003, S. 447–452 (zitiert: *Katzenstein*, JR 2003, S.).

———, Die Bedeutung der vertraglichen Bindung für die culpa-Haftung des Vertragsschuldners auf Schadensersatz (Teil 2), in: Juristische Ausbildung 2005, S. 73–78 (zitiert: *Katzenstein*, JURA 2005, S.).

Kieninger, Eva-Maria, Das Abtretungsrecht des DCFR, in: Zeitschrift für Europäisches Privatrecht 2010, S. 724–746 (zitiert: *Kieninger*, ZEuP 2010, S.).

Kind, Sandra, Die Grenzen des Verbraucherschutzes durch Information – aufgezeigt am Teilzeitwohnrechtegesetz, Berlin 1998 (zitiert: *Kind*, Die Grenzen des Verbraucherschutzes durch Information, S.).

Kindler, Peter, Währungsumstellung, Vertragskontinuität und Vertragsgestaltung – Denkanstöße zu den Auswirkungen eines Ausscheidens einzelner EU-Mitgliedsstaaten aus dem Euro, in: Neue Juristische Wochenschrift 2012, S. 1617–1622 (zitiert: *Kindler*, NJW 2012, S.).

———, Von Pavia über Tucumán nach Brüssel – Anregungen aus der Neuen Welt für das Gemeinsame Europäische Kaufrecht, in: JuristenZeitung 2012, S. 712–716 (zitiert: *Kindler*, JZ 2012, S.).

———, Niederlassungsfreiheit für Scheinauslandsgesellschaften? – Die „Centros"-Entscheidung des EuGH und das internationale Privatrecht, in: Neue Juristische Wochenschrift 1999, S. 1993–2000 (zitiert: *Kindler*, NJW 1999, S.).

Kinkel, Klaus (Hrsg.), Abschlussbericht der Kommission zur Überarbeitung des Schuldrechts, Köln 1992 (zitiert: *Kinkel* (Hrsg.), Abschlussbericht der Kommission zur Überarbeitung des Schuldrechts).

von Kirchmann, Julius Hermann, Die Wertlosigkeit der Jurisprudenz als Wissenschaft, Nachdruck Heidelberg 1988, Original Berlin 1848 (zitiert: *von Kirchmann*, Die Wertlosigkeit der Jurisprudenz als Wissenschaft, S.).

Kleinschmidt, Jens, Stellvertretung, IPR und ein optionales Instrument für ein europäisches Vertragsrecht, in: Rabels Zeitschrift für ausländisches und internationales Privatrecht Bd. 75 (2011), S. 497–540 (zitiert: *Kleinschmidt*, RabelsZ 75 (2011), S.).

Klepper, Marian, Vollzugskompetenzen der Europäischen Gemeinschaft aus abgeleitetem Recht, Baden-Baden 2001 (zitiert: *Klepper*, Vollzugskompetenzen der Europäischen Gemeinschaft aus abgeleitetem Recht, S.).

Kneisel, Katharina, Die Europäische Privatgesellschaft (SPE) im Konzern, Frankfurt am Main 2012 (zitiert: *Kneisel*, Die Europäische Privatgesellschaft (SPE) im Konzern, S.).

Knopp, Lothar, Griechenland-Nothilfe auf dem verfassungsrechtlichen Prüfstand, in: Neue Juristische Wochenschrift 2010, S. 1777–1782 (zitiert: *Knopp*, NJW 2010, S.).

Knütel, Rolf, Zur Schuldrechtsreform, in: Neue Juristische Wochenschrift 2001, S. 2519–2521 (zitiert: *Knütel*, NJW 2001, S.).

Köhler, Helmut, Die Haftung für Sachmängel im Vorschlag zu einem Gemeinsamen Europäischen Kaufrecht, in: Wirtschaft und Verwaltung 2012, S. 135–139 (zitiert: *Köhler*, WiVerw 2012, S.).

Konecny, Norman, Kommt das Gemeinsame Europäische Kaufrecht? – Eine Zwischenbilanz zur rechtspolitischen Diskussion, in: juris – Die Monatszeitschrift 2014, S. 46–50 (zitiert: *Konecny*, jM 2014, S.).

———, Ausführlicher Tagungsbericht über das wissenschaftliche Symposium „Gemeinsames Europäisches Kaufrecht für die EU?“ am 20. Januar 2012 in Würzburg, in: Zeitschrift für Vertriebsrecht 2012, S. 125–128 (zitiert: *Konecny*, ZVertriebsR 2012, S.).

———, Bericht über die Konferenz der Justizministerinnen und Justizminister zum Vorschlag für eine Verordnung des Europäischen Parlaments und des Rates über ein Gemeinsames Europäisches Kaufrecht am 24.5.2012 in Frankfurt am Main, in: Zeitschrift für Vertriebsrecht 2012, S. 263–266 (zitiert: *Konecny*, ZVertriebsR 2012, S.).

———, Tagungsbericht „Common European Sales Law meets Reality – A European Debate on the Commission’s Proposal“ vom 14./15.06.2013 in Halle

(Saale), in: Zeitschrift für Vertriebsrecht 2013, S. 257–259 (zitiert: *Konecny*, ZVertriebsR 2013, S.).

Kornet, Nicole, The Common European Sales Law and the CISG – Complicating or Simplifying the legal Environment?, in: Maastricht European Private Law Institute Working Paper No. 2012 / 4 (zitiert: *Kornet*, M-EPLI Working Paper No. 2012 / 4, S.).

Kramer, Ernst A., Europäische Privatrechtsvereinheitlichung – Institutionen, Methoden, Perspektiven, Saarbrücken 1988 (zitiert: *Kramer*, Europäische Privatrechtsvereinheitlichung, S.).

———, Kommentar zu Maud Piers, in: Zeitschrift für Europäisches Privatrecht 2012, S. 898–903 (zitiert: *Kramer*, ZEuP 2012, S.).

Krause, Rüdiger, Die Stellung von KMU im europäischen Gesellschaftsrecht, in: Europäische Zeitschrift für Wirtschaftsrecht 2003, S. 747–751 (zitiert: *Krause*, EuZW 2003, S.).

Kroll-Ludwigs, Kathrin, Ein optionales Vertragsrecht für Europa – Motor oder Hemmnis für den Binnenmarkt, in: Zeitschrift für Gemeinschaftsprivatrecht 2012, S. 181–188 (zitiert: *Kroll-Ludwigs*, GPR 2012, S.).

Kuck, Sebastian / *Weiss*, Michael, Der Initiativbericht des Europäischen Parlaments für eine Europäische Privatgesellschaft, in: Der Konzern 2007, S. 498–505 (zitiert: *Kuck* / *Weiss*, Der Konzern 2007, S.).

Kunz, Daniel, Verbraucherschutz beim Internethandel in der Europäischen Union, Frankfurt am Main 2010 (zitiert: *Kunz*, Verbraucherschutz beim Internethandel in der Europäischen Union, S.).

Lando, Ole, European Priavte Law: Why, How, What and Who?, in: Moccia, Luigi (Hrsg.), The Making of European Private Law: Why, How, What, Who, München 2013, S. 1–9 (zitiert: *Lando* in Moccia, The Making of European Private Law, S.).

Langenbucher, Katja (Hrsg.), Europarechtliche Bezüge des Privatrechts, 2. Auflage, Baden-Baden 2008 (zitiert: *Bearbeiter* in Langenbucher, Europarechtliche Bezüge des Privatrechts, S.).

Langner, Olaf, Das Kaufrecht auf dem Prüfstand der Warenverkehrsfreiheit des EG-Vertrages, in: Rabels Zeitschrift für ausländisches und internationales Privatrecht Bd. 65 (2001), S. 222–244 (zitiert: *Langner*, RabelsZ 65 (2001), S.).

Laws, Jutta, Neue Zivilrechtspraxis – Schnelleinstieg in die Schuldrechtsreform, Köln 2002 (zitiert: *Laws*, Neue Zivilrechtspraxis, S.).

Legrand, Pierre, Against a European Civil Code, in: The Modern Law Review 1997, S. 44–63 (zitiert: *Legrand*, MLR 1997, S.).

Lehmann, Matthias, Dogmatische Konstruktion der Einwahl in das EU-Kaufrecht (2., 28. oder integriertes Regime) und die praktischen Folgen, in: Gebauer, Martin (Hrsg.), Gemeinsames Europäisches Kaufrecht – Anwendungsbereich und kollisionsrechtliche Einbettung, München 2013, S. 67–88 (zitiert: *Lehmann* in Gebauer, Gemeinsames Europäisches Kaufrecht – Anwendungsbereich und kollisionsrechtliche Einbettung, S.).

Lehne, Klaus-Heiner, Plädoyer für das Gemeinsame Europäische Kaufrecht, in: Hahn, Jörg-Uwe (Hrsg.), Gemeinsames Europäisches Kaufrecht – Moderner Ansatz oder praxisferne Vision? Anhörung der Konferenz der Justizministerinnen und Justizminister vom 24. Mai 2012, München 2012, S. 189–192 (zitiert: *Lehne* in Hahn, Gemeinsames Europäisches Kaufrecht – Moderner Ansatz oder praxisferne Vision?, S.).

Leible, Stefan, Was tun mit dem Gemeinsamen Referenzrahmen für das Europäische Vertragsrecht? – Plädoyer für ein optionales Instrument, in: Betriebs-Berater 2008, S. 1469–1475 (zitiert: *Leible*, BB 2008, S.).

Leutheusser-Schnarrenberger, Sabine, Der Vorschlag der Europäischen Kommission für ein Gemeinsames Europäisches Kaufrecht, in: Hahn, Jörg-Uwe (Hrsg.), Gemeinsames Europäisches Kaufrecht – Moderner Ansatz oder praxisferne Vision? Anhörung der Konferenz der Justizministerinnen und Justizminister vom 24. Mai 2012, München 2012, S. 187–188 (zitiert: *Leutheusser-Schnarrenberger* in Hahn, Gemeinsames Europäisches Kaufrecht – Moderner Ansatz oder praxisferne Vision?, S.).

Lieb, Manfred, Vom Beruf unserer Zeit zur Modernisierung des Schuldrechts, in: Ernst, Wolfgang / Zimmermann, Reinhard (Hrsg.), Zivilrechtswissenschaft und Schuldrechtsreform, Tübingen 2001, S. 553–558 (zitiert: *Lieb* in Ernst / Zimmermann, Zivilrechtswissenschaft und Schuldrechtsreform, S.).

Limmer, Peter / *Huttenlocher*, Peter / *Simon*, Ulrich, Anregungen der (notariellen) Rechtspraxis für ein Gemeinsames Europäisches Kaufrecht, in: Europäische Zeitschrift für Wirtschaftsrecht 2013, S. 86–90 (zitiert: *Limmer / Huttenlocher / Simon*, EuZW 2013, S.).

Lobinger, Thomas, Die Grenzen rechtsgeschäftlicher Leistungspflichten, Tübingen 2004 (zitiert: *Lobinger*, Die Grenzen rechtsgeschäftlicher Leistungspflichten, S.).

Looschelders, Dirk, Schuldrecht – Besonderer Teil, 12. Auflage, München 2012 (zitiert: *Looschelders*, Schuldrecht BT, Rn.).

———, Das allgemeine Vertragsrecht des Common European Sales Law, in: Archiv für die civilistische Praxis, Bd. 212 (2012), S. 581–693 (zitiert: *Looschelders*, AcP 212 (2012), S.).

Lörcher, Heike / *Petersen*, Hanna, Europäisches Kaufrecht = Europäisches Fernabsatzvertragsrecht, in: NJW-aktuell, Heft 11/2013, S. 16 (zitiert: *Lörcher / Petersen*, NJW-aktuell 11/2013, S.).

Lorenz, Egon, Einführung, in: Lorenz, Egon (Hrsg.), Karlsruher Forum 2005: Schuldrechtsmodernisierung – Erfahrungen seit dem 1. Januar 2002, Karlsruhe 2006, S. 1–3 (zitiert: *Egon Lorenz* in Karlsruher Forum 2005, S.).

Lorenz, Stephan, Ein- und Ausbauverpflichtung des Verkäufers bei der kaufrechtlichen Nacherfüllung – Ein Paukenschlag aus Luxemburg und seine Folgen, in: Neue Juristische Wochenschrift 2011, S. 2241–2245 (zitiert: *Lorenz*, NJW 2011, S.).

———, Neues Leistungsstörungs- und Kaufrecht: Eine Zwischenbilanz, Berlin 2004 (zitiert: *Lorenz*, Neues Leistungsstörungs- und Kaufrecht, S.).

———, Schuldrechtsreform 2002: Problemschwerpunkte drei Jahre danach, in: Neue Juristische Wochenschrift 2005, S. 1889–1896 (zitiert: *Lorenz*, NJW 2005, S.).

———, Nacherfüllungsanspruch und Obliegenheiten des Käufers: Zur Reichweite des „Rechts zur zweiten Andienung“, in: Neue Juristische Wochenschrift 2006, S. 1175–1179 (zitiert: *Lorenz*, NJW 2006, S.).

———, Das Kaufrecht und die damit verbundenen Dienstverträge im Common European Sales Law, in: Archiv für die civilistische Praxis, Bd. 212 (2012), S. 702–847 (zitiert: *Lorenz*, AcP 212 (2012), S.).

———, Schadensersatz wegen Pflichtverletzung – ein Beispiel für die Überhastung der Kritik an der Schuldrechtsreform, in: JuristenZeitung 2001, S. 742–745 (zitiert: *Lorenz*, JZ 2001, S.).

———, Fünf Jahre „neues“ Schuldrecht im Spiegel der Rechtsprechung, in: Neue Juristische Wochenschrift 2007, S. 1–8 (zitiert: *Lorenz*, NJW 2007, S.).

Low, Gary, A Numbers Game – The Legal Basis for an Optional Instrument in European Contract Law, in: Maastricht European Private Law Institute Working Paper No. 2012 / 2 (zitiert: *Low*, M-EPLI Working Paper No. 2012 / 2, S.).

Luczak, Jan-Marco, Die Europäische Wirtschaftsverfassung als Legitimationselement europäischer Integration, Berlin 2009 (zitiert: *Luczak*, Die Europäische Wirtschaftsverfassung als Legitimationselement europäischer Integration, S.).

Ludwigs, Markus, Rechtsangleichung nach Art. 94, 95 EG-Vertrag, Baden-Baden, 2004 (zitiert: *Ludwigs*, Rechtsangleichung nach Art. 94, 95 EG-Vertrag, S.).

———, Harmonisierung des Schuldvertragsrechts in Europa – Zur Reichweite der gemeinschaftsrechtlichen Zuständigkeit für eine Europäisierung des Privatrechts, in: Europarecht 2006, S. 370–398 (zitiert: *Ludwigs*, EuR 2006, S.).

———, Verwirklichung des Binnenmarkts durch ein „Gemeinsames Europäisches Kaufrecht"? – Das optionale Modell im Kreuzfeuer der Kompetenzkritik, in: Europäische Zeitschrift für Wirtschaftsrecht 2012, S. 608–613 (zitiert: *Ludwigs*, EuZW 2012, S.).

Luig, Eva, Der internationale Vertragsschluss, Frankfurt am Main 2003 (zitiert: *Luig*, Der internationale Vertragsschluss, S.).

Lurger, Brigitta, Grundfragen der Vereinheitlichung des Vertragsrechts in der Europäischen Union, Wien 2002 (zitiert: *Lurger*, Grundfragen der Vereinheitlichung des Vertragsrechts in der Europäischen Union, S.).

Mak, Vanessa, Harmonisation through „Directive-Related" Case Law: the Role oft he ECJ in the Development of European Consumer Law, in: Zeitschrift für Europäisches Privatrecht 2010, S. 129–146 (zitiert: *Mak*, ZEuP 2010, S.).

Mankowski, Peter, Hat der Verkäufer unter dem BGB wirklich ein eigenes subjektives Recht zur zweiten Andienung, in: JuristenZeitung 2011, S. 781–785 (zitiert: *Mankowski*, JZ 2011, S.).

———, Der Vorschlag für ein Gemeinsames Europäisches Kaufrecht (CESL) und das Internationale Privatrecht, in: Recht der Internationalen Wirtschaft – Betriebs-Berater International 2012, S. 97–105 (zitiert: *Mankowski*, RIW 2012, S.).

———, CESL – who needs it?, in: Internationales Handelsrecht 2012, S. 45–53 (zitiert: *Mankowski*, IHR 2012, S.).

Mansel, Heinz-Peter, Der Verordnungsvorschlag für ein Gemeinsames Europäisches Kaufrecht, in: Wertpapier-Mitteilungen 2012, S. 1253–1267 (Teil I) & S. 1309–1322 (Teil II) (zitiert: *Mansel*, WM 2012, S.).

Martens, Sebastian A. E., Ein Europa, ein Privatrecht – Die Bestrebungen zur Vereinheitlichung des Europäischen Privatrechts, in: Europäische Zeitschrift für Wirtschaftsrecht 2010, S. 527–530 (zitiert: *Martens*, EuZW 2010, S.).

———, Die Regelung der Willensmängel im Vorschlag für eine Verordnung über ein Gemeinsames Europäisches Kaufrecht, in: Archiv für die civilistische Praxis, Bd. 211 (2011), S. 845–885 (zitiert: *Martens*, AcP 211 (2011), S.).

Martinek, Michael, Das neue Teilzeit-Wohnrechtegesetz – missratener Verbraucherschutz bei Time-Sharing-Verträgen, in: Neue Juristische Wochenschrift 1997, S. 1393–1399 (zitiert: *Martinek*, NJW 1997, S.).

———, Unsystematische Überregulierung und kontraintentionale Effekte im Europäischen Verbraucherschutzrecht oder: Weniger wäre mehr, in: Grundmann, Stefan (Hrsg.), Systembildung und Systemlücken in Kerngebieten des Europäischen Privatrechts, Tübingen 2000, S. 511–557 (zitiert: *Martinek* in Grundmann, Systembildung und Systemlücken in Kerngebieten des Europäischen Privatrechts, S.).

———, Die Europäische Privatgesellschaft ohne verbindliche Mehrstaatlichkeit? – Plädoyer für einen qualifizierten grenzüberschreitenden Bezug als Zulassungsvoraussetzung für die neue Societas Privata Europaea, in: Hönn, Günther (Hrsg.), Festschrift für Peter Kreutz zum 70. Geburtstag, Köln 2010, S. 747–771 (zitiert: *Martinek* in FS Kreutz, S.).

———, Verbraucherschutz im Fernabsatz – Lesehilfe mit Merkpunkten zur neuen EU-Richtlinie, in: Neue Juristische Wochenschrift 1998, S. 207–208 (zitiert: *Martinek*, NJW 1998, S.).

Martinek, Michael / *Semler*, Franz-Jörg / *Habermeier*, Stefan / *Flohr*, Eckhard (Hrsg.), Handbuch des Vertriebsrechts, 3. Auflage, München 2010 (zitiert: *Bearbeiter* in Martinek / Semler / Habermeier / Flohr, Handbuch des Vertriebsrechts, §, Rn.).

Matusche-Beckmann, Annemarie, Unternehmerregress im neuen Kaufrecht: Rechtsprobleme in der Praxis, in: Betriebs-Berater 2002, S. 2561–2566 (zitiert: *Matusche-Beckmann*, BB 2002, S.).

Maul, Silja / *Röhricht*, Victoria, Die Europäische Privatgesellschaft – Überblick über eine neue supranationale Rechtsform, in: Betriebs-Berater 2008, S. 1574–1579 (zitiert: *Maul* / *Röhricht*, BB 2008, S.).

Maultzsch, Felix, Einführung: Steht das BGB vor seiner Ablösung?, in: Hahn, Jörg-Uwe (Hrsg.), Gemeinsames Europäisches Kaufrecht – Moderner Ansatz oder praxisferne Vision? Anhörung der Konferenz der Justizministerinnen und Justizminister vom 24. Mai 2012, München 2012, S. 9–23 (zitiert: *Maultzsch* in Hahn, Gemeinsames Europäisches Kaufrecht – Moderner Ansatz oder praxisferne Vision?, S.).

Maurer, Falko, Die vertriebsrechtliche Bedeutung des Kommissionsentwurfs eines Gemeinsamen Europäischen Kaufrechts – Rote Karte für den „Blue Button“?, in: Zeitschrift für Vertriebsrecht 2012, S. 31–36 (zitiert: *Maurer*, ZVertriebsR 2012, S.).

———, Das Gewährleistungsregime des Verordnungsvorschlags zum Gemeinsamen Europäischen Kaufrecht unter Berücksichtigung des DCFR, des CISG und der kaufrechtlichen EuGH-Rechtsprechung, in: Zeitschrift für Vertriebsrecht 2012, S. 88–103 (zitiert: *Maurer*, ZVertriebsR 2012, S.).

Max Planck Institute for Comparative and International Private Law, Policy Options for Progress Towards a European Contract Law, in: Rabels Zeitschrift für ausländisches und internationales Privatrecht Bd. 75 (2011), S. 371–438 (zitiert: *MPI*, RabelsZ 75 (2011), S.).

Mayer, Hans-Peter / *Lindemann*, Julia, Zu den aktuellen Entwicklungen um das Gemeinsame Europäische Kaufrecht auf EU-Ebene, in: Zeitschrift für Europäisches Privatrecht 2014, S. 1–7 (zitiert: *Mayer*/ *Lindemann*, ZEuP 2014, S.).

Medicus, Dieter, Dogmatische Verwerfungen im geltenden deutschen Schuldrecht, in: Schulze, Rainer (Hrsg.) / Schulte-Nölke, Hans (Hrsg.), Die Schuldrechtsreform vor dem Hintergrund des Gemeinschaftsrechts, Tübingen 2001, S. 33–40 (zitiert: *Medicus* in Schulze / Schulte-Nölke, Die Schuldrechtsreform vor dem Hintergrund des Gemeinschaftsrechts, S.).

Medicus, Dieter / *Lorenz*, Stephan, Schuldrecht I Allgemeiner Teil, 20. Auflage, München 2012 (zitiert: *Medicus* / *Lorenz*, Schuldrecht I AT, Rn.).

Meller-Hannich, Caroline, Verbraucherschutz im Schuldvertragsrecht, Tübingen 2005 (zitiert: *Meller-Hannich*, Verbraucherschutz im Schuldvertragsrecht, S.).

Metzger, Axel, Kommentar zu Jan M. Smits, in: Zeitschrift für Europäisches Privatrecht 2012, S. 918–923 (zitiert: *Metzger*, ZEuP 2012, S.).

Meyer, Olaf, Principles of Contract Law und nationales Vertragsrecht – Chancen und Wege für eine Internationalisierung der Rechtsanwendung, Baden-Baden 2007 (zitiert: *Meyer*, Principles of Contract Law und nationales Vertragsrecht, S.).

Michaels, Ralf, Code vs Code – Nationalist and Internationalist Images of the Code Civil in the French Resistance to a European Codification, in: European Review of Contract Law 2012, S. 277–295 (zitiert: *Michaels*, ERCL 2012, S.).

Micklitz, Hans-Wolfgang, Brauchen Konsumenten und Unternehmen eine neue Architektur des Verbraucherrechts? Plädoyer für ein bewegliches System, in: Neue Juristische Wochenschrift – Beilage 2012, S. 77–81 (zitiert: *Micklitz*, NJW-Beil. 2012, S.).

———, Brauchen Konsumenten und Unternehmen eine neue Architektur des Verbraucherrechts?, in: Verhandlungen des 69. Deutschen Juristentages in München 2012 – Band I: Gutachten, S. A 1–A 129 (zitiert: *Micklitz* in Verhandlungen des 69. DJT, S.).

Micklitz, Hans-Wolfgang / *Reich*, Norbert, Der Kommissionsvorschlag vom 08.10.2008 für eine Richtlinie über „Rechte der Verbraucher“, oder: „der

Beginn des Endes einer Ära ...“, in: Europäische Zeitschrift für Wirtschaftsrecht 2009, S. 279–286 (zitiert: *Micklitz / Reich*, EuZW 2009, S.)

———, The Commission Proposal for a „Regulation on a Common European Sales Law (CESL)“ – Too broad or not Broad Enough?, in: Moccia, Luigi (Hrsg.), The Making of European Private Law: Why, How, What, Who, München 2013, S. 21–32 (zitiert: *Micklitz / Reich* in Moccia, The Making of European Private Law, S.).

Mittag, Jürgen, Kleine Geschichte der Europäischen Union – Von der Europaidee bis zur Gegenwart, Münster 2010 (zitiert: *Mittag*, Kleine Geschichte der Europäischen Union, S.).

Mittwoch, Anne-Christin, Die Vereinheitlichung des Privatrechts in Europa – auf dem Weg zu einem Europäischen Zivilgesetzbuch?, in: Juristische Schulung 2010, S. 767–771 (zitiert: *Mittwoch*, JuS 2010, S.).

———, Vollharmonisierung und Europäisches Privatrecht – Methode, Implikationen und Durchführung, Berlin 2013 (zitiert: *Mittwoch*, Vollharmonisierung und Europäisches Privatrecht, S.).

Möschel, Wernhard, Kehrtwende in der Rechtsprechung des EuGH zur Warenverkehrsfreiheit, in: Neue Juristische Wochenschrift 1994, S. 429–431 (zitiert: *Möschel*, NJW 1994, S.).

Motsch, Richard, Die Modernisierung des Schuldrechts, in: Neue Justiz 2002, S. 1–10 (zitiert: *Motsch*, NJ 2002, S.).

Müller, Michael, Die Verjährung im EU-Kaufrecht, in: Zeitschrift für Gemeinschaftsprivatrecht 2012, S. 11–20 (zitiert: *Müller*, GPR 2012, S.).

Münchener Kommentar zum Aktiengesetz: Band 7 – Europäisches Aktienrecht, 3. Auflage, München 2012 (zitiert: *Bearbeiter* in MüKo-AktG, Art.,Rn.).

Münchener Kommentar zum Bürgerlichen Gesetzbuch: Band 1 – Allgemeiner Teil, 6. Auflage, München 2012 (zitiert: *Bearbeiter* in MüKo-BGB, §, Rn.).

Münchener Kommentar zum Bürgerlichen Gesetzbuch: Band 2 – Schuldrecht Allgemeiner Teil, 6. Auflage, München 2012 (zitiert: *Bearbeiter* in MüKo-BGB, §, Rn.).

Münchener Kommentar zum Bürgerlichen Gesetzbuch: Band 3 – Schuldrecht Besonderer Teil, 6. Auflage, München 2012 (zitiert: *Bearbeiter* in MüKo-BGB, §, Rn.).

Münchener Kommentar zum Handelsgesetzbuch: Band 5, §§ 343–372, 2. Auflage, München 2009 (zitiert: *Bearbeiter* in MüKo-HGB, §, Rn.).

Nettesheim, Martin, Verfassungsrecht und Politik in der Staatsschuldenkrise, in: Neue Juristische Wochenschrift 2012, S. 1409–1413 (zitiert: *Nettesheim*, NJW 2012, S.).

Neuhaus, Paul Heinrich / *Kropholler*, Jan, Rechtsvereinheitlichung – Rechtsverbesserung?, in: Rabels Zeitschrift für ausländisches und internationales Privatrecht Bd. 45 (1981), S. 73–90 (zitiert: *Neuhaus* / *Kropholler*, RabelsZ 45 (1981), S.).

Neye, Hans-Werner, Die Europäische Privatgesellschaft: Uniformes Recht ohne Harmonisierungsgrundlage?, in: Festschrift für Uwe Hüffer zum 70. Geburtstag, München 2010, S. 717–722 (zitiert: *Neye* in FS Hüffer, S.)

Nicolaysen, Gert, Zur Theorie von den implied powers in den Europäischen Gemeinschaften, in: Europarecht 1966, S. 129–142 (zitiert: *Nicolaysen*, EuR 1966, S.).

Niemann, Fabian / *Paul*, Jörg-Alexander, Bewölkt oder wolkenlos – rechtliche Herausforderungen des Cloud Computings, in: Kommunikation und Recht 2009, S. 444–452 (zitiert: *Niemann* / *Paul*, KuR 2009, S.).

Oetker, Hartmut (Hrsg.), Kommentar zum Handelsgesetzbuch (HGB), 3. Auflage, München 2013 (zitiert: *Bearbeiter* in Oetker, §, Rn.).

Olzen, Dirk / *Wank*, Rolf, Die Schuldrechtsreform, Köln 2002 (zitiert: *Olzen* / *Wank*, Die Schuldrechtsreform, Rn.).

Oppermann, Thomas / *Classen*, Claus Dieter / *Nettesheim*, Martin, Europarecht, 5. Auflage, München 2011 (zitiert: Oppermann / Classen / Nettesheim, Europarecht, §, Rn.).

Palandt, Otto (Begr.), Bürgerliches Gesetzbuch (Kommentar), 72. Auflage, München 2013 (zitiert: *Bearbeiter* in Palandt, §, Rn.).

Palige, Dirk, Das Gemeinsame Europäische Kaufrecht aus Sicht der Praxis – Rechtsunsicherheit und Kostenneutralität des optionalen Instruments, in: Hahn, Jörg-Uwe (Hrsg.), Gemeinsames Europäisches Kaufrecht – Moderner Ansatz oder praxisferne Vision? Anhörung der Konferenz der Justizministerinnen und Justizminister vom 24. Mai 2012, München 2012, S. 149–155 (zitiert: *Palige* in Hahn, Gemeinsames Europäisches Kaufrecht – Moderner Ansatz oder praxisferne Vision?, S.).

Peters, Carsten / *Wüllrich*, Philipp, Grenzenlose gesellschaftsrechtliche Flexibilität – die Societas Privata Europaea (SPE), in: Neue Zeitschrift für Gesellschaftsrecht 2008, S. 807–812 (zitiert: *Peters* / *Wüllrich*, NZG 2008, S.).

———, Gesellschaftsrechtliche Einigung Europas durch die Societas Privata Europaea (SPE), in: Der Betrieb 2008, S. 2179–2187 (zitiert: *Peters* / *Wüllrich*, DB 2008, S.).

Pfeiffer, Thomas, Verbraucherrecht mit vielen Säulen – Auf der Suche nach funktionsgerechten Konstruktionsprinzipien eines Rechtsgebiets, in: Neue Juristische Wochenschrift 2012, S. 2609–2613 (zitiert: *Pfeiffer*, NJW 2012, S.).

———, Wucher, Sittenwidrigkeit und unfaire Ausnutzung im Gemeinsamen Europäischen Kaufrecht, in: Stamm, Jürgen (Hrsg.), Festschrift für Helmut Rüßmann, Saarbrücken 2013, S. 917–927 (zitiert: *Pfeiffer* in FS Rüßmann, S.).

Pick, Eckhart, Der Entwurf des Schuldrechtsmodernisierungsgesetzes, in: Schulze, Reiner / Schulte-Nölke, Hans (Hrsg.), Die Schuldrechtsreform vor dem Hintergrund des Gemeinschaftsrechts, Tübingen 2001, S. 25–31 (zitiert: *Pick* in Schulze / Schulte-Nölke, Die Schuldrechtsreform vor dem Hintergrund des Gemeinschaftsrechts, S.).

Piers, Maud, Pre-contractual Information Duties in the CESL, in: Zeitschrift für Europäisches Privatrecht 2012, S. 867–897 (zitiert: *Piers*, ZEuP 2012,S.).

Puig, Pascal, L'avènement des sources optionnelles de droit (sur la proposition de règlement du Parlement européen et du Conseil relatif à un droit commun européen de la vente du 11 oct. 2011, COM(2011) 635 final), in: Revue trimestrielle de droit civil 2012, S. 493–501 (zitiert: *Puig*, RTDciv 2012, S.).

Rabel, Ernst, Gesammelte Aufsätze Band III: Arbeiten zur Rechtsvergleichung und zur Rechtsvereinheitlichung 1919–1954, Tübingen 1967 (zitiert: Titel, Gesammelte Aufsätze III, S.).

Ranieri, Filippo, Europäisches Obligationenrecht, 3. Auflage, Wien 2009 (zitiert: *Ranieri*, Europäisches Obligationenrecht, S.).

Reding, Viviane, Das optionale Gemeinsame Europäische Kaufrecht in der politischen Diskussion – Standpunkte, Perspektiven und Einschätzungen, in: Hahn, Jörg-Uwe (Hrsg.), Gemeinsames Europäisches Kaufrecht – Moderner Ansatz oder praxisferne Vision? Anhörung der Konferenz der Justizministerinnen und Justizminister vom 24. Mai 2012, München 2012, S. 1–7 (zitiert: *Reding* in Hahn, Gemeinsames Europäisches Kaufrecht – Moderner Ansatz oder praxisferne Vision?, S.).

Reich, Norbert, Der Common Frame of Reference und Sonderprivatrechte im „Europäischen Vertragsrecht", in: Zeitschrift für Europäisches Privatrecht 2007, S. 161–179 (zitiert: *Reich*, ZEuP, S.).

Reich, Norbert / *Micklitz*, Hans-Wolfgang, Wie „optional" ist ein „optionales" EU-Vertragsrecht?, in: Europäisches Wirtschafts- und Steuerrecht 2011, S. 113–119 (zitiert: *Reich* / *Micklitz*, EWS 2011, S.).

Remien, Oliver / *Herrler,* Sebastian / *Limmer*, Peter, (Hrsg.) Gemeinsames Europäisches Kaufrecht für die EU?, München 2012 (zitiert: *Bearbeiter* in Remien / Herrler / Limmer, Gemeinsames Europäisches Kaufrecht für die EU?, S.).

Remien, Oliver, Zwingendes Vertragsrecht und Grundfreiheiten des EG-Vertrages, Tübingen 2003 (zitiert: *Remien*, Zwingendes Vertragsrecht und Grundfreiheiten des EG-Vertrages, S.).

Riedl, Kristina, Vereinheitlichung des Privatrechts in Europa – Wissenschaftliche Initiativen im Prozess der Privatrechtseuropäisierung, Baden-Baden 2004 (zitiert: *Riedl*, Vereinheitlichung des Privatrechts in Europa, S.).

Riesenhuber, Karl, Der Vorschlag für eine Verordnung über ein „Gemeinsames Europäisches Kaufrecht" – Kompetenz, Subsidiarität, Verhältnismäßigkeit; zgl. Stellungnahme zur Anhörung im Rechtsausschuss des deutschen Bundestages in: Europäisches Wirtschafts- und Steuerrecht 2012, S. 7–12 (zitiert: *Riesenhuber*, EWS 2012, S.).

———, Europäisches Vertragsrecht, 2. Auflage, Berlin 2006 (zitiert: *Riesenhuber*, Europäisches Vertragsrecht, S.).

———, System und Prinzipien des Europäischen Vertragsrechts, Berlin 2003 (zitiert: *Riesenhuber*, System und Prinzipien des Europäischen Vertragsrechts, S.).

———, Europäische Methodenlehre – Handbuch für Ausbildung und Praxis, 2. Auflage, Berlin 2010 (zitiert: *Bearbeiter* in Riesenhuber, Europäische Methodenlehre, §, Rn.).

———, Information über die Verwendung des Gemeinsamen Europäischen Kaufrechts – Gedanken zum Harmonisierungskonzept, in: Zeitschrift für Gemeinschaftsprivatrecht 2012, S. 2–6 (zitiert: *Riesenhuber*, GPR 2012, S.).

———, Wettbewerb für das Europäische Vertragsrecht, in: JuristenZeitung 2011, S. 537–544 (zitiert: *Riesenhuber*, JZ 2011, S.).

Ringe, Wolf-Georg, Menügesetzgebung im Privatrecht, in: Archiv für die civilistische Praxis, Bd. 213 (2013), S. 98–127 (zitiert: *Ringe*, AcP 213 (2013),S.).

Rittner, Fritz, Das Gemeinschaftsprivatrecht und die europäische Integration, in: JuristenZeitung 1995, S. 849–858 (zitiert: *Rittner*, JZ 1995, S.).

Roesener, Astrid, Das Warten auf Aktion: Der Aktionsplan zum Europäischen Gesellschaftsrecht und die Societas Privata Europaea, in: Neue Zeitschrift für Gesellschaftsrecht 2013, S. 241–244 (zitiert: *Roesener*, NZG 2013, S.).

Rösler, Hannes, Ökonomische und politische Integrationskonzeption im Wettstreit – Zum Scheitern der Europäischen Verteidigungsgemeinschaft vor fünfzig Jahren, in: Europarecht 2005, S. 370–380 (zitiert: *Rösler*, EuR 2005, S.).

———, Die Vorlagepraxis der EU-Mitgliedsstaaten – Eine statistische Analyse zur Nutzung des Vorabentscheidungsverfahrens, in: Europarecht 2012, S. 392–407 (zitiert: *Rösler*, EuR 2012, S.).

Roth, Wulf-Henning, Rechtsetzungskompetenzen für das Privatrecht in der Europäischen Union, in: Europäisches Wirtschafts- und Steuerrecht 2008, S. 401–415 (zitiert: *Roth*, EWS 2008, S.).
———, Stellungnahme zur Anhörung im Rechtsausschuss des deutschen Bundestages, in: Europäisches Wirtschafts- und Steuerrecht 2012, S. 12–21 (zitiert: *Roth*, EWS 2012, S.).
———, Europäischer Verbraucherschutz und BGB, in: JuristenZeitung 2001, S. 475–490 (zitiert: *Roth*, JZ 2001, S.).
———, Die Schuldrechtsmodernisierung im Kontext des Europarechts, in: Ernst, Wolfgang / Zimmermann, Reinhard (Hrsg.), Zivilrechtswissenschaft und Schuldrechtsreform, Tübingen 2001, S. 225–256 (zitiert: *Roth* in Ernst / Zimmermann, Zivilrechtswissenschaft und Schuldrechtsreform, S.).
Rothfuchs, Martin, Staatlicher und privater Verbraucherschutz im elektronischen Geschäftsverkehr, Baden-Baden 2006 (zitiert: *Rothfuchs*, Staatlicher und privater Verbraucherschutz im elektronischen Geschäftsverkehr, S.).
Rüfner, Thomas, Sieben Fragen zum EU-Kaufrecht – Oder: Was man heute schon über den Verordnungsvorschlag für ein Gemeinsames Europäisches Kaufrecht wissen sollte, in: Zeitschrift für das juristische Studium 2012, S. 476–484 (zitiert: *Rüfner*, ZJS 2012, S.).
———, Amtliche Überschriften für das BGB, in: Zeitschrift für Rechtspolitik 2001, S. 12–14 (zitiert: *Rüfner*, ZRP 2001, S.).
Rutgers, Jacobien W., European Competence and a European Civil Code, a Common Frame of Reference or an Optional Instrument, in: Hartkamp, Arthur S. / Hesselink, Martijn W. / Hondius, Ewoud H. / Mak, Chantal / du Perron, C. Edgar, Towards a European Civil Code, 4. Auflage, Nijmegen 2011, S. 311–331 (zitiert: *Rutgers* in Hartkamp / Hesselink / Hondius / Mak / du Perron, Towards a European Civil Code, S.).
Sauter, Max, Churchills Schweizer Besuch 1946 und die Zürcher Rede, Herisau 1976 (zitiert: *Sauter*, Churchills Schweizer Besuch 1946 und die Zürcher Rede, S.).
Schinkels, Boris, Überschießende Anwendung des EU-Kaufrechts – mitgliedstaatliche Optionen und Parteiautonomie, in: Gebauer, Martin (Hrsg.), Gemeinsames Europäisches Kaufrecht – Anwendungsbereich und kollisionsrechtliche Einbettung, München 2013, S. 23–48 (zitiert: *Schinkels* in Gebauer, Gemeinsames Europäisches Kaufrecht – Anwendungsbereich und kollisionsrechtliche Einbettung, S.).
Schlechtriem, Peter, Bemerkungen zur Geschichte des Einheitskaufrechts, in: Schlechtriem, Peter (Hrsg.), Einheitliches Kaufrecht und nationales

Obligationenrecht, S. 27–36 (zitiert: *Schlechtriem* in Schlechtriem, Einheitliches Kaufrecht und nationales Obligationenrecht, S.).

Schlosser, Hans, Grundzüge der Neueren Privatrechtsgeschichte, 10. Auflage, Heidelberg 2005 (zitiert: *Schlosser*, Grundzüge der Neueren Privatrechtsgeschichte, S.).

———, Neuere Europäische Rechtsgeschichte, München 2012 (zitiert: *Schlosser*, Neuere Europäische Rechtsgeschichte, Kap., Rn.).

Schmeder, Winfried, Die Rechtsangleichung als Integrationsmittel der Europäischen Gemeinschaft, Köln 1978 (zitiert: *Schmeder*, Die Rechtsangleichung als Integrationsmittel der Europäischen Gemeinschaft, S.).

Schmid, Christoph U., Die Instrumentalisierung des Privatrechts durch die Europäische Union – Privatrecht und Privatrechtskonzeptionen in der Entwicklung der Europäischen Integrationsverfassung, Baden-Baden 2010 (zitiert: *Schmid*, Die Instrumentalisierung des Privatrechts durch die Europäische Union).

Schmidt, Karsten, Gesellschaftsrecht, 4. Auflage, Köln / Berlin / Bonn / München 2002 (zitiert: *K. Schmidt*, Gesellschaftsrecht, S.)

Schmidt, Martin, Konkretisierung von Generalklauseln im europäischen Privatrecht, Berlin 2009 (zitiert: *M. Schmidt*, Konkretisierung von Generalklauseln, S.).

Schmidt-Kessel, Martin (Hrsg.), Ein einheitliches europäisches Kaufrecht?, München 2012 (zitiert: *Bearbeiter* in Schmidt-Kessel, Ein einheitliches europäisches Kaufrecht?, S.).

———, Die Sprache (oder die Sprachen?) des Europäischen Privatrechts – ein Plädoyer für einen Binnenmarkt der Privatrechtsdogmatiken, in: Jung, Peter / Lamprecht, Philipp / Blasek, Katrin / Schmidt-Kessel, Martin (Hrsg.), Festschrift für Uwe Blaurock zum 70. Geburtstag, Tübingen 2013, S. 401–416 (zitiert: *Schmidt-Kessel* in FS Blaurock, S.).

———, Vom Beruf unserer Zeit für Gesetzgebung und Wissenschaft auf dem Gebiete des Verbraucherrechts, in: Verbraucher und Recht 2012, S. 350–355 (zitiert: *Schmidt-Kessel*, VuR 2012, S.).

Schmidt-Räntsch, Jürgen, Zehn Jahre Schuldrechtsreform, in: Zeitschrift für das Juristische Studium, S. 301–321 (zitiert: *Schmidt-Räntsch*, ZJS 2012, S.).

———, Der Entwurf eines Schuldrechtsmodernisierungsgesetzes, in: Zeitschrift für Wirtschaftsrecht und Insolvenzpraxis 2000, S. 1639–1645 (zitiert: *Schmidt-Räntsch*, ZIP 2000, S.).

———, Die unerhebliche Vertragsverletzung, in: Merle, Werner / Krüger, Wolfgang / Krämer, Achim / Kreuzer, Heinrich, Festschrift für Joachim Wenzel zum 65. Geburtstag, Köln 2005 (zitiert: *Schmidt-Räntsch* in FS Wenzel, S.).

Schmoeckel, Mathias, 100 Jahre BGB: Erbe und Aufgabe, in: Neue Juristische Wochenschrift 1996, S. 1697–1705 (zitiert: *Schmoeckel*, NJW 1996, S.).

Schröder, Rainer / *Thiessen*, Jan, Von Windscheid zu Beckenbauer – die Schuldrechtsreform im Deutschen Bundestag, in: JuristenZeitung 2002, S. 325–329 (zitiert: *Schröder / Thiessen*, JZ 2002, S.).

Schröder, Nicole, Perspektiven der Europäisierung des GmbH-Rechts und der Europäischen Privatgesellschaft vor dem Hintergrund der Europäischen Aktiengesellschaft, Frankfurt am Main 2007 (zitiert: *Schröder*, Perspektiven der Europäisierung des GmbH-Rechts, S.).

Schroeder, Werner, Grundkurs Europarecht, 2. Auflage, München 2011 (zitiert: *Schroeder*, GK Europarecht, §, Rn.).

———, Die Sicherung eines hohen Schutzniveaus für Gesundheits-, Umwelt- und Verbraucherschutz im europäischen Binnenmarkt, in: Das Deutsche Verwaltungsblatt 2002, S. 213–221 (zitiert: *Schroeder*, DVBl. 2002, S.).

Schulte-Nölke, Hans, Die schwere Geburt des Bürgerlichen Gesetzbuchs, in: Neue Juristische Wochenschrift 1996, S. 1705–1709 (zitiert: *Schulte-Nölke*, NJW 1996, S.).

———, Die Zwecke des Gemeinsamen Europäischen Kaufrechts: Marktförderung und Verbraucherschutz, in: Hahn, Jörg-Uwe (Hrsg.), Gemeinsames Europäisches Kaufrecht – Moderner Ansatz oder praxisferne Vision? Anhörung der Konferenz der Justizministerinnen und Justizminister vom 24. Mai 2012, München 2012, S. 25–32 (zitiert: *Schulte-Nölke* in Hahn, Gemeinsames Europäisches Kaufrecht – Moderner Ansatz oder praxisferne Vision?, S.).

———, Arbeiten an einem europäischen Vertragsrecht – Fakten und populäre Irrtümer, in: Neue Juristische Wochenschrift 2009, S. 2161–2167 (zitiert: *Schulte-Nölke*, NJW 2009, S.).

———, 10 Jahre ZGS – Rückblick und Abschied, in: Zeitschrift für Vertragsgestaltung, Schuld- und Haftungsrecht 2011, S. 529 (zitiert: *Schulte-Nölke*, ZGS 2011, S.).

Schulte-Nölke, Hans / *Zoll*, Fryderyk / *Jansen*, Nils / *Schulze*, Reiner (Hrsg.), Der Entwurf für ein optionales europäisches Kaufrecht, München 2012 (zitiert: *Bearbeiter* in Schulte-Nölke / Zoll / Jansen / Schulze, Der Entwurf für ein optionales europäisches Kaufrecht, S.).

Schulze, Reiner / *Schulte-Nölke*, Hans, Schuldrechtsreform und Gemeinschaftsrecht, in: Schulze, Reiner / Schulte-Nölke, Hans (Hrsg.), Die Schuldrechtsreform vor dem Hintergrund des Gemeinschaftsrechts, Tübingen 2001, S. 3–24 (zitiert: *Schulze* / *Schulte-Nölke* in Schulze / Schulte-Nölke, Die Schuldrechtsreform vor dem Hintergrund des Gemeinschaftsrechts, S.).

Schulze, Reiner, Stellungnahme zur Anhörung im Rechtsausschuss des deutschen Bundestages (zitiert: *Schulze*, Stellungnahme RA, S.).

——— (Hrsg.), Common European Sales Law (CESL) – Commentary, Baden-Baden 2012 (zitiert: *Bearbeiter* in Schulze, Common European Sales Law (CESL) – Commentary, Art., Rn.).

———, Europäisches Vertragsrecht – die Zeit ist reif für die Gesetzgebung, in: Europäische Zeitschrift für Wirtschaftsrecht 2011, S. 569–570 (zitiert: *Schulze*, EuZW 2011, S.).

———, Gemeineuropäisches Privatrecht und Rechtsgeschichte, in: Janssen, André (Hrsg.), Auf dem Weg zu einem Europäischen Privatrecht – Beiträge aus 20 Jahren von Reiner Schulze, Baden-Baden 2012, S. 65–88; ursprünglich erschienen in: Müller-Graff, Peter-Christian (Hrsg.), Gemeinsames Privatrecht in der Europäischen Gemeinschaft, 2. Auflage, Baden-Baden 1999, S. 127–148 (zitiert: *Schulze* in Janssen, Auf dem Weg zu einem Europäischen Privatrecht, S.).

———, Die Europäisierung des Privatrechts – Stand und Perspektiven, in: Janssen, André (Hrsg.), Auf dem Weg zu einem Europäischen Privatrecht – Beiträge aus 20 Jahren von Reiner Schulze, Baden-Baden 2012, S. 285–297; ursprünglich erschienen in: Justiz und Recht im Wandel der Zeit, Festgabe 100 Jahre deutscher Richterbund, Köln, München 2009, S. 223–234 (zitiert: *Schulze* in Janssen, Auf dem Weg zu einem Europäischen Privatrecht, S.).

Schumacher, Florian / *Stadtmüller*, Jonas, Quo vadis, SPE? – Auf dem Weg zu einer europäischen Gesellschaft nationalen Rechts?, in: GmbH-Rundschau 2012, S. 682–686 (zitiert: *Schumacher* / *Stadtmüller*, GmbHR 2012, S.)

Schwab, Andreas, Die EU-Verbraucherrechts-Richtlinie: Motor oder Bremse für grenzüberschreitende Einkäufe?, in: Europäische Zeitschrift für Wirtschaftsrecht 2009, S. 873 (zitiert: *Schwab*, EuZW 2009, 873).

Schwartz, Christina, Die Wahl der Rechtsgrundlage im Recht der Europäischen Union, Baden-Baden 2013 (zitiert: *Schwartz*, Die Wahl der Rechtsgrundlage im Recht der Europäischen Union, S.).

Schwarze, Jürgen (Hrsg.), EU-Kommentar, 2. Auflage, Baden-Baden 2009 (zitiert: *Bearbeiter* in Schwarze, EU-Kommentar, 2. Aufl., Art., Rn.).

———, (Hrsg.), EU-Kommentar, 3. Auflage, Baden-Baden 2012 (zitiert: *Bearbeiter* in Schwarze, EU-Kommentar, 3. Aufl., Art., Rn.).

———, Grenzen des Richterrechts in der europäischen Rechtsordnung, in: Müller, Gerda / Osterloh, Eilert / Stein, Torsten (Hrsg.), Festschrift für Günter Hirsch zum 65. Geburtstag, München 2008, S. 165–174 (zitiert: *Schwarze* in FS Hirsch, S.).

Schweitzer, Michael / *Schroeder*, Werner / *Bock*, Yves, EG-Binnenmarkt und Gesundheitsschutz, Heidelberg 2002 (zitiert: *Schweitzer* / *Schroeder* / *Bock*, EG-Binnenmarkt und Gesundheitsschutz, S.).

Sedlmeier, Kathleen, Rechtsgeschäftliche Selbstbestimmung im Verbrauchervertrag, Tübingen 2012 (zitiert: *Sedlmeier*, Rechtsgeschäftliche Selbstbestimmung im Verbrauchervertrag, S.).

Selmayr, Martin / *Kamann*, Hans-Georg / *Ahlers*, Sabine, Die Binnenmarktkompetenz der Europäischen Gemeinschaft, in: Europäisches Wirtschafts- und Steuerrecht 2003, S. 49–61 (zitiert: *Selmayr / Kamann / Ahlers*, EWS 2003, S.).

Stabentheiner, Johannes, Der Entwurf für ein Gemeinsames Europäisches Kaufrecht – Charakteristika und rechtspolitische Aspekte, in: Wirtschaftsrechtliche Blätter 2012, S. 61–70 (zitiert: *Stabentheiner*, WBL 2012, S.).

Stadler, Astrid, Anwendungsvoraussetzungen und Anwendungsbereich des Common European Sales Law, in: Archiv für die civilistische Praxis, Bd. 212 (2012), S. 473–501 (zitiert: *Stadler*, AcP 212 (2012), S.).

Staudenmayer, Dirk, Der Kommissionsvorschlag für eine Verordnung zum Gemeinsamen Europäischen Kaufrecht, in: Neue Juristische Wochenschrift 2011, S. 3491–3498 (zitiert: *Staudenmayer*, NJW 2011, S.)

———, Die Mitteilung der Kommission zum Europäischen Vertragsrecht, in: Europäische Zeitschrift für Wirtschaftsrecht 2001, S. 485–489 (zitiert: *Staudenmayer*, EuZW 2001, S.).

———, Der Aktionsplan der EG-Kommission zum Europäischen Vertragsrecht, in: Europäische Zeitschrift für Wirtschaftsrecht 2003, S. 165–171 (zitiert: *Staudenmayer*, EuZW 2003, S.).

———, Weitere Schritte im Europäischen Vertragsrecht, in: Europäische Zeitschrift für Wirtschaftsrecht 2005, S. 103–106 (zitiert: *Staudenmayer*, EuZW 2005, S.).

Staudinger BGB, Kommentar zum Bürgerlichen Gesetzbuch mit Einführungsgesetz und Nebengesetzen: Eckpfeiler des Zivilrechts, Neubearbeitung 2012, Berlin 2012 (zitiert: *Bearbeiter* in Staudinger, Eckpfeiler des Zivilrechts, Kap., Rn.).

Staudinger BGB, Kommentar zum Bürgerlichen Gesetzbuch mit Einführungsgesetz und Nebengesetzen: Einleitung zum Bürgerlichen Gesetzbuch; §§ 1 – 14; Verschollenheitsgesetz, Neubearbeitung 2013, Berlin 2013 (zitiert: *Bearbeiter* in Staudinger, §, Rn.).

Staudinger BGB, Kommentar zum Bürgerlichen Gesetzbuch mit Einführungsgesetz und Nebengesetzen: §§ 134 – 138, ProstG (Allgemeiner Teil 4a – Gesetzliches Verbot und Sittenwidrigkeit), Neubearbeitung 2011, Berlin 2011 (zitiert: *Bearbeiter* in Staudinger, §, Rn.).

Staudinger BGB, Kommentar zum Bürgerlichen Gesetzbuch mit Einführungsgesetz und Nebengesetzen: Einleitung zu §§ 241 ff.; §§ 241 – 243 (Treu und Glauben), Neubearbeitung 2009, Berlin 2009 (zitiert: *Bearbeiter* in Staudinger, §, Rn.).

Staudinger BGB, Kommentar zum Bürgerlichen Gesetzbuch mit Einführungsgesetz und Nebengesetzen: §§ 255 – 304 (Leistungsstörungsrecht I), Neubearbeitung 2009, Berlin 2009 (zitiert: *Bearbeiter* in Staudinger, §, Rn.).

Staudinger BGB, Kommentar zum Bürgerlichen Gesetzbuch mit Einführungsgesetz und Nebengesetzen: *§§ 311, 311a, 312, 312a-i* (Vertragsabschluss), Neubearbeitung 2012, Berlin 2012 (zitiert: *Bearbeiter* in Staudinger, §, Rn.).

Staudinger BGB, Kommentar zum Bürgerlichen Gesetzbuch mit Einführungsgesetz und Nebengesetzen: §§ 346 – 361 (Rücktritt und Widerruf), Neubearbeitung 2012, Berlin 2012 (zitiert: *Bearbeiter* in Staudinger, §, Rn.).

Staudinger BGB, Kommentar zum Bürgerlichen Gesetzbuch mit Einführungsgesetz und Nebengesetzen: §§ 433 – 487; Leasing (Kaufrecht und Leasingrecht), Neubearbeitung 2004, Berlin 2004 (zitiert: *Bearbeiter* in Staudinger, §, Rn.).

Staudinger BGB, Kommentar zum Bürgerlichen Gesetzbuch mit Einführungsgesetz und Nebengesetzen: Wiener UN-Kaufrecht (CISG), Neubearbeitung 2013, Berlin 2013 (zitiert: *Bearbeiter* in Staudinger, Art., Rn.).

Staudinger BGB, Kommentar zum Bürgerlichen Gesetzbuch mit Einführungsgesetz und Nebengesetzen: Einleitung zu Rom I-VO; Art. 1–10 Rom-I-VO (Internationales Vertragsrecht 1), Neubearbeitung 2011, Berlin 2011 (zitiert: *Bearbeiter* in Staudinger, Art., Rn.).

Steindorff, Ernst, EG-Vertrag und Privatrecht, Baden-Baden 1996 (zitiert: *Steindorff*, EG-Vertrag und Privatrecht, S.).

Steiner, Stefanie, Societas Privata Europaea – Perspektiven einer neuen supranationalen Rechtsform, Frankfurt am Main 2009 (zitiert: *Steiner*, Societas Privata Europaea, S.).

Stempel, Christian, Nacherfüllung und Schadensersatz im Vorschlag eines Gemeinsamen Europäischen Kaufrechts – eine Annäherung, in: Europäische Zeitschrift für Wirtschaftsrecht 2013, S. 174–178 (zitiert: *Stempel*, EuZW 2013, S.).

Streinz, Rudolf, Europarecht, 9. Auflage, Heidelberg 2012 (zitiert: *Streinz*, Europarecht, Rn.).

Strohmayr, Sebastian, Kompetenzkollisionen zwischen europäischem und nationalem Recht, Baden-Baden 2006 (zitiert: *Strohmayr*, Kompetenzkollisionen zwischen europäischem und nationalem Recht, S.).

Stürner, Michael, Kollisionsrecht und Optionales Instrument: Aspekte einer noch ungeklärten Beziehung, in: Zeitschrift für Gemeinschaftsprivatrecht 2011, S. 236–242 (zitiert: *Stürner*, GPR 2011, S.).

Suhr, Oliver, Das Gemeinesame Europäische Kaufrecht: Ein Fall für das Subsidiaritätsfrühwarnsystem?, in: Stamm, Jürgen (Hrsg.) Festschrift für Helmut Rüßmann, Saarbrücken 2013, S. 1053–1065 (zitiert: *Suhr* in FS Rüßmann, S.).

Tacou, Theofanis, Das Verbot von Umgehungsgeschäften und das Prinzip der Vertragsfreiheit im Verbrauchervertragsrecht, Baden-Baden 2013 (zitiert: *Tacou*, Das Verbot von Umgehungsgeschäften, S.).

Tamm, Marina, Stellungnahme zur Anhörung im Rechtsausschuss des deutschen Bundestages (zitiert: *Tamm*, Stellungnahme RA, S.).

———, Das Gemeinsame Europäische Kaufrecht als optionales Instrument – eine kritische Analyse zur Binnenmarktharmonisierungskompetenz der Kommission, in: Verbraucher und Recht 2012, S. 3–12 (zitiert: *Tamm*, VuR 2012, S.).

———, Verbraucherschutzrecht – Europäisierung und Materialisierung des deutschen Zivilrechts und die Herausbildung eines Verbraucherschutzprinzips, Tübingen 2011 (zitiert: *Tamm*, Verbraucherschutzrecht, S.).

Taupitz, Jochen, Europäische Privatrechtsvereinheitlichung heute und morgen, Tübingen 1993 (zitiert: *Taupitz*, Europäische Privatrechtsvereinheitlichung heute und morgen, S.).

Teichmann, Christoph, Die Societas Privata Europaea (SPE) als ausländische Tochtergesellschaft, in: Recht der Internationalen Wirtschaft – Betriebs-Berater International 2010, S. 120–127 (zitiert: *Teichmann*, RIW 2010, S.).

———, Europäische GmbH am Scheideweg: Supranationale Rechtsform oder harmonisierte Einpersonengesellschaft?, in: Zeitschrift für Rechtspolitik 2013, S. 169–172 (zitiert: *Teichmann*, ZRP 2013, S.).

Thier, Andreas, 200 Jahre Allgemeines bürgerliches Gesetzbuch, in: Zeitschrift für Europäisches Privatrecht 2011, S. 805–819 (zitiert: *Thier*, ZEuP 2011, S.).

Tonner, Klaus, Das Grünbuch der Kommission zum Europäischen Vertragsrecht für Verbraucher und Unternehmer – Zur Rolle des Verbrauchervertragsrechts im europäischen Vertragsrecht, in: Europäische Zeitschrift für Wirtschaftsrecht 2010, S. 767–771 (zitiert: *Tonner*, EuZW 2010, S.).

———, Für eine nachhaltige Weiterentwicklung des Verbrauchsgüterkaufrechts, in: Verbraucher und Recht 2012, S. 355–359 (zitiert: *Tonner*, VuR 2012, S.).

Trstenjak, Verica, The ‚Instruments' for Implementing European Private Law – The Influence oft he ECJ Case Law on the Development and Formation of European Private Law, in: Moccia, Luigi (Hrsg.), The Making of European Private Law: Why, How, What, Who, München 2013, S. 77–91 (zitiert: *Trstenjak* in Moccia, The Making of European Private Law, S.).

Trüe, Christiane, Das System der Rechtsetzungskompetenzen der Europäischen Gemeinschaft und der Europäischen Union, Baden-Baden 2002 (zitiert: *Trüe*, Das System der Rechtsetzungskompetenzen der Europäischen Gemeinschaft und der Europäischen Union, S.).

Ulrich, Stephan, Ohne Societas Privata Europaea (SPE) in die Zukunft, in: juris PraxisReport Handels- und Gesellschaftsrecht, Ausgabe 10/2011, Anmerkung 1 (zitiert: *Ulrich*, jurisPR-HaGesR 10/2011, Anm. 1).

Unger, Oliver, Die Richtlinie über die Rechte der Verbraucher – eine systematische Einführung, in: Zeitschrift für Europäisches Privatrecht 2012, S. 270–304 (zitiert: *Unger*, ZEuP 2012, S.).

Utermark, Timo, Rechtsgeschichte und Rechtsvergleichung bei Ernst Rabel, Frankfurt am Main 2005 (zitiert: *Utermark*, Rechtsgeschichte und Rechtsvergleichung bei Ernst Rabel, S.).

Vékás, Lajos, Integration des östlichen Mitteleuropa im Wege rechtsvergleichender Zivilrechtserneuerung, in: Zeitschrift für Europäisches Privatrecht 2004, S. 454–476 (zitiert: *Vékás*, ZEuP 2004, S.).

Vogenauer, Stefan / *Weatherill*, Stephen, Eine empirische Untersuchung zur Angleichung des Vertragsrechts in der EG, in: JuristenZeitung 2005, S. 870–878 (zitiert: *Vogenauer / Weatherill*, JZ 2005, S.).

Vossius, Oliver, Stellungnahme des deutschen Notarvereins zum Vorschlag über das Statut einer Europäischen Privatgesellschaft, Berlin 2008 (zitiert: *Vossius*, Stellungnahme des deutschen Notarvereins, S.).

Vossius, Oliver, Die Europäische Privatgesellschaft – Societas Europaea Privata, in: Europäisches Wirtschafts- und Steuerrecht 2007, S. 438–444 (zitiert: *Vossius*, EWS 2007, S.).

Wagner, Gerhard, Stellungnahme zur Anhörung im Rechtsausschuss des deutschen Bundestages (zitiert: *Wagner*, Stellungnahme RA, S.).

———, Transaktionskostensenkung durch Europäisches Kaufrecht? – Der Blue Button klemmt, in: Zeitschrift für Europäisches Privatrecht 2012, S. 455–460 (zitiert: *Wagner*, ZEuP 2012, S.).

———, Ökonomische Analyse des CESL: Das Recht zur zweiten Andienung, in: Zeitschrift für Europäisches Privatrecht 2012, S. 797–825 (zitiert: *Wagner*, ZEuP 2012, S.).

Wagner, Gerhard / *Zimmermann*, Reinhard, Vorwort: Sondertragung der Zivilrechtslehrervereinigung zum Vorschlag für ein Common European Sales Law, in: Archiv für die civilistische Praxis, Bd. 212 (2012), S. 467–472 (zitiert: *Wagner / Zimmermann*, AcP 212 (2012), S.).

Wagner, Matthias, Das Konzept der Mindestharmonisierung, Berlin 2001 (zitiert: *Matthias Wagner*, Das Konzept der Mindestharmonisierung, S.).

Wedemann, Frauke, Die Europa-GmbH ante portas, in: Europäische Zeitschrift für Wirtschaftsrecht 2010, S. 534–538 (zitiert: *Wedemann*, EuZW 2010, S.).

Weimer, Thomas, Grundfragen grenzüberschreitender Rechtsetzung, Baden-Baden 1995 (zitiert: *Weimer*, Grundfragen grenzüberschreitender Rechtsetzung, S.).

Weller, Marc-Philippe, Die Vertragstreue, Tübingen 2009 (zitiert: *Weller*, Die Vertragstreue, S.).

———, Die „Abhilfen" des Käufers im Kommissionsvorschlag für ein Gemeinsames Europäisches Kaufrecht: Neujustierung des Nacherfüllungsanspruchs im Rechtsvergleich, in: Zeitschrift für Gemeinschaftsprivatrecht 2012, S. 173–181 (zitiert: *Weller*, GPR 2012, S.).

Weller, Marc-Philippe / *Harms*, Charlotte Sophie, Der Primat der Nacherfüllung im Gemeinsamen Europäischen Kaufrecht, in: Zeitschrift für Gemeinschaftsprivatrecht 2012, S. 298–308 (zitiert: *Weller / Harms*, GPR 2012, S.).

Wendehorst, Christiane / *Zöchling-Jud*, Brigitta (Hrsg.), Am Vorabend eines Gemeinsamen Europäischen Kaufrechts, Wien 2012 (zitiert: *Bearbeiter* in Wendehorst / Zöchling-Jud, Am Vorabend eines Gemeinsamen Europäischen Kaufrechts, S.).

Wernicke, Stephan / *Groß*, Christian, Das Gemeinsame Europäische Kaufrecht aus dem Blickwinkel der IHK-Organisation, in: Hahn, Jörg-Uwe (Hrsg.), Gemeinsames Europäisches Kaufrecht – Moderner Ansatz oder praxisferne Vision? Anhörung der Konferenz der Justizministerinnen und Justizminister vom 24. Mai 2012, München 2012, S. 157–166 (zitiert: *Wernicke /*

Groß in Hahn, Gemeinsames Europäisches Kaufrecht – Moderner Ansatz oder praxisferne Vision?, S.).

von Westphalen, Friedrich Graf, Das optionale Europäische Kaufrecht – eine Chance für Verbraucher und Unternehmer?, in: Zeitschrift für Wirtschaftsrecht und Insolvenzpraxis 2011, S. 1985–1995 (zitiert: *Graf von Westphalen*, ZIP 2011, S.).

———, AGB-rechtliche Reformbestrebungen und das Europäische Kaufrecht, in: Neue Juristische Online-Zeitschrift 2012, S. 441–449 (zitiert: *Graf von Westphalen*, NJOZ 2012, S.).

———, Das „neue" Kaufrecht – Bilanz gelöster und teilweise ungelöster Fragen, in: Betriebs-Berater 2008, S. 2–10 (in: *Graf von Westphalen*, BB 2008, S.).

———, EU-Kaufrecht und CISG – Konkurrenz, Gemeinsamkeiten, Unterschiede der zu erwartenden Akzeptanz in der Rechtspraxis, in: Gebauer, Martin (Hrsg.), Gemeinsames Europäisches Kaufrecht – Anwendungsbereich und kollisionsrechtliche Einbettung, München 2013, S. 189–205 (zitiert: *Graf von Westphalen* in Gebauer, Gemeinsames Europäisches Kaufrecht – Anwendungsbereich und kollisionsrechtliche Einbettung, S.).

Westermann, Harm Peter, Das neue Kaufrecht, in: Neue Juristische Wochenschrift 2002, S. 241–253 (zitiert: *Westermann*, NJW 2002, S.).

———, Das neue Kaufrecht einschließlich des Verbrauchsgüterkaufs, in: Juristen-Zeitung 2001, S. 530–542 (zitiert: *Westermann*, JZ 2001, S.).

———, Das Recht des Verkäufers zur „zweiten Andienung": bestimmende Leitidee des neuen Kaufrechts oder Ärgernis?, in: Heldrich, Andreas (Hrsg.) Festschrift für Claus-Wilhelm Canaris zum 70. Geburtstag, München 2007, S. 1261–1280 (zitiert: *Westermann*, in FS Canaris, S.).

Wetzel, Thomas, Das Schuldrechtsmodernisierungsgesetz – Der große Wurf zum 1.1.2002?, in: Zeitschrift für Rechtspolitik 2001, S. 117–126 (zitiert: *Wetzel*, ZRP 2001, S.).

Whittaker, Simon, The Internal Relationships of EU Consumer Contract Laws: Unfair Contract Terms, Unfair Commercial Practices and CESL, in: Moccia, Luigi (Hrsg.), The Making of European Private Law: Why, How, What, Who, München 2013, S. 117–130 (zitiert: *Whittaker* in Moccia, The Making of European Private Law, S.).

Wicke, Hartmut, Grundelemente einer Europäischen Privatgesellschaft, in: GmbH-Rundschau 2011, S. 566–574 (zitiert: *Wicke*, GmbHR 2011, S.).

Wieacker, Franz, Aufstieg, Blüte und Krisis der Kodifikationsidee, in: Festschrift für Gustav Boehmer, Bonn 1954, S. 34–50 (zitiert: *Wieacker* in FS Boehmer, S.).

Wieland, Joachim, Der Rettungsschirm für Irland, in: Neue Zeitschrift für Verwaltungsrecht 2011, S. 340–343 (zitiert: *Wieland*, NVwZ 2011, S.).

Wilhelm, Charlotte, Die Rechtsbehelfe des Käufers bei Nichterfüllung nach dem Vorschlag der Europäischen Kommission für eine Verordnung über ein Gemeinsames Europäisches Kaufrecht (Kom [2011] 635 endg.), in: Internationales Handelsrecht 2011, S. 225–235 (zitiert: *Wilhelm*, IHR 2011, S.).

Wilhelm, Jan, Schuldrechtsreform 2001, in: Juristenzeitung 2001, S. 861–869 (zitiert: *Wilhelm*, JZ 2001, S.).

Winkler, Daniela, Vergangenheit und Zukunft der Flexibilitätsklausel im Spannungsfeld von unionalem Integrations- und mitgliedsstaatlichem Souveränitätsanspruch – Eine Analyse von Art. 352 AEUV unter dem Eindruck des BVerfG-Urteils zu „Lissabon“, in: Europarecht 2011, S. 384–404 (zitiert: *Winkler*, EuR 2011, S.).

Witz, Claude / *Kull*, Annette, Der französische Code civil – Bestandsaufnahme nach 200 Jahren, in: Neue Juristische Wochenschrift 2004, S. 3757–3761 (zitiert: *Witz / Kull*, NJW 2004, S.).

Wohlfarth, Ernst / *Everling*, Ulrich / *Glaesner*, Hans Joachim / *Sprung*, Rudolf, Die Europäische Wirtschaftsgemeinschaft – Kommentar zum Vertrag, Berlin 1960 (zitiert: *Bearbeiter* in Wohlfarth / Everling / Glaesner / Sprung, Art., Rn.).

Wojcik, Karl-Philipp, Kollisionsrechtliche Einordnung der Wahl des Gemeinsamen Europäischen Kaufrechts und kompetenzrechtliche Überlegungen, in: Gebauer, Martin (Hrsg.), Gemeinsames Europäisches Kaufrecht – Anwendungsbereich und kollisionsrechtliche Einbettung, München 2013, S. 51–65 (zitiert: *Wojcik* in Gebauer, Gemeinsames Europäisches Kaufrecht – Anwendungsbereich und kollisionsrechtliche Einbettung, S.).

Wolf, Alfred, Weiterentwicklung und Überarbeitung des Schuldrechts, in: Zeitschrift für Rechtspolitik 1978, S. 249–254 (zitiert: *Wolf*, ZRP 1978, S.)

Zerres, Thomas, Die Bedeutung der Verbrauchsgüterkaufrichtlinie für die Europäisierung des Vertragsrechts – Eine rechtsvergleichende Untersuchung am Beispiel des deutschen und englischen Kaufrechts, München 2007 (zitiert: *Zerres*, Die Bedeutung der Verbrauchsgüterkaufrichtlinie für die Europäisierung des Vertragsrechts, S.).

Zimmermann, Reinhard, Perspektiven des künftigen österreichischen und europäischen Zivilrechts, in: Juristische Blätter 2012, S. 2–22 (zitiert: *Zimmermann*, JBl 2012, S.).

———, Textstufen in der modernen Entwicklung des europäischen Privatrechts, in: Europäische Zeitschrift für Wirtschaftsrecht 2009, S. 319–323 (zitiert: *Zimmermann*, EuZW 2009, S.).
———, Die Unidroit-Grundregeln der internationalen Handelsverträge 2004 in vergleichender Perspektive, in: Zeitschrift für Europäisches Privatrecht 2005, S. 264–290 (zitiert: *Zimmermann*, ZEuP 2009, S.).
———, Die Principles of European Contract Law als Ausdruck und Gegenstand europäischer Rechtswissenschaft, Bonn 2003 (zitiert: *Zimmermann*, Die Principles of European Contract Law als Ausdruck und Gegenstand europäischer Rechtswissenschaft, S.).
———, Codification – The Civilian Experience Reconsidered on the Eve of a Common European Sales Law, in: European Review of Contract Law 2012, S. 367–399 (zitiert: *Zimmermann*, ERCL 2012, S.).
———, Schuldrechtsmodernisierung?, in: Ernst, Wolfgang / Zimmermann, Reinhard (Hrsg.), Zivilrechtswissenschaft und Schuldrechtsreform, Tübingen 2001, S. 1–24 (zitiert: *Zimmermann* in Ernst / Zimmermann, Zivilrechtswissenschaft und Schuldrechtsreform, S.).
Zöchling-Jud, Brigitta, Acquis-Revision, Common European Sales Law und Verbraucherrechterichtlinie, in: Archiv für die civilistische Praxis 212 (2012), S. 550–574 (zitiert: *Zöchling-Jud*, AcP 212 (2012), S.).
Zoll, Fryderyk, Kommentar zu Ross G. Anderson, in: Zeitschrift für Europäisches Privatrecht 2012, S. 859–866 (zitiert: *Zoll*, ZEuP 2012, S.).

Saarbrücker Studien zum Privat- und Wirtschaftsrecht

herausgegeben von
Prof. em. Dr. Johann Paul Bauer
Prof. Dr. Dr. Dr. h.c. mult. Michael Martinek
Prof. Dr. Dr. h.c. Helmut Rüßmann

Die Schriftenreihe "Saarbrücker Studien zum Privat- und Wirtschaftsrecht" bildet in erster Linie ein Forum für rechtswissenschaftliche Doktorarbeiten der Universität des Saarlandes auf zwei juristischen Schwerpunktgebieten. Zum einen sollen Dissertationen im klassischen Privatrecht, vor allem im bürgerlichen Vermögensrecht der ersten drei Bücher des BGB und ihrer Nebengesetze vorgestellt werden. Zum anderen findet das Wirtschaftsrecht im Sinne des Wirtschaftsprivatrechts besondere Berücksichtigung, womit namentlich die Gebiete des Handelsrechts einschließlich des Bilanzrechts, des Personen- und Kapitalgesellschaftsrechts einschließlich des Konzernrechts, des Gewerblichen Rechtsschutzes sowie des Wettbewerbs- und Kartellrechts bezeichnet sind. Es versteht sich, daß nicht nur rechtsdogmatische Studien, sondern auch rechtstatsächlich, rechtspolitisch oder interdisziplinär angelegte Arbeiten in die Schriftenreihe Aufnahme finden. Denn die Rechts- und Wirtschaftswissenschaftliche Fakultät der Universität des Saarlandes vereinigt unter *einem* Dach die Fachbereiche Rechtswissenschaft und Wirtschaftswissenschaft und regt damit Studenten und Hochschullehrer in besonderer Weise zu fachübergreifender Lehre und Forschung an. Die Schriftenreihe steht aber nicht nur sehr guten und ausgezeichneten Dissertationen, sondern auch anderen "Studien" zu privat- und wirtschaftsrechtlichen Themen offen, bis hin zu Materialien und Skripten des akademischen Unterrichts. Die drei Herausgeber, die zugleich stellvertretend für ihre anderen Saarbrücker Fakultätskollegen des Privat- und Wirtschaftsrechts handeln, verbinden mit den "Saarbrücker Studien zum Privat- und Wirtschaftsrecht" den Wunsch, daß die hier veröffentlichten Arbeiten die verdiente Resonanz in der breiteren juristischen Fachöffentlichkeit finden.

Saarbrücker Studien zum Privat- und Wirtschaftsrecht

Herausgeber:
Johann Paul Bauer, Michael Martinek und Helmut Rüßmann

Band 1 Susanne Jaschinski: Die Haftung von Schwestergesellschaften im GmbH-Unterordnungskonzern. Ein Beitrag zum Konzernverfassungsrecht. 1997.

Band 2 Roman Sascha Ahnert: Die *actio individualis*. Ein Beitrag zur verfassungsrechtlichen Fundierung der Aktionärsklage bei sogenannten Aktien-Interessenverbänden. 1997.

Band 3 Torsten Peters: Der Cateringvertrag. Rechtstatsachen, Rechtsnatur und Rechtsprobleme eines modernen Dienstleistungsvertrags. 1998.

Band 4 Michael Meissner: Persönlichkeitsschutz juristischer Personen im deutschen und US-amerikanischen Recht. Eine rechtsvergleichende Untersuchung des allgemeinen Persönlichkeitsrechts juristischer Personen. 1998.

Band 5 Thomas Tegen: Joint Venture-Vertrag und Projektträgergesellschaft im amerikanischen und deutschen Recht. 1998.

Band 6 Gerhard Wolter: Treuhandrecht im Umbruch? Ein Blick nach Frankreich, Luxemburg, in die Schweiz und in den Libanon sowie auf das Haager Trust-Übereinkommen. 1999.

Band 7 Thomas Dehlfing: Das Recht der irreführenden Werbung in Deutschland, Großbritannien und Frankreich. 1999.

Band 8 Hanno Dornseifer: Börsentermingeschäfte und Börsentermingeschäftsfähigkeit. Zur börsengesetzlichen Behandlung von finanzwirtschaftlichen Festgeschäften, Options- und Optionsscheingeschäften. 1999.

Band 9 Patrick Lenz: Absatzförderung durch *zinssubventionierte* Darlehen. Eine wettbewerbs- und kartellrechtliche Studie zur Zulässigkeit von Niedrigzins-Kreditangeboten unter besonderer Berücksichtigung des Automobilmarktes. 1999.

Band 10 Mansur Pour Rafsendjani: Der Goodwill-Ausgleichsanspruch des Franchisenehmers. Ein Vergleich des deutschen, französischen und US-amerikanischen Franchiserechts. 1999.

Band 11 Jörg Hartmann: Juristische und ökonomische Regelungsprobleme des Insiderhandels. Eine rechtsvergleichende Darstellung USA – Deutschland. 1999.

Band 12 David Altmeier: Rückstellungsbilanzierung in Deutschland und Frankreich. Eine vergleichende Untersuchung der französischen Rückstellungsbilanzierung aus der Perspektive des deutschen Bilanzrechts. 1999.

Band 13 Barbara Günther: Aktivische Bilanzierungshilfen im deutschen und französischen Bilanzrecht. 1999.

Band 14 Bernhard Glasow: Vertikale Preisbindung, Wettbewerbstheorie und Wettbewerbsrecht in den USA, Deutschland und Europa. Bestandsaufnahmen, Kritik und Zukunftsperspektiven. 2000.

Band 15 Dorota Nowak-James: Der Börsenzugang für Anleger in Deutschland und Polen. Eine rechtsvergleichende Untersuchung zum deutschen Finanzkommissionsgeschäft und zum polnischen Brokerauftragsvertrag. 2000.

Band 16 Mathias Queck: Der Nießbrauch am Anteil einer offenen Handelsgesellschaft. Eine Form der (un-)mittelbaren Unternehmensbeteiligung. 2000.

Band 17 Ina Roth: Umweltbezogene Unternehmenskommunikation im deutschen und europäischen Wettbewerbsrecht. 2000.

Band 18 Jörg Preiss: Die Anwendung des markenrechtlichen Erschöpfungsgrundsatzes auf Dienstleistungsmarken. 2000.

Band 19 Kevin M. McDonald: Der Begriff der Dienstleistung im europäischen Binnenmarkt und WTO-System (GATS). 2001.

Band 20 Carolin Opgenhoff: Die europäische Fusionskontrolle zwischen Wettbewerbsrecht und Industriepolitik. 2001.

Band 21 Susanne Schäfer: Die Deliktsfähigkeit juristischer Personen. Eine rechtsvergleichende Untersuchung zur Übertragbarkeit des englischen Modells. 2001.

Band 22 Kay Diedrich: Die Interventionswirkung – Ausprägung eines einheitlichen Konzepts zivilprozessualer Bindungswirkung. 2001.

Band 23 Michael Fröhlich: Zentrale Institutionen des deutschen Urheberrechts und des französischen Droit d'auteur auf dem Prüfstand der elektronischen Netzwerke. 2001.

Band 24 Joël Benjamin Münch: Abtretungsverbote im deutschen und französischen Recht. Rechtsvergleichende Untersuchung der Übertragungshindernisse im deutschen und französischen Forderungsverkehr als Beitrag zu einer weiteren Schuldrechtsvereinheitlichung in Europa. 2001.

Band 25 Monika Prieß: Der Begriff des Sachmangels im deutschen und englischen Kaufrecht. Reformbedarf aufgrund der Verbrauchsgüterkauf-Richtlinie 1999/44/EG. 2001.

Band 26 Katharina Siegel: Produkthaftung im polnischen, tschechischen und slowenischen Recht. 2001.

Band 27 Carolin Kühne: Die gesetzliche Form der Rechtsgeschäfte im deutschen und italienischen Recht. Eine rechtsvergleichende Untersuchung. 2002.

Band 28 Nina Scherf: Die Nachschußpflicht im Gesellschaftsrecht. Eine rechtsformübergreifende Bestandsaufnahme, Analyse und Kritik. 2002.

Band 29 Marc Laukemann: Fernsehwerbung im Programm. Die zunehmende Kommerzialisierung des Fernsehprogramms im Zeitalter einer Ökonomisierung der Aufmerksamkeit als verfassungs-, wettbewerbs- und rundfunkrechtliches Problem. 2002.

Band 30 Michael Bo Jaspers: Nachträgliche Rechtswahl im internationalen Schuldvertragsrecht. Unter besonderer Berücksichtigung der Rechtspraxis in England, Frankreich, Dänemark und Deutschland. 2002.

Band 31 Christina Pernice: Die Insolvenzverschleppung durch das Geschäftsführungsorgan der kleinen Kapitalgesellschaft im deutschen, französischen und englischen Recht. Eine rechtsvergleichende Untersuchung zur Entwicklung eines europäischen Lösungsansatzes. 2002.

Band 32 Anne Christine Janert: Der sachliche und persönliche Anwendungsbereich des deutschen Verbraucherkreditrechts und des britischen Consumer Credit Act 1974. Ein Beitrag zu den Möglichkeiten und Grenzen verbraucherrechtlicher Harmonisierung in Europa. 2002.

Band 33 Annette Trost: Faktische Sitzverlegung unter Sitz- und Gründungstheorie im Vergleich. Unter besonderer Berücksichtigung ihrer gesellschafts- und zivilrechtlichen Folgewirkungen. 2003.

Band 34 Esther Cordula Hilpert: Die Gründerhaftung in der Gesellschaft mit beschränkter Haftung in Deutschland, Frankreich und England. 2003.

Band 35 Wei-ming Liao: Die Schiedsgerichtsbarkeit in Taiwan. Unter besonderer Berücksichtigung der internationalen Handelsschiedsgerichtsbarkeit und mit Hinweisen zu der Entwicklung in Deutschland. 2003.

Band 36 Stefan Stork: Sitzverlegung von Kapitalgesellschaften in der Europäischen Union. Zur Reichweite der Niederlassungsfreiheit unter Berücksichtigung der positiven und der negativen Integration. 2003.

Band 37 Marc Pfeffer: Interbrand-Kartellverbot und Intrabrand-Vereinbarungen. Die Ablösung horizontaler und vertikaler Eingriffsmerkmale im GWB zu Gunsten einer Betrachtung produktexterner und -interner Wettbewerbsfaktoren. 2003.

Band 38 Nicole Burkardt: Der arbeitsrechtliche Aufhebungsvertrag. Einvernehmliche Beendigung von Arbeitsverhältnissen unter Berücksichtigung der Rechtslage nach der Schuldrechtsreform. 2004.

Band 39 Christian Schmeling: Die Entlastung von Mitgliedern geschäftsführender Organe im Recht der Kapitalgesellschaften. Eine rechtsvergleichende Studie zum deutschen, schweizerischen und französischen Recht. 2004.

Band 40 Andreas Wolf: Wege zur virtuellen Haupt- und Gesellschafterversammlung. Eine vergleichende Untersuchung über die Einbeziehung elektronischer Medien in die Hauptversammlung einer Aktiengesellschaft und die Gesellschafterversammlung einer GmbH. 2004.

Band 41 Bianca Natalie Baldus: Der elektronisch geschlossene Vertrag mit Schiedsabrede. Zulässigkeit und anwendbares Recht in nationalen und internationalen Schiedsverfahren. 2004.

Band 42 Vania Dilek: Der Wettbewerbsschutz in Bulgarien und in der Russischen Föderation während des Übergangs vom Dirigismus zur Privatautonomie. 2004.

Band 43 Rudolf Lenders: Treuhand am Gesellschaftsanteil. Die Einbindung des Treugebers in das gesellschaftsrechtliche Organisationsgefüge. 2004.

Band 44 Weizuo Chen: Rück- und Weiterverweisung (Renvoi) in staatsvertraglichen Kollisionsnormen. 2004.

Band 45 Stefan Hahn: Neue Ansätze im Anlegerschutz durch die Ad-hoc-Publizität des § 15 WpHG. 2004.

Band 46 Pietro Graf Fringuelli: Internet TV. Filmurheberrecht im Internet. 2004.

Band 47 Caspar Frhr. v. Schnurbein: Missbrauch von Minderheitsrechten im deutschen und italienischen Aktienrecht. 2005.

Band 48 David Kereselidze: Der allgemeine Teil des Georgischen Zivilgesetzbuches von 1997. Eine rechtsvergleichende Untersuchung. 2005.

Band 49 Miguel A. García Mateos: Das neue Recht der Namensaktie. Bestandsaufnahme, Analyse und Kritik. 2005.

Band 50 Christine Eckstein-Puhl: Prozessbetrug im Schiedsverfahren. Eine Studie zu den vom erschlichenen Schiedsspruch aufgeworfenen Fragen des Aufhebungsverfahrens gemäß § 1059 ZPO. 2005.

Band 51 Steffen Paulmann: Wirksamkeit von Haftungsausschlüssen und -begrenzungen im deutsch-französischen Warengeschäftsverkehr. Unter besonderer Berücksichtigung der UNIDROIT-Principles und der Principles of European Contract Law. 2005.

Band 52 Ina Krischek: Wirtschaftsmediation als alternatives Streitbeilegungsverfahren. Gerichtsverfahren, Schiedsverfahren und Mediation im Vergleich. 2005.

Band 53 Olaf Pick: Verkehrspflichten und Handlungsfreiheit des „Schädigers“. 2005.

Band 54 Thomas Paul: Die Gesellschafterfähigkeit von Gesamthandsgemeinschaften. 2005.

Band 55 Dieter Friedrich Unger: Das Recht der Kapitalaufbringung und -erhaltung bei der Aktiengesellschaft im Rechtsvergleich Deutschland, Österreich und Schweiz. Eine Analyse des Kapitalsicherungsrechts in Deutschland, Österreich und der Schweiz. 2006.

Band 56 Nicole Schröder: Perspektiven der Europäisierung des GmbH-Rechts und der Europäischen Privatgesellschaft vor dem Hintergrund der Europäischen Aktiengesellschaft. 2007.

Band 57 Ivo du Mont: Die Kombination von Rücktritt und Schadensersatz im neuen Schuldrecht. Eine ökonomische und rechtsvergleichende Analyse am Beispiel des Kaufvertrags. 2007.

Band 58 Matthias Kühn: Umweltschutz durch Privatrecht. Eine Studie zur ökologischen Analyse der privatrechtlichen Schutzrechte und des Vertragsrechts in Deutschland und England. 2007.

Band 59 Komninos Komnios: Die elektronische Signatur im deutschen und griechischen Recht. 2007.

Band 60 Matthias Kühl: Die Gewinnzusage nach § 661a BGB. Dogmatische Einordnung und rechtsvergleichende Untersuchung. 2007.

Band 61 Barbara Jeanne Attinger: Der Mittelpunkt der hauptsächlichen Interessen nach der EuInsVO – erfolgreiches Konzept oder Quelle der Rechtsunsicherheit? Eine Auseinandersetzung mit dem Zuständigkeitskriterium der Europäischen Insolvenzverordnung unter Heranziehung der Erkenntnisse der ökonomischen Analyse des Rechts. 2008.

Band 62 Dorothee Stober: Der deutsch-schweizerische Erbfall. Eine rechtsvergleichende und international-privatrechtliche Analyse. 2009.

Band 63 Daniel Marc Protz: Das zivilrechtliche Anforderungsprofil mezzaniner Strukturen der Unternehmensfinanzierung. 2009.

Band 64 Manuela Schäfer: Die Verträge zur Durchführung des Schiedsverfahrens. Analyse und Vergleich zweier Lösungsmodelle am Beispiel des deutschen und US-amerikanischen Rechtsraums. Teil I und Teil II. 2010.

Band 65 Ionut Raduletu: Der Schutz von Minderheitsaktionären nach rumänischem und deutschem Aktienrecht unter Berücksichtigung des EU-Acquis. 2010.

Band 66 Christoph Köhler: Lastschriftverfahren in der Insolvenz des Schuldners. Im Lichte der neuen BGH-Rechtsprechung. 2010.

Band 67 Stefan Weiland: *Par condicio creditorum*. Der insolvenzrechtliche Gleichbehandlungsgrundsatz und seine Durchbrechungen zugunsten öffentlich-rechtlicher Gläubiger. 2010.

Band 68 Philipp Ehring: Die Due Diligence im Spannungsverhältnis zwischen kaufrechtlichem Haftungssystem und vertraglicher Gestaltung. 2010.

Band 69 Jochen Hell: GmbH-Mantelverwendung. Haftung und Verantwortlichkeit jenseits der „wirtschaftlichen Neugründung". 2010.

Band 70 Ge Jiang: Das GmbH-Recht in China aus rechtsvergleichender Sicht. Analyse, Kritik und Verbesserungsvorschläge. 2011.

Band 71 Michael Helmut Wildscheck: Das Recht des Unternehmenskaufs in Deutschland und Frankreich unter besonderer Berücksichtigung von Garantieklauseln. Eine rechtsvergleichende Studie zur deutschen und französischen Kautelarpraxis. 2011.

Band 72 Britta Wagner: Haftungsrisiken aus Liquiditätszusagen und Patronatserklärungen in der Unternehmenskrise. 2011.

Band 73 Manuel Karb: Energiepreiskontrolle. Eine Untersuchung der Entgeltkontrolle auf den verschiedenen Energiemärkten nach Energiewirtschaftsrecht, deutschem und europäischem Wettbewerbsbeschränkungsrecht und allgemeinem Zivilrecht. 2011.

Band 74 Bernd Steffen Bertelmann: Das BGB-Zahlungsdiensterecht im Kontext der Single Euro Payments Area. Leitlinien zur richtlinienkonformen Auslegung unter vergleichender Berücksichtigung des britischen und französischen Rechts. 2011.

Band 75 Susanne Niesse: Die leistungsstörungsrechtlichen Grundstrukturen des deutschen, französischen und englischen Unternehmenskaufrechts im Vergleich. 2012.

Band 76 Zhong Ren: Wahrheitspflicht und Kooperationsmaxime im Zivilprozess in Deutschland, Japan und China. 2013.

Band 77 Giga Gabrichidze: Der Prozess der Angleichung des georgischen Wettbewerbsrechts an das Recht der Europäischen Union. 2013.

Band 78 Stephan Wachs: Flucht aus der kartellrechtlichen Bußgeldverantwortung? Unternehmensrestrukturierung und Haftungsnachfolge im deutschen und europäischen Bußgeldrecht. 2013.

Band 79 Max Jakob Rösch: Gesellschafterfremdfinanzierung, Gläubigerschutz und Gläubigerrisikoverantwortung. Die insolvenzrechtliche Sonderbehandlung der Gesellschafterfremdfinanzierung als Ausdruck von Gläubigerschutz und Gläubigerrisikoverantwortung der Gesellschafter. 2013.

Band 80 Sinan Okur: Eine kritische Untersuchung zu den Rechtsbehelfen des Käufers im alten und im neuen türkischen Warenkaufrecht. Zugleich ein Beitrag zu der Harmonisierung des türkischen Warenkaufrechts im Lichte des CISG, BGB und der europäischen Vertragsrechtsharmonisierung. 2013.

Band 81 Dagmar Julia Mathieu: Der Kampf des Rechts gegen erpresserische Aktionäre. Bestandsaufnahme, Kritik und Perspektiven. 2014.

Band 82 Matthias Michael Kappel: Der Grundschuldsicherungsvertrag als Wandlung eines Treuhandverhältnisses. Ein Beitrag zur Überwindung der Dichotomie von Sicherung und Treuhand. 2014.

Band 83 Norman Konecny: Der Verordnungsentwurf über ein Gemeinsames Europäisches Kaufrecht. Meilenstein der europäischen Integration oder Irrlicht der europäischen Politik? 2014.

www.peterlang.com